교양 있는 우리 아이를 위한
세계 역사 이야기 5
현대편 하

글_ 수잔 와이즈 바우어

수잔 와이즈 바우어는 미국의 소설가이자 교육자입니다. 자신의 어머니와 함께 홈스쿨링 책의 표준이 된 『잘 훈련된 정신(The Well-Trained Mind: A Guide to Classical education at Home)』이라는 책을 쓰기도 했습니다. 수잔 바우어는 버지니아에 있는 윌리엄&메리 대학에서 강의를 하고 있습니다. 수잔 바우어도 학교가 아니라 가정에서 교육을 받았습니다. 현재 그녀는 남편과 함께 집에서 4명의 자녀를 가르치고 있습니다. 수잔 바우어의 홈페이지는 다음과 같습니다.
http://www.susanwisebauer.com

옮긴이_ 보라(保羅)

1960년생입니다. 우리말로 된 『브리태니커 백과사전』을 편집하였으며 『브리태니커 키즈 라이브러리』(공역) 같은 어린이 책, 『신의 파피루스』 같은 어른 책을 두루 옮겼습니다.

세밀화_ 정병수

전북 남원에서 태어났고 원광대 서양화과를 졸업했습니다. 『병팔이의 일기』, 『인디언 숲으로 가다』, 『행복한 세상 : 함께 나누는 우리 창작동화 10』, 『어린이 파브르 곤충기』 시리즈 등에 그림을 그렸고, 《생각쟁이》 등 어린이 잡지에도 그림을 그리고 있습니다.

교양 있는 우리 아이를 위한 세계 역사 이야기 5

글_ 수잔 와이즈 바우어 | 옮긴이_ 보라 | 세밀화_ 정병수 | 초판 펴낸날 2004년 2월 5일 | 개정판 1쇄 펴낸날 2005년 12월 30일 | 개정판 18쇄 펴낸날 2022년 5월 20일 | 펴낸곳 이론과실천 | 펴낸이 최금옥 | 등록 제10-1291호 | 주소 (07207) 서울시 영등포구 양평로21가길 19, 512호 | 전화 02) 714-9800 | 팩스 02) 702-6655

THE STORY OF THE WORLD VOL.4: 1850 to Present
by Susan Wise Bauer
Copyright ⓒ 2005 by Susan Wise Bauer
Korean Translation Copyright ⓒ 2005 by Theory & Praxis Publishing Co., Korean translation rights published by arrangement with Theory & Praxis Publishing Co. through Corea Literary Agency, Seoul
이 책의 한국어판 저작권은 Corea 에이전시를 통한 Peace Hill Press c/o Richard Henshaw Group과의 독점 계약으로 도서출판 이론과 실천에 있습니다. 신저작권법에 의해 한국 내에서 보호를 받는 저작물이므로 무단 전재와 복제를 금합니다.

*값은 뒷표지에 있습니다.
*잘못된 책은 바꾸어 드립니다.

ISBN 978-89-313-8025-5 74900
     978-89-313-8007-1 (전5권)

교양 있는 우리 아이를 위한
세계 역사 이야기 5
현대편 하

수잔 와이즈 바우어 지음 | 보라 옮김

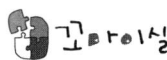

추천사

세계 역사와 문화에 대한 이해는 어린이의 필수 교양

세계화 시대를 맞아 세계를 상대하며 살아가야 할 우리 아이들에게 세계 역사와 문화에 대한 이해는 외국어 못지않은 필수 교양이다. 호기심 많은 아이들에게 세계사는 매우 흥미진진한 과목이지만 아이들은 이구동성으로 세계사가 너무 배우기 어렵다고 한다. 그 결과 고등학교에서 세계사를 선택하는 학생이 나날이 줄어들고 있는 형편이다. 이웃 나라 일본에서 세계사가 필수 과목이 되어 있는 것은 우리가 눈여겨보아야 할 대목이다.

수잔 바우어가 자신의 자녀에게 재미있는 이야기를 들려주듯이 쓴 이 책을 우리 아이들의 손에 들려 준다면 누가 세계사를 어렵다고 할까.

역사적 사실과 신화, 전설, 민담 사이를 종횡무진 오가며 인류 역사를 흥미진진하게 재구성해 놓은 이 책은, 단순한 세계사 지식을 보여 주고 있는 것이 아니라 역사를 해석하고 통찰할 수 있는 눈을 열어 주는 재미있는 안내서다. 쉽고도 기초적인 설명으로 세계사에 관심을 가진 아이들이라면 누구나 품기 마련인 의문들을 친절하고 흥미롭게 풀어 주고 있다. 또한 동서양의 고대 문명에 대한 아이들의 지적 호기심을 채워 주는 데서 한 걸음 더 나아가 새로운 탐구심을 끊임없이 불러일으킨다. 이 책 시리즈를 읽어 가노라면 아이들은 어느새 세계 문명과 역사에 대해 풍부한 교양을 갖춘 세계인이 되어 있는 자신을 발견하게 될 것이다.

영양 많고 맛있는 음식은 아이 어른 할 것 없이 누구나 즐기듯, 수잔 바우어의 책은 세계사에 대한 지적 호기심에 가득한 10대는 물론이고 그때의 지적 욕구를 채우지 못한 채 살아가고 있는 10년, 20년, 30년 전의 10대들에게도 더없이 반가운 선물이다.

2004년 1월
서원대학교 사회교육학부 교수 · 한국교육자료박물관장
허 원

추천사

어린이 역사 교육은 어린이의 눈높이에 맞추어야

초등학생인 내 아이가 다니는 학교에서 고학년 학생들을 대상으로 한 '역사 교실'을 1년 동안 지도한 적이 있다. 그러고 나서 깊이 깨달은 것은, 초등학생을 대상으로 한 역사 교육은 대학에서 고고학을 가르치는 것과는 전혀 다른 차원의 일로서, 대학 교수가 아닌 전혀 다른 전문가와 전문 도서 및 자료를 필요로 하는 일이라는 사실이었다.

어린이에게 인류의 역사를 쉽게 가르친다는 것은 매우 어려운 일이다. 그것은 과거의 역사가 현재를 사는 우리들에게 지니는 의미를 아이들의 눈높이에 맞추어 이야기해 주는 일이 쉬운 일이 아니기 때문이다. 그러나 이보다 더 어려운 일은 과거에 있었던 일들을 '쉽고도 재미있게 간추려 말해 준다'는 것이다. 사람들이 어떻게 해서 지금과 같은 문명사회를 이루고 살았으며, 유적이나 유물로 남아 있는 고대인의 생활이 어떠하였는가를 아이들의 언어와 사고방식으로 말해 준다는 것은 아무나 할 수 있는 일이 아니기 때문이다.

역사 교육의 목표, 특히 자라나는 아이들을 대상으로 한 역사 교육의 목표는 과거에 있었던 일을 이해하며 스스로 그 교훈을 깨우쳐 나가는 데 있다고 하겠다. 즉, 어린이를 위한 역사 교육은 교육이고 공부이기보다 우선 재미있는 역사 이야기 읽히기 혹은 들려주기가 되어야 한다는 것이다. 그런 점에서 수잔 바우어가 쓴 이 《교양 있는 우리 아이를 위한 세계 역사 이야기》 시리즈는 유익한 책이다. 이 책은 농경 사회의 등장에서 시작하여 역사상의 중요한 사건들을 어린이의 눈높이에 맞추어 알기 쉽고 재미있게 써 내려갔다는 점에서 보기 드문 책이다.

유사한 종류의 아동 도서에서는 흔히 출처 불명의 부정확한 정보가 눈에 띄기 마련이나, 이 책은 상당히 높은 수준의 지식과 정확한 정보를 쉽게 전달하고 있다. 고고학자이고 대학교수이기 이전에 초등학생 자녀를 둔 학부모의 입장에서, 이 책이 자라나는 자녀의 지적 성장에 도움이 될 것이라 믿으며 추천하는 바이다.

2004년 1월
서울대학교 인문대학 교수
이선복

* 일러두기

≪교양 있는 우리 아이를 위한 세계 역사 이야기≫는 수잔 와이즈 바우어 교수가 어린이가 세계 역사에 흥미를 가질 수 있도록 재미있게 엮은 이야기 책입니다. 그래서 어린이에게 쉽고 친숙한 용어와 단어를 선택하여 역사를 설명하고 있는데 대부분 그대로 따랐습니다. 또 역사 사실이나 연대 등도 대부분 수잔 교수의 서술을 그대로 따랐습니다.

* 본문의 삽화 중 세밀화로 된 그림은 새로 그려 넣은 것으로, 원서에는 없는 것임을 밝혀 둡니다.

서문

자녀와 함께 이 책을 읽는 부모님께

《교양 있는 우리 아이를 위한 세계 역사 이야기》 시리즈는 사랑스런 우리 자녀들이 '침 묻혀 가며' 읽어 주기를 간절히 기대하면서 쓴 것입니다. 또, 자녀들에게 '큰 목소리로' 읽어 주실 부모님들을 위한 것이기도 합니다. 1권 〈고대 편〉에서 3권 〈근대 편〉까지의 난이도는 다음 권으로 넘어가면서 조금씩 높아집니다. 제가 염두에 둔 독자 층은 1권 〈고대 편〉은 초등학교 1학년에서 4학년, 2권 〈중세 편〉은 초등학교 2학년에서 5학년, 3권 〈근대 편〉은 초등학교 3학년에서 6학년입니다. 그리고 이 4권 〈현대 편〉의 주 독자 층은 초등학교 4학년에서 중학교 2학년입니다. 그러나 어느 권이나 고등학생이 읽기에도 좋습니다.

〈고대 편〉에서 〈근대 편〉(기원전 5천 년부터 1850년까지)은 어린 자녀들이 함께 읽을 수 있도록 배려했습니다. 즉, 초등학교 3학년 언니나 형이 2권 〈중세 편〉을 들여다보고 있을 때, 1학년짜리 동생이 그 곁에 앉아서 함께 읽어도 좋을 만큼 이야기를 쉽게 풀어 썼습니다.

그런데 이 〈현대 편〉(1850년 이후)에 대해서는 따로 한 말씀 드려야겠습니다. 아직 초등학교 4학년이 안 된 자녀에게 〈현대 편〉을 읽히는 건 저로서는 좀 말리고 싶다는 것입니다. 왜냐하면 20세기가 워낙 폭력으로 얼룩져 있기 때문입니다. 영토를 건 도박 하며 수많은 나라들이 엉겨 붙어 서로 엎치락뒤치락하는 모습들이 전

부 그렇습니다. 대학교에 몸담고 있는 사람으로서, 작가이자 역사가로서, 그리고 초등학교 4학년에서 고등학교 1학년까지의 아이들을 둔 엄마로서, 저는 이 시기의 역사를 '아직은 어린' 주 독자 층에 맞게 쓰려고 노력했습니다. 여러분이 이 〈현대 편〉에서 앞서의 세 권보다 '덜 자극적인' 느낌을 받으신다면 바로 이 때문입니다. 앞서 세 권까지는 역사적인 사건의 맥과 풍경을 잘 짚을 수 있도록 이야기를 재미있게 구성해서 들려주려고 저 나름대로 노력했습니다만, 이 〈현대 편〉만큼은 그게 쉽지 않았습니다. 워낙 굵직굵직한 사건이 많이 일어난 시기를 다루다 보니, 이런 것들을 언급하기에 숨이 가빠 글을 재미있게 구성하기가 쉽지 않았던 것이지요. 참으로 20세기는 극적인 사건의 연속이었습니다. 히로시마에 원자 폭탄이 떨어진 사건이나 스탈린의 대숙청만 하더라도 얼마나 충격적입니까? 이런 사건들을 극적으로 잘 구성해서 여러분께 들려준다면, 여러분은 아마 깜짝 놀라 뒤로 벌렁 나자빠질 것입니다.

하나같이 끔찍한 사건들이기는 합니다만, 이런 것들에 대해서 우리 자녀들에게 마냥 쉬쉬해서도 곤란할 성싶습니다. 초등학교 1, 2학년만 되어도 라디오나 텔레비전을 통해, 혹은 어른들한테서 이런 저런 뉴스를 듣게 마련이고, '테러리즘'이니 뭐니 하는 말들을 들으면서 어른들의 표정에서 염려의 기색을 읽어 낼 줄 압니다. 또, 초등학교 4학년에서 5학년 아이들이라도 세계가 어떻게 돌아가고 있는지를 어렴풋이나마 알고 있다면, 지금 왜 이런 일들이 일어나는지를 이해하려 들 자격이 있습니다. 오늘날 우리 눈앞에서 벌어지고 있는 사건들은 '난데없이' 일어나는 것이 결코 아닙니다. 어떤 분명한 흐름(pattern)이 있습니다. 우리 자녀들이 이런 흐름을 읽어 낼 수 있도록 열심히 도와주기는커녕 덜렁 '까막눈'으로 만들어 놓게 되면, 이것이야말로 우리 자녀들을 평생 겁쟁이로 살게끔 만드는 것과 같습니다. 왜냐하면, 까막눈들이 할 수 있는 일이란 '난데없는' 전쟁과 불안, 폭력 앞에서 '그저 벌벌 떠는' 것뿐이기 때문입니다.

이 책에서 다루고 있는 지난날의 전쟁과 폭력도 마찬가지입니다. 충격적인 일들이기는 해도 난데없이 일어난 것은 아닙니다. 책장을 넘겨 가면서 여러분은 이런 흐름이 마치 판박이처럼 계속 연출되고 있다는 사실을 거듭 확인하게 될 것입니다. 예컨대, 어떤 사람이나 집단이 독재자에게 맞서 반란을 일으킵니다. 독재 권력을 무너뜨리고 스스로 권력을 잡습니다. 그러고는 금세 지배 계급 행세를 하기 시작합니다. 그토록 불의를 미워하던 사람이 독재를 휘두르고, 정의를 외쳤던 자유의 전사들이 권력의 단맛에 흐느적거립니다. 얼마 뒤 정의와 평등을 외치는 사람들이 반란을 일으켜 이들을 몰아내고 권력을 잡습니다. 이들 역시 같은 길을 걷다가, 정의를 외치는 또 다른 사람들에게 쫓겨납니다……. 이것은 풋내기 연구자라도 알 수 있는 뻔한 이야기입니다. 숨 막힐 듯한 사건들도 그 밑을 들여다보면 이처럼 분명한 흐름이 있습니다.

이 책을 쓰려고 자료들을 뒤적이는 동안, 번득번득 뇌리를 스치는 말이 있었습니다. 옛 소련 시절, 8년간 강제 노동 수용소를 전전하면서 혁명으로도 억압을 끝낼 수 없음을 마침내 깨달은 러시아 작가 알렉산드르 솔제니친Aleksandr Solzheni-

tsyn의 말입니다. "잘 나갔던 젊은 시절, 나는 내 생각이 절대적으로 옳다고 믿었고, 그래서 마음도 포악했다. 권력에 취해 남의 목숨을 빼앗고 남을 억압했다……. 그런데 저 강제 노동 수용소의 썩은 짚 더미에 누워 있을 때, 나는 처음 느꼈다. 내 마음에 선한 생각이 움트는 것을……. 그러나 마음이 더없이 평화로울 때도 너무도 깊이 뿌리박힌 악한 생각이 마음속 깊이 똬리를 틀고 있었다. 나는 그제야 뭇 종교의 가르침이 옳음을 깨달았다. 우리가 맞서 싸워야 할 것은 우리 내면의 악이라는 것을…… 나는 그제야 세상의 뭇 혁명이 그릇됨을 깨달았다. 혁명은 그 시대의 악과 싸울 뿐이라는 것을."

혁명은 묵은 땅을 갈아엎습니다. 낡은 사회를 무너뜨리고 새로운 사회를 만들어 냅니다. 그러나 혁명에 성공하는 것과 자기 내면의 악과 싸워 이기는 것은 다른 문제입니다. 혁명가라고 해서 자기 내면의 악과 싸워 이긴 사람들은 아닙니다. 20세기의 역사는, 포악한 독재 권력에 맞서 싸워 이기기는 했지만 결국에는 자기 내면의 악에 휘둘리고 마는 사람들에 관한 이야기이기도 합니다.

정확성에 관한 꼬투리 :

전사자, 부상자, 병력 수 등에 관해서는 역사가들 사이에서도 의견이 분분합니다. 심지어 조약, 협정이 체결된 날짜나 독립 선언일마저도 그렇습니다! 그러나 이 책이 어린 학생들의 기본 교양서인 만큼 날짜나 수치에 정확성을 기하기 위하여, 최종적으로는《브리태니커 백과사전》을 참조하였음을 밝힙니다.

서문

중국어나 아라비아 어를 로마자로 옮겨 적는 데도 어려움이 있습니다. 여러 방식이 있지만 그중에서 어느 것이 더 낫다고 딱히 꼬집어 말하기가 어렵기 때문입니다. 중국의 인명과 지명의 경우, 이 책에서는 병음(拼音. 로마자로 표기하는 한자 발음 부호)으로 적었습니다. 그러나 '만주'(滿洲. Manchuria)처럼 우리 귀에 익은 말이 따로 있는 경우에는 굳이 병음을 고집하지 않고 그 말을 그대로 썼습니다.

2005년 3월,
미국 버지니아 주(州) 찰스 시(市)에서
수잔 와이즈 바우어

추천사 세계 역사와 문화에 대한 이해는 어린이의 필수 교양 허 원
추천사 어린이 역사 교육은 어린이의 눈높이에 맞추어야 이선복
서 문 자녀와 함께 이 책을 읽는 부모님께

제22장 **아일랜드와 인도**
　　　아일랜드의 '부활절 봉기' 21
　　　인도의 민족주의와 간디 29

제23장 **평화, 그리고 '피도 눈물도 없는 사나이' 스탈린**
　　　제1차 세계 대전 뒤에 맺어진 '베르사유 조약' 39
　　　이오시프 스탈린의 등장 49

제24장 **이집트의 국왕, 그리고 이탈리아의 무솔리니**
　　　이집트에 새로 등장한 '국왕' 61
　　　이탈리아의 파시즘과 무솔리니 68

제25장 **소용돌이에 휩싸인 중국**
　　　일본, 중국, 그리고 꼭두각시 황제 79
　　　산 18개와 강 24개를 건넌 중국 공산당의 '장정(長征)' 89

제26장 **전 세계를 강타한 대공황**
　　　검은 화요일과 뉴딜 정책 99
　　　아돌프 히틀러와 '조국' 독일 110

차례

제27장 **내전과 침공**
　　　'붉은 스페인'과 '검은 스페인', 그리고 왕과 장군　119
　　　히틀러가 불붙인 제2차 세계 대전　127

제28장 **제2차 세계 대전**
　　　한 덩어리로 움직인 세 개의 전쟁　139
　　　홀로코스트(유대 인 대학살)　147

제29장 **제2차 세계 대전의 종결**
　　　전 세계가 전쟁 속으로　157
　　　일본을 항복시킨 '원자 폭탄'　170

제30장 **갈라선 나라들**
　　　인도의 분할 독립과 간디의 죽음　181
　　　유대 인과 분할된 팔레스타인　190

제31장 **서유럽의 '깡패 나라들'과 미국의 '돈다발'**
　　　수에즈 위기와 나세르 대통령　199
　　　유럽을 일으키려 한 '마셜 플랜'과 베를린 장벽　208

제32장 **'아파르트헤이트'와, 중화 인민 공화국의 탄생**
　　　남아프리카 공화국과 '아파르트헤이트'　219
　　　중화 인민 공화국의 탄생과 마오쩌둥　227

제33장 **아시아의 공산주의**
  베트남의 독립과 호치민 235
  공산주의와 자본주의가 대결한 '한국 전쟁' 244

제34장 **남아메리카와 남아프리카의 빛과 그림자**
  아르헨티나의 대통령 페론과 그의 아내 255
  벨기에령 콩고의 독립과 새로운 억압 264

제35장 **냉전**
  소련과 미국의 '우주 경쟁' 275
  카스트로와 쿠바의 미사일 위기 283

제36장 **투쟁과 암살**
  케네디 대통령의 암살과 미국의 1950년대 297
  미국의 민권 운동과 킹 목사 307

제37장 **긴 전쟁과 짧은 전쟁**
  베트남 전쟁과 미국 321
  소용돌이치는 중동과 석유 332

제38장 **소련의 침공과 또 다른 전쟁 '테러리즘'**
  체코슬로바키아와 아프가니스탄을 침공한 소련 343
  뮌헨 올림픽과 또 다른 전쟁 테러리즘 350

제39장 1980년대의 인도와, 중동의 또 다른 앙숙
인디라 간디와 보팔 참사 361
이란 이라크 전쟁 372

제40장 체르노빌 사건과 '냉전 끝'
체르노빌의 원자력 발전소 폭발 사건 385
막을 내린 '냉전' 395

제41장 변화하는 중국과 소련
혁명의 꿈과 현실 403
소련, 예순아홉 살에 쓰러지다 412

제42장 20세기의 마지막 풍경
페르시아 만 전쟁 423
아프리카-슬픈 이야기 하나, 기쁜 이야기 하나 429

연표 440
찾아보기 446

현대편·상
차례

제1장 **해가 지지 않는 나라**
　　　　빅토리아 여왕과 만국 산업 박람회
　　　　'소총' 때문에 일어난 세포이의 항쟁

제2장 **서양과 동양의 대결**
　　　　다시 문 여는 일본
　　　　'교회의 열쇠'를 두고 일어난 크림 전쟁

제3장 **영국의 침략**
　　　　아프가니스탄을 두고 벌인 '그레이트 게임'
　　　　아프리카 대륙을 탐험한 리빙스턴

제4장 **부흥과 반란**
　　　　이탈리아의 '부흥'과 가리발디
　　　　부패한 청 왕조에 대항한 '태평천국 운동'

제5장 **미국의 남북 전쟁**
　　　　'노예 제도'를 두고 싸운 남부와 북부
　　　　링컨의 죽음과 노예 문제

차례

제6장 **자유를 위한 싸움**
파라과이와 3국 동맹 전쟁
영국에서 독립한 캐나다

제7장 **프랑스와 독일**
두 번의 제정과 세 번의 공화정을 거치는 프랑스
비스마르크가 탄생시킨 '독일 제국'

제8장 **현대화**
현대화를 불러온 철도, 시간대, 전구
일본의 메이지 유신

제9장 **두 개의 제국, 두 번의 반란**
네덜란드령 동인도 제도와 아체 왕국의 전쟁
유럽의 병자 '오스만 투르크 제국'

제10장 **세상에서 가장 메마른 땅, 동양을 잇는 운하**
페루, 볼리비아, 칠레가 벌인 '태평양 전쟁'
지중해와 홍해를 이은 수에즈 운하

제11장 **세계의 아득히 먼 곳**
오스트레일리아의 '강철 무법자' 네드 켈리
유럽에 의해 토막토막 잘리는 아프리카

제12장 **감자 기근과 보어 전쟁**
　　　아일랜드의 감자 기근
　　　다이아몬드와 금을 놓고 벌인 보어 전쟁

제13장 **낡은 황제와 붉은 술탄**
　　　브라질의 황제 페드루 2세
　　　붉은 술탄 아브뒬하미드 2세

제14장 **두 명의 차르와 두 명의 황제**
　　　러시아의 마지막 두 차르
　　　이탈리아의 침략을 물리친 에티오피아

제15장 **큰 나라와 작은 나라의 전쟁**
　　　일본과 중국의 싸움터가 된 한국
　　　미국 스페인 전쟁

제16장 **팽창하는 미국**
　　　서부로 가는 미국 사람들
　　　주식, 자선 사업가, 무법자

제17장 **중국의 혼란**
　　　외국 세력과 싸운 중국의 의화단 운동
　　　러시아와 일본이 맞붙은 '러일 전쟁'

차례

제18장 **유럽과 근동의 여러 나라들**
　　　페르시아의 적과 '친구'들
　　　발칸 반도의 분쟁

제19장 **중국, 베트남, 프랑스**
　　　중국의 마지막 황제
　　　베트남의 애국자 판보이쩌우

제20장 **멕시코 혁명과 제1차 세계 대전**
　　　멕시코 혁명
　　　제1차 세계 대전

제21장 **러시아 혁명과 대전의 종결**
　　　러시아 혁명
　　　제1차 세계 대전의 종결

　　　연표
　　　찾아보기

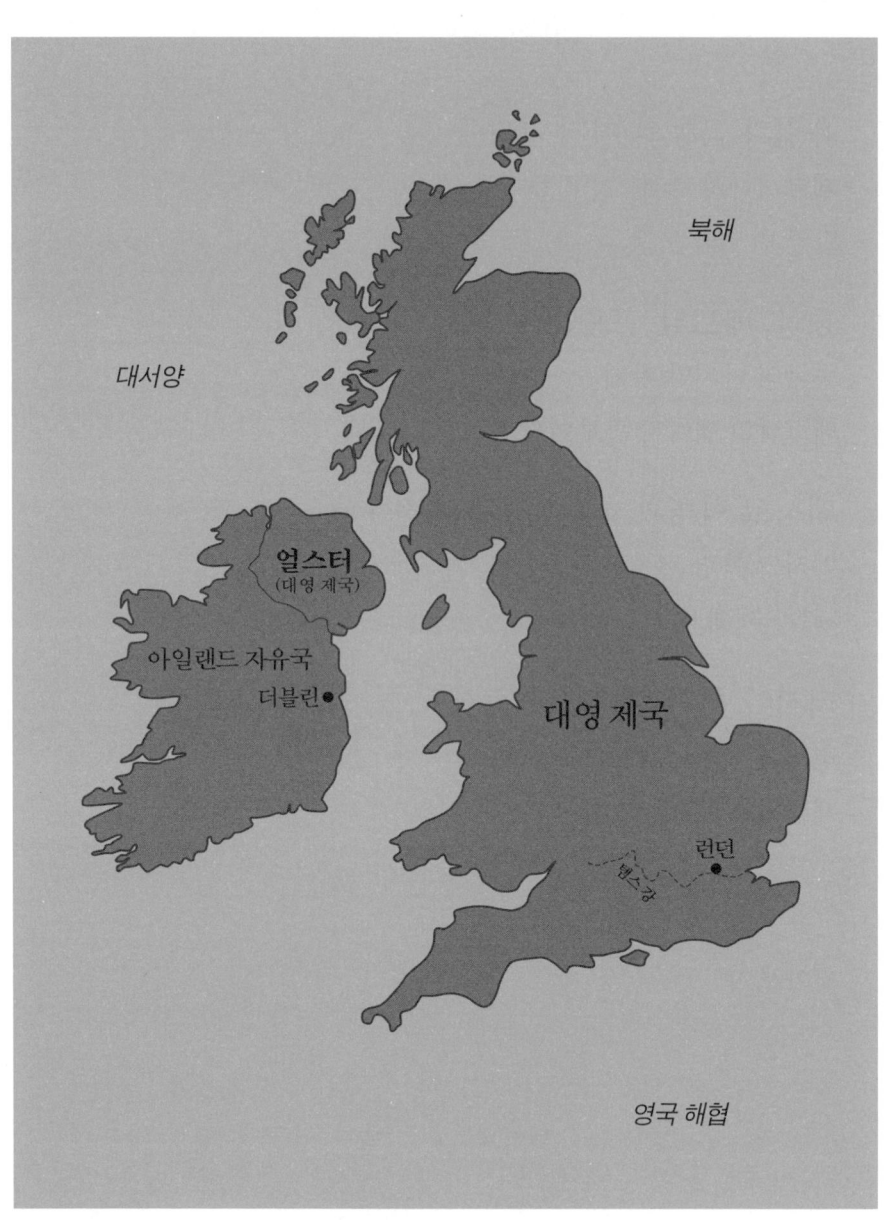

대영 제국과 아일랜드

제22장 아일랜드와 인도

아일랜드의 '부활절 봉기'

제1차 세계 대전이 한창일 때에, 영국은 내부에서 일어난 싸움까지 처리하느라 애를 먹었어.

영국의 서쪽 해안 바로 앞에 있는 아일랜드라는 나라를 마지막으로 방문했을 때를 기억하고 있겠지? 아일랜드 사람들이 영국의 가혹한 지배에 시달리며 사느라 고생이 이만저만이 아니었잖아? 아일랜드는 3백 년 이상 동안 대영 제국의 일부였고, 지난 1백여 년 동안은 독자적인 정부를 가지지 못한 채 영국 의회에 대표자들을 파견해야 했어. 지독한 감자 농사 흉년 때문에 아일랜드 사람이 무더기로 굶어 죽을 때 영국이 그들을 돕지 않은 사실은 잘 알 거야. 그리고 영국 총리 윌리엄 글래드스턴이, 아일랜드 사람에게 스스로를 통치할 자유를 허락하는 '아일랜드 자치 법안'을 통과시키려고 애썼지만, 영국 의회가 거절했다는 것도 기억하고 있을 거야.(상권 제12장에서 이야기했어.)

글래드스턴 총리는 영국이 아일랜드를 다스리는 방식은 옳지 못할 뿐만 아니라 매우 어리석다고 믿었던 사람이야. 영국이 아일랜드 사람을 홀대하고 천시하는 만큼 그들은 당연히 영국을 증오하게 된다는 것이었지. 그는 영국의 아일랜드 지배를 '7세기 동안에 걸친 악정*'이라고 비난하고, 그 악정이 장차 엄청난 분란을 가져올 것이라고 경

글래드스턴과 아일랜드 문제를 풍자한 그림

고했단다. 그는 그 분란을 '폭풍우를 몰고 올 서쪽 하늘의 먹구름'이라고 표현했어. 그는, 아일랜드 사람은 '영국의 부재지주*들에게 지세를 바쳐야 했던' 것과 그 지주들이 만든 '온갖 혹독한 법률에 복종할 것을 강요받았던' 사실을 죽을 때까지 기억할 것이라고 말했어.

글래드스턴이, 탐욕스러운 영국인 지주에게 빼앗긴 땅을 되찾을 권리를 아일랜드 농민에게 허락하는 법률을 제정하기 위해서 그처럼 열성적인 연설을 여러 차례나 했지만, 영국 의회는 듣지 않았어. 글래드스턴은 또 아일랜드의 프로테스탄트 신자와 가톨릭 신자에게 평등한 권리를 주는 법을 제정해야 한다고도 주장했단다.

한편, 아일랜드 사람들은 예전부터 그들 자신을 '영국인British'이 아니라 '아일랜드인Irish'이라고 부르고 있었어. 아일랜드의 유명한 시인 윌리엄 버틀러 예이츠

---

*악정(惡政) : 국민을 괴롭히고 나라를 그르치는 나쁜 정치.
*부재지주(不在地主) : 남에게 토지를 빌려 주고 그 토지에 살지 않는 토지 소유자.

William Butler Yeats는 아일랜드의 사상과 언어를 찬양하는 시를 썼어. '게일 어 연맹'이란 단체가 만들어졌는데, 이 단체의 회원들은 아일랜드 사람이 영어를 버리고 고대 아일랜드의 언어인 '게일 어Gaelic'를 사용하기를 원하고 주장했어. (아일랜드 땅에서 대대로 살아온 켈트 인을 '게일 인Gael'이라고 한단다.) 또 '게일 체육 협회'는 아일랜드의 소년들에게 고대 아일랜드 사람이 즐겼던 '헐링'* 같은 경기를 가르쳤어. 한편, 압제를 받는 전 세계의 모든 지역에서 그랬던 것처럼 저항 단체들이 생겨나기 시작했어. '청년 아일랜드 당Young Ireland'은 아일랜드가 영국으로부터 자유를 얻기 위해서는 먼저 영국이 법을 바꾸도록 만들어야 한다고 생각하는 사람들의 단체였어. 아일랜드의 전설적인 무사단의 이름을 따서 '페니언 단Fenian'이라고도 불리는 '아일랜드 공화파 형제단Irish Republican Brotherhood'은 자유를 얻기 위해서는 싸우는 길밖에 없다고 생각했어. 그리고 '아일랜드 토지 연맹'은 영국의 지주들에게 대항하기 위해 가난한 소작인들이 모인 단체였어. 아일랜드 토지 연맹 사람들은 아일랜드 사람이 영국인 고용주 밑에서 일하는 것을 거부하고, 영국 상인의 물건을 절대로 사지 않는 방법으로써 영국의 압제에 저항할 수 있다고 가르쳤어. 영국인 지주 중에 찰스 보이콧Charles Boycott이라는 사람이 있었어. 그런데 오래전부터 그의 농장에서 일했던 아일랜드 사람들이 어느 날부터 더 이상 일을 하지 않겠다고 하고, 또 그가 가지고 온 상

---

*헐링(hurling) : 15명씩 두 팀이 하는 아일랜드식 필드하키로, 규칙은 하키와 거의 같음.

품을 사려고도 하지 않았단다. 아일랜드 사람들이 보이콧에게 골탕을 먹였던 그 수법이 바로 지금 우리가 '보이콧'이라고 부르는 저항 수단이란다.

아일랜드의 가장 강력한 저항 단체는 1905년에 결성되었어. '신페인 당Sinn Fein'이라는 단체인데, 이것은 게일 어로 '우리들 자신'이라는 뜻이란다. 신페인 당은 아일랜드가 앞으로도 대영 제국의 일부로 남아 있는 한편, 독자적인 의회를 가지고 자치권을 행사하는 나라가 되기를 원했어. 다시 말하면 아일랜드도 캐나다와 같은 나라가 되기를 원했던 것이지.

찰스 보이콧을 표현한 그림

아일랜드의 대다수의 가톨릭 신자들은 신페인 당의 생각을 환영했어. 그러나 북부에 사는 프로테스탄트 신자들은 그렇지 않았어. 그들은 아직도 프로테스탄트 신자보다 가톨릭 신자의 수가 훨씬 많은 아일랜드가 다시 자치권을 가지는 것을 몹시 두려워했단다. 대영 제국의 지배를 받을 때에는 프로테스탄트 신자와 가톨릭 신자가 그 숫자와는 상관없이 똑같은 권리를 보장받았지만, 만약 아일랜드가 다시 자치권을 가진다면 모든 일을 다수결에 의해서 결정할 것이고, 따라서 훨씬 더 숫자가 많은 가톨릭 신자의 세상이 될 게 불을 보듯이 뻔한 노릇이었던 것이야. 그래서 만약에 가톨릭 신자의 태도가 확 달라져서 프로테스탄트 신자를 학대하면 어떡한다지?

아일랜드가 자치권을 가지는 것을 원하지 않는 대다수의 프로테스탄트 신자들은 아일랜드 북부의 여섯 개 군으로 구성된 얼스터Ulster에 살고 있었어. 얼스터는 아일랜드의 다른 지역들과는 매우 달랐단다. 옛날에 스코틀랜드의 장로교 신자들이 그곳에 정착한 이래로 얼스터에 사는 아일랜드 인은 대다수가 장로교 신자였어. 장로교는 프로테스탄트 파의 한 가지란다. 또, 아일랜드의 다른 지역은 거의가 농장이었지만 얼스터는 조선소를 비롯한 갖가지 공장들이 밀집해 있는 곳이었지.

주민의 거의 대다수가 프로테스탄트 신자인 북아일랜드에서 50만 명 이상의 사람이 뜻을 한데 모아서 '얼스터 서약Ulster Covenant'이라고 하는 문서를 세상에 널리 알렸어. 그 내용은 이렇단다.

"우리는 자치권이 우리에게 재앙을 안겨 줄 것이라고 우리의 양심을 걸고 확신한다. …… 자치권이 우리의 시민권과 종교적 자유를 앗아 갈 것이고…… 제국의 단결을 해칠 것이다. …… 우리는 필요한 모든 수단을 다해서, 아일랜드에 자치 의회를 세우기 위해 현재 진행되고 있는 음모를 분쇄할 것이다."

'필요한 모든 수단'을 다한다는 것은 만약 영국 정부가 아일랜드의 자치권을 허용한다면 북아일랜드의 프로테스탄트 신자들이 절대로 가만히 보고만 있지 않을 것이라는 뜻이었어. '얼스터 의용군Ulster Volunteer Force'이라는 비밀 군대가 조직되었어. 이 군대에 자원한 병사의 숫자가 무려 1만 명이나 되었단다! 얼스터 의용군은 독일로부터 들여온 소총과 탄약으로 단단히 무장했어.(독일은, 제1차 세계 대전이 한창인 상황에서 일어난 영국의 내분을 더욱 부채질할 수 있을 테니까 그들에게 아낌없이 무기를 내주려고 했겠지?)

이제 아일랜드에서는 자치권을 반대하기 위해서 싸우겠다는 세력과 기어이 자치권을 갖기 위해 싸워야겠다는 세력이 서로 버티게 되었어. 폭력적인 충돌을 피할 수가 없었고, 부활절 다음 월요일인 1916년 4월 24일에 마침내 '폭발'이 일어났단다. 패트릭 헨리 피어스Patrick Henry Pearce라는 이름의 페니언 단 지도자가 1천여 명의 반란군을 이끌고 더블린Dublin 시의 우체국을 점령했어.(신페인 당도 참여했단다.) 자치권을 쟁취하기 위해서 일어난 이 반란군은 또 정부 청사까지도 점령했어. 영국 군대가 반란군을 진압하러 오고, 일주일 동안 더블린의 거리에서 전투가 벌어지고, 반란군 병사들이 줄줄이 체포되었어.

이 짧은 반란은 영국 정부에게 너무도 엄청난 골칫거리를 안겨 주었단다. 거의 4백 명이 죽었는데, 그중에 절반은 거리를 오가다가 우연히 총알을 맞은 죄 없는 생명이었어. 영국군의 총에 맞아 죽은 사람도 많았단다. 또 이 '부활절 봉기Easter Rising'가 끝난 뒤에 영국 정부는 체포된 반란군 병사 중에서 16명을 골라서 총살했는데, 그들 중에서 한 명은 부상이 너무

공격당한 더블린 중앙 우체국

도 심해서 의자에 붙들어 매 놓고 쏘아 죽였다는구나.

이 사실이 알려지자 아일랜드 사람뿐만이 아니라 수많은 영국 사람들까지도 격분했어. 이제 아일랜드에서는 독립을 원하는 사람이 이전보다 훨씬 늘었고, 반란군 단체인 신페인 당에 들어오려는 사람의 수가 급격히 늘었어. 앞에서 말한 시인 예이츠는 부활절 봉기에 관하여 〈1916년의 부활절〉이라는 제목의 시를 썼는데, 이 시는 그의 가장 유명한 작품 중의 하나가 되었어. 그는 "너무도 오랜 희생은 가슴 속에 돌을 박는다."라고 쓰고, 이제는 "세월이 영영 달라졌다."라고 끝을 맺었단다. 그의 표현처럼 아일랜드와 영국은 예전의 관계로 다시 돌아갈 수 없게 되었고, 언제나 서로 적으로 지낼 수밖에 없게 되었던 것이야.

부활절 봉기가 있은 지 2년 반 후에 신페인 당은 '데일 에이린Dail Eireann'이란 이름의 독자적인 정부를 세웠는데, 이것은 '아일랜드 공화국 하원'이라는 뜻이란다. 데일 에이린은 이제부터 아일랜드는 영국인이 뭐라고 생각하건 개의치 않고 스스로를 통치할 것이라고 선언했어. 이 새로운 정부를 지키기 위해서 마이클 콜린스Michael Collins라는 이름의 신페인 당 지도자가 '아일랜드 공화국군Irish Republican Army(IRA)'이라는 이름의 군대를 만들었단다.

그러자 영국이 아일랜드 공화국군을 없애 버리려고 당장 군대를 보냈어. 아일랜드의 모든 곳에서 전투가

마이클 콜린스

벌어지고 집이 불타고 죄 없는 사람들이 마구 죽었어. 한편, 영국에서는 이제는 아일랜드의 자치를 허용하지 않으면 안 된다고 생각하는 사람이 점점 많아졌어. 미국에서는 수많은 아일랜드계 미국인들이 페니언 단의 저항 운동에 지지를 보내고 아일랜드의 자치권을 요구했단다.

제1차 세계 대전이 끝났을 때 영국과 신페인 당은 아일랜드의 독립을 놓고 협상을 시작했어. 그리고 여러 달이 지난 1922년에 신페인 당과 영국 정부는 조약을 맺었는데, 아일랜드 대부분의 지역을 아울러서 '아일랜드 자유국Irish Free State'이라는 이름의 나라를 세운다는 내용이었어. 아일랜드 자유국도 캐나다처럼 영국의 군주에게 충성을 바치는 한편으로 독자적인 의회와 법률을 가지고 스스로 통치하는 나라가 된다는 것이었지. 예이츠도 그 의회의 의원이 되어 달라는 권유를 받았단다.

예이츠

그러나 주민의 대다수가 프로테스탄트 신자인 북부의 얼스터 지방은 아일랜드 자유국에 포함되지 않고, 계속 대영 제국의 일부로 남았단다.

아일랜드의 모든 사람들이 이 조약을 환영하지는 않았어. 얼스터가 포함되지 않은 것을 반대하는 사람들도 있었고, 또 아일랜드가 비록 형식적으로나마 영국과 아무런 관계가 없는 완전한 독립국이 되지 않은 것을 탄식하는 사람들도 있었어. 마이클 콜린

28 제22장 아일랜드와 인도

스는 암살당했단다! 앞으로도 계속 대영 제국의 군주에게 충성을 바친다는 조건을 받아들임으로써 콜린스가 아일랜드를 배반했다고 믿은 반란군들이 그를 죽여 버렸던 것이야!

신페인 당도 얼스터가 대영 제국의 일부로 남은 것을 좋아하지는 않았어. 그러나 두 나라 간의 싸움을 끝낼 방법은 오직 그 조약뿐인 것 같았기 때문에 할 수 없이 받아들여야 했지.

1923년 무렵에 아일랜드 자유국은 자치를 하고 있었어. 그리고 14년 후에 영국은 아일랜드 자유국이 '에이레Eire' 혹은 '아일랜드 공화국Republic of Ireland'이라는 이름의 완전한 독립국이 되는 것을 인정하기로 했어. 그러나 얼스터라고 불리는 북아일랜드는 그 후에도 여전히 대영 제국의 일부로 남기로 결정되었단다. 그곳은 가톨릭 신자들이 흔히 학대를 당하고, 강도질을 당하고, 길을 가다가도 걸핏하면 얻어터지기가 일쑤인, 한시도 편할 날이 없는 불행한 땅이 되었단다.

인도의 민족주의와 간디

아일랜드 사람들이 독립을 위해서 싸우고 있을 때, 인도 사람들도 그들의 독립을 위해 싸우고 있었어.

우리가 마지막으로 인도를 방문했을 때, 영국은 인도 총독이라는 관리를 파견해서 인도를 지배하고 있었어. 인도 총독은 영국의 빅토리아 여왕의 이름으로 인도를 통치했어. 영국은 인도를 '라지Raj'(인도 어로 '왕국'이란 뜻)라고 불렀단다. 그만

큼 인도는 이제 대영 제국의 확고한 일부라는 뜻이었고, 그새 수도를 캘커타에서 델리Delhi로 옮겼어.

세포이의 항쟁이 끝나자 영국은 인도 사람의 삶을 예전보다 나아지게 해 주려고 했어. 곳곳에 철도와 도로를 놓고, 전화선을 설치하고, 더 많은 배들이 더 수월하게 교역할 수 있도록 항구 시설을 고쳤어. 인도에 사는 영국인은 영국의 관습과 생활 방식을 인도에 심어 주는 것을 자기들의 의무라고 생각했단다. 자기들이 모든 면에서 인도 사람보다 훨씬 우수하다고 믿었던 것이지. 《정글북Jungle Books》이라는 유명한 소설을 쓴 러드야드 키플링Rudyard Kipling이란 작가는 그 의무를 '백인의 짐'이라고 표현했단다.

그러나 인도 사람은 영국인이 그 짐을 제발 지지 말아 주기를 원했어. 영국인이 제아무리 인도 사람을 위해서 좋은 것을 해 주겠다고 말하더라도, 인도 사람이 보기에는 영국인만 온갖 특권을 누리고, 훨씬 부자이고, 좋은 것은 자기들만 가지는 것 같았어. 영국인은 자기들끼리만 모여서 살고, 그곳에서 인도 사람을 하인으로 부렸어. 인도에서 사는 영국인치고 인도 사람을 집사나 요리사나 유모 등의 하인으로 부리지 않는 사람이 거의 없었어. 인도 사람은 백인 남자를 '사히브(sahib)'라고 부르고, 백인 여자를 '맴사히브(memsahib)'라고 불렀는데, 이것은 각각 '나리'와 '마님'이라는 뜻이었단다.

인도 사람은 나리나 마님을 원하지 않았어. 영국 사람도 이 사실을 모르지 않았단다. 실제로 제1차 세계 대전이 터지기 전에 이미 영국은 캐나다나 오스트레일리아와 마찬가지로 인도에게도 자치권을 허용해야 할 때가 되었다는 생각을 한 적이 있었단다.

하지만 제1차 세계 대전이 끝나자 영국은 그 생각을 까맣게 잊어버렸어. 수많은 국민의 목숨을 앗아 간 끔찍한 전쟁의 피해에서 벗어나려고 안간힘을 쓰느라 다른 데에 신경 쓸 겨를이 없었던 것이야. 그런데 인도 사람도 세계 대전 때문에 엄청난 피해를 입었어. 영국군에 투입되어 싸웠던 인도 병사들 중에서 10만 명 이상이 죽었거든. 인도

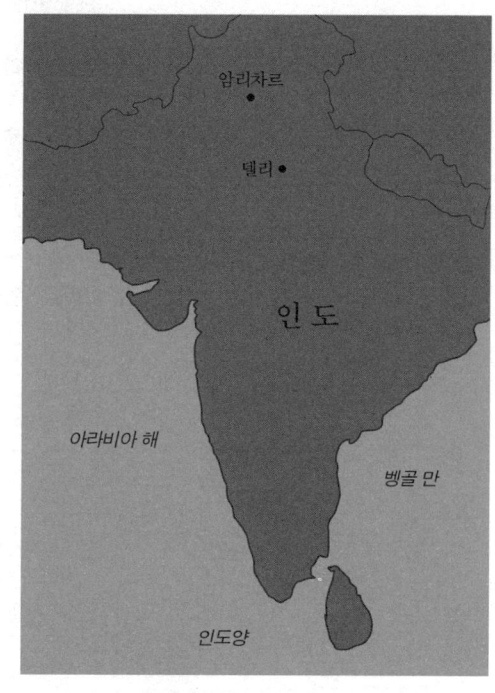

모한다스 카람찬드 간디가 활동할 때의 인도

는 그 희생에 대한 대가만으로도 자유를 얻고도 남을 만했단다!

인도에서 자유를 요구하는 목소리를 가장 크게 높였던 집단은 '인도 국민 회의 당 Indian National Congress'이었어. 제1차 세계 대전이 끝날 즈음에 인도 국민 회의 당을 이끌었던 사람은 모한다스 카람찬드 간디Mohandas Karamchand Gandhi였어. 힌두 교 집안에서 태어난 그는 영국에서 법학을 공부하고, 그 후 남아프리카를 여행했단다. 거기서 그는 인도의 이주민의 삶을 더 낫게 해 주기 위해서 여러 해 동안 봉사했어. 남아프리카에서 인도 사람은 피부가 새카맣다는 이유로 흑인

모한다스 카람찬드 간디
간디의 젊은 시절 모습이야. 그는 런던으로 유학 가서 법률을 배우고, 스물다섯 살에 변호사가 되어서 남아프리카로 일하러 갔어. 그곳에서 그는, 이주해 와 있는 7만 명의 인도 사람들이 백인들에게 인간다운 대접을 받지 못하고 박해당하는 모습을 보았어. 그 뒤로 그의 생애는 바뀌었단다. 그는 남아프리카에서 20년 동안 인종 차별 반대 투쟁을 전개해서 결국 백인들을 굴복시켰어.

과 똑같이 홀대를 받으면서 살았단다.

간디는 21년 동안이나 외국에 나가 있었어. 그리고 고국에 돌아왔을 때 그는 마치 이방인인 것 같은 심정을 느꼈어. 그러나 그가 남아프리카에서 인도 사람을 위해 봉사했다는 소식이 인도 전체에 널리 알려져 있었어. 간디는 인간의 정의와 인도의 독립을 위해 그 자신의 모든 것을 바칠 인물이라는 명성을 벌써부터 얻고 있었던 것이지.

젊은 간디

간디는 인도로 돌아온 첫해에 기차를 타고 전국을 돌아다니면서 그가 떠나 있었던 20년 동안에 인도의 모습이 얼마나 변했는지를 관찰했어. 그러나 그가 본 것은 온통 가난과 불결한 환경과 질병과 불행뿐이었어. 그래서 그는 인도 국민 회의 당에 가입했고, 시골의 작은 마을 주민들까지도 그 단체에 끌어들이려고 갖은 노력을 다했단다. 그리하여 어느새 인도 국민 회의 당의 회원은 수백만 명으로 늘어났단다!

1919년에 인도 국민 회의 당 사람들이 인도의 성도(聖都)인 암리차르Amritsar에서 영국의 지배에 항거하는 대규모 집회를 열었어. 인도의 북쪽에 위치한 암리차르 시는 인도 북부에서 일어난, 힌두 교와 이슬람 교가 혼합된 시크 교의 신자들이 이 지구상에서 가장 성스러운 곳이라고 여기는 도시였단다. 이슬람 교도와 마찬가지로 시크 교도도 신은 단 한 분뿐이라고 믿었어. 고대 시대에 시크 교도는 대부분이 전쟁 군주들이었고, 근대에 와서는 주로 인도 황제의 근위병으로 일했어.
암리차르 시가 그들의 성도인 까닭은 그곳에 '황금 사원Golden Temple'이 있기 때문이야. 황금 사원은 넓고 고요한 연못의 한가운데에 서 있는데, 그 연못의 물에 몸을 적신 사람은 누구나 영원히 죽지 않는다는 믿음이 전해져 오고 있었어. 시크 교도들은 하얀 돌로 만든 다리를 건너 황금 사원으로 가서 그곳에 보관되어 있는 '그란트 사히브Granth Sahib'라는 그들의 경전 앞에서 경배를 올렸단다.
집회에 참가한 시위자들은 그 황금 사원이 있는 연못 근처의 '잘리안왈라 바그Jallianwala Bagh'라고 불리는 정원에서 모였어. 아무도 무기를 가지고 있지 않았

암리차르 대학살

기 때문에 무슨 문제를 일으킬 수 있는 군중이 아니었지만, 그 집회는 불법이었단다. 인도에서 대규모 군중이 모여서 시위를 하는 것은 어떤 경우에도 불법이라고 영국 정부가 못을 박아 놓았기 때문이야.

암리차르 시에 주둔한 영국군의 사령관이 군대를 이끌고 왔어. 그는 군중에게 해산하라는 권고나 경고도 하지 않고 덮어놓고 총격부터 가했어. 3백 명 이상이 죽었고, 1천 명 이상이 부상을 당했어. 지금도 암리차르 시에 가서 잘리안왈라 바그 정원을 돌아보면 그 주위의 벽돌 아치 문들에 그때의 총알 자국이 남아 있는 것을 볼 수 있단다.

도시 전체가 격분했어. 이제야말로 독립을 위한 전쟁을 시작할 때가 된 것 같았어. 그러나 간디는 그의 추종자들이 무기를 드는 것을 반대했어. 그는 인도 국민 회의 당 사람들에게 이렇게 말했어. 무기를 든 사람은 비겁한 사람이고, 무기를 들지 않은 사람이야말로 진정으로 용감한 사람이라고. 그는 '사티아그라하satyagraha'로써 쟁취한 독립과 자유와 정의만이 진정한 독립이고 자유고 정의라고 역설했어. '사티아그라하'가 바로 간디가 부르짖은 저 유명한 '비폭력 불복종 운동'이란다.

간디와 인도 국민 회의 당 사람들은 무기를 들고 싸우지 않았어. 그들은 이제까지 세계의 어디에서도 보지 못했던 새로운 방법으로 영국의 압제에 항거했단다. 그들은 인도 사람들에게 '비협력'으로 저항하라고 가르쳤어. 이것은 영국 정부가 요구하는 세금을 내지 않는다는 뜻이었어. 그들은 또 영국인의 상품을 '보이콧'하라고 인도 사람들을 부추겼어. 이것은 영국에서 만든 상품을 절대로 사서 쓰지 않는

다는 뜻이었지. 간디는 그를 따르는 사람들에게, 각자 집에서 손으로 만든 옷감으로 옷을 만들어 입고, 절대로 영국에서 들어온 면제품을 사지 말라고 말했어. 또 영국 정부가 소금에 대해서 세금을 부과했을 때, 간디는 그를 따르는 사람들과 함께 386킬로미터를 걸어 바다로 가서 소금을 채취했어. 그가 처음 출발

소금 행진을 하는 간디

할 때에는 78명이 뒤를 따랐지만, 나중에는 그 숫자가 수천 명으로 늘어났단다.
간디는 인도 사람에게 자식들을 영국인 학교에 보내지 말고, 영국인이 쥐어 준 모든 특권을 깨끗이 버리라고 가르쳤어. 그 자신도 남아프리카에서 일한 공로로 영국 정부로부터 받았던 훈장을 돌려주었단다. 그리고 어느 공장이 일꾼들에게 굶주린 배를 채울 만큼도 임금을 주지 않는다는 것을 알았을 때 간디는 단식 투쟁을 했어. 그는 그 공장의 주인이 일꾼들에게 임금을 제대로 지불하기 전에는 절대로 음식을 먹지 않겠다고 했어. 그러자 사흘 만에 공장 주인이 간디의 요구에 굴복했단다. 그는 자기 때문에 간디가 굶어 죽는다면 그 책임을 감당하지 못할 것이라고 생각했던 것이야!
영국은 간디를 몇 번이나 감옥에 가두었어. 그러나 영국의 압제에 대한 '민족주의

적 운동'이라고 불리는 인도 사람의 저항은 그치질 않았어. 또 그들의 저항은 언제나 평화적이지만도 않았단다. 간디의 비폭력주의에 불만을 품은 사람들이 더러 무기를 들고 싸우기도 했던 것이지. 하여간에 영국으로서는 인도를 지배하기가 점점 어려워질 수밖에 없었단다.

암리차르 대학살Massacre of Amritsar이 있은 후 영국은 마침내 인도를 지배하는 방식을 바꾸어서 인도가 서서히 독립을 향해 나아갈 수 있도록 하겠다고 약속했어. 그러나 그 약속이 완전히 지켜지기까지는 아직도 30년이라는 세월이 더 남아 있었단다.

베르사유 조약 이후 1919년의 유럽

제23장 평화, 그리고 '피도 눈물도 없는 사나이' 스탈린

제1차 세계 대전 뒤에 맺어진 '베르사유 조약'

제1차 세계 대전이 끝났어. 전쟁의 갈퀴에 긁히지 않은 나라는 유럽에서 하나도 없었어! 전쟁의 피해가 얼마나 될까? 먼저 연합국부터 살펴보자꾸나. 영국은 죽은 사람이 거의 1백 만 명, 부상자가 2백 만 명을 넘었어. 그중에 불구가 된 사람도 수십 만 명에 이르렀단다. 이웃 나라 프랑스는 한술 더 떴어. 죽은 사람이 거의 1백만 명, 부상자가 4백 만 명을 넘었으니까 말이야. 그러나 러시아는 더했어. 죽은 사람이 얼추 2백 만 명이고 부상자가 무려 5백 만 명 남짓이나 되었단다. 이탈리아도 거의 70만 명이나 죽었어. 그럼, 전쟁에 진 동맹국은? 독일은 죽은 사람이 얼추 2백 만 명, 부상자가 4백 만 명을 넘었단다. 오스트리아-헝가리 제국은 죽은 사람이 1백 만 명 남짓, 부상자가 얼추 4백 만 명이었어. 오스만 투르크 제국과 불가리아도 합쳐서 50만 명이나 죽었다는구나. 유럽 인구가 바짝 줄어들었겠지? 그리고, 전쟁통에 뭐 하나 성하게 남은 게 없었단다. 시골 구석구석까지 다 망가졌어. 집들은 다 부서지고, 도로는 조각조각나고, 탄광도 다 무너져 내렸단다. 한마

제1차 세계 대전 뒤에 맺어진 '베르사유 조약' 39

디로 잿더미였어.

이 잿더미에서 어떻게 다시 일어설 수 있을까? 이제는 이 문제를 궁리할 차례였어. 1919년에 연합국 지도자들이 프랑스의 베르사유 궁전Palais de Versailles에 모였단다. 베르사유 궁전이라면 루이 14세가 파리 근처에 지은 그 화려하고 커다란 궁전이야. 여기에 왜 모였을까? 그건 독일을 비롯한 동맹국에게 어떤 벌을 줄 것인지를 결정하기 위해서였어.

모인 지도자들 중에 말발이 센 사람이 따로 있었단다. 우드로 윌슨 미국 대통령, 데이비드 로이드 조지David Lloyd George 영국 총리, 조르주 클레망소Georges Clemenceau 프랑스 총리가 그들이었어. 그런데 조약의 내용을 놓고서 이 세 사람의

회담이 열린 베르사유 궁전의 '거울의 방'에 모인 기자들과 사람들

의견이 엇갈렸어.

연합국 중에서 전쟁의 피해가 가장 큰 나라는 아무래도 프랑스였어. 클레망소 총리는 자기 나라가 독일 침략군의 군홧발에 쑥대밭이 되는 꼴을 두 눈으로 똑똑히 지켜보았어. 그러니 "독일에게 전쟁 배상금을 반드시 물려야겠소!"라고 목소리를 높일 수밖에.

영국도 큰 피해를 입기는 마찬가지였어. 영국 사람들은 이를 바득바득 갈았다는구나. 어디서든 로이드 조지 총리의 얼굴이 보였다 하면 이렇게 소리를 질렀대. "독일에게 전쟁 배상금을 물리시오! 반드시 말이오!" 그러나 로이드 조지 총리의 생각은 달랐어. 독일을 더 궁지로 몰아넣으면 독일 사람들이 공산주의로 돌아서지 않을까? 결국 러시아와 손잡으면 어떡하지? 그러니까, 독일을 막다른 골목으로 몰면 독일 사람들이 "좋아, 이 참에 우리도 공산주의 나라를 세우자!" 하고 벌 떼처럼 들고일어날지도 모른다는 거였어. 그러지 않아도 영국은 러시아를 불안하게 여겨 오던 참이었어. 나라의 덩치도 크고, 군대도 만만치 않고, 영토 욕심도 많아 보이고 말이야. 그러나 무엇보다도 걱정스러운 건 러시아가 지금 '공산주의 나라'란 사실이었어. 러시아가 공산주의를 전파할 욕심으로 군대를 확 풀어서 유럽으로 밀고 들어오면? 여기에 독일이 한편이 되면? 아아, 생각만 해도 끔찍한 일이었어. 정말 이런 일이 벌어진다면 영국은 도저히 감당할 재주가 없었어. 그래서 로이드 조지 총리의 생각은 한 발짝 더 멀리 내다보자는 거였어.

그럼, 윌슨 미국 대통령은 무슨 생각을 하고 있었을까? 그도 '독일은 흠씬 두들겨

제1차 세계 대전 뒤에 맺어진 '베르사유 조약' 41

맞아야 해! 하고 생각했단다. 하지만 그는 그게 다가 아니라고 생각했어. 벌도 벌이지만, 이런 끔찍한 전쟁이 다시는 일어나지 않도록 '안전 장치'를 만드는 게 더 중요하다는 거야. 전 세계 지도자들이 머리를 맞대고 궁리하면 모든 나라가 다 받아들일 수 있는 방법이 왜 없겠느냐는 거였지. 이런 생각으로 그가 내놓은 평화 원칙이 바로 '14개 조항Fourteen Points'이란다. 이 중에서 중요한 건 다음 세 가지야.

1. 나라마다 군대와 무기를 줄인다.
2. 각 민족의 독립을 보장한다. (이것을 다른 말로 하면 '민족 자결주의'라고 해.)
3. '국제 연맹League of Nations'을 만들어 모든 나라가 여기에 가입한다.

국제 연맹은 말하자면 '시끄러운 집안의 부모'와 같은 거란다. 식구가 많은 집에 부모가 없다고 생각해 봐. 집이 얼마나 시끄럽겠니? 사실, 어떤 두 나라 사이에 무슨 문제가 있더라도 전쟁까지 할 게 뭐 있겠어? 게다가 여러 나라가 거기에 우르르 끼어들어 패싸움을 벌일 건 또 뭐고! 그러니까 앞으로는 그러지 말고 두 나라 사이에 무슨 문제가 생기면 국제 연맹으로 가져가서, 회원국들이 토론을 해서 해결책을 내놓으면 거기에 순순히 따르도록 하자는 거였어. 이렇게 하면 전쟁이 날 리가 없다는 거였지. 윌슨 대통령은 '국제 연맹'을 만들면 앞으로 커다란 전쟁이 일어나는 걸 막을 수 있다고 철석같이 믿었단다.

연합국 지도자들과 전쟁에 참가한 모든 나라의 대표들은 베르사유에서 열린 이 회담에서 다음 세 가지 '중대 결정'을 내렸어.

첫 번째는, 국제 연맹을 만들자고 한 윌슨 대통령의 제안을 받아들이기로 한 거야. 그래서, 제1차 세계 대전의 승자와 패자가 서명한 문서인 '베르사유 조약Treaty of Versailles'의 첫머리를 '국제 연맹 규약'이 장식하게 되었어. 규약이란 약속이라는 뜻이고, 그 내용은 국제 연맹에 가입한 회원국의 주권과 영토를 서로 보장하고, 어느 회원국이 다른 회원국을 침략할 경우 이 나라를 경제적으로 집단 보복한다는 거였어.

두 번째는, 동맹국의 지도를 아예 새로 그려 주기로 한 거야. 이게 무슨 말이냐고? 동맹국 나라들의 국경선을 송두리째 새로 그리겠다는 말이란다. 패자의 팔다리를 잘라 내고 몸통까지 단단히 손봐 주겠다는 거였지.

제1차 세계 대전이 시작되었을 때 오스트리아의 넓은 땅은 독일 바로 오른쪽에 있었어. (오스트리아는 중세에 '신성 로마 제국'에 속했었지.) 그런데 오스트리아는 '오스트리아-헝가리 제국'으로도 불려. 이 제국의 예전 지도를 살펴보면 영토의 절반이 동부 지역에 몰려

위 : 우드로 윌슨 미국 대통령, 가운데 : 데이비드 로이드 조지 영국 총리, 아래 : 조르주 클레망소 프랑스 총리

있는데, 이곳 주민이 헝가리 사람들이야. 그래서 그런 이름이 붙은 거란다. 그런데 오스트리아와 헝가리는 '한 지붕 두 가족'이었어. 헝가리 사람은 오스트리아 황제를 섬겼고, 군대도 같았어. 그런데 나라 이름과 헌법은 자기네들 것이 따로 있었어. 그러니까 외교나 전쟁 문제에서는 함께 움직이면서 완전한 자치를 한 것이지. 크로아티아와 보스니아는 오스트리아-헝가리 제국의 국경선 안에 있었어. 그리고 남쪽 국경선 너머에 독립국인 세르비아와 몬테네그로가 있고, 동쪽 국경 너머로는 불가리아와 러시아 영토인 루마니아가 있었어. 그리스는 발칸 반도 남쪽에 있었고 그 위에는 알바니아가 있었는데, 두 나라 모두 독립국이었어. (이 이야기는 상권 제20장에서 잠깐 했어. 지도는 상권 325쪽을 봐.)

이 지도가 베르사유 조약으로 '대수술'을 받게 되었단다! 연합국 지도자들은 오스트리아-헝가리 제국을 일단 두 토막 냈어. 동쪽의 헝가리와 서쪽의 오스트리아를 아주 쪼개 놓은 거야. 그리고 널찍한 북부 지방을 뚝 떼어다가 '체코슬로바키아'란 신생국을 만들었어! 남부 지방의 크로아티아와 보스니아도 세르비아에게 뚝 떼어 넘겨주고! (이렇게 해서 만들어진 나라가 '세르비아-크로아티아-슬로베니아 왕국'인데, 나라 이름이 곧 '유고슬라비아'로 바뀐단다. 그러니까 지금부터는 그냥 '유고슬라비아'라고 부르기로 해.) 독립국이던 몬테네그로도 새로 생긴 유고슬라비아로 쓸어 넣어 버렸어! 이렇게 해서 이 지역에서 영토가 줄지도 늘지도 않은 나라는 그리스와 알바니아 단 두 나라밖에 없게 되었단다!

독일의 편을 들었던 불가리아도 회초리를 단단히 맞아야 했어. 서부 지역을 유고슬라비아에게 통째로 넘겨주어야 했으니까! 이렇게 해서 유고슬라비아는, 불가리아와 다른 네 나라 출신의 주민으로 이루어진 '한 지붕 다섯 가족'의 나라가 되었단다.

오스만 투르크 제국은? 독일 편에 가담했기 때문에 역시 호되게 벌을 받았어. 오스만 투르크 제국은 소아시아를 빼고 모든 영토를 뱉어 내야 했단다. 소아시아는 우리가 지금 '터키'란 나라 이름으로 알고 있는 지역이야. 오스만 투르크 제국의 영토였던 소아시아의 남쪽 지역은 영국과 프랑스가 사이좋게 나누어 먹었단다. 지중해 연안 지역은 프랑스가 차지하고, 그곳에서 저 페르시아 국경에 이르는 아라비아 반도 북부 지역은 영국에게 고스란히 넘어간 거야. (10년 뒤인 1929년에 영국은 이 지역에서 오스만 투르크 제국에 속했던 곳을 따로 나누어 '이라크'라고 이름 붙였단다.) 게다가 지도에서 '오스만 투르크 제국'이란 이름이 영원히 사라지게 되었어! 오랫동안 동방의 우두머리 행세를 해 왔던 이 제국이 무너진 거야. 그리고 '터키 공화국Republic of Turkey'이 들어섰어.

베르사유 조약의 두 번째 중대 결정은 이렇게 동유럽의 지도를 새

조약에 사인하고 나오는 연합국 대표들

로 그리는 것이었어. 그럼, 마지막 세 번째 중대 결정은 뭐였을까? 바로 '독일 벌주기'였단다!

독일은 거의 '천벌'을 받았단다. 우선 영토가 갈가리 뜯겨 나갔어. 연합국 지도자들은 독일 북부 지역을 뚝 잘라다가 일부는 폴란드에게 돌려주고, 일부는 러시아에 넘겨주었어. 그리고 여러 민족들을 '독립'시켰단다. ('민족 자결주의'란 말을 기억하고 있겠지?) 이렇게 해서 리투아니아, 라트비아, 에스토니아가 독립했어.

독일은 해외 식민지도 모조리 토해 내야 했어. 물론 연합국들이 다 갈라 먹었지. 그리고 완전히 무장 해제*를 당했단다. 군 병력은 10만 명을 넘을 수 없었고, 전함은 여섯 척까지만 가질 수 있었어. 비행기나 잠수함은? 그건 가질 수 없었어. 너무 위험한 물건들이니까.

이 정도라면 독일이 그나마 견딜 만했는지도 몰라. '베르사유 조약 제 231조'에 비하면 말이지!

'베르사유 조약 제 231조'를 간단히 말하면 '전범 규정'이라고 한단다. 전범(戰犯)은 '전쟁 범죄자'의 줄임말이고, 이 규정은 전쟁 책임과 배상금 지불에 관한 것이야. 그런데 이 규정의 내용이 여간 가혹하지 않았어! 도대체 무슨 내용이길래? 잘 들어 보렴.

'독일은 다른 동맹국과 전쟁을 일으켰으므로 전쟁 피해와 손실을 연합국에 모두

---

*무장 해제(武裝解除) : 전쟁이나 전투를 위한 장비를 강제로 몰수하는 일.

배상한다.'

무슨 말인지 알아듣겠니? 쉽게 말해서, 독일이 전쟁을 일으킨 책임을 다 짊어지고 연합국이 입은 피해를 모조리 물어내라는 거야! 그런데, 연합국이 계산해서 내놓은 전쟁 피해액이 자그마치 330억 달러나 되었다는구나! (이게 얼마나 큰 돈인지 짐작이 안 가지? 그때 전 세계의 내로라하는 경제학자들이 이렇게 경고했대. "이렇게 어마어마한 돈을 동원했다가는 세계 경제가 혼란에 빠지고 말 거요!")

독일 대표단이 이걸 보고서 뒤로 나자빠질 만도 했겠지? 그들은 연합국 대표들에게 이렇게 막 대들었대. "우리 독일도 전쟁으로 다 망가진 판에 이 어마어마한 돈을 어떻게 물어낸다는 말이오? 이게 말이나 되는 소리요?", "전쟁이 처음 터진 곳은 발칸 반도인데 전쟁의 책임을 왜 우리가 다 뒤집어써야 하는 거요?"

독일의 항의에 연합국 대표들은 눈썹 하나 꿈쩍하지 않았다는구나! 그럴 만도 했을 거야. 연합국 지도자들이야 이미 저마다 원하던 걸 다 챙겼으니까! 생각해 보렴. 우선, 윌슨 미국 대통령은 자기 생각대로 국제 연맹을

베르사유 조약을 표현한 당시 독일 잡지의 삽화(독일을 기요틴에서 처형하려는 윌슨 대통령, 클레망소 총리, 로이드 조지 총리)

만들 수 있게 되었으니 기분이 썩 좋았겠지? 클레망소 프랑스 총리는 독일이 호되게 벌 받는 꼴을 보게 되었으니 기분이 좋았겠지? 로이드 조지 영국 총리는? 그 역시, 러시아가 유럽으로 뻗어 나오지 못하도록 방패막이를 확실히 쳐 놓아서 기분이 좋았어. 무슨 방패막이냐고? 베르사유 조약에 따라 유럽과 러시아 사이에다 만들어 놓은 신생국들이 있잖아!

하지만 베르사유 조약의 앞날은 험한 가시밭길이었다는구나.

우선 윌슨 대통령이 미국으로 돌아가서 험한 꼴을 당하고 말았어! 그는 미국에 돌아가서 의회를 소집했어. 미국을 국제 연맹에 가입시키기 위해서 말이야. 그런데 의원들은 이 문제를 의논할 생각을 하기는커녕 콧방귀만 픽픽 뀌었다는구나. "우리 미국이 왜 유럽의 정치에 깊숙이 끼어들어야 하지? 유럽은 유럽이고 우린 우리야! 제발 쓸데없는 소리 그만 하고 우리한테 이득이 되는 일에나 신경 쓰시구려!" 뭐 이랬다고들 하는구나. 그 바람에 미국 대통령이 제안해서 만들어진 국제 연맹에 막상 미국이 쏙 빠지게 되었으니, 이런 국제적인 망신이 또 어디 있겠니?

또, 새로 그은 국경선들도 거의 다 허물어지고 말았다는구나. 하기야 그 지역에서 단 하루도 살아 본 적이 없는 사람들이 책상에 앉아서 제멋대로 그어 댄 국경선이란 게 얼마나 가겠니? 힘센 나라들이 자기네 잇속만 생각하고서 역사도 문화도 다른 민족들을 억지로 한데 묶어다가 "이제부터 당신들은 새 나라의 한 백성이니 그런 줄 아시오!"라고 했으니 말이야. 심지어 수백 년 동안 원수처럼 살아온 여러 민족을 한데 묶어서 만든 나라도 한둘이 아니었어!

마지막으로, 독일이 내는 전쟁 배상금의 액수도 해마다 줄어들었다는구나! 그럴 수밖에 없었어. 애당초 무리한 금액이었으니까. 전쟁 배상금 때문에 독일 사람들은 아주 비참하게 살아야 했단다. 해가 바뀌고 또 바뀌어도 형편이 풀릴 기미는커녕 오히려 점점 더 어려워져 갔어. 결국 막다른 골목까지 갔단다. 누가 나서서 "이렇게 당하고만 있을 게 아니라 우리도 복수를 하자, 복수! 위대한 독일을 다시 일으켜 세우자!" 하고 선동하면 다들 귀를 쫑긋 세울 만큼.

이오시프 스탈린의 등장

이제 러시아로 다시 돌아가 볼까? 레닌이 이끈 볼셰비키 당이 1917년 10월에 혁명을 일으켜 권력을 잡은 일을 기억하고 있겠지?(상권 제21장에 나온 내용이야.) 그리고 마지막 황제 니콜라이 2세가 예카테린부르크의 어느 저택 지하실에서 가족들과 함께 처형당한 일도 기억 나니? 그래, 그런데 벌써 그때부터 러시아는 내전의 수렁에 깊이 빠져들었단다.

'적군(赤軍)'이라고 불리는 볼셰비키 혁명군과, 볼셰비키에 반대하고 차르를 섬기는 '백군(白軍)'이 드넓은 러시아 땅에서 3년 동안 서로 치고 받고 싸웠어.

내전은 1922년에 적군의 승리로 막을 내렸어. 차르와 백군을 따랐던 사람들의 운명은 어떻게 되었을까? 150만 명이나 되는 사람이 추방 명령을 받았단다. 당장 러시아를 떠나라는 거였지. 명령을 거역하는 사람은 감옥에 갇히거나 처형당하는 신세를 면할 수 없었어.

러시아는 이제 단 하나의 정당이 권력을 휘두르며 나라를 쥐었다 폈다 하는 '전체주의(totalitarianism)' 나라가 되었단다! '전체주의'란, 개인의 뜻은 뒷전에 내팽개치고 민족이나 국가를 앞세우는 정치 사상이란다. '나'는 '우리'의 일부일 뿐이니까 '나'보다는 '우리'가 중요하다는 거지. 전체주의가 설쳐 대면 민주주의가 설 땅이 없겠지?

오늘날 전 세계를 둘러보면, 어지간한 나라에는 정당이 여러 개가 있어. 적어도 두 개는 된단다. 정당들은 나라를 어떻게 이끌어 갈 것인가를 놓고서 서로 엎치락뒤치락하면서 다퉈. 그들의 이야기를 잘 들어 보면 주장하는 게 서로 무척 달라. 사람들은 양쪽의 말을 들어 보고 나서 나름대로 판단을 내려. 어느 쪽 말이 옳고, 어느 쪽이 나라를 제대로 운영하자는 생각을 하고 있는지 말이야. 그리고 투표를 통해서 자신의 생각을 정치적으로 표현해. 물론, 양쪽의 말을 들어 보고 원래 가졌던 생각을 바꾸는 사람들도 있겠지?

그러나 전체주의 나라는 완전히 딴판이란다. 하나의 정당이 권력을 제멋대로 휘두르니까 말이야. 이런 정당에게 감히 대들었다가는 언제 무슨 봉변을 당할지 몰라. 혁명에 반대하거나 '우리 러시아가 가야 할 길은 그 길이 아니다.'라고 생각한 사람들의 운명이 그랬다는구나. 그들은 레닌과 그가 이끄는 공산당에 의해 강제 추방을 당하거나, 감옥에 갇히거나, 처형을 당했단다.

그런데 레닌 자신은 이 전체주의 나라를 오래 다스리지 못했어. 내전이 끝난 지 얼마 되지 않아 그만 뇌출혈을 일으키고 말았으니까. 레닌은 그 뒤 2년 남짓 '최고 지도자'의 자리를 더 지키다가 세상을 떠났어. 하지만 이미 그 2년 동안부터 러시아를 실제로 다스린 사람은 이오시프 스탈린Iosif Stalin이었어.

그런데 놀랍게도 스탈린은 러시아 사람이 아니야. 그는 그루지야Georgia라고, 흑해를 왼쪽으로 끼고서 러시아와 터키 사이에 있는 나라의 사람이었단다. 그러니까 스탈린은 소수 민족 출신으로서 러시아의 최고 권력자가 된 거란다. 그의 원래 이름은 주가슈빌리Dzhugashvili였는데, 스물네 살 때 '스탈린'으로 바꿨

레닌과 스탈린

다는구나. 한창 혁명 운동을 할 때의 일이었지. 그런데 러시아 말로 '스탈린'의 뜻이 뭔지 아니? '강철'이야! 그는 정말 이름 그대로 '철권의 통치자'였다는구나! 무쇠처럼 단단하고, 날카로운 칼처럼 섬뜩한 사람이었대!

레닌이 죽자 그의 후계자가 된 스탈린은 레닌을 한껏 높이 떠받들었단다. 우선 페트로그라드, 그러니까 러시아의 옛 수도인 상트페테르부르크를 '레닌그라드Leningrad'로 고쳐 부르게 했어. (러시아는 10월 혁명 뒤에 수도를 모스크바Moskva로 옮겼어.) 예전의 '성 베드로의 도시'가 하루아침에 '레닌 시'로 바뀐 거지. 레닌의 시신도 유리로 만든 관에 넣어서 누구나 와서 볼 수 있게 했어. 또, 과학자들에

게는 그의 뇌를 연구하게 했대. 이 위대한 혁명가이자 천재적인 정치가의 뇌가 도대체 어떻게 남다른지 과학적으로 밝혀 내 보라는 거였지. 뿐만 아니라, 과학자들을 시켜서 그의 시신을 '숨질 때의 모습 그대로' 완벽하게 보존하게 했단다! 이때 엠바밍(embalming)이란 새로운 기술이 탄생했는데, 이 기술은 시신에다 화장을 하고 방부 처리를 해서 마치 방금 죽은 사람의 몸처럼 시신을 말짱하게 보존하는 방법이야. 이렇게 해서 레닌은 자신의 시신을 영구 보존하게 된 최초의 사람이 되었어! 레닌의 시신은 지금도 유리로 된 관 속에 잘 보존되어 있어. 모스크바의 '붉은 광장Red Square'에 있는 그의 대리석 묘에 말이야. 너도 그곳에 가면 직접 볼 수가 있어. 그런데, 그의 시신을 관리하는 위원회가 지금까지 따로 있다는구나. 15명으로 이루어진 이 위원회는 매주마다 시신에 이상이 있는지 살펴보고, 특수 화학 물질이 섞인 목욕물로 시원하게 목욕을 시킨다는구나. 또 때로는 옷도 갈아 입혀 주고 말이야.

스탈린이 권력을 잡은 뒤 러시아에 두 가지 큰 변화가 일어났단다.

첫 번째는, '소비에트 사회주의 공화국 연방Union of Soviet Socialist Republics'이 탄생한 거야! (소비에트의 '소', 연방의 '연' 자를 따서 간단히 '소련'이라고 해. 영어로는 알파벳 머리글자를 따서 USSR이라고 하지.) '소비에트'는 러시아 말로 '평의회'란 뜻이야. 평의회는 주민 투표를 통해서 뽑은 주민 대표들의 모임인데, 연방과 각 공화국과 자치 주와 자치 시와 읍에서, 의회와 정부의 역할을 했단다. 스탈린은 서부 국경에 있는 나라들, 그러니까 러시아와 폴란드 사이에 끼어 있는

이오시프 스탈린

스탈린이란 '강철'이란 뜻이야. 그는 구두 직공의 아들로 태어나 어려서 아버지를 잃고 어머니의 손에서 자랐어. 그는 레닌의 후계자였고, 소련의 최고 지배자로서 29년 동안 소련을 독재적으로 통치하면서 강대국으로 만들었어. 특히 소련의 지배권을 동유럽으로 확대하고 미국에 대항하여 '냉전(冷戰)'의 중심 인물이 되었단다.

여러 나라를 일찌감치 이 연방에 합쳐 버렸단다. 그는, 그 나라들의 머리채를 낚아채고는 "우리 연방에 들어올래, 전쟁을 할래?" 하고 으름장을 놓았다는구나! 또 중앙아시아로 눈을 돌려서 20년 남짓 만에 중앙아시아에 있는 다섯 개의 작은 나라를 꿀꺽 집어삼켰어. 나중에는 발트 해까지 손을 뻗쳐 에스토니아, 라트비아, 리투아니아를 꿀꺽 집어삼켰단다! 그런데 이 세 나라가 다름 아닌 베르사유 조약에 따라 독립했던 사실 기억 나니? 이 나라들에게는 자유의 봄날이 너무도 짧았구나.

두 번째는, 무려 수백만 명이나 되는 사람들이 목숨을 잃은 거란다. 그중에서 적지 않은 사람들이 스탈린의 명령으로 처형을 당했다는구나. 굶어 죽은 사람은 더 많았고.

스탈린은 소련을 강대국으로 만들 꿈에 부풀어 있었어. 그때만 하더라도 소련은 한낱 농업국에 지나지 않았어. 쓸 만한 땅은 거의 다 농토였고, 국민의 대부분이 농민들이었단다. 스탈린은 이게 못마땅했어. 부강한 서양의 나라들처럼 공장과 광산을 많이 가지고 싶었던 거지! 러시아 횡단 철도를 건설하려면 철강 노동자들이 많이 필요했어. 또, 소련의 각 가정과 거리를 밝히려면 발전기 부품이 필요했지. 그의 입에서 명령이 떨어졌어. "공업을 일으켜라!" 그 명령이 떨어지기가 무섭게 수많은 공장, 제강소(강철을 만들어 내는 공장), 광산이 세워지기 시작했어. 그런데 이런 산업 시설들이 어디에 세워졌는지 짐작할 수 있겠니? 놀라지 마. 그 대부분은 얼음으로 뒤덮인 시베리아 황무지에 세워졌단다! 일단 시설들이 세워지면 일할 사람이 필요하겠지? 스탈린은 수백만 명의 농민을 이곳으로 실어 날라 일을 하게

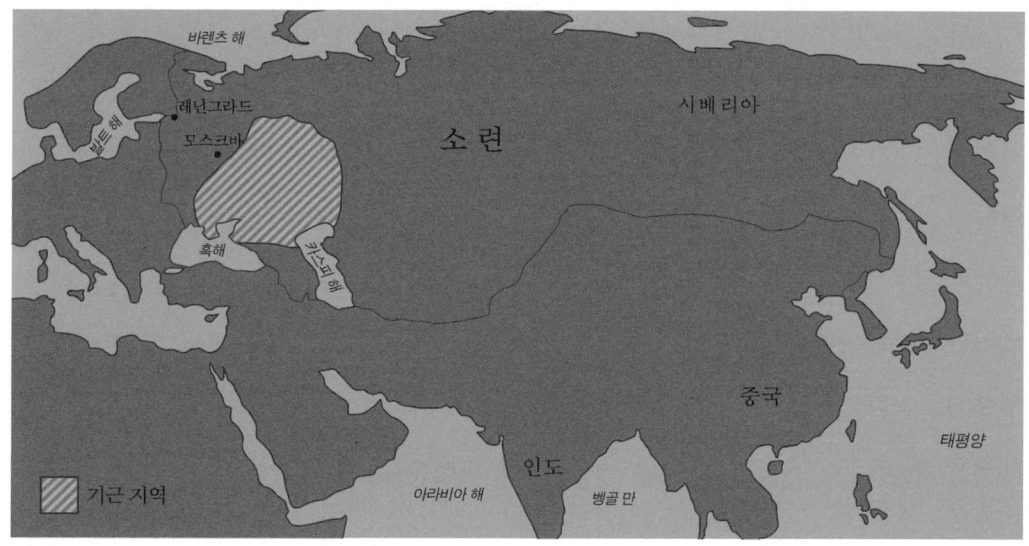

스탈린 지배 하의 소련

했단다. 그리고 이들이 생산량을 다 채우지 못하면 벌을 주기까지 했다는구나. 하지만 여전히 농사를 짓고 있던 농민들도 고달프기는 마찬가지였단다. 곡식 생산량을 늘리고 경작할 수 있는 땅을 늘리라는 명령이 떨어졌으니까! 무슨 수로? 스탈린식의 방법이 있었단다. 농민들을 '콜호스(kolkhoz)'라고 부르는 커다란 집단 농장으로 한데 몰아넣는 거야! 농가 수십 가구와 그들이 경작하던 땅을 한데 묶어서 집단 농장을 하나씩 만들게 하고는, 그곳에서 함께 생활하면서 집단 노동을 하게 한 거란다. 그리고 생산된 곡식 중에서 그들이 먹을 것을 빼고는 거의 다 '공동 재산'으로 떼어 놓게 했어. 이 말이 무슨 말이냐 하면, 남은 곡식의 대부분을 소련 인민(백성) 모두에게 골고루 나누어 주려고 정부가 가져갔다는 말이야.

이오시프 스탈린의 등장

손바닥만 한 땅을 부쳐 먹고 살던 가난한 농민들이나 제법 큰 농장과 가축을 소유하고서 행세깨나 하던 부농(부자 농민)들이나, 이 모든 변화가 못마땅하기는 매한가지였어. 하기야, 정든 고향을 등지고서 낯설고 물 선 시베리아로 가서 공장에서 일하고 싶어 하는 사람이 얼마나 되겠니? 또, 다행히 고향에 남아 계속 농사를 지을 수 있다 한들 이제 무슨 낙이 더 있겠니? 예전처럼 자기 땅을 가질 수가 있나, 자기가 거둔 곡식을 마음대로 할 수가 있나. 그나마 힘들게 일해서 거둔 곡식은 정부가 뭉텅뭉텅 떼어 가고 말이야.

하여튼 소련의 농민들과 농장 주인들은 이 새로운 집단 농장이 마음에 들지 않았

콜호스의 농민들

어. 하지만 스탈린 앞에서는 아무 소용이 없었어. 정부의 명령에 따르지 않는 사람들을 굴복시키는 방법이라면 스탈린만큼 잘 알고 있는 사람도 없었으니까. 스탈린은 그들을 감옥에 가두거나, 총살형에 처하거나, '강제 노동 수용소'로 보내어 죽거나 말거나 진탕 중노동을 시켰어. 강제 노동 수용소는 시베리아 지방 곳곳에 널려 있었단다. 하나같이 얼어 죽기 딱 알맞은 곳이었어. 수용소에 끌려간 사람들은 며칠이고, 몇 주고, 몇 달이고 거의 쫄쫄 굶으면서 힘든 노동을 해야 했어. 추운 시베리아 황무지에 널려 있던 강제 노동 수용소는 '굴라크Gulag'라는 별명으로 불렀어. 굴라크는 '군도(群島)' 즉, 드넓은 바다 한가운데 흩어져 떠 있는 작은 섬들을 가리키는 말이야. 실제로 대부분의 수용소는 서로 동떨어져 있는 섬처럼 고립되어 있었단다. 그곳에서 수많은 사람들이 소리 소문도 없이 죽어 갔어.

그런데 큰 가뭄이 소련을 휩쓸었어. 첫해에 곡식이 푸석푸석 말라 죽기 시작하더니 해가 갈수록 수확량이 점점 줄어들었어. 결국 농민들이 굶어 죽을 지경까지 왔어. 정부가 당연히 이들에게 식량을 보내 주어야 했어. 하지만 그러지 않았단다. 스탈린은 식량을 보내 주기는커녕 오히려 농민들을 윽박질렀어. 곡식을 여느 해만큼 레닌그라드로 보내지 않으면 혼쭐이 날 줄 알라고 말이야!

결국 농민들이 하나 둘씩 픽픽 쓰러지기 시작했어. 굶어 죽기 시작한 거야. 그 가뭄 동안 이렇게 죽어 간 농민은 거의 1천만 명이나 된단다! 하지만 스탈린은 대수롭지 않게 생각했던 모양이야. 그런 상황에서도 식량을 계속 수출하고 있었으니까. 그의 머릿속에는 오로지 이 생각뿐이었단다. '소련을 강대국으로 만들고 말겠

시베리아의 굴라크

어!' 그러니까 이런 불행한 일은, 강대국이 되는 길목에서 어쩔 수 없이 겪게 되는 일에 지나지 않았던 거지.

스탈린의 통치 방식과 그의 잔인성에 대해 불평하는 사람은 모두 사형장 아니면 시베리아 강제 노동 수용소로 끌려갔어. 이처럼 반대자를 제거하는 일을 '숙청'이라고 해. 이제 스탈린은 이 숙청 작업으로 악명을 더 쌓게 된단다. 그는 반대자들에게 '반동 분자'(반대자 또는 반체제자)란 딱지를 붙였어. 그리고 이들을 모조리 체포해서 '굴라크'로 보냈어. '선량한 인민들이 이들에게 물들지 않도록' 말이야! 스탈린이 죽은 1953년까지 굴라크로 끌려간 사람은 줄잡아 6백 만 명에서 1천5백 만 명이나 되는 것으로 보고 있단다. 체포되어서 총살당한 사람은 자그마치 9백 만 명이나 되고!

소련 작가 중에 알렉산드르 솔제니친Aleksandr Slozhenitsyn이란 유명한 반체제* 작가가 있었어. 그는 감옥과 굴라크에서 모두 11년간 갇혀 있었는데, 그 대부분을 굴라크에서 보냈어. 그가 쓴 글에 이런 대목이 있어. "비밀경찰은 시도 때도 없이 들이닥친다. 낮과 밤이 따로 없다. 소련 사람들은 언제 어디서 그들에게 잡혀갈지

---

*반체제(反體制) : 그 시대의 국가·사회를 지배하는 정치 체제에 저항하여 그것을 변혁하려고 꾀하는 일.

알 수 없었다. 감옥이나 강제 노동 수용소로 끌려온 죄수들은 자신이 무슨 죄를 지었는지 모르기 일쑤였다."
그는 또 이렇게 적었단다. "공장 복도를 지나가는데 어디선가 불쑥 나타나 신분증을 보자고 한다. 신분증을 확인하고서 옆으로 데리고 가면 그걸로 끝장이다. 그길로 곧장 끌려가는 것이다.", "사정이 딱해서 하룻밤 재워 준 순례자가, 전기 계량기의 눈금을 확인하러 온 검침원이, 길거리에서 우연히 마주친 자전거를 타고 가던 사람이, 열차 차장이, 택시 운전사가, 은행원이 느닷없이 우리를 체포한다."

알렉산드르 솔제니친

이들에게 체포되면 재판도 없이 굴라크로 끌려갔다는구나. 그나마 곧바로 처형장으로 끌려가지 않은 게 다행일까?

솔제니친은 말했어. "혁명도 인간의 악한 구석까지 없앨 순 없다."고. 혁명으로 악한 정부를 무너뜨릴 순 있어도 인간의 악한 구석은 여전히 남아 있다는 거야.

솔제니친의 생각이 옳지 않을까? 혁명 정부를 세운 건 차르의 독재를 무너뜨리고 좀 더 나은 세상을 만들기 위해서였는데, 스탈린은 그만 독재자가 되고 말았으니까 말이야. 그는 잔인하고 전제*적이기로는 자신이 맞서 싸웠던 마지막 차르는 물론, 예전의 그 어느 차르 못지않았단다.

---

*전제(專制) : 국가의 모든 권력을 개인이 쥐고, 개인 의사에 따라 정치를 함.

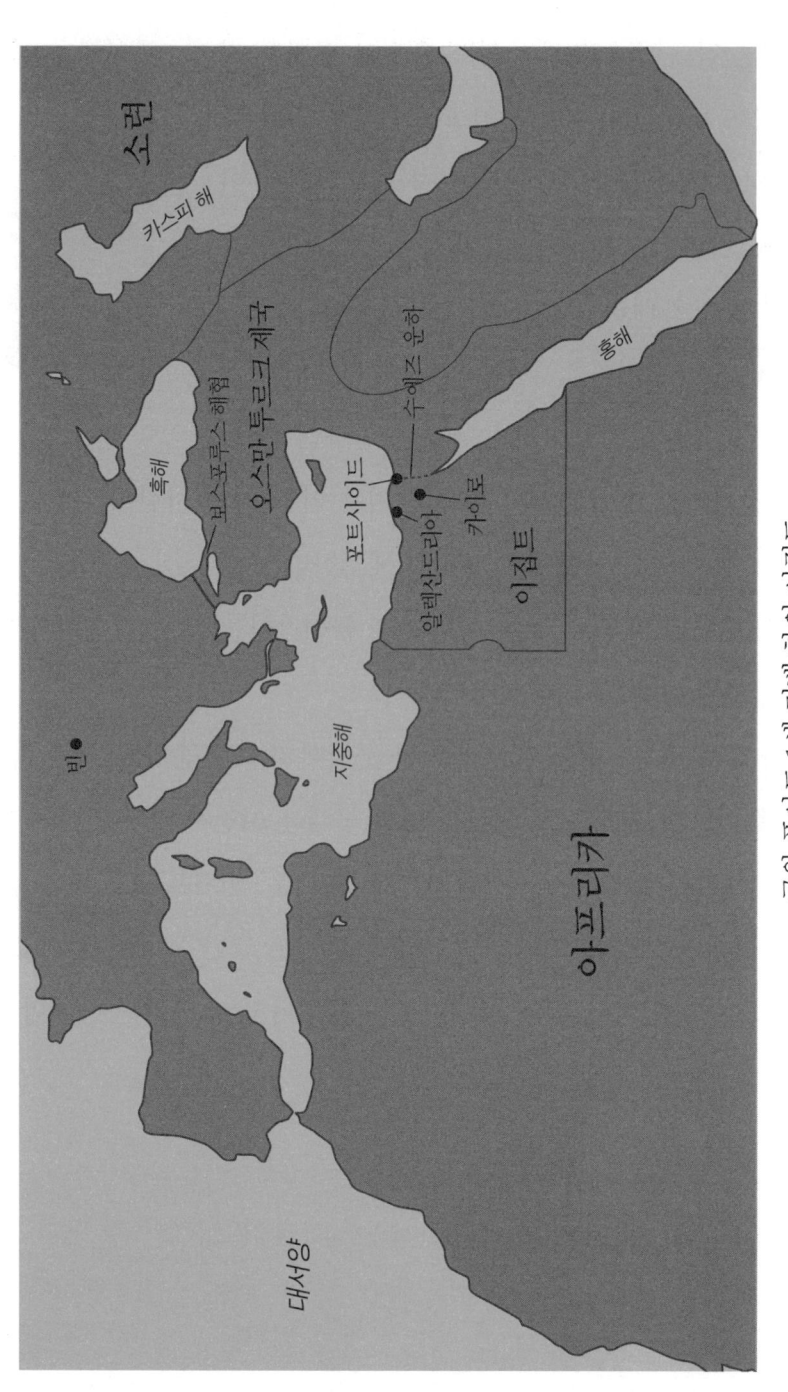

국왕 푸아드 1세 지배 하의 이집트

제24장 이집트의 국왕, 그리고 이탈리아의 무솔리니

이집트에 새로 등장한 '국왕'

1922년에 러시아 내전이 적군의 승리로 막을 내린 일을 기억하고 있겠지? 바로 그 해에 이집트에서도 큰 변화가 일어났단다. '국왕'이 수백 년 만에 뜬금없이 다시 등장한 거야.

물론 고대에는 파라오가 이집트를 다스렸어. 하지만 19세기로 넘어왔을 때는 오스만 투르크 제국의 지배를 이미 몇 백 년 동안이나 받고 있었어. 그리고 20세기로 넘어오기 전에는 영국의 지배 하에 놓이게 되었지. (생각이 안 나면 상권 제10장의 마지막 부분을 다시 읽어 보렴.) 그 바람에 이집트의 통치자인 '케디브'는 몸을 놀리기가 쉽지 않았단다. 영국 총영사*가 모든 일을 시시콜콜 간섭하고 명령했으니까 말이야. 영국은 이집트를 손아귀에서 놓아줄 생각이 전혀 없었어. 왜냐고? 지중해와 홍해를 잇는 수에즈 운하가 이집트에 있었기 때문이야. 영국 배가 수에

---

*총영사(總領事) : 국교가 있는 나라에 머물면서 자기 나라 사람들을 보호하고 통상과 문화 교류 등의 일을 맡아 보는 최상급의 영사.

이집트의 케디브 아바스 2세

즈 운하를 거쳐서 일본으로 간다고 생각해 봐. 항해 거리가 예전보다 무려 9천7백 킬로미터나 짧아져. 그러니 이 운하를 절대 놓칠 수 없었던 것이지!

제1차 세계 대전이 일어날 무렵에 이집트의 케디브는 아바스 2세'Abbas II'였단다. 아바스 2세는 열아홉 살 때 케디브가 되어 20년 남짓 자리를 지켰어. 그는 영국군이 수도 카이로로 쳐들어와서 이집트를 집어삼킬 무렵에는 아직 철없는 어린아이였단다. 그래서 그는 '영국군 없는 이집트'에서 살아 본 적이 없었어!

하지만 그는 달랐어. 채 스무 살도 안 되는 나이에 케디브가 되었지만, 그는 영국의 명령에 따르는 것을 거부했어. 그가 다스리는 동안 이집트의 독립 운동가들은 그를 응원했단다. "영국 총영사나 점령군은 이집트에 간섭하지 말라! 우리의 통치자는 단 한 사람, 케디브뿐이다!" 다들 이렇게 외치고 글을 쓰고 했다는구나.

하지만 영국은 제1차 세계 대전이 일어나자 이집트를 아예 '보호령'으로 삼아 버렸어. "이집트는 이제 오스만 투르크 제국과는 아무 상관이 없다. 오늘부터는 영국의 보호령이다!" 이렇게 선언한 거야. 그때 오스만 투르크 제국이 독일, 오스트리아-헝가리 제국 등과 함께 동맹국을 이루고 있었던 사실을 기억하고 있겠지?

그래, 그러니까 영국의 속셈은, 이집트를 연합국 편에 세워서 이집트 사람들을 전쟁터로 내몰겠다는 것이었어. 물론 이집트 사람들의 생각은 물어보지도 않고 말이야. 영국은 한술 더 떠서 이집트 사람들을 꼼짝 못하게 하려고 '계엄령(martial law)'을 내렸다는구나. 이게 무슨 말인가 하면, 이제부터는 영국군 군대가 이집트를 다스린다는 거야. 아바스 2세도, 이집트 정부도 저리 꺼지라는 거였어.

계엄령이 내려진 날 아바스 2세는 이집트에 없었어. 그 몇 주 전에 어느 이집트 학생 한 명이 길거리에서 그를 암살하려고 했단다. 그 암살범은 그에게 총을 쐈는데 다행히 그는 볼과 팔에만 부상을 입었어. 암살범은 달아나다가 경호원들의 총에 맞아 죽었어.

그때 입은 부상이 목숨을 위협할 정도는 아니었지만 무척 고통스러웠던 모양이야. 아바스 2세는 몸을 회복하려고 며칠간 카이로를 떠나 있다가, 오스만 투르크 제국의 보스포루스 해협에 있는 자신의 '여름 궁전'으로 갔어. 보스포루스의 해변은 무더운 카이로에 비해 서늘해서 환자들이 요양하기에 좋은 곳이야.

계엄령이 내려졌다는 소식을 들었을 때 아바스 2세는 뒤통수를 호되게 얻어맞은 기분이었겠지? 그는 당장 이집트로 돌아가는 것은 너무 위험하다고 느꼈어. 하지만 그는, 이집트가 오스만 투르크 제국의 적이 되는 것만은 어떻게든 막아야 한다고 생각했어. '이집트 사람들은 대부분 오스만 투르크 제국 사람들처럼 이슬람 교도들이야! 또 우리 이집트 사람들은 아직 오스만 투르크 제국에게 충성심을 가지고 있어. 당장 이집트로 돌아갈까? 가서 영국 놈들한테 단단히 못을 박아? 나 케디브는 동맹국을 지지한다고 말이야! 아냐, 어림도 없어. 내가 가면 놈들이 기다렸다는 듯이 나를 잡아가겠지.' 아바스 2세는 이렇게 발을 동동 구르며 속을 태웠겠구나.

영국은 그가 나라를 잠시 비운 걸 빌미 삼아 케디브의 지위를 빼앗었어. 이집트에 와 있던 영국 대표가 글쎄 이렇게 발표했다는구나. "우리 대영 제국은 아바스 2세가 진작에 오스만 투르크 제국과 손잡은 사실을 다 알고 있다. 증거가 한두 개가 아니다!" 이렇게 영국은 아바스 2세를 '영국의 적'으로 몰아서 케디브의 지위를 빼앗았단다. 이제 이집트는 영국의 보호령이 되고 말았어. 대영 제국의 영토가 그만큼 더 늘어난 거지!

아바스 2세는 오스트리아-헝가리 제국의 수도인 빈Wien으로 가서 이집트가 어떻게 돌아가는지 멀리서 지켜볼 수밖에 없었어.

영국은 내친김에 케디브라는 지위를 없애 버렸어. 그 대신 '술탄'을 세웠어. 물론 이 술탄은 영국의 꼭두각시였지. (그런데 술탄 자리에 오른 사람은 다름 아닌 아바스 2세의 삼촌인 후사인 카밀Husain Kamil이었어!) 그리고 3년 뒤에는 아흐메드 푸아드Ahmed Fuad가 새 술탄에 임명되었단다.

이집트 사람들은 자신들의 뜻과 상관없이 제1차 세계 대전에 휩쓸려 들어갔어. 하지만 전쟁의 와중에도 그들은 줄기차게 독립 운동을 벌였어.

1918년 말에 전쟁이 끝났어. 그 이틀째 되던 날, 이집트의 독립 운동가 세 사람이 식민지 고등 판무관(이집트에 와 있던 영국 대표)을 찾아가 당당하게 말했어. "지금부터는 술탄 정부가 아니라 우리 '와프드 당Wafd Party'이 전체 이집트 사람을 대표하오. 우리가 런던을 '공식적으로 방문'할 수 있도록 해 주시오!" '와프드'는 이집트 말로 '대표단'이란 뜻

와프드 당 사람들

이란다. 즉, 이제 자신들이 전체 이집트 사람의 대표로서 영국 의회를 공식적으로 방문해서 이집트의 독립을 직접 요구하겠다는 거였어. 이들은 이런 약속도 했어. "아무 말썽 없이 다녀올 테니 걱정하지 마시오. 이집트가 독립하더라도 영국이 수에즈 운하를 계속 관리할 수 있도록 해 주겠소."

그런데 식민지 고등 판무관은 런던 방문을 허락하기는커녕 오히려 이 세 사람을 감옥에 덜컥 가두어 버렸어!

이 일로 이집트가 발칵 뒤집혔어. 이집트 사람들이 전국에서 들고일어났어. 학생들은 집단적으로 학교에 가는 것을 거부했고(동맹 휴업), 어른들은 한꺼번에 직장에 안 나갔어(동맹 파업). 철도, 버스, 택시도 운행을 중단했고, 변호사들은 법정에 나가 진술하지 않겠노라고 선언했어. 온 이집트 사람들이 영국의 지배를 '보이콧'한 거지! 바야흐로 독립을 요구하는 함성이 이집트 전 지역에서 울려 퍼졌어!

이듬해인 1919년 3월 15일에 이집트 사람과 영국군 사이에 '전투'가 벌어졌어. 남자는 물론 여자들까지 포함해서 무려 1만 명이나 되는 이집트 사람이 무기를 들

고 일어선 거야! 이집트 여자들은 이때 이집트 정치에 처음으로 참가한 거였단다. 무장 투쟁은 여덟 달 동안이나 계속되었고, 8백 명 이상의 이집트 사람이 희생되었어.

영국은 입맛이 씁쓸했어. 한 나라의 사람들이 자유를 얻으려고 마음먹는다면 총칼로도 막을 수 없다는 사실을 다시금 깨닫지 않을 수 없었던 거야. 마침내 1922년 2월 28일, 영국은 이집트의 독립을 허용했단다. 술탄 아흐메드 푸아드를 뜬금없이 독립한 이집트의 첫 번째 '국왕(king)'으로 내세워 가지고서 말이야! 이집트에서 순순히 물러날 생각은 전혀 없었던 거지. 이렇게 해서 이집트는 '입헌 군주국'이 되었어. '입헌 군주국'의 뜻은 알고 있지? 그래, 국왕 말고도 헌법과 의회가 있어서 국왕이 권력을 함부로 휘두르지 못하는 정치 제도를 가진 나라를 말하는 거잖아.

3월 16일, 술탄 아흐메드 푸아드가 '국왕 푸아드 1세Fu'ad I'로 등극했어! 이날 이집트 방방곡곡에 그가 보낸 방(榜)이 나붙는데, 그 내용이 볼 만하구나. "이제 우리 손으로 독립을 얻으니, 이는 신의 은총이라. 온 백성이 국왕 폐하를 기꺼이 모시어 나라의 위엄을 지키게 되었으니, 오늘은 우리 이집트의 영광을 되찾을 위대한 새 시대의 시작이라!" 사람들을 모아 놓고 목청껏 방을 낭독하는 소리도 들려. 그리고 카이로에서, 알렉산드리아에서, 포트사이드에서 요란하게 울려 퍼지는 101발의 축포 소리도 들리고!

이집트는 마침내 자유의 나라가 되었어.

하지만 이집트는 그 시작부터 세 가지 세력의 싸움터가 되었어. 와프드 당, 국왕, 영국, 이 셋이 권력을 차지하기 위해 서로 물고 뜯었던 거야. 의회는 와프드 당의 손아귀에 들어갔어. 와프드 당은 국왕의 손에서 권력을 가능한 한 빼앗으려고 했어. 당연했지, '완전한 독립'이 그들의 목표였으니까! 그러나 푸아드 1세도 호락호락하지 않았어. 때로는 와프드 당과 얼굴 붉히며 싸우기를 마다하지 않았고, 정부의 중요한 자리에 와프드 당

이집트의 국왕이 된 푸아드 1세

이 아닌 사람을 앉히려고 노력했어. 영국은? 영국은 여전히 이집트를 틀어쥐고 있었어! 이집트 전 지역에 아직도 영국군 기지가 널려 있었고, 이집트 경찰과 군대도 영국군이 지휘하고 있었으니까. 영국은, 자신들이 이집트에서 발을 빼면 다른 나라들이 이때다 하고 수에즈 운하를 덜컥 집어삼키지 않을까 무척 걱정스러웠던 모양이야. 오죽하면 영국 총리란 사람이 다른 나라들에게 이렇게 경고하고 나설 정도였어. "외부 세력이 이집트 영토를 침범할 경우, 우리 대영 제국은 우리 자신의 명령에 따라서 모든 수단을 다해 침략자를 물리칠 것이다!"

다음 몇 해 동안 세 세력은 이집트의 주도권을 놓고서 서로 물고 뜯고 싸웠단다.

이탈리아의 파시즘과 무솔리니

이집트가 독립한 이듬해인 1923년에 이탈리아에서는 아주 엄청난 일이 벌어졌단다. 이 일은 2만 3천3백 제곱 킬로미터의 땅을 얻은 것으로는 성이 안 찬다고 해서 일어난 일이란다.

이탈리아는 제1차 세계 대전이 일어난 다음 해인 1915년에 연합국에 가담했어. 그리고 이탈리아 군인 약 70만 명이 동맹국과 싸우다 죽었어. 전쟁이 끝나자 비토리오 오를란도Vittorio Orlando 이탈리아 총리도 베르사유 궁전으로 달려갔어. 물론 연합국 지도자 회담에 참가하기 위해서였지. 그는 전쟁에 이긴 나라들 중 한 나라의 총리로서, '베르사유 조약'의 내용을 결정하는 문제에서 연합국의 어느 지도자 못지않게 큰 목소리를 낼 수 있으리라고 생각했어.

그러나 그의 기대는 한갓 물거품이 되고 말았단다. 로이드 조지 영국 총리와 클레망소 프랑스 총리가 막아서는 바람에 입도 제대로 뻥끗할 수 없었으니까.

왜 그랬을까? 그건 이탈리아가 이 두 나라의 불신(믿지 않음)을 샀기 때문이었어. 그러니까 전쟁이 일어나기 전에 이탈리아는 독일, 오스트리아-헝가리 제국과 함께 일찍이 '3국 동맹Triple Alliance'이란 비밀 협정을

비토리오 오를란도 이탈리아 총리

맺었어. 어느 한 나라가 전쟁을 치르게 되면 다른 두 나라가 거들기로 한 것이지. 그런데 제1차 세계 대전이 일어나자 이탈리아는 3국 동맹을 깨 버렸어. 독일 편을 들지 않은 거야. 하지만 이탈리아는 곧바로 연합국에 가담하지도 않았어. 한 해 동안 가만히 중립을 지키고만 있었단다. 그새 영국과 프랑스는 수많은 전쟁 희생자들을 냈고 말이야. 전쟁이 끝나자 영국과 프랑스는 일단 접어놓았던 이탈리아에 대한 불신이 고개를 들었어. (전쟁에 바쁠 때는 잠시 묻어 두었겠지?) 그 두 나라와 맺은 3국 동맹은 뭐고, 한 해 동안 살살 눈치를 보다 뒤늦게 연합국에 끼어든 건 또 뭐냐는 거였지.

전쟁을 승리로 이끈 공은 영국, 프랑스, 미국의 지도자들에게 돌아갔어. 그리고 영국 사람들과 프랑스 사람들은 윌슨 미국 대통령을 '연합군의 구세주'로 높이 떠받들었어. 전쟁에 뒤늦게 뛰어들기는 미국이나 이탈리아나 매한가지였지만 말이야. 베르사유 회담에 참가한 소감이 어떠냐는 질문을 받았을 때 로이드 조지 영국 총리는 이렇게 대답했다는구나. "괜찮았소. 예수 그리스도와 나폴레옹 사이에 앉아 있었으니 말이오!" 윌슨 대통령과 클레망소 총리를 각각 예수와 나폴레옹에 비유한 거였어.

베르사유 조약의 내용은 이 세 사람이 몽땅 주물렀단다. 오를란도 이탈리아 총리는 손가락만 빨고 앉아 있을 수밖에 없었어. 그는 아무리 못해도 아드리아 해(이탈리아 반도와 발칸 반도 사이에 있는 지중해의 일부) 건너편의 일부 지역만큼은 이탈리아가 차지할 수 있으리라고 생각했다는구나. 김칫국부터 마신 거지. 윌슨 미국 대통

이탈리아의 파시즘과 무솔리니

령은 그의 요구를 못 들은 척했어. 윌슨 대통령의 생각은 그곳에다 신생 독립국들을 세우는 편이 훨씬 낫겠다는 거였어. 결국 오를란도 총리가 눈독을 들였던 그 땅은 새로 생긴 나라인 유고슬라비아의 영토로 들어가게 되었단다.

그렇다고 해서 이탈리아에게 떨어진 몫이 없었던 건 아니야. 그 대신에 오스트리아 제국의 영토 일부를 차지하게 되었으니 말이야. 거기가 어디냐 하면, 트리에스테 시(지금의 이탈리아 북동부에 있는 트리에스테 주의 중심 도시)와 그 주변 지역이었어. 면적이 2만 3천3백 제곱 킬로미터니까, 남한의 4분의 1 정도 되는 땅이었지. 하지만 이탈리아 사람들은 그 정도로는 만족할 수 없었어. 영국만 하더라도 오스만 투르크 제국의 땅을 무려 52만 제곱 킬로미터나 차지했거든. (이 정도면 남한의 다섯 배나 될 정도로 넓은 땅이란다.) 이탈리아가 서운하고 괘씸한 마음이 들었던 데에는 분명한 이유가 있었어. 1915년에 이탈리아가 참전할 때 이탈리아는 영국과 비밀 협정을 맺었어. 이탈리아가 참가해서 연합국을 도와주면 나중에 그 대가로 아드리아 해 건너편의 땅을 왕창 차지할 수 있게 해 주겠다고 영국이 약속했던 것이야. 하지만 영국은 지금 와서 언제 그랬느냐는 듯이 입을 싹 닦고 있는 거지.

오를란도 총리가 이탈리아로 돌아왔을 때, 이탈리아 반도는 온통 분노로 들끓었어. 영국과 맺은 협정은 어디로 날아가고 고작 그걸 얻어 가지고 돌아왔느냐는 거였지. 사실 이탈리아가 입은 전쟁 피해도 엄청났거든. 죽은 사람이 70만 명, 부상당한 사람이 1백 만 명 남짓이었고 부상자 중에서 불구가 된 사람이 25퍼센트나 되었어. 전쟁에 쓴 비용도 전쟁 전에 50년 동안 나라 살림살이에 쓴 돈과 맞먹었단다. 그러니 "그 정도 땅 갖고는 어림도 없어! 우리가 왜 겨우 그까짓 걸 먹고 나가떨어져야 해? 우린 더 차지할 권리가 있다고!"하고 목청을 돋울 수밖에. 오를란도 총리는 성난 이탈리아 사람들을 달랠 수가 없었단다.

결국 그는 베르사유 회담이 끝난 지 며칠 만에 총리 자리에서 물러났어. 베니토 무솔리니Benito Mussolini라는 젊은 정치인이 권력을 거머쥘 절호의 기회가 점점 다가오고 있었어.

이때 무솔리니는 서른여섯 살밖에 되지 않았단다. 그는 가난한 집안 출신으로, 한때 아버지와 함께 대장간에서 일하기도 했어. 그러다 제1차 세계 대전 때 전쟁터에 나갔다가 부상을 입고 1917년에 고향으로 돌아왔다는구나. 그 역시 여느 이탈리아 사람들처럼 '이탈리아가 연합국을 도와주었으니 더 많은 땅을 차지해야 한다.'고 믿고 있었어.

그는 또, 이탈리아에는 예전과는 사뭇 다른 정부가 필요하다고 굳게 믿었단다. 너도 기억하겠지만, 이탈리아는 1861년에 비토리오 에마누엘레 2세에 의해 통일되었어. 입헌 군주국이 된 거야. 왕은 물론 총리와 선거로 뽑은 의회도 권력을 가진 나라라는 뜻이지. 그런데 이미 그때도 많은 사람들은 '군주제'가 아닌 '공화제'를 원하고 있었단다.

1919년 당시의 베니토 무솔리니

이탈리아의 파시즘과 무솔리니 71

그 뒤 60년 남짓 흐르는 동안 이탈리아의 국왕들은 그다지 인기를 얻지 못했어. 그동안에 비토리오 에마누엘레 2세가 죽고 움베르토 1세Umberto I가 왕위를 넘겨받았어. 일찍이 독일, 오스트리아-헝가리 제국과 '3국 동맹'을 맺은 인물이 바로 움베르토 1세란다. 그가 다스리는 동안 이탈리아는 해가 바뀔수록 가난해져 갔어. 이웃 나라들과 다투고 식민지를 보호하려고 아프리카에서까지 전쟁을 벌였으니 그럴 만도 했지. 백성들의 불만이 나날이 높아져서 결국 여기저기서 봉기가 일어났어. 그는 계엄령을 선포해서 백성들을 무자비하게 탄압했지만 오래가지 못했단다. 결국 그는 암살당하고 말았어! 그리고 그의 아들 비토리오 에마누엘레 3세 Vittorio Emanuele III가 왕위를 물려받았어.

비토리오 에마누엘레 3세

제1차 세계 대전이 끝날 무렵, 비토리오 에마누엘레 3세는 오를란도를 총리 자리에 앉혔어. 그리고 나랏일을 처리하는 데 사사건건 그의 의견을 물었단다. 베르사유 회담에서 돌아온 뒤 그가 자리에서 물러나 버리자 에마누엘레 3세는 오를란도만큼이나 듬직한 총리를 찾으려고 노력했어. 하지만 그게 쉽지 않았어. 그 뒤 3년 동안 총리가 무려 네 번이나 바뀌었단다.

바야흐로 이탈리아는 혼란의 소용돌이로 빠

져들어 갔단다. 이때 무솔리니가 말과 글로써 자신의 새로운 정치 철학을 널리 퍼 뜨리기 시작했어. 그는 대중 연설로 사람들을 사로잡았는가 하면 〈이탈리아 인민 Il Popolo d'Italia〉이라는 신문도 펴냈어. 이 신문에서 그는 이렇게 주장했어. "어느 나라나 강력한 정부가 무엇보다도 중요하다! 개인보다는 국가와 민족이 우선이다! 개인은 자신의 권리가 국가와 민족에게 보탬이 되지 않을 때 그것을 깨끗이 접어야 한다! 삶의 보람은 국가에 봉사하는 데 있다!" 그는 또 이렇게 믿었다는구나. '강력한 지도자가 있으면 우리 이탈리아는 위대한 로마 제국의 영광을 되찾을 수 있다! 중요한 것은 국가다. 그렇기 때문에 우리 모두는 국가 지도자를 하늘같이 떠받들고 그에게 무조건 복종해야 한다!'

네가 듣기에 이 말이 잘 와 닿지 않을지도 몰라. 하지만 이때 이탈리아의 형편을 생각하면 그렇지 않았어. 당시 이탈리아 사람들은 무척 가난하고 불행했어. 나라는 사공 없는 배와 같았단다. 이럴 때 강력한 지도자가 나타나서 나라를 다스려 준다면 온갖 문제가 단박에 해결되지 않을까? 그 지도자가 우리 이탈리아를 유럽의 최강대국으로 우뚝 일으켜 세워 옛 로마 제국의 영광을 다시금 안겨 주지 않을까? 실제로 많은 사람들이 이런 생각에 혹했단다!

무솔리니는 자신을 따르는 사람들을 끌어 모아 '파시 데 콤바티멘토Fasci di Combattimento'('전투자 동맹'이라는 뜻)란 정치 조직을 만들었어. '파시fasci'는 다발로 묶은 막대에 도끼를 단 물건인데, 고대 로마에서 최고 관리인 집정관의 권위를 상징하는 것이었단다. 온 국민이 이 막대 다발처럼 똘똘 뭉쳐 강한 나라를 만들어야

비토리오 에마누엘레 3세와 무솔리니

하고, 이런 나라는 절대 무너지지 않는다는 것이 무솔리니의 믿음이었어. 무솔리니의 지지자들은 곧 '파시스트 Fascists'(파시스트 당 당원)로 불리게 된단다. 또, 제복으로 검은 셔츠를 차려입었기 때문에 '검은 셔츠단 Blackshirts'이라고도 불렀어. 무솔리니에게 경례를 할 때는 오른팔의 손바닥을 밑으로 펴고서 하늘을 찌를 듯이 앞으로 쫙 내밀었어. (이걸 그대로 따라 한 사람이 히틀러란다!) 이것이 '고대 로마식 경례 방법'이라는 게 이들의 주장이었지만, 믿을 만하지가 않아. 고대 로마의 그림이나 조각 상에서 이런 인사법을 눈 씻고 찾으려 해도 찾을 수가 없으니까! 사실 이 인사법은 정확히 유래한 나라만 모를 뿐, 다른 여러 나라에서 예로부터 전해 오던 것이란다. 그런데 한 가지 재미있는 사실을 알려 줄까? 고대 로마를 배경으로 한 영화들 중에 1900년대 초에 나온 작품들을 보면(예를 들면 〈벤허〉*), 영화 감독들이 로마 사람 역할을 하는 배우들에게 이런 인사법을 시키고 있다는 거야. 그렇다면 이 '고대 로마식 경례 방법'이 혹시 영화에서 유래한 게 아닌지 모르겠어!

무솔리니는 이탈리아 전 지역의 파시스트들을 모아 로마로 진군시킨다는 '로마

---

*벤허(Ben Hur) : 고대 로마 시대에 유대 인 청년 벤허의 삶을 통해 예수 그리스도의 섭리를 그린 영화.

진군' 계획을 세웠단다. 파시스트의 일부는 정부 건물을 점령하고, 나머지는 로마 바깥에서 총을 들고 대기한다는 계획이었어. 그리고 정부가 그에게 정권을 곱게 내놓지 않으면 로마 밖에서 기다리고 있던 파시스트 군대가 당장 쳐들어간다는 거였어!

무솔리니의 로마 진군

무솔리니는 마침내 '로마 진군' 명령을 내렸어! 파시스트들이 이탈리아 전 지역에서 로마로 몰려들기 시작했어. 그러나 그는 로마를 점령할 것까지도 없었단다. 내전이 터질까 봐 국왕 비토리오 에마누엘레 3세가 일찌감치 겁을 잔뜩 먹고 있었으니까.

에마누엘레 3세의 측근들은 그의 소맷자락을 붙잡고서 이렇게 애걸복걸했다는구나. "폐하, 통촉하시옵소서! 사태가 위급하옵니다. 어서 계엄령을 내리시고 군대를 풀어 저들을 물리치소서!" 물론 이렇게 하면 파시스트들을 물리치기란 어렵지 않았어. 파시스트들의 숫자는 정부군에 비해 새발의 피였고, 그나마 총 대신 괭이나 갈퀴를 든 사람이 수두룩했다니까.

그러나 에마누엘레 3세는 군대를 출동시키지 않았어. 그의 아버지 움베르토 1세가 계엄령을 내렸다가 결국 무슨 봉변을 당했는지 기억하고 있겠지? 아마 그는 그

로마로 진군해 들어가는 파시스트들

악몽을 떨칠 수 없었던 모양이야. 그는 파시스트들이 로마에 채 당도하기도 전에 무솔리니를 불러다가 총리 자리에 앉히고 말았단다. 이때 무솔리니의 나이가 서른아홉 살이었으니까 최연소 총리가 탄생한 거였어.

파시스트들은 불과 1년 만에 이탈리아를 손아귀에 완전히 넣었어. 무솔리니 총리에게는 '일 두체Il Duce'(이탈리아 말로 '지도자'란 뜻)란 별명이 붙었어. 그는 앞으로 20년 동안이나 이탈리아 총리 자리에 앉아 있게 된단다.

이름만 총리일 뿐, 그는 사실 '군사 독재자'였어. 그리고 지중해 주변 지역을 송두리째 집어삼켜 '새 로마 제국New Roman Empire'을 건설하겠다는 게 그의 야심이었단다. 그는, 전설에 전하는 로마의 건설자 로물루스Romulus가 쟁기로 이랑

베니토 무솔리니

을 파서 로마의 경계를 그었다는 이야기를 알고 있었어. 그는 로물루스를 흉내 내어, 트랙터*를 몰고 가서 원하는 땅을 다 차지하고 말겠다는 생각이었어. '새 로마 제국'을 건설하기 위해서 말이지!

그는, 이 '새 로마 제국'을 건설하기 위해서라면 전쟁도 마다하지 않을 생각이었단다.

*트랙터(tractor) : 강력한 원동기를 갖춘 작업용 자동차.

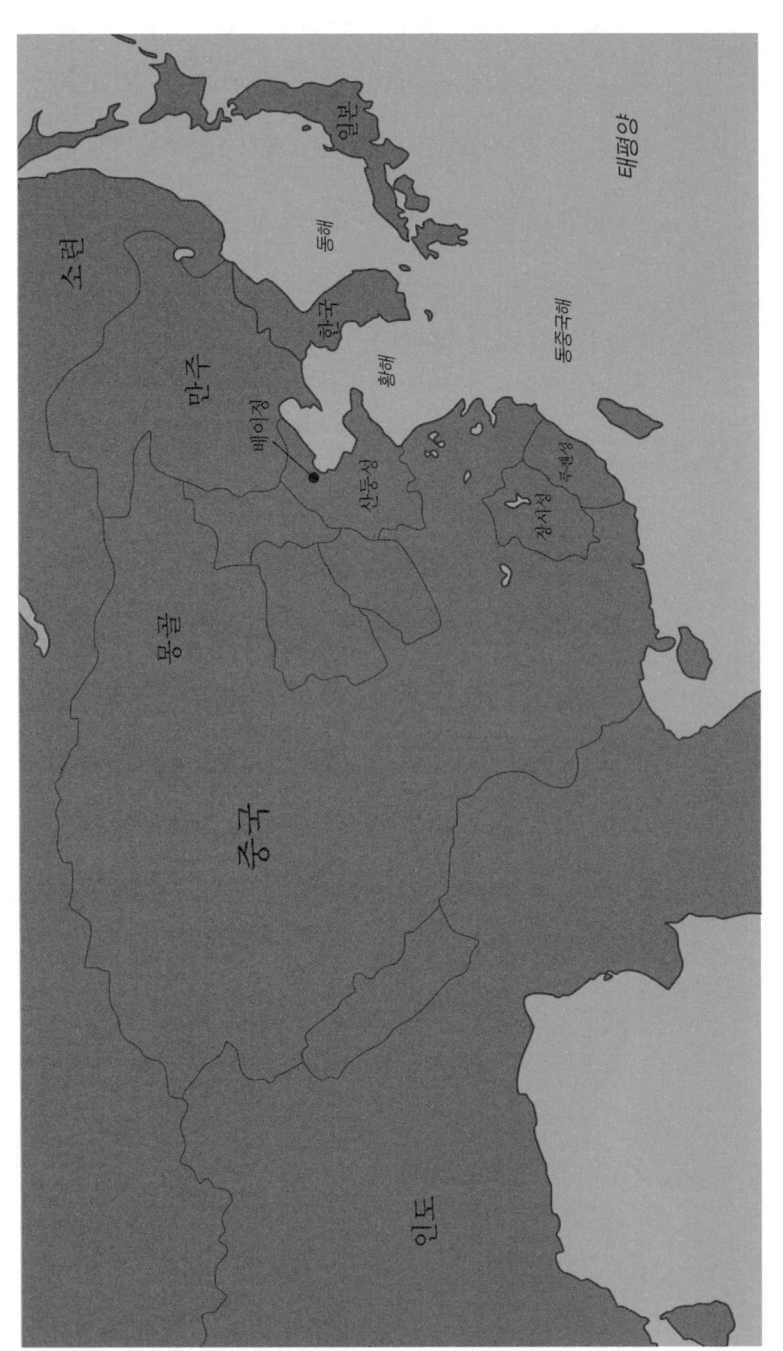

히로히토 지배 하의 일본군 하의 아시아

제25장 소용돌이에 휩싸인 중국

일본, 중국, 그리고 꼭두각시 황제

아시아에서도 '제국'을 건설하겠다고 설치는 나라가 하나 있었단다. 그 나라는 바로 일본이었어.

일본의 야심은 청나라의 '마지막 황제' 푸이와 관련되어 있었어. 서양 사람들이 '헨리 푸이'라고 부르는 이 인물은 남다른 황제였어. 그는 세 살 때 황제가 되었지만 신해 혁명으로 청나라가 무너지는 바람에 일곱 살 때 황제 자리에서 물러났어. 상권 제19장에서 이야기한 것 기억 나니? 그는 베이징의 자금성에서도 쫓겨나 톈진에 있는 일본인 거주지로 줄행랑을 쳤단다. 일본의 '조계'*였던 그곳은 중국 정부도 건드리지 못하는 곳이었는데, 푸이는 일본의 도움을 받아 다시 황제 자리를 되찾겠다는 꿍꿍이셈이 있었어. 그는 그곳에서 8년쯤 살았단다.

신해 혁명으로 난징에 중화 민국 정부가 들어서고, 쑨원이 임시 총통이 되었어.

---

*조계(租界) : 19세기 후반에 중국의 개항 도시에 있던 외국인 거주지로, 외국의 행정권·경찰권이 행사되었음.

위안스카이

혁명 정부가 들어섰으니 베이징의 청나라 조정은 바늘방석이었지. 그때 청나라 조정은 위안스카이[袁世凱 원세개]란 군벌*에게 의지하고 있었고, 바야흐로 내전이 일어날 위기가 감돌았어. 하지만 혁명 정부도, 청 조정도 서로 싸울 생각이 없었어. 그래 봐야 서로 이득이 될 게 없다고 본 것이지. 그들은 서로 한 발짝씩 물러나서 문제를 평화적으로 해결하는 게 상책이라고 생각했어.

'이왕 이렇게 된 거, 청나라 간판을 내리고 이제부터는 중화 민국으로 가자. 대신에 푸이와 쑨원이 모두 뒤로 물러나고!' 뭐 이렇게 합의했다는구나. 권력은 양쪽 모두에게 덜 위험하게 느껴지는 인물한테 가야 했어. 그가 바로 위안스카이였단다. 위안스카이가 어부지리*를 얻은 것이지.

그런데, 이렇게 해서 중화 민국의 첫 대(大)총통의 자리에 오른 위안스카이는 글쎄 '군사 독재자' 행세를 톡톡히 했다는구나. 그는 쑨원이 세운 국민당도 해산시켜 버렸어. 쑨원은 곧 광저우[廣州 광주]로 도망쳐야 했지.

하지만 위안스카이도 휘파람만 불고 있을 순 없었어. 드넓은 중국 땅 여기저기에

---

*군벌(軍閥) : 군사력을 배경으로 정치적인 특권을 장악한 군(軍)의 집단.
*어부지리(漁夫之利) : 조개와 도요새가 서로 물고 물리며 싸우는 통에 어부가 그 둘을 손쉽게 잡았다는 데서 나온 말.

서 활개치고 있는 군벌이 한둘이 아니었으니까. 권력을 유지하려면 일단 이들을 꺾어 놓지 않을 수 없었어. 그런데 그가 한창 이들과 전쟁을 치르고 있을 때, 일본이 그에게 으름장을 놓았어. "만주와 그 아래 산둥성[山東省 산동성], 그리고 저 내몽골까지 우리한테 넘겨라!" 하고 말이야. 위안스카이는 선택의 여지가 없었어. 거절하면 일본군과 싸워야 했는데 그에게는 군벌들과 일본군 둘을 한꺼번에 상대할 힘이 없었단다. 그는 울며 겨자 먹기로 일본의 요구를 받아들였어. 그리고 한 해 더 살고 죽었단다.

그가 죽자 군벌들이 "와, 이때다!" 하고 저마다 땅을 차지하려고 나섰어. 그들은 아직 일본군에게 넘어가지 않은 중국 땅을 서로 차지하려고 덤볐어.

이때 쑨원은 광저우에 머물고 있었어. 그는 중국을 통일하여 평화를 이루겠다는 꿈을 버리지 않고 있었어. 그는 이 꿈을 실현하기 위해 국민당을 다시 일으켜 세웠어. '군벌을 몰아내고 중국을 통일하자! 공화국을 세우자!'라는 게 이들 국민당 당원들의 바람이었어.

그런데 맨손으로 군벌들을 꺾을 수는 없었어. 그들은 군대가, 그것도 강력한 군대가 필요했단다. 쑨원은 소련에게 도움을 청했어. "우리 국민당이 혁명군을 만들려고 하니 좀 도와주시오!" 하고 말이야. 소련은 이 청을 기꺼이 들어주었단다. 장제스[蔣介石 장개석](뒷날 쑨원의 후계자가 된 사람이야.)가 소련에 가서 소련의 군대인 적군에 대해서 이모저모 연구를 하고 돌아왔어. 그리고 소련의 군사 고문들의 도움과 무기를 지원받아 '황푸 군관 학교'라는 군사 학교를 열고, 적군 장교들의

장제스
쑨원의 후계자로 국민당을 이끌어 간 장제스야. 그는 중국 공산당과 1차, 2차 '국공 합작'을 통해 침략해 들어온 일본군을 몰아냈지만, 그 후 벌인 중국 공산당과의 전쟁에서 져서 바다 건너 타이완(대만)으로 쫓겨나 정부를 다시 세운단다.

군사 학교에서 병사들을 훈련시키고 있는 장제스

도움을 받아 국민당 혁명군을 훈련시켰어. 이윽고 장제스가 혁명군의 총사령관이 되어 '북벌'(북쪽을 침) 계획을 세웠단다. 중국 북부 지역에서 똬리를 틀고 있는 군벌들을 확 쓸어버리자는 거였어.

쑨원은 이 북벌을 보지 못한 채 1925년에 세상을 떠났어. 하지만 '중국 통일'이라는 큰 꿈을 이루기 위한 노력은 계속되었어. 장제스가 이끄는 국민당 혁명군은 이듬해에 북벌을 시작했어. 혁명군은 광저우에서 베이징까지 밀고 올라가면서, 그 사이에서 활개 치고 있던 군벌들을 하나씩 하나씩 쓰러뜨렸어. 그리고 1928년에 베이징에 들어가서 중국 정부를 장악했단다.

이렇게 해서 북벌이 끝나고, 그해 난징에 장제스를 총통으로 하는 국민당 정부가 세워졌어. 중국 전체를 대표하는 중앙 정부가 마침내 들어선 거야. 물론 멀리 떨어져 있는 지방은 아직도 군벌 천지였지만 말이야.

그런데 지금 일본은 어떻게 돌아가고 있을까? 1926년, 일본에서는 왕세자 히로히토[裕仁 유인]가 막 왕위에 올랐어. 이때 히로히토의 나이는 스물여섯 살이었단다. 그런데 벌써 5년째 아버지 요시히토[嘉仁 가인]의 섭정 노릇을 하고 있었어. 글쎄, 아버지 요시히토가 사십을 조금 넘은 나이에 정신 착란 증상을 보이기 시작했던 거야. 히로히토가 스물한 살 때의 일이었어. 어느 날 요시히토가 정부의 대신들이 참석한 회의에 나갔대. 그런데 회의가 무척 길고 지루했던가 봐. 회의 중에 요시히토 국왕이 갑자기 연설문이 적힌 종이를 돌돌 말더래. 그러더니 그걸 눈에 갖다 대고서 마치 망원경을 들여다보듯이 대신들의 얼굴을 하나씩 뜯어보면서 키들키들하더라는 거야.

대신들이 깜짝 놀랄 수밖에! 그들은 '폐하께서 너무 나이가 많으셔서 나라를 계속 다스리시기는 무리이다.'라고 판단했어. 이렇게 해서 왕세자 히로히토가 섭정을 맡아 아버지의 이름으로 나라를 다스렸어. 그리고 5년 뒤 아버지가 세상을 떠나자 제124대 왕위에 올라, 자신의 이름으로 나라를 다스리기 시작했어. 자신의 이름으로 나라를 다스렸다는 말은, 히로히토가 그의 연호*인 '쇼와[昭和 소화]'를 썼다는 말이야. 히로히토는 이때부터 무려 63년 동안 일본을 다스렸단다! 히로히토는 일본 역사상 가장 오래 국왕의 자리에 있었던 왕이었어.

그가 왕위에 오를 즈음, 일본에서는 누가 주도권을 쥐고 나라를 이끌어 갈 것인가를 놓고서 실랑이가 벌어지고 있었어. 다른 많은 나라들처럼 일본에도 헌법이 있고 의회가 있었어. (이런 나라를 '입헌 군주국'이라고 하지?) 그러니 아무리 국왕이라도 자기 마음대로 할 수는 없었어. 무슨 결정을 내리기에 앞서 내각*의 대신들의 의견을 일일이 물어보아야 했단다.

*연호(年號) : 임금이 왕위에 올라 있는 동안의 연대에 붙이는 칭호.

히로히토는 성격이 활달하고 교육을 잘 받은 젊은이였어. 일본 왕세자로서는 처음으로 유럽에 가서 스코틀랜드에서 낚시도 하고, 영국 왕을 만나기도 했다는구나. 그는 이름만 왕이 아니라 '진짜 왕' 노릇을 하고 싶었어. 그도 일본의 여느 왕들처럼 이렇게 가르침을 받으며 자랐단다. "천황은 태양의 여신 '아마테라스 오미카미'의 자손이다!" 한마디로 왕은 신과 같은 존재라는 것이지. 그는 '내가 누군데 대신들의 말이나 고분고분 들으

국왕의 자리에 오른 히로히토

며 얌전히 앉아만 있단 말이야? 암, 말도 안 되지!' 하고 생각했어.

하지만, 일본을 다스리고 싶어 하는 사람은 히로히토뿐이 아니었어. 우선 이즈음 일본에서는 군부(군대 세력)의 힘이 여간 세지 않았어. 얼마나 셌냐 하면, 내각이 무슨 명령을 내리면 제대로 먹혀들지 않을 정도였단다. 군부는 이미 조선을 손아귀에 넣고 만주를 휩쓸고 있었어. 또 중국 대륙까지 파먹어 들어가고 있었어. 일본 군대는 막강하고 조직도 잘 갖추어져 있었어. 군부 지도자들은 자기들을 대하는

---

*내각(內閣) : 나라의 행정 중심 기관.

일본, 중국, 그리고 꼭두각시 황제

행군하는 만주의 일본군

의회의 태도가 마음에 들지 않았어. 군부의 힘이 너무 강해질까 봐 러일 전쟁(상권 제17장에서 이야기했어.) 뒤에 의회가 군대를 줄인 일이 있었거든. 그 뒤로 군부 지도자들은 의회에 이를 갈았다는구나. 아예 "헌법을 없애 버리자!"라고 떠드는 사람들도 있었어. 그들은, 군부의 발목을 붙잡고 있는 헌법을 싹 없애 버리고, 군대 지도자가 일본을 이끌어 나가면서 일본 제국을 아시아 전 지역으로 확대하길 원했어!

1931년에 '관동군(關東軍 만주에 주둔한 일본군)'이 드디어 일을 저질렀어. 히로히토가 왕위에 오른 지 5년 만의 일이었어.

관동군은 국민당군이 베이징까지 '북벌'을 해서 밀고 들어오자 잔뜩 긴장했단다. '저놈들을 그대로 놔두면 세력이 점점 커지겠지? 놈들이 중국 대륙을 통일하면 그 다음엔 만주를 내놓으라고 할 게 분명해.' 관동군은 이렇게 생각하고는 아예 선수를 치고 나왔어. 그들은, 중국 군대가 일본군이 탄 열차를 폭파하려고 했다면서 비난하고 나섰어.

정말 관동군이 말하는 열차 근처에서 무슨 폭발 사고가 있었을까? 아는 사람은 아무도 없어. 하지만 그 열차가 역에 안전하게 도착한 건 분명한 사실이었단다. 그런데도 관동군은 보복에 나서서 만주 일대의 중국인 마을을 아주 쑥대밭으로 만들어 버렸다는구나. 조선에 주둔시킨 일본군까지 불러와서 말이야.

그런데 이때까지도 일본 내각은 관동군이 무슨 짓을 하고 있는지 전혀 몰랐어! 의회가, 관동군이 만주에서 '소규모 전쟁'을 벌이고 있다는 사실을 알았을 때는 그걸 중지시킬 힘이 없었어. 관동군은 도쿄에서 오는 지시들을 싹 무시해 버렸단다. 관동군은 그 다음 단계에 들어갔어. 그건 '만주국滿洲國'을 세우는 거였어.

그들은 우선 푸이를 찾아내서 만주로 오라고 꼬드겼어. "당신이 고대하던 황제 자리가 났소!" 하면서 말이야. 푸이는 이 제안을 냉큼 받아들였다는구나. 황제를 시켜 준다니 당연했겠지. 그는 관동군이 마련한 만주행 배에 올랐어.

푸이는 그들이 자신을 다시는 놔주지 않으리라는 사실을 모르고 있었어. 관동군은 푸이가 탄 배에 '부비 트랩'*이란 폭탄을 설치해 놓았단다! 중국군이 낌새를 채고서 이 배를 공격하면 배가 아예 폭발해서 푸이가 죽도록 말이야. 왜 그랬을까? 중국 땅에서 자기들이 나라를 세우려 했다는 증거물이 되는 푸이를 없애 버리기 위해서였지. 다행히 그 배는 만주에 안전하게 도착했단다. 관동군은 당장 "푸이 전(前) 황제 폐하께서 만주국 집정관(執政官)에 오르셨노라!" 라고 발표했단다. 1932년의 일이었어.

하지만 이 발표를 듣고서 딱히 기뻐하는 사람은 아무도 없었어. 중국 사람들은 "일본은 푸이를 꼭두각시*로 내세운 장난을 당장 집어치워라! 푸이는 반역자다!"

---

*부비 트랩(booby trap) : '얼간이 올무'라는 뜻으로, 건드리면 폭발하도록 만든 간단한 장치를 말함.
*꼭두각시 : '남의 조종에 의해 움직이는 사람'을 비유하여 이르는 말.

일본, 중국, 그리고 꼭두각시 황제

만주국의 꼭두각시 황제가 되는 푸이

하고 성을 냈어. 푸이도 저 나름대로 아주 성이 나 있었어. 그가 원한 것은 이까짓 '집정관'이 아니라 황제였으니까! 한편, 일본의 내각도 관동군의 행동이 못마땅하기는 마찬가지였어. 하지만 시비를 걸었다가 반발을 사게 될까 두려웠어. 국왕 히로히토는 관동군에게 만주에서 철수하라고 명령을 내릴 수는 있었어. 하지만 그 뒤가 걱정이었어. 관동군이 국왕의 명령마저 거들떠보지 않는다면 어떻게 되는 거지? 만약 그렇게 되면 내각과 의회는 물론 국왕까지도 군부 앞에서 아무런 힘이 없다는 사실을 온 세상에 알리는 꼴이 될 판이었어. 그래서 히로히토와 일본 정부는 만주국을 정식으로 승인하지 않을 수 없었단다.

중국 정부(국민당 정부)는 국제 연맹에 당장 제소(소송을 거는 일)하고 나섰어. 국제 연맹 조사단이 만주국이 세워진 과정을 모두 듣고 나서 다음과 같이 결과를 발표했어. "만주국은 정상적인 나라가 아니다. 일본은 만주국을 없던 것으로 하고 중국에서 물러나라!" 일본은 이 결과를 듣고 기다렸다는 듯이 다음 해에 국제 연맹을 탈퇴해 버렸어! 그런데 이탈리아와 독일 두 나라가 만주국을 정식 나라로 인정하는 데 동의했단다. (이탈리아와 독일은 국제 연맹을 시답지 않게 여기고 있었어.) 관동군은 드디어 푸이를 '황제'로 등극시켜 주었어. 그를 달래 줄 셈이었지. 관동군은 그에게 돈도 듬뿍 주고 황궁도 지어 주었어. 물론 권력은 주지 않았지. 푸이가 할 수 있는 일이라고는 먹고 노는 게 전부였어.

만주국은 제2차 세계 대전이 끝날 때까지 십 년 넘게 유지되었어. 그러면서 일본이 아시아 대륙으로 진출하는 데 필요한 군사 기지와 산업 기지 노릇을 톡톡히 했단다. 이렇게 해서 일본군은 더욱더 강대해져 갔어.

산 18개와 강 24개를 건넌 중국 공산당의 '장정(長征)'

장제스가 국민당군을 이끌고 베이징으로 들어가 베이징을 장악하기는 했어. 하지만 한숨 돌릴 틈이 없었어. 아직 치러야 할 내전이 남아 있었단다. 국민당군은 아직 중국 전체를 차지하지 못했어. 내로라하는 군벌들이 여전히 여러 지방에서 버티고 있었으니까. 그들은 "국민당 정부 따위는 알 바 없어!" 하면서 국민당을 우습게 보았단다.

중국을 통일하자면 이들을 가만히 내버려 둘 수는 없었어. 장제스는 이들을 치러 나섰어. 국민당군은 소련의 군사 고문들과 장교들의 도움으로 예전보다 훨씬 강해져 있었단다.

이즈음 많은 중국 사람들이 소련을 '중국이 따라야 할 모범의 나라'로 여겼어. 그럴 만도 했어. 외국 세력의 군홧발에 짓밟히고 군벌들의 다툼에 망가져 버린 중국의 현실에 다들 진저리가 났을 테니까! 이런 분위기 속에서 소련 공산당 대표들이 중국 땅으로 건너와 공산주의 교육을 돕기도 했단다.

1921년에 공산주의에 관심을 가진 중국 사람들이 상하이에 모여서 일주일 동안 토론회를 가지고서 '중국 공산당中國共産黨 Chinese Communist Party'을 만들었단다. 중국 곳곳의 공산주의 단체 대표들이 이 자리에 모였는데, 그중에 마오쩌둥[毛澤東 모택동]이라는 젊은 선생님이 있었어. 뒷날 중국 혁명을 이끄는 지도자가 바로 이 사람이란다.

이때 모인 사람은 모두 70명 정도에 지나지 않았어. 하지만 이 적은 숫자의 사람들은 저마다 자기 고향으로 돌아가서 공산주의를 전파하기 시작했어. 마오쩌둥은 고향인 후난성으로 돌아가서 선생님을 그만두고 공산주의 활동에 본격적으로 뛰어들었단다. 그는 농민 단체를 만들고 농민 강습소를 만들면서 공산주의 조직을 늘려 나갔어.

공산당의 세력이 점점 불어났어. (아직 쑨원이 살아 있을 때의 일이야.) 이때 공산당 당원들 중에는 벌써부터 국민당을 믿지 못하는 사람들이 있었어. 그들은 '우리가 국민당을 넘겨받거나 국민당을 아예 몰아내야 한다.'고 생각했어. 하지만 소련에서 온 '국제 공산당' 대표들의 생각은 달랐어. 그들은 '국민당과 힘을 합하는 쪽이 더 낫다.'고 생각했어. 혁명 세력의 힘이 아직 약할 때는 (좀 괜찮은) 다른 세력과 손잡고 일본의 제국

중국 공산당의 지도자들(가운데 사람이 마오쩌둥)

주의*부터 꺾어야 한다는 거였지. 쑨원도 공산당의 도움이 필요했어. 이렇게 해서 국민당과 공산당이 서로 힘을 합치게 되었어. 이것을 '제1차 국공 합작(國共合作 국민당과 공산당이 힘을 합침)'이라고 한단다.

그러나 쑨원이 죽고 장제스가 국민당을 이끌면서부터 양쪽은 갈등을 빚기 시작했어. 국민당 당원들과 장교들 중에서 많은 사람들이 공산당을 못마땅하게 생각하기 시작했어. "중국 공산당이 소련에 기울어 있다."고 말이야. 심지어 "중국 공산당이 소련의 앞잡이 노릇을 하고 있다!"라고 하면서 목소리를 높이는 사람들도 있었어. 기어코 장제스가 불호령을 내렸단다. 그는 "중국 공산당이 소련 공산주의자들의 손에 놀아나고 있다!"고 하면서, 국공 합작에 따라 국민당에 들어와 활동하고 있던 공산당 당원들을 모조리 쫓아내라고 명령했어. 이때 마오쩌둥도 쫓겨났단다. 장제스는 또 "중국 공산당 당원들은 물론 국제 공산당 지도자들까지 모두 잡아들여!"라고 명령한 뒤, 잡혀 온 사람들 중 일부를 처형해 버리기까지 했어. 이제 국공 합작이고 뭐고 없다는 거였어. 장제스는 "공산당은 우리의 적일 뿐이다!"라고 큰소리쳤어.

이런 커다란 위기를 맞아 공산당이 당하고만 있을 수는 없었어. 공산당은 즉각 반격에 나섰어. 마오쩌둥은 '홍군(紅軍)'이라고 부르는 공산당 군인 3천 명과, 농민들, 노동자들을 이끌고 후난성에서 봉기를 일으켰어. 대도시에 있던 공산당 당원

---

*제국주의(帝國主義) : 군사적·경제적으로 남의 나라나 후진 민족을 정복하여 자기 나라의 영토와 시장을 넓히려는 주의.

산 18개와 강 24개를 건넌 중국 공산당의 '장정(長征)'

들도 소규모의 병력을 이끌고 도시를 점령하려고 나섰어. 그러나 공산당 세력은 국민당군에게 진압되어 뿔뿔이 흩어지고 말았단다. 공산당 당원들은 도망자 신세를 면할 수 없게 되었어.

장제스는 공산당 세력을 몰아내고 나서 군벌들이 버티고 있는 중국 서부 지역에 눈을 돌렸어. 그리고 몇 해에 걸쳐서 그 군벌 세력들을 하나씩 쳐 나갔어. 하지만 장제스는 국민당의 원래 목표였던 '헌법과 의회를 가진 공화국'을 건설하는 일은 안중에도 없었어. 장제스와 그의 군대는 사실상 중국의 모든 권력을 장악했단다. 처음에 장제스는 만주의 일본군과 중국의 군벌들 때문에 공산당에게 신경을 많이 쓸 겨를이 없었어. 하지만 1930년이 되자 그는 공산당을 다시 칠 때가 되었다고 판단했단다.

공산당은 외진 산악 지역으로 쫓겨나 있었고, 산속에 기지를 차렸어. 앞서 일으킨 봉기에서 살아남은 마오쩌둥과 농민들은 장시성[江西省 강서성]의 변경에 있는 징강산[井崗山 정강산]으로 후퇴했어. 몇 해에 걸쳐서 다른 공산당 당원들이 그곳으로 모여들었단다. 그들 중에는 대규모의 홍군을 이끌고 온 주더[朱德 주덕]라는 군사 지도자도 있었어.

마오쩌둥과 주더는 그 지역의 지주들에게서 토지를 빼앗아 가난한 농민들에게 골고루 나누어 주었어. 농민들은 기뻐서 춤을 추었단다. "지금까지 지주들에게 시달리면서 힘들게 살아왔는데 내 땅이 생기다니! 이런 날이 올 줄이야!" 하고 말이야. 공산당 지도자들은 장시성에 '중화 소비에트 공화국Chinese Soviet Republic'(장시 소비에트라고도 함)이라는 독립 정부를 세웠어. 마오쩌둥이 중화 소비에트 공화국의 주석*이 되었어.

1930년, 장제스가 국민당군 10만 명을 풀어 중화 소비에트 공화국을 포위 공격하라고 명령했어. 그런데 국민당군은 자기네보다 훨씬 숫자가 적은 홍군에게 보기 좋게 당하고 말았어.

마오쩌둥과 주더

장제스는 20만 명의 병력을 동원해서 제2차 포위 섬멸(남김없이 무찔러 없앰) 작전에 들어갔어. 그러나 전부 실패했어. 3차, 4차 작전까지도!

그러나 1934년의 제5차 포위 섬멸 작전은 달랐어.

장제스는 무려 70만 명이나 되는 대군을 장시성에 보냈단다! 이 엄청난 대군이 밀려 들어오는 데는 홍군도 어쩔 수 없었어. 숫자상으로만 보아도 상대가 되지 않았으니까 말이야. 아닌 게 아니라 홍군은 크게 패하고 말았단다. 중화 소비에트 공화국이 무너지고 만 거야.

중화 소비에트 공화국 사람들은 온 사방에서 죄어 오는 국민당군의 포위망을 뚫고 중국의 서쪽을 향해 후퇴하기 시작했어. 1934년 10월 13일, 홍군 8만 5천여 명을

---

*주석(主席) : 최고 지위에 있는 사람.

비롯한 남자, 여자, 아이들 10만 명이 짐 보따리를 둘러메고 중국 서쪽을 향해 장정(長征 멀리 감)에 올랐단다. 국민당군이 추격하는 가운데 이들의 장정은 1년 넘게 계속되었어. 도중에 강이 나타나면 뗏목을 만들어서 건넜어. 뗏목이 물에 떠내려가지 않도록 돌 주머니들을 밧줄로 단단히 매단 뒤, 다른 뗏목을 그 끝에 하나씩 이어 가는 거야. 뗏목이 강 저편까지 닿으면 나무에 붙들어 매고 돌 주머니들을 떼어 냈어. 이렇게 해서 좁다란 뗏목 다리를 만들었단다! 그런데 다리를 건너려는데 국민당군이 공격해 오면 어떡하지? 총알이 핑핑 날아오면? 그렇게 총에 맞아 죽는 사람, 강물에 빠져 죽는 사람이 한둘이 아니었어. 장정 중에 아기를 낳은 여자들은 지나가던 마을에 아기를 맡겼다는구나. 장정을 하면서 갓난아이를 돌보기란 불가

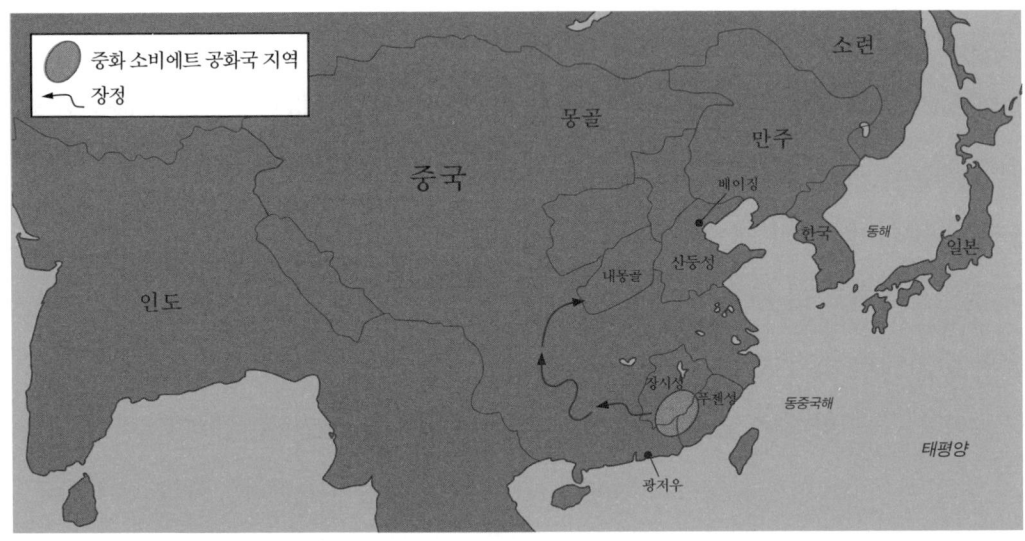

장정(長征)

능했으니까. 장시성의 경계에 있는 높은 산에 이르렀을 때 마오쩌둥은 이렇게 말했어. "다들 멈추지 말고 계속 걸으시오! 그래야만 산을 넘을 수 있소!" 힘들다고 높은 산의 길에서 도중에 펄썩 주저앉으면 얼어 죽을 수도 있기 때문이었어. 그들은 계속 걸어야 한다는 사실을 잊어버리지 않기 위해 노래를 만들어 불렀단다.

저 산 높고 또 높아,
그러나 발길을 멈춰선 안 돼.
발을 잘 감싸고 잘 비벼라!
산마루에서도 절대 쉬면 안 돼!

산을 넘을 때마다 진눈깨비가 섞인 찬바람이 얼굴을 마구 때렸어. 살을 에는 추위를 견디다 못해 쓰러진 사람이 한둘이 아니었지만 아무도 구해 줄 힘이 남아 있지 않았어. 어떤 사람은 산꼭대기에서 쓰러졌어. 공기가 워낙 희박해서 산소가 부족해 졸음이 쏟아졌기 때문이야. 이렇게 쓰러진 사람들은 다시는 일어나지 못했단다.

험한 산을 넘고 또 넘어 루얼까이[若爾蓋 약이개] 대초원에 이르렀어. 드넓고 메마른 황무지였어. 마을도 없었고, 먹을 것을 찾기도 어려웠어. 가지고 간 식량도 동나기 시작했어. 풀과 나무뿌리로 끼니를 때우지 않을 수 없었어. 그들은 심지어 가죽신, 가죽 허리띠까지 먹었단다! 어떻게 먹었냐고? 많은 사람들이 나누어 먹을

장정에 나선 중국 사람들

수 있도록 솥에 가죽신과 가죽 허리띠를 넣고 나뭇잎을 듬뿍 집어넣은 뒤 푹 끓이는 거지. 그들은 이 국을 '세 가지 재료로 만든, 진미가 우러나는 국'이라고 불렀다는구나. 이거라도 맛있게 먹자는 거였어.

이들이 산맥 18개, 강 24개를 건너 마침내 중국 서북 지방의 산시성[陝西省 섬서성]에 이르렀을 때, 살아남은 사람은 고작 8천 명뿐이었단다! 전투와 질병, 굶주림으로 대부분이 죽고 만 거야! 368일에 걸쳐 1만 5천 킬로미터를 헤치고 온 이 머나먼 행군을 '장정Long March'이라고 한단다.

이 장정을 통해 마오쩌둥은 중국 공산당에서 가장 유명하고, 가장 존경받고, 가장 강력한 지도자가 되었어. 또 이 일을 계기로 많은 중국 사람들이 장제스에게서 등을 돌리기 시작했어. "장제스는 왜 중국 공산당과 싸우는 데 그렇게 힘을 쏟는 거지? 일본군이 만주 땅을 통째로 집어삼키고 있는 판에 말이야! 일본군을 몰아내기 위해 온 힘을 기울여도 모자랄 판에 왜 같은 중국 사람과 싸우는 거야?" 이렇게 생각했던 거야.

공산당 지도자들은 '동족끼리 싸워서는 안 된다!'는 표어를 내걸었어. 많은 중국 사람들이 "맞아! 다들 똘똘 뭉쳐서 일본군과 싸워야 해!" 하면서 찬성하고 나섰어. 국민당군의 장교와 병사들 중에도 여기에 찬성하는 사람이 많았어. 그들은 더 이상 홍군과 싸우기를 꺼렸어.

1936년 말, 장제스는 북서 지방의 시안(西安 서안)으로 갔어. 그곳에 주둔하고 있던 국민당군의 지휘관에게 홍군을 확실히 뭉개 버리라고 재촉하기 위해서였어. 그러나 그가 도착하자 그 지휘관은 그를 감옥에 덜컥 가두어 버렸단다! 그는 장제스에게, 홍군과 싸우지 말고 서로 힘을 합쳐 일본군과 싸우라고 요구했어. 다시 공산당과 힘을 합치라는 거였어. 장제스는 2주일 동안이나 갇혀 있다가 이 요구를 받아들이고 나서야 비로소 풀려 날 수 있었단다! (이렇게 해서 제2차 국공 합작이 이루어졌어.)

그런데 장제스가 왜 이 요구를 받아들였을까? 당장 풀려 나기 위해서? 꼭 그 때문만은 아니었어. 공산당과 내전을 계속하다가는 자신과 국민당 정부의 권위가 땅바닥에 떨어질 게 뻔하다는 걸 깨달았기 때문이었어! 드디어 오랜 내전이 끝났어.

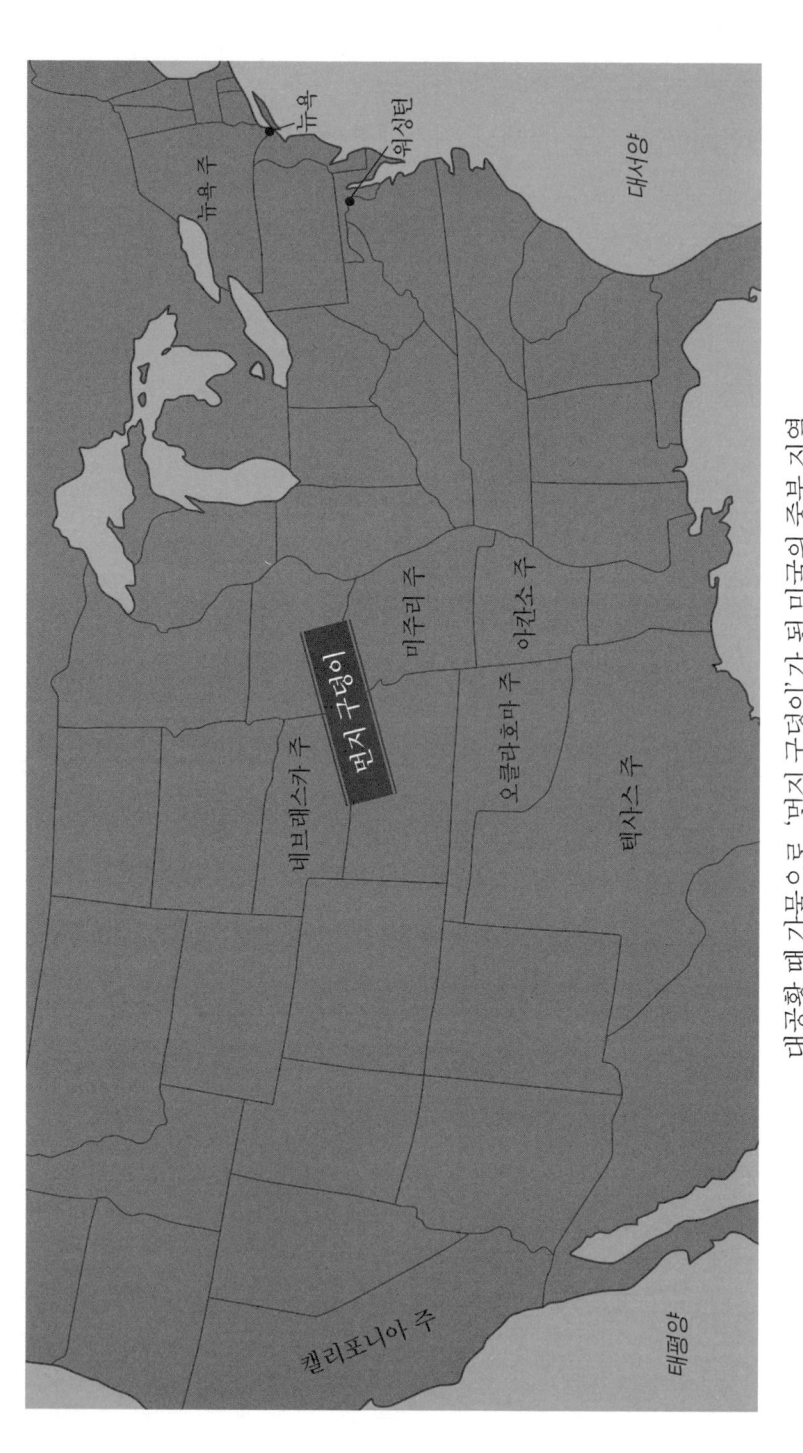

제26장 전 세계를 강타한 대공황

검은 화요일과 뉴딜 정책

제1차 세계 대전이 끝나자 미국은 형편이 잘 풀려 나가는 것 같았어. 전쟁에서 승리를 거둔 '도우보이'(상권 제21장에서 나왔었지? 미국 병사들이란 뜻이야.)들이 개선 행진곡을 울리며 돌아왔어. 가게마다 먹을 것이 넘쳐 났고, 모든 사람이 돈도 넉넉히 가진 것 같았단다. 건축가들은 너도나도 대도시에 하늘을 찌를 듯한 마천루*를 짓기에 바빴어. 학교는 아이들로 바글거렸지. 미국 역사에서 처음으로 거의 모든 사람이 글을 읽고 쓸 줄 알게 되었단다. 윌리엄 포크너William Faulkner(《음향과 분노》란 소설을 썼어.), 헨드릭 빌렘 반 론Hendrik Willem van Loon(《인류 이야기》란 베스트셀러를 썼어.) 같은 작가들이 책을 펴내서 명성을 날렸어. 가수들은 '그래, 우리한테는 바나나가 하나도 없는걸.', '나도 케이트 언니처럼 시미를 잘 추면 얼마나 좋을까!' 같은 시답지 않은 노래들을 불러 댔어. 시미

---

*마천루(摩天樓) : 하늘에 닿을 듯이 높은 건물.

(Shimmy)는 윗몸을 요란하게 흔들면서 추는 야한 춤으로 제1차 세계 대전 뒤에 유행했단다. 미국 곳곳에서, 밤새도록 춤을 추는 시합인 '댄스 마라톤'이 벌어지기도 했어. 춤을 추다가 쉬어서도 졸아서도 안 되는 거야.

댄스 마라톤

세상이 전쟁 때와는 정말 딴판이었단다. 일찍이 듣지도 보지도 못한 일들이 곳곳에서 벌어지고 있었으니까! '미스 아메리카 선발 대회'도 이때 생겼단다. (1921년의 제1회 대회에서 워싱턴 대표로 나간 마가릿 고어먼이란 열여섯 살짜리 소녀가 1위를 차지했단다.) '아카데미 상'이라는 영화상도 이때 만들어졌어.(오스카 상이라고도 해.) 비행기 조종사 찰스 린드버그Charles Lindbergh가 '세인트루이스의 정신Spirit of St. Louis'이라는 작은 비행기를 몰고서 혼자 대서양을 건너가는 데 성공한 것도 이때의 일이었어! 미국의 뉴욕에서 프랑스의 파리까지 휙 날아간 거야. 이 세상에 불가능한 일이 없을 것만 같았단다. 미국에서 산다는 건 그야말로 '아름다운 꿈'과도 같았어!

그런데 이 꿈이 1929년에 아주 산산조각 나고 마는구나!

1920년대에 미국에서는 많은 사람들이 주식 시장에 손을 댔어. 시장은 물건을 사고파는 곳이야. 사람들은 집에서 가꾼 채소를 자기가 먹을 만큼만 남기고 시장에서 팔기도 해. 땅이 없어서 채소를 직접 가꾸어 먹을 수 없는 사람에게 파는 것이지. 주식 시장은 이런 채소 대신 주식이란 걸 사고파는 곳이야. 주식이란 회사를 꾸려 가는 데 필요한 돈을 마련하기 위해 발행하는 증서란다. 주식에 대해서는 상권 제16장에서 말한 적이 있어. 그래도 다시 한 번 정리해 볼까? 초콜릿 사탕 공장 사장이 좀 더 시설을 많이 들여 놓으려고 친구들한테 돈을 가져온다고 생각

찰스 린드버그와 '세인트루이스의 정신'

해 봐. "우리 회사의 주식을 사게나. 연말에 이익을 나눠 줄 테니까." 하면서 말이야. 이때 친구들이 그 공장의 주식을 사게 되면 산 주식만큼 그 공장을 '소유'하게 되고, 공장이 이익을 내면 산 주식만큼 이익을 나눠 받게 돼.(이걸 '이익 배당'이라고 해.) 이처럼 주식을 가진 사람을 '주주'라고 하고.

초콜릿 사탕 공장이 잘 굴러가서 이익을 많이 낸다면 연말에 주주들한테 돌아오는 이익도 크겠지? 물론 공장이 이익을 못 내면 주주들한테 돌아오는 이익도 없어. 그런데 이익은커녕 공장이 문 닫을 지경으로 내몰리게 되면, 주주들이 돈을 더 대어야 할 수도 있단다. 아예 공장 문을 닫을 생각이 아니라면 말이야. 적어도 일꾼들에게 임금은 주어야 할 테니까.

1920년대에 미국에서는 주식을 팔려고 내놓은 회사도 많고, 주식을 사겠다고 덤벼

드는 사람도 많았어. 연말에 큰돈을 배당받을 수 있으리라는 꿈에 부풀어 있었지. 이 사람들이 다 어디로 몰려들었는가 하면, 뉴욕 시의 월스트리트Wall Street(월 가)란 곳이었단다. ('월(wall)'은 '담'이란 뜻이고, '월스트리트'는 17세기에 이곳에 세워진 담의 이름에서 따온 거야. 그때 네덜란드 사람들이 이곳에 정착해 살고 있었는데 영국 사람들의 공격을 막으려고 이 담을 세웠지. 이 책 시리즈 〈근대 편〉의 제6장에 나왔던 이야기인데 기억 나니?) 일찍이 1700년대 말에 한 무리의 사업가들이 여기에 '주식 시장'을 열었다는구나. 회사 사장들이나 회사를 사려는 사람들이 이곳에 모여 주식을 사고팔 수 있게 된 거야. 이 거리를 '뉴욕 주식 시장New York Stock Exchange'이라고 불렀대.

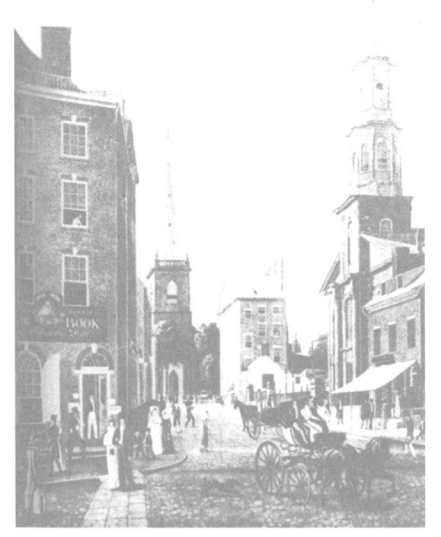

1920년대의 월스트리트

제1차 세계 대전이 끝나고 1920년대가 되자 미국의 많은 공장들과 회사들이 그야말로 돈을 쓸어 담을 정도로 떼돈을 벌었다는구나. 그리고 그 공장과 회사의 주주들도 떼돈을 벌었어. 어느 정도였는가 하면, '1백 달러어치 주식으로 1천 달러를 버는' 꼴이었어! 그때 돈으로 2만 5천 달러어치 주식을 사서 수십만 달러를 벌어들인 사람들도 있었다는구나! 주식을 사는 일이 세상에서 가장 쉽게 돈을 버는 방법인 것 같았어. 사람들은 너도나도 주식 시장에 미친 듯이 달려들었단다. 수백 수천 달러를 주식 사는 데 썼어. 돈이 모자라면 은행에서 돈을 빌려서라도 샀어! 은행 이자 따위는 걱정할 필요도 없었어. 배당금을 받아서 간단히 갚아 버릴 수 있었으니까. 그야말로 '주식 열풍'이 미국 땅을 휩쓸었단다.

당시 뉴욕 주식 시장의 모습

그러나 공장이나 회사가 이렇게 큰 돈을 잔뜩 벌어들일 수 있을 때 더 많은 공장이 세워지고 더 많은 회사가 생겨. 이렇게 되면 주식을 파는 사람들은 주식을 사려는 사람들을 두고 경쟁하게 되지. 아닌 게 아니라 주식을 발행해도 팔기가 어려워졌어. 주식을 사려는 사람들이 줄어들기 시작한 거야. 공장들과 회사들은 돈을 구경하기가 점점 어려워졌어.

1929년에는 주식 시장이 활기를 잃은 정도가 아니라 아예 '왕창' 무너지고 말았단다.

1929년 10월 24일, 주식을 가지고 있던 사람들이 주식을 팔아 치우기 시작했어. 그걸 보고서 다른 사람들도 '지금 주식을 파는 게 좋겠군!' 하고 생각하고 주식을 내놓기 시작했어. 주식을 팔려고 내놓은 사람은 많았지만 사고 싶어 하는 사람은 적었어. 그러자 주식 값이 떨어지고 떨어지고 또 떨어졌어. 이렇게 생각해 보렴.

어떤 사람이 사탕 다섯 개를 갖고 있는데 그걸 사려는 사람이 스무 명이나 된다고 해 봐. 이때 사탕 주인은 사탕 한 개에 2,000원을 받고 팔 수도 있어. 그런데 거꾸로 사탕을 팔려는 사람은 스무 명이나 되는데 사려는 사람이 한 사람뿐이라면 어떻게 될까? 서로 값을 낮춰서 팔려고 하겠지? 이 사람이 사탕 한 개에 200원을 매기면 저 사람은 50원을 매기는 식으로 말이야.

주식 값이 하루가 멀다 하고 곤두박질치기 시작했어. 사람들은 주식 값이 더 떨어지기 전에 조금이라도 돈을 되찾으려고 주식을 팔았어. 당연히 주식 값은 더 떨어졌지. 1929년 10월 24일 아침에 5만 달러어치의 주식을 가졌던 사람은 그날 저녁에 자신이 가진 주식이 겨우 1백 달러도 안 된다는 사실을 알았단다! 이럴 수가! 다들 눈이 뒤집히지 않을 수 없었어.

'주식 팔아 치우기'가 한 주 내내 계속되었어. 이것을 '월스트리트 붕괴Wall Street Crash'라고 한단다.(이날 〈뉴욕 타임스〉의 머리기사 제목이 바로 이 말이었어.) 최악의 날은 1929년 10월 29일 화요일이었어. 이날 140억 달러어치나 되는 주식이 아무런 가치가 없는 휴

월스트리트 붕괴 때의 뉴욕 거리 모습

지 조각이 되었어! 이날을 '검은 화요일Black Tuesday'이라고 부른단다.

가진 돈을 다 털어서 주식을 샀던 사람들은 그만 알거지가 되고 말았어. 주식을 사기 위해 은행에서 돈을 빌린 사람들은 그 돈을 한 푼도 갚을 수가 없었어. 은행은 빌려 준 돈을 되돌려 받을 수 없어서 문을 닫아야 했어. 어떤 사업가들은 산더미 같은 빚에 대한 부담을 이기지 못해 스스로 목숨을 끊었단다! 주식에 손댄 사람들이 돈을 얼마나 날려 버렸던지, 그 뒤 10년 동안 대부분의 가정에서는 돈을 구경하기가 어려웠어. 새 옷이나 새 차를 산다는 건 꿈도 못 꿀 일이었어. 다들 끼니 걱정을 하면서 살아야 했단다. 물론 아이들은 크리스마스에 선물 구경을 하기가 어려웠어. 그 시절에 네가 크리스마스 선물로 사과 하나를 받았다면 넌 복 많은 아이에 속했다는구나.

'검은 화요일'에 이어 찾아온 1930년대의 이 시기를 '대공황Great Depression'이라고 한단다. '공황'이란 경제 공황의 줄임말로, 모든 경제 활동이 혼란에 빠지는 상태를 말해. 엎친 데 덮친 격으로 날씨마저 좋지 않았어. 엄청난 가뭄이 들어 수천, 수만 제곱 킬로미터나 되는 땅의 경작물이 몽땅 말라 죽었단다. 드넓은 그레이트플레인스*에서는 비 구경을 하기 어려웠고, 흙먼지 바람만 휩쓸고 다닐 뿐이었어. 먼지 바람이 한 차례 휩쓸고 지나갈 때면 사람들은 문

미국 대공황 때의 한 가족

검은 화요일과 뉴딜 정책 105

을 꽉 걸어 잠그고 집 안에 틀어박혀 있어야 했어. 먼지가 못 들어오게 현관 문이며 창틀에다 수건을 끼워 놓아도 아무 소용이 없었어. 먼지 바람이 지나간 뒤에 보면 마루며 침대며 가구에 흙먼지가 수북했단다. 그래서

1936년, 오클라호마 주의 먼지 폭풍 속의 농부와 아들들

미국 중부 지방을 '더스트 보울Dust Bowl'('먼지 구덩이'라는 뜻)이라고 불렀다는구나. 농장이 폐허로 변해서 그 땅에 더 이상 농사를 지을 수 없었어. 결국 그레이트 플레인스 지역에 살던 많은 농민들이 고향을 등지고 캘리포니아 주로 향했단다. 이 사람들을 가리켜서 '오키스Okies'라고 했는데, 열 명 중에 두 명은 오클라호마 주Oklahoma에서 왔다고 해서 붙여진 이름이라고 해. 그러나 사실은 아칸소 주, 미주리 주, 텍사스 주에서 온 사람들이 더 많았다고 하는구나.

대공황이 일어났을 때의 미국 대통령은 허버트 후버Herbert Hoover였어. 누가 대통령으로 있든지 간에 가난하고 굶주린 사람들과 집도 절도 없는 이 많은 사람들을 그냥 내버려 둘 수는 없는 노릇이었어. 그래서 후버 대통령은 1932년에 '부흥 금융 공사Reconstruction Finance Corporation'란 기구를 만들었어. 그리고 돈 가뭄에 허덕이고 있던 은행과 회사, 농가에 돈을 꿔 주었단다. 부흥 금융 공사의 출

---

*그레이트플레인스(Great Plains) : 미국 중부의 10개 주와 캐나다에 걸쳐 있는 대평원.

발은 괜찮았어. 덕분에 경제가 좀 나아졌거든. 하지만 그 정도로는 대공황을 이겨 낼 수가 없었단다.

바로 그해에 대통령 선거가 있었어. 뉴욕 출신의 프랭클린 델러노 루스벨트Franklin Delano Roosevelt라는 사람이 출마해서 후버 대통령과 맞붙었단다. 루스벨트 후보는 "나를 대통령

1938년, 테네시 주 멤피스의 직업 안내소 앞에 줄지어 앉아 있는 사람들

으로 뽑아 주시오. 뉴딜* 정책으로 이 대공황을 반드시 끝장내겠소!" 하고 연설했어. 루스벨트 후보는 앞서 마흔 살 때 소아마비*에 걸렸어. (1920년대와 1930년대에 미국에서는 소아마비가 유행했다고 해.) 그래서 어디를 가나 휠체어를 타고서 유세*를 해야 했지만, 후버 대통령보다 더 힘차고 더 똑똑해 보였다는구나. 이때 미국 사람들은 가난을 해결해 줄 지도자를 목마르게 찾고 있었어. 그가 바로 루스벨트였어. 결국 그는 후버 대통령을 완전히 따돌리고 대통령 선거에서 승리했단다.

루스벨트 대통령은 집 없고 굶주린 사람들을 돕기 위해 당장 소매를 걷어 붙였어. 그는, 직장을 잃은 사람들에게 얼른 일자리를 만들어 주고, 대공황이 다시는 일어

*뉴딜(New Deal) : 루스벨트 대통령이 공황 극복을 위해 실시한 일련의 정책을 가리키는 말.
*소아마비(小兒痲痺) : 어린아이에게 많이 일어나는, 손발이 마비되는 질환.
*유세(遊說) : 여러 지역을 돌아다니며 자기의 의견이나 소속 정당의 주장 따위를 설명하고 선전하는 일.

프랭클린 델러노 루스벨트
1940년 루스벨트가 세 번째로 대통령 선거에 나갔을 때의 포스터야. 루스벨트는 네 번이나 대통령에 뽑혔단다. 1932년 처음 대통령 선거에 나왔을 때 대공황에 빠진 미국을 구하기 위해 뉴딜 정책을 선언해서 많은 사람들의 지지를 받았어.

나지 않도록 주식 시장과 은행을 완전히 개혁할 생각이었어.

그는 미국 사람들에게 일자리와 수입을 안겨 주기 위해 새로운 '공기업'들을 만들어 내기 시작했어. '민간 자원 보존단Civilian Conservation Corps(CCC)'을 만들어 젊은 실업자들에게 나무 심기, 산불 끄기, 둑 건설 같은 일자리를 주는가 하면,(9년 동안 3백 만 명에게 일자리가 돌아갔다고 해.) '공공사업 진흥국Works Progress Administration(WPA)'을 만들어 수백만 명의 사람들에게 도로, 다리, 공항, 공원 건설 등의 일자리를 주었어.(8년 동안 8백5십만 명에게 일자리가 돌아갔다고 해.) 농민들의 소득을 끌어올리기 위해 '농업 조정국Agricultural Adjustment Administration(AAA)'도 만들었어. 줄임말로 CCC니 WPA니 AAA니 하는 기관들은 모두 미국 사람들이 일찍이 듣지도 보지도 못한 것들이었어. 루스벨트 대통령이 이런 기관들을 얼마나 많이 만들어 냈던지, 미국 사람들이 이렇게 말하기도 했다는구나. "FDR이 우리를 위해 '알파벳 국'을 열심히 끓이고 계시는구먼!"('FDR'은 루스벨트 대통령 이름의 머리글자란다.) 그런데 이 '알파벳 국'은 실제로 미국 사람들의 굶주린 배를 달래 주는 '진짜 국'이 되었단다! 루스벨트 대통령의 '뉴딜' 정책 덕분에 미국은 마침내 대공황의 수렁에서 서서히 빠져나올 수 있었어.

'민간 자원 보존단'에서 일자리를 얻은 사람들

아돌프 히틀러와 '조국' 독일

미국에서 시작된 대공황이 미국만 할퀴고 지나가지는 않았어. 대공황은 전 세계를 요동치게 만들었단다! 1920년대 동안에 미국 사람들은 값비싼 유럽 상품들을 마구 사들였어. 자동차에서 커피 메이커(커피 만드는 기계)에 이르기까지 말이야. 또 유럽에 여행 와서 호텔 숙박비며 음식 값이며 돈을 듬뿍 뿌리고 갔어. 미국의 달러가 유럽으로 왕창 들어왔던 거지.

하지만 그건 이미 옛날이야기였어. 주식 시장에서 돈을 날리기 시작할 때부터 미국 사람들은 값비싼 유럽 상품을 더 이상 사지 않았으니까. 유럽으로 여행 오는 사람들도 뚝 끊겼어. 그 바람에 유럽 각 나라들의 공장들과 회사들이 갑자기 돈 가뭄에 시달리게 되었어. 호텔이나 음식점도 웨이터, 보이(사환), 하녀 들을 내쫓기 시작했어. 유럽도 미국처럼 점점 가난해져 갔어. 대공황의 거친 물결이 유럽 전 지역을 집어삼켰어!

유럽에서 대공황의 충격이 유난히 컸던 나라는 독일이었어.

독일은 뉴욕 주식 시장이 무너진 '검은 화요일' 이전부터 이미 가난하고 비참한 처지였어. 제1차 세계 대전이 끝난 뒤 맺어진 베르사유 조약에서 연합국에게 '전쟁 배상금'을 물어 주기로 합의하지 않을 수 없었으니까. 그 배상금은 영국과 프랑스가 제1차 세계 대전에서 독일을 쳐부술 때 썼던 모든 비용으로, 엄청난 금액이었어.

독일은 또 제1차 세계 대전으로 2백 만 명이나 되는 젊은이를 잃었고, 도시란 도시는 전투로 인해 죄다 파괴된 상태였어! 독일 정부는 이런 어려운 상황에서도 전쟁 배상금을 내려고 나름대로 애썼어. 하지만 물어낼 돈이 있어야 말이지. 그래서 독일은 미국과 영국의 은행들에서 돈을 꾸다가 영국과 프랑스 정부에 해마다 전쟁 배상금을 지불했어. 말하자면 '돌려 막기'를 한 거야.

히틀러 지배 하의 유럽

그러던 중에 미국 주식 시장이 무너졌어. 그러자 독일에 돈을 꾸어 준 미국 은행들이 독일 정부에게 "꾸어 간 돈을 내놓으시오!"라고 아우성을 쳤어. 하지만 독일 정부는 돈이 없었어. 다른 데서 돈을 꿀 수만 있다면야 꾸어 올 텐데, 대공황으로 유럽 모든 나라가 궁색해진 마당이라 손 벌릴 데가 없었지. 독일로서는 사면초가*였어. 미국 은행에 꾼 돈을 갚을 수도 없고, 전쟁 배상금을 낼 수도 없는 곤란한 형편이 되고 만 거야.

---

*사면초가(四面楚歌) : 사방이 모두 '적으로 둘러싸인 형국' 또는 누구의 도움도 받을 수 없는 '고립된 상태'를 이르는 말.

아돌프 히틀러와 '조국' 독일   III

독일에서는 그나마 일자리가 있던 사람들도 일자리를 잃기 시작했고, 공장들과 회사들은 하루가 멀다 하고 픽픽 쓰러져 갔어. 그리고 물가가 하늘 모르고 치솟아 돈 값어치가 땅바닥에 뚝 떨어졌어. 빵 한 조각을 사기 위해서 손수레 한가득 지폐를 싣고 가야 할 정도였단다!

이때 독일에 아돌프 히틀러Adolf Hitler라는 젊은이가 있었어. 그는 자기 생각대로 하면 독일이 처한 어려움을 깨끗이 해결할 수 있다고 믿고 있었어.

히틀러는 오스트리아-헝가리 제국 출신이었지만 그 자신은 '독일인'이라고 생각했단다. 실제로 오스트리아-헝가리 제국 사람들 중에는 자신을 독일인이라고 생각하는 사람이 많았다는구나. 제1차 세계 대전 때 오스트리아-헝가리 제국이 독일과 한편이 되어 움직였던 까닭 중에는 이런 이유도 있었지. 히틀러는 독일 미술을 공부했고, 독일 음악에 빠져 있었대. 특히 빌헬름 리하르트 바그너*의 오페라를 좋아했다는구나.

제1차 세계 대전이 일어나자 히틀러는 독일군에 들어갔어. 그는 이 세상에서 가장 강하고 가장 존경할 만한 나라는 독일이요, 가장 아름다운 문화도 독일 문화라고 단단히 믿고 있었단다. 그리고 '독일이 유럽을 다 차지해서 전 유럽에 독일 문화를 퍼뜨리면 얼마나 좋겠어! 독일이 무력을 써서라도 다른 나라들을 독일 제국 안

---

*바그너(Wilhelm Richard Wagner 1813년~1883년) : 독일의 극음악 작곡가·이론가로, 오페라 음악을 통해 그가 이룩한 혁신은 수많은 사람들에게 영향을 미침. 주요 작품은 〈방황하는 네덜란드 인〉, 〈탄호이저〉, 〈로엔그린〉, 〈트리스탄과 이졸데〉, 〈니벨룽겐의 반지〉 등이 있음.

에 다 끌어들이면 그 나라 사람들한테도 복이지 뭐야. 독일 사람이 될 수 있으니까!' 하고 생각했단다.

히틀러는 많은 독일 사람들이 전쟁을 지지하지 않는 것을 보고 놀랐어. 수천 명의 독일 사람들은 몇 년간의 전쟁을 겪자 그저 예전의 일상생활로 돌아갈 수 있기만을 바랐어. 그들은 독일이 땅을 잃어도 상관없고 힘을 잃어도 상관없으니 제발 전쟁이 끝나 주기만을 바랐단다.

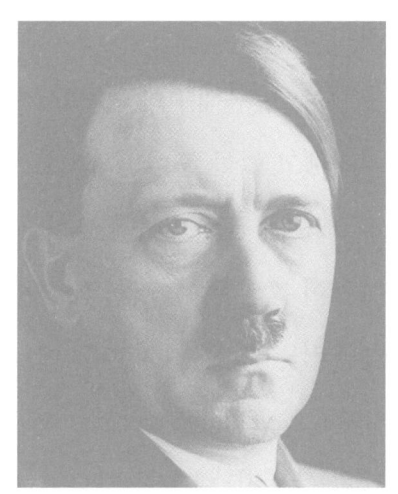

아돌프 히틀러

히틀러는 '우리 독일 사람들은 어쩌면 이렇게 애국심이 모자랄까!' 하면서 무릎을 치기도 했어. 그는, '어떤 나쁜 세력이 우리 독일 방방곡곡에 불만을 퍼뜨리고 있다! 우리 독일의 승리가 얼마나 중요한지를 망각하게 만들고 있어!'라고 생각했어. 그는 이 나쁜 세력으로 '유대 인'을 지목했단다.

중세 때부터 유럽 사람들은 유대 인을 의심의 눈초리로 바라보았어. 당시 기독교도들은 유대 인의 문화나 그들의 종교(유대 교)에 대해 아는 게 거의 없었어. 그저 '법으로 금지된 이상한 종교 의식을 따르는 무리'라고 생각할 따름이었지. 그들은, 유대 인은 잘난 척한다느니 오직 돈만 밝힌다느니 하면서 비난했어. 이 같은 말들은 모두 편견일 뿐이었지만 '반유대주의'*라고 부르는 이런 유대 인에 대한 미움이 유럽 전 지역에 퍼져 있었단다. 그 바람에 유대 인은 그때까지 나라도 가

아돌프 히틀러와 '조국' 독일   113

지지 못했어.

유럽의 '반유대주의'는 20세기에 들어와서도 여전했어. 많은 사람들이 유대 인을 미워했고 그들을 협박하기도 했어. 그래서 히틀러가 "우리 독일이 이처럼 고통을 겪고 있는 건 유대 인들 때문이오!" 하면서 큰소리를 치기 시작했을 때, 많은 독일 사람이 그의 말에 귀를 기울였다는구나.

히틀러는 제1차 세계 대전이 끝나자 '국가 사회주의 독일 노동자당National Sozialistische Deutsche Arbeiterpartei'이라는 정당에 들어갔어. 보통 '나치스Nazis'라고 부르지. 나치스 사람들은, 공산주의자들처럼 '독일의 가난한 사람들과 노동자들이 나라를 운영하는 데 더 많은 힘을 가져야 한다.'고 생각했고, 파시스트들처럼 '독일이 다시 부강해지려면 강력한 지도자가 있어야 한다.'고 믿었으며, 많은 유럽 사람들처럼 '유대 인을 몰아내야 한다.'고 주장했어.

회의하는 나치스 당원들과 나치스의 상징인
독수리와 십자가

히틀러는 청중을 사로잡는 데 아주 도사였다는구나. 그가 나치스의 공개 연설회에서 '독일

---

*반유대주의(反猶太主義 Anti-Semitismanti) : 유대 인을 박해하고 차별하는 운동과 이념.

민족의 위대성'을 드높이 외쳐 댈 때면 사람들이 열광하여 펄쩍펄쩍 날뛰었대. 연설이 끝나면 청중들이 자리에서 일제히 일어나 "옳소! 옳소!" 하며 환호성을 질러 댔다구나. 이런 절대적인 인기에 힘입어 그는 1921년에 나치스의 우두머리가 되어 '우리의 지도자 Führer'('총통'이라는 뜻으로 히틀러의 칭호)로 불리게 되었단다.

연설하는 히틀러

대공황이 미국과 유럽을 강타했을 때, 사람들은 히틀러의 연설을 듣기 위해 구름 떼처럼 몰려들었어. 독일 사람들은 이미 가난에 찌들 대로 찌들어 있었어. 그런데 대공황 때문에 더욱더 가난해지고 더욱더 굶주리고 더욱더 절망스러운 상태에 빠지게 된 거야. 누군가 나서서 '좀 더 나은 내일'을 약속한다면 즉시 귀가 솔깃해질 수밖에 없었어.

히틀러는 독일 전 지역을 돌아다니면서 약속했어. "우리 나치스에게 표를 주시오! 우리 나치스가 권력을 잡으면 이 나라를 확 바꿔 놓겠소! 우리 독일을 질서 있고 부강한 나라로 다시 만들고 말겠소!" 그는 베르사유 조약도 깨 버리겠다고 공언했어. "베르사유 조약이 도대체 뭐요? 우리 독일에게 지운 이 터무니없는 전쟁 빚을 확 걷어 내고 말겠소!" 그리고 그는 거듭 약속했어. "우리 독일이 이처럼 고통받는 것은 다 저 유대 인들 때문이오! 나는 저 골칫덩어리들을 우리 독일 땅에서 전부 몰아내고 말 것이오!"

히틀러와 나치스의 인기는 날로 높아져 갔단다. 이윽고 1933년에 '우리의 지도자'가 독일 총리 자리에 올랐을 때, 독일에서 그보다 막강한 자는 아무도 없었어.

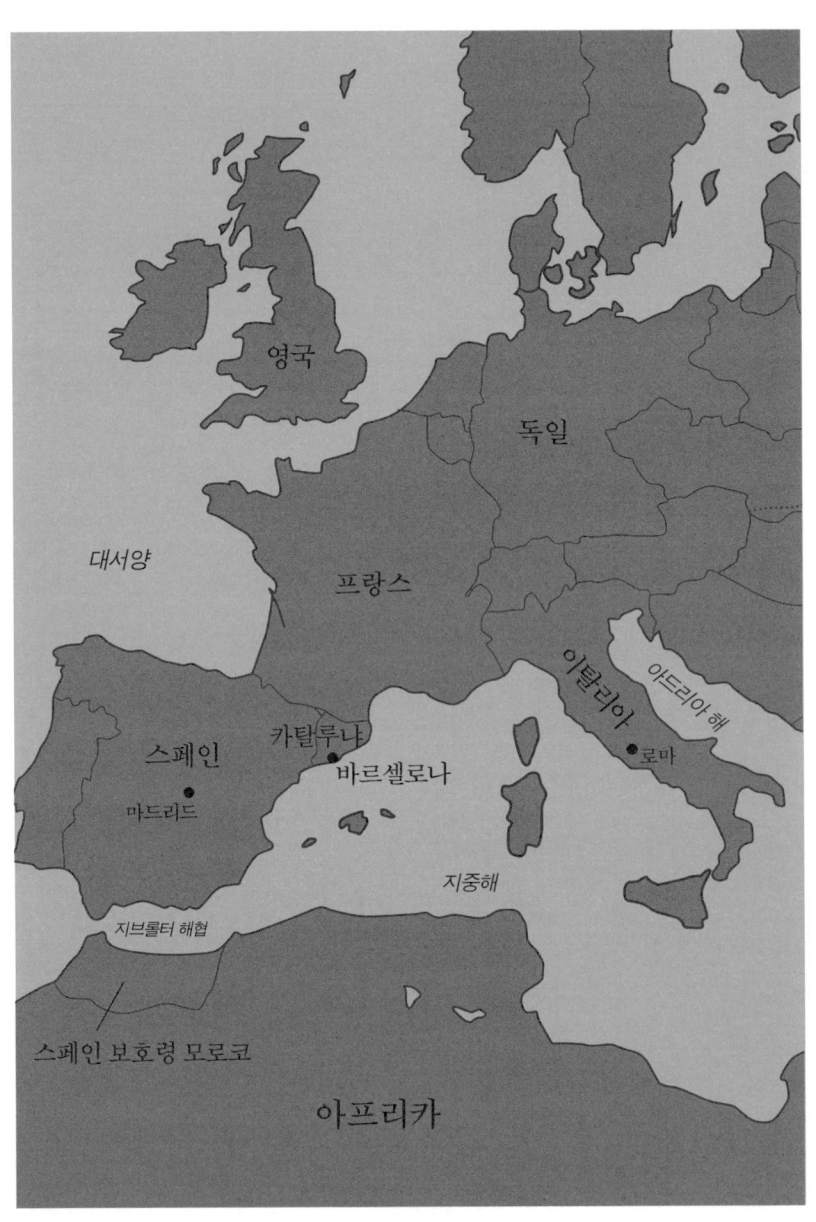

프랑코 지배 하의 스페인

제27장 내전과 침공

'붉은 스페인'과 '검은 스페인', 그리고 왕과 장군

스페인은 제1차 세계 대전에 끼어들지 않았어. 스페인은 연합국의 어느 나라와도, 동맹국의 어느 나라와도 싸우지 않았어. 많은 젊은이들이 전쟁터에 끌려가 죽은 것도 아니고, 베르사유 조약으로 나라가 결딴난 것도 아니었어. 하지만 제1차 세계 대전이 끝난 뒤의 스페인만큼 위태롭게 굴러간 나라도 없었어.

이때 스페인 국왕은 알폰소 13세Alfonso XIII였단다. 알폰소 13세는 태어나기도 전에 왕위를 물려받았어. 그가 어머니 뱃속에 있을 때 아버지가 세상을 떠나는 바람에 세상 구경을 하기도 전에 왕이 된 거야. 그래서 어머니가 섭정을 하다가 1902년에 세비야 대성당에서 즉위식을 하고 왕위에 올랐단다. 그때 나이가 열일곱 살이었으니까 유럽에서 가장 어린 왕이었어.

알폰소 13세의 화려한 즉위식이 여러 시간에 걸쳐 진행되고 있을 때, 스페인 서북부 끄트머리에 있는 엘페롤이라는 도시의 어느 허름한 집 현관 계단에 프란시스코 프랑코Francisco Franco라는 꼬마가 앉아 있었단다. 꼬마는 작은 돌멩이를 집

알폰소 13세와 섭정인 어머니

어다가 물 웅덩이에 퐁당퐁당 던지면서 '이 다음에 난 뭐가 될까?' 하고 생각하고 있었어. 프랑코의 아버지는 몇 해째 집을 비우고 있었고, 어머니가 집안 살림을 꾸려 가면서 어렵게 아이들을 키우고 있었어. 프랑코는 어린 마음에도 그런 가난한 생활이 지긋지긋했나 봐. 그는, '난 이렇게 가난하게 살고 싶지 않아. 난 군인이 될 테야. 나한테는 군인이 딱 맞아.' 하고 생각했단다.

정말로 이 꼬마는 철이 들자 보병 사관학교에 들어가서 열여덟 살이란 어린 나이에 장교가 되었어. 그 뒤 전투에서 용감하게 싸우고, 항상 위의 명령도 잘 따라서 용맹상도 여러 번 타고 계급도 쭉쭉 올라갔어. 마침내 프랑코는 국왕 알폰소 13세의 눈에 들어 서른두 살에 스페인 외인부대의 총사령관이 되었다는구나. '외인부대'란 주로 다른 나라에서 온 병사들로 이루어진 부대를 말해.

제1차 세계 대전이 일어나자 스페인은 전쟁에 뛰어드는 대신, 한밑천 챙기는 쪽을 택했단다. 전쟁에 눈이 팔려 있는 나라들에게 강철, 기계, 엔진 따위를 팔아서 재미를 톡톡히 보았던 거야. 하지만 전쟁이 끝나자 그 재미도 끝이었어. 공장들이 줄줄이 문을 닫고, 배들은 하릴없이 항구에 처박혀 있어야 했단다. 수많은 스페인 사람들이 일자리를 잃었어.

그리고 3년 뒤에 또 하나의 위기가 들이닥쳤단다. 좁다란 지브롤터 해협Strait of Gibraltar을 사이에 두고 본국인 스페인과 엎어지면 코 닿을 거리에 있는 '스페인 보호령 모로코Spanish Morocco'에서 반란이 일어난 거야. 스페인은 반란을 진압하기 위해 지브롤터 해협을 건너 군대를 보냈어. 그런데 진압을 하러 간 군대가 비교도 안 될 정도로 적은 숫자의 반란군에게 무참하게

프란시스코 프랑코

패해 버렸어! 스페인 군대는 무려 1만 명 이상이나 떼죽음을 당했단다!
이 모로코와의 전쟁으로 스페인의 체면은 땅바닥에 떨어지고, 국민들은 젊은이들의 떼죽음에 분노했어. 가뜩이나 경제적으로 어려운 처지에 이런 일이 겹쳤으니 그야말로 나라가 휘청거릴 수밖에 없었어! 그리고, 어느 나라나 그렇듯이 힘든 시기에는 '변화'를 요구하는 혁명 세력의 목소리가 높게 마련이었어.
이 혁명 세력을 '붉은 스페인Red Spain'이라고 부른단다. 국왕을 몰아내고 유럽의 수많은 다른 나라들처럼 '공화국'을 세우는 게 이들의 목표였어. "나라의 주인은 왕이 아니라 백성이다! 우리도 헌법을 가진 공화국을 세우자!"는 거였지. 물론 붉은 스페인이 입으로만 공화국을 외친 것은 아니었어. 이들도 왕정을 뒤집어엎으려고 온갖 노력을 다했단다. 국왕 알폰소 13세가 다른 날도 아닌 결혼식 날에 암살당할 뻔한 것도 그 노력 중의 하나였어!

거꾸로, 왕정을 지지하는 사람들도 있었어. 이들을 '검은 스페인Black Spain'이라고 부른단다. 돈 많고 권력을 가진 세력, 그러니까 왕, 귀족, 군부(군대 세력)가 모두 여기에 속했어. 군부가 여기에 속했던 건 장교들이 대부분 귀족 출신이기 때문이었어.

모로코와의 전쟁이 있고 5년쯤 지나자 '붉은 스페인'과 '검은 스페인'이 서로 핏대를 올렸단다. 내전도 마다하지 않을 기세였어. 알폰소 13세의 인기는 이미 떨어질 대로 떨어져 있었어. 정예* 군대는 모로코 반란군한테 깨지고 돌아왔고, 국민들의 어려운 살림살이는 거들떠보지도 않았고, 그러면서도 권력은 너무 많이 쥐고 있었던 거야. 그는 비난을 피할 수가 없었어.

1931년이 되자 알폰소 13세는, 그가 권좌에서 물러나지 않으면 붉은 스페인과 검은 스페인 사이에 내전이 일어나서 스페인이 조각날 지경이라는 것을 알아차렸어. 그래서 그는 '칙서*'를 발표했는데 이런 내용이었단다. "오직 백성을 사랑하는 마음으로 오늘에 이르렀으나, 짐도 이제는 정나미가 떨어지는구나. …… 짐의 권위에 도전하는 자들이 있다 하나 이들을 꺾으려고 한다면 어찌 꺾지 못하랴? 그 꺾을 방법은 많으나 짐은 같은 민족끼리 서로 싸우는 내전은 결코 원하지 않노라……." 이렇게 발표하고 알폰소 13세는 그길로 홀쩍 로마로 가 버렸다는구나!

국왕이 '자리를 비운' 사이에 헌법을 만들기 위한 의회를 구성하기 위해 선거가

---

*정예(精銳): 여러 사람 가운데 골라 뽑은, 뛰어난 사람. 특히 골라 뽑은 용맹스러운 군사를 이름.
*칙서(勅書): 임금이 훈계하거나 알릴 일을 적은 글.

실시되었어. 이어 헌법이 만들어지고, 대통령이 뽑혔어. 마침내 '스페인 공화국'이 탄생한 거야! 붉은 스페인이 검은 스페인을 누르고 승리를 얻은 것 같았어.

그러나 공화국의 앞날은 불투명했단다. 우선, 알폰소 13세가 여전히 '왕위'를 고집하고 있었어. 그는 '내전이 일어나서는 안 된다.'고 우려하기만 했지 왕위를 내놓은 것은 아니었어. 그는 로

알폰소 13세

마에서 유배 생활을 하면서도 자기가 아직도 국왕이라고 우기고 있었어. 한편, 새로 들어선 공화국 정부가 스페인 사람들의 마음을 완전히 사로잡았느냐 하면 그것도 아니었어. 국왕이 돌아오기를 바라는 사람들도 있었고, 가톨릭 교회가 새로운 스페인 헌법이 허락하는 것보다 더 많은 권한을 가져야 한다고 여기는 사람들도 적지 않았어. 그리고 스페인 동북부의 카탈루냐Catalunya 지방의 움직임도 문제였어. 카탈루냐 지방은 스페인으로부터 떨어져 나가 아예 딴살림을 차리겠다고 아우성치고 있었단다.

결국 1936년이 되자 스페인은 온통 난장판이 되고 말았어. 원하는 것이 조금씩 다른 온갖 정치 세력들이 저마다 무기를 들고 거리로 몰려나와 전투를 벌이고, 서로 상대방의 지도자를 암살했어. 저 밑의 모로코에서는 그곳에 주둔한 스페인 군이 더 이상 스페인 공화국 정부에게 복종하지 않겠다며 반기를 들었어.

이때 프랑코는 스페인 군대의 장군이었어. 그는 유럽에서 가장 나이 어린 장군이었단다. 알폰소 13세가 유럽에서 가장 나이 어린 왕이었던 것처럼! 스페인 군부는 스스로를 '국민당Nationalist Party'이라고 부르며 프랑코를 우두머리로 내세웠어. 그리고 붉은 스페인이 이끄는 '인민 전선Popular Front' 정부가 성립되자 여기에 대항하여 쿠데타를 일으켰어.

군사 쿠데타가 일어나자 스페인은 공화국을 지키려는 인민 전선 정부와 공화국에 반대하는 국민당으로 나뉘었단다. 프랑코가 이끄는 국민당은 알폰소 13세를 다시 불러들일 생각이 없었어. 그들도 이탈리아의 무솔리니처럼 '강력한 지도자가 필요하다'고 믿었기 때문이야. 인민 전선과 국민당 사이에서 3년에 걸친 내전이 시작되었어.

이 내전으로 수많은 스페인 사람들이 죽었어. 다른 나라도 이 내전에 끼어들었단다. 독일 나치스와 이탈리아의 파시스트는 프랑코에게 군대와 무기를 대 주었고, 소련은 인민 전선에 무기와 자금을 대 주었어. 소련이 인민 전선을 '공산주의 우호 세력'으로 여겨 도와주자, 미국은 '공산주의를 막는다.'는 명분을 내세워 프랑코와 국민당을 지원했어!

프랑코와 국민당 병사들

시간이 흐를수록 점점 더 힘을 얻은 쪽은 프랑코였단다. 프랑코의 국민당군이 스페인의 서부 지역을 손아귀에 넣고 북부와 동부로 밀고 들어오기 시작했어. 스페인의 주요 도시인 바르셀로나Barcelona와 마드리드Madrid를 함락하기 위해서였어.

이 두 도시는 아직 인민 전선의 손에 있었어. 그러나 전투가 계속될수록 인민 전선의 기세가 꺾여 갔단다. 이걸 보고서 소련은 가망이 없다고 보고 인민 전선에 대한 지원을 끊어 버렸어. 그 바람에 인민 전선은 무기와 군수품을 대지 못해 점점 더 궁지에 몰렸어.

이렇게 해서 바르셀로나가 프랑코의 손으로 넘어갔어! 이어 국민당군이 마드리드를 포위했어! 마드리드를 포위한 싸움은 몇 달이나 계속되었단다. 이때 마드리드에 있었던 어느 미국인 기자가 〈뉴욕 타임스〉에 이런 기사를 보냈어.

"마드리드는 지금 굶주림에 허덕이고 있다. 먹을 것이라고는 악취가 나는 올리브 기름으로 튀긴 밥알과 얇게 썬 쇠고기 한 조각…… 오렌지…… 이것뿐이다. 더 이상 먹을 게 없다. 이런 걸 먹고 버틴 지 이미 오래다. 마드리드의 겨울은 험악하다. …… 추위가 살을 에는 듯하다. …… 시내 곳곳마다 심하게 폭격을 당해 완전히 쑥대밭이 되었다. 남자, 여자, 아이들이 무너진 집 더미 주변을 서성거리며 나뭇조각이나 부서진 가구를 찾는다. 나무든 뭐든 불에 타는 물건을 찾아 땔감으로 쓰기 위해서이다."

결국 인민 전선은 이 최후의 거점에서 물러나지 않을 수 없었고, 마드리드는 1939

내전 당시 마드리드 사람들의 모습

년 3월 28일에 함락되고 말았어.

이렇게 해서 스페인 전 지역이 프랑코와 군대의 손으로 들어갔단다. 이즈음 또 다른 〈뉴욕 타임스〉 기자가 자동차를 몰고서 스페인 전 지역을 둘러보았단다. 그런데 가는 곳마다 농민들과 학교 학생들이 '파시스트식 경례'를 하고 있더라는 거야! 이 기자가 쓴 기사를 잠깐 읽어 볼까? "지역마다 조금씩 다르기는 하지만 분위기가 가라앉아 있고 그럭저럭 질서가 유지되고 있다. 가게에 책은 없지만 신문이나 담배, 빵, 커피, 포도주는 있다. 열차는 온통 병사들로 가득 차 있다. 객실과 복도는 물론 객차를 연결하는 복도까지 꽉 메우고 있다. 승강구에 걸터앉아 있거나 드러누워 있는 병사들도 있다."

프랑코가 권력을 쥘 수 있게 된 건 바로 이 병사들 덕분이었어. 그가 이제 군사 독재자로 행세할 수 있게 된 것도 이 병사들 덕분이었지! 무솔리니처럼, 그도 자신의 군대로 나라를 좌지우지하게 되었단다.

무려 50만 명이나 죽은 이 내전은 여러 작품들의 소재가 되었어. 어니스트 헤밍웨이Ernest Hemingway는 소설 《누구를 위하여 종은 울리나》를 썼고, 파블로 피카소Pablo Picasso는 판화 〈프랑코의 꿈과 거짓〉과 벽화 〈게르니카〉를 그렸어.

프랑코는 그 뒤에도 잔인하고 무자비한 독재자로 이름을 날렸어. 자신에게 반대하는 사람들은 여지없이 감옥에 가두었고, 그나마 처형하지 않으면 굶겨 죽이기 일쑤였어! 역사가들은 이렇게 쓰고 있단다. "프랑코가

피카소의 판화 〈프랑코의 꿈과 거짓〉

권좌에 앉아 있는 동안 20만 명이나 되는 사람이 목숨을 잃었다."
알폰소 13세는 마드리드가 함락된 지 2년 만인 1941년 2월 마지막 날에 로마에서 세상을 떠났어. 그리고 왕위는 3년 전에 로마에서 태어난 손자 후안 카를로스Juan Carlos에게 넘겼어. 하지만 후안 카를로스는 프랑코가 죽기 전까지는 스페인을 다스릴 수 없었어. 무려 30년 이상의 세월이 남아 있었단다.

히틀러가 불붙인 제2차 세계 대전

아돌프 히틀러가 독일의 총리 자리에 오른 지 벌써 5년이 되었구나. 그동안 그는 독일 사람들에게 "독일 민족은 가장 뛰어난 민족이다!"라고 입에 침이 마르도록 설교했단다. 그의 말에 따르면, 독일 민족은 다른 모든 민족을 지배할 권리를 타고났고, 다른 민족은 독일 민족에게 '고개를 숙이고 섬겨야 할' 운명을 타고났어. 그는 "우리 독일 민족이 유럽을 지배해야 한다!"라고 선언했어.

히틀러는 드디어 이 목표를 향해 한 발짝씩 움직이기 시작했어. 그는 유럽을 집어삼키기 위해서는 우선 독일 민족을 '재결합'시켜야겠다고 생각했어. 독일 민족의 후손이 살고 있는, 독일 말을 쓰는 나라들을 독일에 '재결합'시킨다는 것이었지. 그는 독일 사람들에게, "내가 꿈꾸는 것은 새로운 독일 제국이 아니라 독일 민족의 '조국'을 '재건'하는 일"이라고 자신의 생각을 설명했어. 그가 말한 '조국'이란 '옛날에 있었다가 무너진 독일'을 가리켰어.

연합국 지도자들이 베르사유 조약으로 유럽의 지도를 통째로 바꿔 놓은 사실을 기억하고 있겠지? 히틀러가 보기에, 그 방법을 거꾸로 사용하면 아주 간단할 것 같았어. 우선 옛 오스트리아-헝가리 제국의 지도를 보자고. 그곳은 오스트리아와 헝가리로 두 토막이 나서 두 나라 모두 비참하게 살고 있었어. 히틀러는 헝가리에는 별로 구미가 당기지 않았어. 하지만 독일 말을 쓰는 오스트리아는 반드시 독일에 재결합시켜야 한다고 생각했어. 그는, 독일과 오스트리아가 이렇게 따로 떨어져 있으면 독일 민족이 강해질 수가 없다고 생각했어. 사실 오스트리아는 그가 태어난 곳이기도 했단다. 그래서 히틀러는 더욱더 '재건된 조국 독일'에 오스트리아를 끌어넣고 싶었어.

1938년 3월에 히틀러는 오스트리아를 합병했단다! 히틀러가 승리의 행진을 이끌고 빈으로 들어가자 수많은 오스트리아 사람들이 그에게 지지를 보냈어. 오스트리아는 제1차 세계 대전으로 커다란 수모를 당한 데다가 쪼그라들 대로 쪼그라져 있었어. 그래서 독일 말을 쓰는 오스트리아 사람들은 히틀러가 오스트리아에게 다시 승리의 영광이 가득한 나날을 가져다 줄 것으로 생각했던 것이야. 그래서 '안슐루스 Anschluss'라고 부르는 독일-오스트리아 합병 기간 동안, 수많은 오스트리아 사람들이 길거리에 몰려나와 "지크 하일 Sieg Hail! 지크 하일!"하면서 환영했다는구나! 지크 하일은 '승리, 만세'를 뜻하는 독일 말이야.

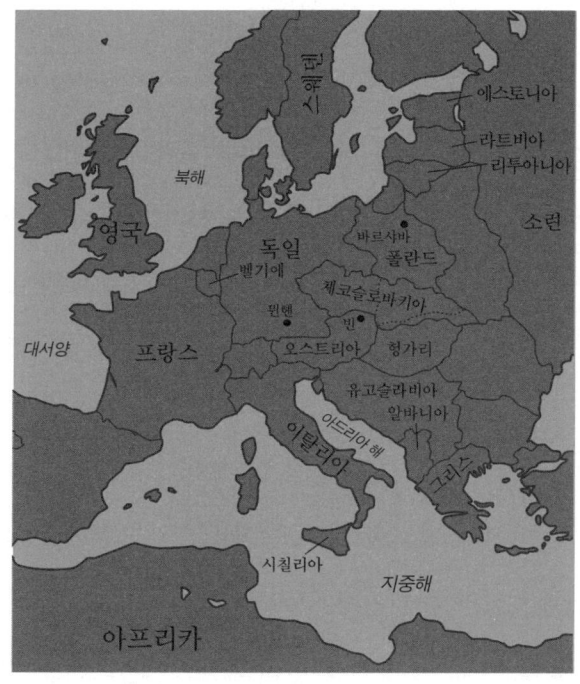

히틀러 지배 하의 유럽

그러나 오스트리아를 합병한 일은 시작일 따름이었단다. 오스트리아 합병이 있기 전에 히틀러가 '라이히슈탁 Reichstag'이라고 부르는 독일 의회에서 뭐라고 연설했는지 잠깐 들어 볼까? "1866년까지만 하더라도 우리 '조국'에 속해 있었으나 지금은 주변 나라에 속해 억울하게 살아가는 우리 독일 민족이 1천만 명 이상이오. …… 우리 '제3 제국 Third Reich'에 들어오고 싶어도 베르사유 조약 때문에 발이 묶여 있다 이 말이오. …… 우리는 이들 독일 사람들을 마땅히 보호해야 하오!" '제3 제국'은 히틀러가 장악한 나치스 정권의 공식 명칭이야. (제2 제국은 비스마르크가 통일한 독일 제국을 가리키는 말이야. 제1 제국은 신성 로마 제국이고. 상권의 제7장에서 이야기 했었지?)

영국과 프랑스가 점점 신경을 곤두세웠어. 그럴 수밖에. 히틀러의 말대로 독일 민족이 '재결합'하면 독일의 덩치가 얼마나 커지겠어! 게다가 독일은 이미 이탈리아와 손잡고 있었어. 그래서 무솔리니의 군대는 히틀러가 무엇이든 명령만 내리면 척척 그의 군대를 도울 준비가 되어 있었다는구나. 또, 독일군은 그 규모만 하더라도 엄청났어. 히틀러가 베르사유 조약을 깨뜨리고 비밀리에 수천 수만 명의 병사들을 훈련시키고 있었던 거야. 기억 나니? 베르사유 조약에 따르면 독일은 10만 명 이상의 병력을 가질 수 없잖아. 그런데 1938년에 독일군은 1백 만 명을 넘는 엄청난 숫자로 불어나 있었단다!

물론 이렇게 엄청난 군대를 오랫동안 비밀리에 키우고 유지한다는 건 불가능한 일이었어. 사실, 히틀러가 군대의 몸집을 키우고 있다는 사실은 어지간한 강대국이라면 다들 알고 있는 사실이었어. 다만 다들 속사정이 있어서 모른 척했던 거야. 우선 미국은 유럽 문제에 끼어들지 않기로 했어. 의회의 동의를 얻지 못해 국제 연맹에도 가입하지 못한 주제도 그렇고, 대공황의 수렁에서 아직 빠져나오지 못했기 때문이었어. 영국과 프랑스는 독일의 나치스보다는 소련의 공산주의를 더 경계하고 있었어. 그들은 독일군이 커지면 적어도 소련이 독일을 쉽게 공산주의 나라로 만들지 못할 것 아니냐고 생각했다는구나.

한마디로, 히틀러가 전 세계를 호령하려고 얼마나 독을 품고 있는지 아무도 몰랐

무솔리니와 히틀러
독일의 히틀러와 이탈리아의 무솔리니는 자기들의 나라를 강력하게 일으켜 세우기 위해 '나치즘'과 '파시즘'을 들고 나왔어. 하지만 그로 인해 전 세계는, 제1차 세계 대전의 상처가 아물기도 전에 두 번째 세계 대전의 수렁으로 빠진단다.

던 거야. 또 그가 공산주의보다 얼마나 더한 골칫거리인지 1938년에 접어들 때까지 아무도 모르고 있었던 거야.

그런데 그해 초에 히틀러가 오스트리아를 합병하더니 9월에는 체코슬로바키아의 서쪽 지역을 '독일 조국'에 재결합시키겠다고 선언하는 게 아니겠어! "그 땅에 독일 말을 하는 우리 민족 수백 만 명이 살고 있으니 오늘부터 그 땅은 우리 것이다!" 하고 말이야. 영국과 프랑스에 비상이 걸렸어! 네빌 체임벌린Neville Chamberlain 영국 총리와 에두아르 달라디에Edouard Daladier 프랑스 총리가 히틀러와 회담을 하기 위해 뮌헨으로 날아갔어.

그런데 히틀러와 회담하면서 그의 속내를 살펴보니 히틀러는 체코슬로바키아가 서쪽 지역을 순순히 내놓지 않으면 전쟁도 마다하지 않을 기세였어. 그런데 아뿔싸! 체임벌린 총리와 달라디에 총리가, 히틀러가 전쟁을 일으키는 것을 피하기 위해 그의 요구를 덜컥 받아들여 버렸단다! 이렇게 해서 체코슬로바키아의 서쪽 지역의 절반인 수데텐란트 지역이 히틀러에게 넘어갔어.

뮌헨에서 회담한 체임벌린, 달라디에, 히틀러, 무솔리니

체임벌린 영국 총리는 그렇게 히틀러의 으름장에 굴복해 그가 원하는 것을 들어주고 영국으로 돌

아와서는 다음과 같은 유명한 연설을 했단다. "명예롭게 평화를 이룩했다. 나는 우리 시대는 평화롭다고 믿는다."

그의 연설을 마저 들어 볼까?

"지난 수요일까지만 하더라도…… 우리 눈앞에 지난날 치렀던 그 어느 전쟁보다도 섬뜩한 전쟁의 위험이 놓여 있는 듯하였으나…… (이제) 그 염려를 깨끗이 씻을 수 있게 되었다. …… 독일 총리에 대해 험한 말들이 오가는 줄 알고 있으나…… 나는 히틀러 총리와 좀 더 깊은 친분을 쌓고 싶다. 오늘날의 외교에서는 그런 친분이 무엇보다도 중요하기 때문이다. …… 나는 이번 회담이 서로 간에 전쟁을 하지 말자는 양국 국민의 간절한 소망을 잘 담아 낸 것이라고 생각한다. 우리 영국 국민이 전쟁을 원하지 않음을 부인할 사람이 어디 있겠는가. …… 나는 양국 국민이 서로에게 신의와 선의를 가지고 있음을 굳게 믿는다. …… 평화에 이르는 길은 멀고 험하다. 체코슬로바키아 문제는 실로 위험한 것이었다. 이제 이 문제가 잘 해결되었으니, 우리 모두가 바른길로 한 발짝 더 나아갈 수 있으리라고 생각한다."

네빌 체임벌린 영국 총리

윈스턴 처칠

영국의 정치인 윈스턴 처칠Winston Churchill은 체임벌린 총리에게 "앞을 내다보는 눈은 짧고 겁만 많다."고 쏘아붙였어. 전쟁이냐 치욕이냐의 갈림길에서 총리는 치욕을 택했고, 전쟁의 위험은 여전히 살아 있다는 게 그의 생각이었지.

처칠의 생각이 옳았단다. 히틀러가 수데텐란트를 얻는 데서 결코 만족하지 않았으니 말이야. 이듬해 3월, 히틀러는 체코슬로바키아로 쳐들어가서 나머지 땅을 다 집어삼켰어. 이어서 같은 해 8월 말, 그는 폴란드를 차지하기 위해 소련의 지도자 스탈린과 '독소 불가침 조약*German-Soviet Nonaggression Pact'을 맺었단다. 독일군이 폴란드로 진격할 때 소련이 눈감아 주는 대신에 폴란드의 서쪽은 독일이, 폴란드의 동쪽은 소련이 갈라 먹기로 한 거야.

독일과 소련이 모스크바에서 '독소 불가침 조약'을 맺는 광경(사인하고 있는 소련 외교부 장관 뒤에 스탈린이 서 있음)

독일은 영국과 프랑스가 기대했던 '공산주의를 막는 방패'의 역할을 하기는커녕 소련과 연합해서 같은 편이 된 셈이었어.

1939년 9월 1일 새벽 4시 45분에 독일군은 세 갈래 방향으로 폴란드로 진격했고, 이로써 제2차 세계 대전이 시작되었어. 이날 폴란드로 진격했던 엔리히 호프라는 독일군은 뒷날 이렇게 적

---

*불가침 조약(不可侵條約) : 나라와 나라 사이에 서로 상대국을 침략하지 않을 것을 약속하는 조약.

1939년, 바르샤바로 진격해 들어가는 독일군

었어. "전쟁 중이었으나 폴란드 군과의 전투는 전혀 없었다. 들리는 소리라고는 낮게 깔리는 천둥 소리뿐이었는데, 그것은 멀리서 들려오는 대포 소리였다. …… 전쟁 첫날의 새벽은 화창하고, 포근하고, 평화롭고, 고요했다."

이날 아침 6시에 독일의 폭격기들이 폴란드의 수도 바르샤바Warszawa를 급습했고, 폴란드 폭격기들은 비행장에서 떠 보지도 못한 채 파괴되었어. 1백 만 명이나 되었던 폴란드 병사들은 막강한 독일군 탱크 앞에서 추풍낙엽처럼 쓰러졌어. 장비도 허술했던 폴란드 병사들은 다가오는 독일 탱크를 막기 위해 한 줄로 서는 게 고작이었단다.

이 침략으로 영국과 프랑스는 더 이상 평화가 없음을 뼈저리게 느꼈어. 두 나라는 이틀 뒤인 9월 3일에 독일에게 선전 포고를 했단다. 이어 캐나다, 오스트레일리아, 뉴질랜드, 인도가 이들에게 합세했어. 이 나라들을 '연합국Allied Powers'이라고 해. 그리고 독일, 이탈리아와 그 동맹국은 '추축국Axis Powers'이라고 해. 추축(樞軸)은 '중심, 핵심'이라는 뜻이야.

폴란드 군은 거의 한 달간을 버텼지만 9월 27일이 되자 더 이상 버틸 재간이 없었어. 수천 명의 폴란드 병사들이 죽었고 도시는 쑥대밭이 되었어. 바르샤바는 항복했어.

하지만 바르샤바의 항복은 다른 수많은 항복들 중 단지 첫 번째 항복일 뿐이었단다.

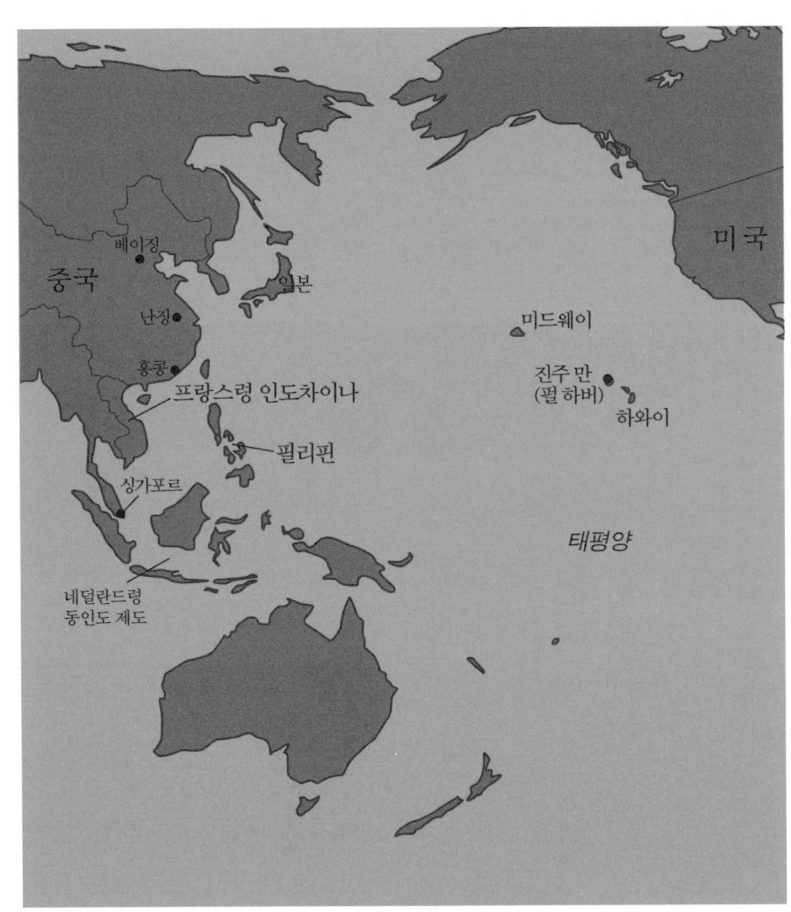

제2차 세계 대전

제28장 제2차 세계 대전

한 덩어리로 움직인 세 개의 전쟁

베르사유 조약도, 국제 연맹도 아무 쓸모가 없었어! 제1차 세계 대전이 끝난 지 겨우 20년 남짓 만에 유럽 대륙이 또다시 전쟁의 수렁에 빠져들고 있으니 말이야. 이 전쟁은 곧 제1차 세계 대전처럼 전 세계로 번지고 말았어. 이름 하여 제2차 세계 대전World War II!

프랑스, 영국 등의 '연합국'과 독일, 이탈리아의 '추축국'이 서로 피 터지게 싸웠어. 나라의 숫자로만 따지면 추축국이 훨씬 밀리지만 힘은 그렇지 않았어. 그런데 웬걸, 얼마 지나지 않아 또 다른 강력한 나라가 추축국에 끼어들었어! 아시아의 일본이었어.

히틀러가 폴란드를 침공하기 2년 전인 1937년에 아시아에서 서로 미워하던 중국과 일본 사이에서 중일 전쟁中日戰爭이 일어났어. 만주국을 세운 일본군은 이때 만주로부터 베이징 근처까지 내려와 있었어.

베이징 외곽에 루거우차오[蘆溝橋 노구교]란 다리가 있어. 이 다리는 열한 개의 아치

국민당군과 일본군이 대치한 '마르코 폴로 다리'

가 있는 아름다운 대리석 다리로, 옛날에 이탈리아의 여행가 마르코 폴로Marco Polo가 이 다리를 보고서 '세상에 둘도 없는 다리'라고 크게 칭찬했다는구나. 그래서 서양 사람들은 이 다리를 '마르코 폴로 다리 Marco Polo Bridge'라고 불러. 그런데 1937년 7월 7일, 이 다리를 사이에 놓고서 일본군과 중국의 국민당군이 충돌했어. 이때 이 다리의 동쪽은 국민당군이, 서쪽은 일본군이 차지하고 있었어. 이날 아침 일찍, 일본군은 국민당군에게 상부의 명령 때문에 그런다며 다리를 좀 건너가게 해 달라고 했어. 국민당군이 그 이유를 물으니 일본군은 자기네 병사 한 명이 행방불명인데 국민당군 쪽의 마을에 숨어 있을지 모르니 다리를 건너가서 수색을 해 봐야겠다는 거야. 그러자 국민당군은 속으로 '홍! 사라진 병사를 찾는다고? 핑계 한번 그럴싸하군. 여기를 집어먹을 속셈이란 걸 누가 모를 줄 알고!' 하면서 딱 잘라 거절했어. 그러자 일본군이 다리를 건너 진격해 오기 시작했어. 탱크까지 몰고서!

국민당군은 간신히 일본군을 막아서 후퇴시켰어. 하지만 그냥 물러날 일본이 아니었어. 일본 정부는 이 사건을 중국군이 일으켰다고 주장하며 일본에 있는 군대까지 빼내 베이징과 톈진을 향해 보냈어. 2주일 동안의 전투를 치른 뒤 마침내 일본군은 마르코 폴로 다리를 건너는 데 성공했고, 국민당군 쪽을 완전히 장악했단다. 중일 전쟁이 시작된 거야.

중국 사람들은 이 전쟁을 '반일 인민 항전反日人民抗戰'이라고 불러. 중국은 일본군에게 삽시간에 중국 북부 지역을 내주었고 이어 중부 지역까지 내주었어. 그러자 "내전을 끝내고 외국 세력을 물리치자!"는 아우성이 중국 전 지역에서 울려 퍼졌어. 장제스는 이해 9월에 울며 겨자 먹기로 국민당 정부와 중국 공산당이 힘을 합친다는 데 동의했어(제2차 국공 합작). 국민당군의 힘으로는 공산당군과 일본군을 한꺼번에 상대할 수 없다는 걸 너무도 잘 알고 있었기 때문이었지. (이 이야기는 제25장 뒷부분에서 했었어.)

국공 합작으로 힘을 합친 중국군이 안간힘을 다해 덤벼들자 일본군은 주춤하기 시작했어. 그런데 이해 10월, 현대 역사에서 가장 끔찍한 사건 중 하나가 벌어졌어. 일본군이 중국 남쪽의 난징 시로 진격해 들어갔을 때의 일이었어. 일본군은 그곳에서 30만 명이 넘는 중국 사람들을 죽였어. 죽은 사람은 군인도 아닌, 전쟁과 아무 상관이 없는 남자, 여자, 어린아이들이었단다. (이 사건을 '난징 대학살'이라고 해.)

이런 참변 속에서도 중국군은 항복하지 않았어.

이 중일 전쟁이 시작되고 2년 후에 유럽에서도 전쟁이 터진 것이었어. 히틀러의 폴란드 침공에 맞서 영국과 프랑스가 독일에 선전 포고를 하자, 일본은 이때다 하고 '대일본 제국'의 영토를 넓힐 기회를 엿보았어. 연합국에 가담한 영국, 프랑스,

한 덩어리로 움직인 세 개의 전쟁 141

난징 대학살 때 희생된 중국 사람들의 유골

네덜란드는 모두 동남아시아에 식민지를 가지고 있었어. 영국은 홍콩과 말레이 반도를, 프랑스는 인도차이나 반도를, 네덜란드는 네덜란드령 동인도(지금의 인도네시아)를 쥐고 있었지. 그런데 이들 유럽 나라들이 히틀러와 전쟁을 하느라 다들 정신이 없었어. 그 나라들 중 어느 나라도 아시아 식민지를 방어할 시간도 병사도 없었어. 일본은 그 틈에 군대를 확 풀어서 이 식민지들을 단숨에 집어삼킬 계획을 세웠어.

1940년에 일본은 독일, 이탈리아와 '3국 동맹'을 맺었어. 일본도 추축국의 하나임을 선언한 것이었지. 이제 일본은 연합국이 소유하고 있는 아시아의 식민지들을 침공할 완벽한 구실을 마련한 것이야.

그러나 일본이 아시아를 정복하는 데 커다란 걸림돌이 하나 있었어. 바로 미국이라는 나라였어.

미국은 제2차 세계 대전에 참가한 상태가 아니었어. 미국이 아직 '연합국'이 아닌 이상 일본의 적이 아니었어. 당시 미국 국민의 75퍼센트 이상이 '유럽 문제'에 끼어드는 것을 반대했어. 루스벨트 대통령도 이 사실을 잘 알고 있었어. 그래서 석유, 총 등의 군수품을 영국에 외상으로(못 받을 거라고 생각했겠지?) 보내 주기는 해도 전쟁에 참가하지는 않았던 거지.

그러나 일본은, 미국이 연합국은 아니더라도 자기들이 연합국의 아시아 식민지를 널름널름 집어삼킬 때 이걸 가만히 보고 있기만 할 리가 없다는 사실을 잘 알고 있었어. 미국의 태평양 함대가 남태평양의 하와이 섬에 있는 진주 만Pearl Harbor(펄 하버)에 떡 버티고 있었지. 만약 일본이 연합국의 식민지를 건드리면 진주 만의 미국 함대가 출동할 게 확실했어.

그래서 일본은 머리를 짜냈어. 40년쯤 전에 러일 전쟁 때 다롄 항의 러시아 함대를 공격할 때 쓴 수법을 다시 쓰는 거였어. 그때 일본은 러시아 함대를 어뢰로 기습 공격해서 세계에서 가장 강한 해군을 주저앉혔어. 그러고 나서 선전 포고를 했지.(상권의 제17장에서 이야기했지?) 도조 히데키[東條英機] 장군은 그와 똑같은 방법을 쓰기로 했어. 일본 내각의 총리이기도 했던 그는 국왕 히로히토를 만나서 이

한 덩어리로 움직인 세 개의 전쟁 143

렇게 말했어. "폐하, 우리 대일본 제국이 지금 미국을 납작하게 만들어 놓지 않으면 다시는 대국(大國)으로 발돋움하기 어려울 것입니다!" 히로히토도 고개를 끄덕였어. "미국을 공격할 때가 온 것 같소!"

1941년 12월 7일 고요한 일요일 아침, 진주 만에 정박해 있던 미국 함대의 병사들이 저마다 갑판을 닦고 아침 식사를 하고 있을 때였어. 갑자기 비행기 소리가 들려왔어. 어떤 병사들은 갑판으로 허둥지둥 기어 올라갔어. 하지만 다른 병사들은 나가 볼 생각도 하지 않고 있었어. 일본군이 이곳을 공습할 줄은 다들 꿈에도 생각하지 못하고 있었으니까.

폭격당한 미국 함대

수평선 저편에서 일본 폭격기들이 구름 떼처럼 몰려오고 있었어! 거의 2백 대나! 이어 폭탄이 비 오듯이 쏟아지기 시작했어. 방심하고 있던 미국 해군은 속수무책이었어. 어떤 전함은 불길에 휩싸였고, 어떤 전함은 해군 병사들을 가득 태운 채 거꾸로 뒤집혔어! 이때 진주 만에 있었던 E. C. 나이팅게일이라는 해병대(해군의 육상 전투 부대) 대원이 뒷날 회고한 글을 잠깐 읽어 보자꾸나.

"아침 식사를 막 끝낼 무렵이었다. 뜬금없이 경고 사이렌이 울렸다. 별 거 아니겠지 생각하고 있는데 그게 아니었다. 난데없이 엄청난 폭음이 울렸다. 나는 전투

위치로 급히 달려갔다. 부대원들이 이미 다들 갑판에 나와서 대응 사격을 하고 있었다. 그런데 그때 배가 가라앉기 시작했다. 폭격을 당한 것이었다. 전함의 앞부분 전체가 불길에 싸여 있었다. 이미 수많은 대원들이 죽어 있었다."

그러고 나서 45분 뒤 또 다른 일본군 폭격기 2백 대가 몰려왔을 때, 이 해병대원이 탄 전함은 다시 폭격을 당했어. 그는 배가 흔들리는 바람에 갑판 위에 쓰러져 나뒹굴었어. 그리고 곧장 바다에 빠졌단다. 죽기 일보 직전에 옆에서 헤엄을 치던 장교가 그의 윗옷을 움켜잡아 그를 해변까지 끌고 갔단다.

일본군의 기습 공격은 채 두 시간을 끌지 않았지만 전함 21척, 전투기 188대가 순식간에 파괴되고 말았어. 이날 해변에 있었던 어느 고등학생 소녀는 일기에 이렇게 적었단다. "공격이 끝났을 때 해군 병사들의 막사는 불길에 휩싸였고, 군수품 창고는 불기둥을 뿜고 있었다. 항구 주변의 집들도 모조리 잿더미로 변했다. 검은 연기 때문에 바다도 보이지 않았다."

이것으로 미국의 중립은 끝났어. 21척의 미국 전함이 가라앉고 거의 3천 명이나 되는 병사들이 죽었으니 말이야! E. C. 나이팅게일이 타고 있던 전함 '애리조나 호'에서만도 1천3백 명이 한꺼번에 죽었어. 불타고 뒤집히고 침몰하는 전함들과 죽어 가는 병사들의 모습이 담긴 보도 사

불타오르는 애리조나 호

진들이 미국 본토로 날아들자, 미국 사람들은 충격의 도가니에 빠졌어. 루스벨트 대통령은 이렇게 말했어. "치욕의 날이다!"

미국 사람들은 더 이상 전쟁을 외면할 수 없었어. 루스벨트 대통령의 요청으로 미국 의회가 '일본과 그 동맹국들'에게 선전 포고를 했어. 일본의 동맹국들은 물론 독일과 이탈리아를 가리키는 거였지.

미국이 진주 만에서 입은 피해를 복구하는 사이에 일본은 홍콩과, 일본 남쪽에 있는 섬들을 점령했어. 곧 이어 필리핀과 말레이시아 서쪽까지 손을 뻗쳤지. 이 지역에 있던 영국군은 싱가포르로 도망쳤지만, 곧 싱가포르에서도 물러나지 않을 수 없었어. 1942년에는 네덜란드령 동인도가 '대일본 제국'의 손으로 들어갔어.

미국 사람들이 반격에 나섰어. 퇴역* 군인들이 진주 만의 치욕을 복수하기 위해 해군에 물밀듯이 지원했어. 이윽고 1942년 6월, 미국의 태평양 함대가 하와이 섬 서쪽에 있는 미드웨이 제도 Midway Island 근처의 일본 함대를 공격하기 위해 기지를 출발했어. 이 미드웨이 전투에서 미국 함대는 훨씬 적은 전력으로 일본 항공모함*을 네 척이나 파괴했어!

일본과 연합국 사이에서 태평양을 무대로 벌어진 이 전쟁을 따로 '태평양 전쟁 War of the Pacific'이라고 불러. 연합국 병사들이 일본의 침략에 대항해 싸우고 있는 중국군을 거들기 위해 중국 대륙으로 달려갔을 때, 태평양 전쟁은 중일 전쟁과

---

*퇴역(退役) : 어떤 직위에서 물러남.
*항공모함(航空母艦) : 전투기를 싣고 다니면서 뜨고 내리게 할 수 있는 설비를 갖춘 큰 군함.

맞물렸어. 그리고 두 전쟁은 유럽에서 벌어지고 있던 연합국과 추축국의 전쟁과 맞물려 움직였어. 그러니까 전 세계를 대재앙에 빠뜨린 제2차 세계 대전은 이 세 전쟁이 한 덩어리로 움직인 전쟁이었단다.

홀로코스트(유대 인 대학살)

"유대 인을 다 쓸어버리겠다!"

제2차 세계 대전이 시작되기 전, 히틀러가 권력을 잡을 때 독일 사람들에게 한 이 약속을 기억하고 있겠지? 이건 빈말이 아니었단다. 그는 이 약속을 지키기 위해 그야말로 최선을 다했으니까.

너무도 끔찍한 이야기라서 말해 주기가 참 어렵지만 들어 보렴. 제2차 세계 대전 내내 히틀러는 연합국과 싸우기 위해 수많은 병사들을 전쟁터로 내몰았어. 하지만 그건 단순히 '영토' 욕심 때문만은 아니었어. 히틀러는 독일 사람이 세상의 그 어느 인종보다 '우량*'하다고 단단히 믿었단다. 그래서 그는 다른 '열등*한 인종'을 싹 쓸어버리고 싶었어.

그런데 '열등한 인종'에 대한 히틀러의 생각은 과학적인 근거가 너무나도 빈약했어. 그는 '아리안 족(독일인)의 피는 다른 어떤 인종과도 다르다, 아리안 족은 더 똑똑하고, 더 강하고, 더 우량하다.'고 철석같이 믿었고 또 그렇게 떠들어 댔어. 나치

---

*우량(優良) : 여럿 가운데 뛰어나게 좋음.
*열등(劣等) : 정도나 등급 따위가 보통보다 떨어져 있음.

스를 위해서 일했던 과학자들은 어떤 사람의 코의 길이, 뇌의 크기, 눈동자 색깔을 보면 '아리안 족'인지 아닌지 구별할 수 있다고 했다는구나. 다시 말해서, 너의 코의 길이와 너의 눈동자의 색깔을 보면 네가 똑똑한 아이인지 아닌지를 알 수 있다는 거였지.

히틀러와 그의 추종자들은 집시와 흑인, 그리고 다른 모든 인종은 아리안 족보다 열등하다고 생각했어. 하지만 모든 인종 중에서 가장 '열등한' 인종은 역시 유대인이라는 것이었지.

히틀러는 오스트리아를 합병하기 전부터 이미 유대 인 사냥에 나섰단다. 1935년에는 법률을 뜯어고쳐서 유대 인은 독일 국민이 될 수 없고, 독일 사람과 결혼할 수도 없으며, 투표에 참여할 수도 없게 만들어 버렸어.

1936년에 베를린에서 올림픽 대회가 열렸어. 대회 기간 중 나치스 정권은 베를린 시내에 걸려 있는 '유대 인 출입 금지'라는 푯말을 모두 내리게 했어. 외국 선수들과 관계자들을 자극하지 않기 위해서였지. 하지만 독일의 유대 인 선수들은 대회에 나가지 못하게 했어. 독일 대표 선수라면 아리안 족답게 너나없이 '금발에다 푸른 눈동자에다 키가 커야' 하니까. 그런데 이 올림픽 대회에서 미국의 흑인 육상 선수 제시 오웬스Jesse Owens가 금메달을 무려 네 개나 땄단다. 멀리뛰기 종목에서 '독일의 자존심'으로 불리던 루츠 롱Lutz Long마저 꺾고서 말이야! 루츠 롱은 나치스 관리들이 다들 지켜보는 데서 제시 오웬스에게 승리를 축하해 주었대. 하지만 히틀러는 '흑인 선수'의 승리를 도저히 받아들일 수 없었다는구나.

제2차 세계 대전이 일어나기 직전인 1938년 11월 9일 밤, 독일의 군중이 유대 인을 '야간 기습' 하기 시작했어. 그들은 독일 전 지역에서 유대 인들의 집과 가게와 교회의 유리창을 깨고 불을 질렀어. 이 공포의 밤을 '깨진 유리의 밤Night of the Broken Glass'이라고 한단다.

또 유대 인은 독일 땅이라고 선언된 모든 지역에서 그가 유대 인임을 누구나 알아볼 수 있도록 노란색의 육각형 별(삼각형 두 개를 엇갈려 놓은 모양)을 옷에 달고 다녀야 했어. 이 별을 '다윗의 별Star of David'이라고 해.(이 별은 유대 인과 유대 교의 유일한 상징물인데, 유대 인들은 이 별을 '다윗의 방패Magen David'라고 부른단다.) 이 별을 달고 살아간다는 건 한마디로 지옥에 사는 것과 같았어. 이 별을 단 유대 인은 물건을 사러 상점에 가거나 식사를 하러 음식점에 가면 그 자리에서 쫓겨나기 일쑤였어. 훤한 대낮에 습격을 당하는가 하면 길바닥에서 뭇매를 맞기도 했어. 유대 인 상점들이 습격을 당하거나 파괴되어도 경찰은 거들떠보지도 않았어. 유대 인 아이들은 공립학교에서 쫓겨났고 박물관이나 운동장에도 들어갈 수 없었어. 또, 수많은 도시에서 유대 인은 '게토(ghetto)'라고 부르는 강제 거주 지역으로 옮겨 가서 살아야 했어. 게토는 철조망이 둘러쳐져 있고 무장한 나치스 군인이 감시했어.

다윗의 별을 옷에 단 유대 인

그러나 유대 인은 이곳에서도 오래 머물지 못했단다. 노란색 별을 단 유대 인들은 저마다 기차에 실려 강제 수용소로 끌려가야 했어. 강제 수용소는 40년 전 영국 사람이 보어 인(아프리카너)을 가두었던 곳과 비슷했

게토의 유대 인들

어.(상권 제12장 뒷부분에 나왔던 이야기 기억하니?)

그러나 강제 수용소도 그들의 최종 정착지는 아니었어. 히틀러는 유대 인들을 집단으로 수용하는 데 만족하지 않았어. 그는 그들을 모조리 죽여 버리고 싶어 했어. 1942년, 히틀러와 그의 참모들은 '유럽의 유대 인 문제'에 대한 '마지막 해결책'을 찾아야 한다는 데 의견을 모았단다. 강제 수용소가 '집단 학살 수용소'로 바뀌었어. 독일 전 지역과 독일군이 점령한 지역에 있던 수백 개의 수용소에서 유대 인이 죽어 갔단다. 그중에서도 가장 잔인하고 널리 알려진 집단 학살 수용소는 뮌헨 북쪽의 다카우Dachau 수용소와, 독일군 점령지였던 폴란드의 아우슈비츠Auschwitz 수용소였어.

1945년까지 6백 만 명이나 되는 유대 인이 히틀러에 의해 죽었어! 그것은 민족 하나를 완전히 없애 버리려는 조직적인 학살 행위인 '제노사이드(genocide 집단 살해)'였어. 인간의 역사에서 일찍이 없던 일이었지. 그러나 6백 만 명의 유대 인만 죽은

게 아니었어. 다른 '열등 인종', 즉 가톨릭 신자, 장애인, 집시, 러시아 사람, 폴란드 사람, 세르비아 사람들도 유대 인과 함께 집단 학살 수용소에서 목숨을 잃었어!

연합국은 제2차 세계 대전이 끝나기 전부터 이런 죽음의 수용소가

다카우 수용소의 유대 인 학살

있다는 이야기를 들었다는구나. 그러나 많은 사람들이 그 사실을 믿지 않았고, 들었더라도 그저 '과장된 소문'일 거라고 생각할 뿐이었어.

그러나 독일이 항복한 뒤 연합국 병사들이 이런 수용소에 가서 문을 열었을 때, 그들은 수용된 유대 인들에게서 나온 산더미 같은 뼈와 신발, 모자, 보석을 발견했어. 그리고 수천 개의 시체 매장지와 나치스가 미처 파묻지 못한 수천 구의 시신을 발견했어.

히틀러가 선택한 이 끔찍한 '마지막 해결책'을 '홀로코스트Holocaust'(유대 인 대학살)라고 한단다. 홀로코스트란 '완전히 태워 바치는 희생 제물'이란 뜻의 라틴 어야. 히틀러는 유대 민족을 그 말처럼 완전히 태워 없애 버리려고 한 거야. 다른 '열등 인종' 5백 만 명과 함께.

독일이 점령한 땅의 수많은 유럽 사람들은 유대 인들과 다른 '열등 인종'들이 죽음의 수용소로 끌려가는 것을 보고만 있었어. 독일군이 점령한 지역 중에서 자기

홀로코스트(유대 인 대학살) 151

홀로코스트(유대 인 대학살)
손을 든 사람들은 유대 인이고, 총을 겨눈 사람은 독일인이야. 히틀러는 유대 인을 싹 쓸어버리겠다고 말하곤 했는데, 정말로 유대 인을 죽음의 수용소에 몰아넣고 집단 학살을 자행했어. 홀로코스트는 제2차 세계 대전이 남긴 상처 중에서도 가장 큰 상처이자 수치란다.

홀로코스트 동안의 독일

나라의 유대 인을 '공식적으로' 보호한 곳은 오직 한 나라, 덴마크뿐이었어. 덴마크는 자기 나라에 있는 유대 인을 안전한 스웨덴으로 대피시켰단다.

몇몇 용감한 사람들이 나치스의 야만 행위에 맞섰어. 프랑스의 일부 성직자들은 유대 인 자녀들을 숨겨 두었다가 스위스로 탈출시켰어. 독일에서도 《은신처》라는 유명한 책(우리 나라에는 〈나치의 그늘〉이란 영화로 알려져 있어.)에 나오는 텐 붐 가족 같은 사람들이 유대 인을 지하실에 숨겼다가 탈출시키기도 했어. 폴란드에서는 바르샤바 동물원 소장이 짚 더미 밑에 은신처를 만들어 유대 인 아이들을 숨겨 주었어. 그 덕분에 아이들은 독일군에게 들키지 않았단다.

미국에서는 1944년에 루스벨트 대통령이, 독일군이 점령하고 있는 여러 나라에 있는 유대 인들을 구출하기 위해 '전쟁 난민 위원회War Refugee Board'를 만들었어. 전쟁 난민 위원회의 도움으로 20만 명 이상의 유대 인이 구출되었어.

그러나 미국 관리들은 유대 인이 집단 학살되고 있다는 사실을 적어도 그 2년 전부터 알고 있었단다. 뻔히 알고 있으면서도 손을 쓰지 않은 거였어. 프랑스나 다른 나라 정부도 마찬가지였어. 홀로코스트는 독일 사람들에게 이루 말할 수 없이 수치스러운 일이지만, 이 수치는 유대 인이 죽어 가고 있다는 사실을 뻔히 알고 있으면서도 손 놓고 있었던 모든 사람들의 몫이기도 하단다.

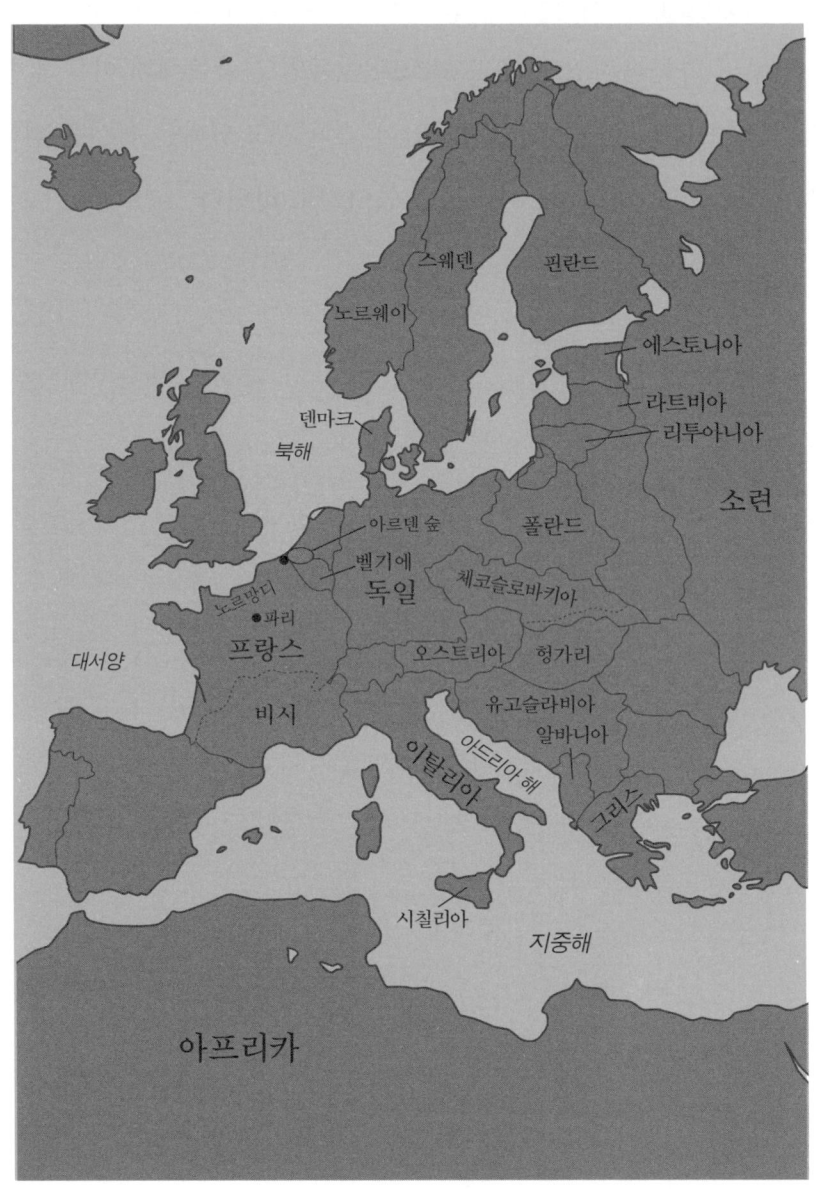

제2차 세계 대전 동안의 유럽

제29장 제2차 세계 대전의 종결

전 세계가 전쟁 속으로

1941년에 미국이 전쟁에 뛰어들었을 때 독일은 이미 오스트리아와 체코슬로바키아, 그리고 폴란드 서쪽 지역까지 손에 넣었단다. 폴란드 동쪽 지역은 소련에게 넘어갔어. 소련은 또, 베르사유 조약에 따라 독립한 에스토니아, 라트비아, 리투아니아를 집어삼키고 핀란드까지 침공했단다. 핀란드는 스칸디나비아 반도에서 가장 동쪽에 있는 나라야.

미국이 전쟁에 뛰어들 무렵까지 또 무슨 일들이 있었을까?

전쟁이 점점 연합군에게 불리하게 진행되고 있었어. 독일군은 이미 덴마크까지 침공했어. (덴마크는 유럽 본토에서 북쪽으로 툭 튀어 올라가 스칸디나비아 반도와 엎어지면 코 닿을 거리에 있어. 그래서 노르웨이, 스웨덴과 함께 '스칸디나비아'로 불린단다.) 그리고 '전격전(電擊戰)'으로 네덜란드와 벨기에를 삽시간에 점령하고 프랑스로 물밀듯이 밀고 들어갔어. '전격전'은 제2차 세계 대전 때 독일이 처음 선보인 전술로, 전차 부대들과 폭격기들을 동원해서 적진으로 질풍처럼 치

폴란드에서 전격전을 벌이고 있는 독일군

고 들어가는 전술이란다.

그런데 프랑스 군은 지난 2년간 치른 전투에서 이미 수십만 명의 병사를 잃은 터였어. 전격전으로 밀고 들어오는 독일군 앞에서 프랑스 군도, 함께 싸우는 연합군도 맥을 못 추고 무너질 수밖에 없었단다. 프랑스의 연합군은 됭케르크Dunkerque 항구로 일제히 퇴각해서 영국 해협을 건너 탈출하기 시작했어. 3백 척 이상의 연합군 전함이 독일군의 빗발치는 폭격과 어뢰 공격을 받아 가면서 이들을 실어 날랐단다. 이때 독일군은 비겁하게도 병원선을 더 겨냥해서 공격했다는구나. 병원선은 부상병을 싣고 간다는 표시로 보란 듯이 커다랗게 십자가 표시를 하고 있었어.

1940년 5월 말부터 6월 초까지 있었던 이 '됭케르크 탈출 작전'은 연합군의 패배를 뜻하는 것이었어. 그러나 처칠 영국 총리는(이 작전이 있기 직전에 총리가 되었어.) '대영 제국은 결코 히틀러에게 굴복하지 않을 것'이라고 못 박았단다. 얼마 뒤인 6월 4일, 그는 하원에 나가서 이렇게 말했어.

"오랜 문화와 명성을 자랑하는 유럽의 많은 나라들이, 저 포악한 나치스 군대와 게슈타포Gestapo(나치스의 비밀경찰)의 손아귀에 붙들려 있거나 그렇게 될 위기에 놓여 있습니다. 그러나 우리에게 낙심과 패배는 없습니다. 우리는 끝까지 버틸 것입니다. 우리는 프랑스에서 싸울 것이고, 바다에서 싸울 것이고, 하늘에서도 기세를 발휘해 더욱 용감하게 싸울 것입니다. 그 어떤 대가를 치르더라도 우리는 반드시 대영 제국의 본토를 지켜 낼 것입니다. 우리는 해변에서 싸우고, 비행장에서 싸우고, 들판에서 싸우고, 시가지에서 싸우고, 산에서 싸울 것입니다. 우리에게 항복이란 말은 없습니다. 또한, 나는 상상조차 해 본 적이 없습니다만, 우리 대영 제국의 본토 한 자락이 설령 적에게 함락되거나 굶주림에 빠지더라도 해외에 있는 우리 대영 제국의 나라들이 대영 제국 함대를 이끌고 계속 싸워 나갈 것입니다. 그리고 때가 되면 강력한 군사력을 가진 저 신대륙(미국)이 우리 구대륙(유럽)을 구출하러 올 것입니다."

됭케르크 탈출 작전

6월 14일, 프랑스 파리가 독일군에게 함락되고 말았어. 프랑스 영토의 3분의 2가 독일군의 손에 들어가자, 프랑스 정부는 부랴부랴 독일과 휴전 협정을 맺었어. '파리를 포함한 프랑스 북부 지역은 독일이 점령하여 통치하고,(프랑스 영토의 5분의 3이야.) 나머지 지역에서는 프랑스가 완전한 주권을 누린다.'는 내용이었지. 그리고 '완전한 주권'을 누리기로 한 프랑스 남부에 앙리 필리프 페탱Henri Philippe

Pétain이 이끄는 정부가 비시Vichy라는 도시를 수도로 하여 세워졌어. 그래서 이제 남부 프랑스가 '공식적으로' 존재하는 프랑스가 되었어. 연합국은 이 남부 프랑스를 '비시 프랑스Vichy France'라고 부르며, 독일에 협력했다고 조롱했어. 하지만 이 '비시 프랑스'에서조차 조국을 구하기 위해 비밀리에 저항 운동을 벌인 사람이 많았어. 프랑스 밖에 있던 프랑스 병사들도 연합군과 더불어 추축국 군대에 맞서 싸웠단다. 이들이 벌인 프랑스 해방 운동을 '자유 프랑스Francaises Libres 운동'이라고 불러.

프랑스의 항복을 선언하고 있는 앙리 필리프 페탱

프랑스를 틀어쥐었으니 이제 히틀러의 눈길이 어디로 향할까? 유럽에서 히틀러가 아직까지 점령하지 못한 꼭 한 나라, 영국을 침공할 차례였단다.

히틀러는 옛날에 나폴레옹이 그랬던 것처럼, 군대를 영국 해협 건너의 해안에 상륙시키고 싶었어.

그러기에 앞서 히틀러는 영국의 힘을 빼 놓아야겠다고 생각했어. 그는 영국을 쫄쫄 굶겨서 힘을 빼기로 했단다. 독일 해군 함장들에게 명령이 떨어졌어. "영국으로 향하는 배들을 모조리 가라앉혀라!" 그 바람에 영국은 무기며 탄약이며 석유며 옷이며 식량이 동나기 시작했어. 히틀러의 해군이 가진 배 중에서 특히 공포의 대상이었던 것은 '유보트U-boat'라는 잠수함이었어. 독일의 유보트는 '늑대 떼 Wolf Packs'라고 부르는 전술을 썼는데, 유보트들이 바다 밑을 무리 지어서 어슬렁거리다가 어느 하나가 물자를 수송하는 영국 배들을 발견하면, 다들 늑대 떼처럼 한꺼번에 달려들어 침몰시켜 버리

'영국군의 최악의 적'이었던 독일 잠수함 유보트

는 전술이었어. 독일 해군은 이때 유보트를 무려 1천 척 이상이나 가지고 있었어. 그리고 영국으로 향하는 배 2천 척 이상을 침몰시켰어. 오죽하면 처칠 총리가 유보트를 가리켜 '영국군의 최악의 적'이라고 할 정도였단다.

또, 독일은 영국 땅으로 쳐들어가는 데 성공하려면 먼저 하늘을 차지할 필요가 있었어. 영국 전투기들이 하늘에서 기를 못 펴게 만들어 놔야 독일 전투기들이 영국 하늘을 제 집 드나들 듯 하면서 공습을 할 수 있을 테니까. 독일 공군에게 명령이 떨어졌어. "영국 전투기들을 공중전으로 끌어내 다 부숴 버려라!" 이어 꼬박 두 달 동안 독수리(독일 전투기)와 사자(영국 전투기)가 하늘에서 혈투를 벌였어.

결과는 사자의 승리였어. 독일 공군이 보기 좋게 당했단다. 이 때문에 히틀러는 영국 침공을 뒤로 미루지 않을 수 없었어. 대신 그는 다른 곳으로 고개를 돌렸어. 자신의 동맹인 소련이었어! "소련을 기습 침공하라!"는 히틀러의 명령이 떨어지자, 독일군이 에스토니아, 라트비아, 리투아니아 등 소련군이 점령한 땅으로 물밀

전 세계가 전쟁 속으로 161

듯이 진격해 갔어. 소련군은 독일군의 기세에 눌려 제 나라 땅으로 물러났는데, 독일군은 계속해서 깊숙이 치고 들어가서 모스크바 근처에까지 이르렀단다!(1812년에 나폴레옹 1세가 그랬던 것처럼!)

이럴 때 미국이 전쟁에 뛰어들었어. 미국군이 연합국을 돕기 위해 홍수처럼 밀려들었어. 그리고 소련군도 연합국을 돕기 위해 밀려들었어. 소련은 편을 바꾸어 독일과의 동맹을 깨 버리고 연합국에 가담해 싸웠단다.(미국은 일본의 진주 만 습격을 받았고, 소련은 동맹이었던 독일의 공격을 받았으니 가만히 있을 수는 없었을 거야.)

지금 잠깐 전 세계를 둘러보니까 화약 냄새가 풍기지 않는 곳이 없구나! 아시아에서는 영국군과 미국군이 일본군에 맞서 중국군과 한 덩어리가 되어 싸우고 있고, 유럽과 소련에서는 미국군과 영국군과 소련군이 독일군에 맞서 한 덩어리로 싸우고 있어. 북아프리카에서는 영국군과 '자유 프랑스' 군이 이탈리아 군과 이집트 주둔 독일군에 맞서 싸우고 있고.

그런데 이때 독일이 또 하나의 동맹국을 잃을 위기에 놓였어.

이탈리아였어. 전쟁에 신물이 난 이탈리아 사람들이 이탈리아를 독일 편에 세우기로 결정한 무솔리니를 못마땅하게 여기기 시작했던 거야. 병사들은 지칠 대로 지쳐 고향으로 돌아갈 꿈이나 꾸고 있었어. 1943년, 이탈리아는 이 전쟁에서 결정적인 참패를 당했어. 북아프리카에서 영국군에게 패한 데 이어, 이탈리아의 영토인 시칠리아 섬을 연합군에게 빼앗긴 거야!

그러자 국왕 비토리오 에마누엘레 3세가 발 벗고 나섰어. 그는 군부와 '파시스트 대평의회'를 움직여 무솔리니에게서 총리 직을 빼앗아 버렸어! 그리고 무솔리니가 이 결정을 무시하려 들자 왕실 근위대를 보내 그를 체포했어! 에마누엘레 3세의 이런 조치에 전 세계가 놀랐다고 해. 무솔리니는 그 뒤 이 섬 저 섬으로 끌려 다니다 이탈리아의 어느 깊은 산기슭의 호텔에 갇혔어. 어느 날 독일 특공대가 글라이더*를 몰고 와서 그를 구출해서 뮌헨으로 데려갔다는구나. 무솔리니는 히틀러의 제안으로 이탈리아의 북부 지역에 새로운 파시스트 정부를 세웠어! 이때 이탈리아가 둘로 나뉘었어. 무솔리니의 북부 파시스트 정부가 독일과 손잡았던 반면, (실제로 이 정부를 마음대로 휘두른 건 무솔리니가 아니라 독일 나치스였어.) 이탈리아의 나머지 지역은 독일에게 전쟁을 선포했어. 이렇게 해서 이탈리아에서 파시즘과 나치즘을 지지하는 사람들, 그리고 이들과 맞서 싸우는 사람들 사이에서 내전이 벌어졌어. 이처럼 파시즘과 나치즘에 저항해서 싸운 사람을 '파르티잔(partisan 빨치산)'이라고 한단다. (파르티잔은 게릴라와 비슷한 뜻으로 쓰이는데, 유격전

제2차 세계 대전 당시 유고슬라비아의 여자 파르티잔

---

*글라이더(glider) : 동력을 일으키는 기계가 없는 항공기.

을 하는 비정규군 요원을 가리키는 말이기도 해.)

이제 추축국에는 독일과 일본만 남게 되었어. 전쟁의 모양새가 이 두 나라와 다른 나라들과의 싸움으로 좁혀진 거지. 아시아에서는 일본군이 아직 제법 버티고 있었어. 그러나 유럽에서는 소련군이 독일군을 완전히 몰아냈어. '스탈린그라드 전투Battle of Stalingrad'에서 독일군은 무려 20만 명의 전사자를 내고 항복했어. 이어 한 해가 넘도록 소련군은 독일군을 무섭게 몰아붙였어. 결국 독일군은 1944년에 접어들 무렵에는 유럽 한가운데에 있는 자기네 영토로 쫓겨 가지 않을 수 없었단다.

연합군은 독일군의 숨통을 끊어 버리려고 대규모의 공격 계획을 세웠어. 프랑스 해안에 상륙해서 독일군을 몰아낸다는 것이었어. 그리고 상륙 작전에 성공할 경

스탈린그라드 전투

우, 연합군은 프랑스를 거쳐 독일의 서쪽 국경을 칠 예정이었지. 동시에 소련군이 독일의 동쪽 국경을 치고 들어오고! 이렇게 되면 독일군은 동시에 두 개의 전선에서 연합군과 싸워야 하겠지?

프랑스의 해안을 장악한다는 이 작전을 '노르망디 상륙 작전Normandy Invasion'이라고 한단다.

'디 데이D-Day'라는 별명으로도 불렸던 이 작전은, 연합군의 첫 번째 대규모 독일 공격 작전이었어. 작전 계획은 영국 해협 너머 프랑스 해안에다 어머어마한 병력을 잽싸게 상륙시킨다는 것이었어. 상륙하는 연합군 병사들을 막으려고 독일군이 총을 쏘아 대더라도 반드시 상륙시킨다는 거였지. 함선 1천2백 척, 항공기 1만 대, 상륙정 4천 척, 수송선 8백 척, 수륙 양용* 특수 장갑차 수백 대를 동원할 예정이었어! 목표 지점은 프랑스 북부 노르망디의 해변 다섯 곳이었어. '오마하Omaha', '유타Utah', '골드Gold', '주노Juno', '소드Sword' 해변이었어.(모두 암호명이란다.) 오마하와 유타 해변에는 미국군이, 나머지 세 해변에는 영국군과 캐나다 군이 상륙하기로 했어.

1944년 6월 6일, 대규모의 연합군이 노르망디 해변에 상륙했어. 이때 연합군의 공군 비행기들이 독일군을 헷갈리게 만들려고 하늘에서 가짜 인형을 마구 떨어뜨렸다는구나. 낙하산을 타고 내려오는 연합군 병사로 착각하도록 말이야. 독일군이

---

*수륙 양용(水陸兩用) : 물 위나 육지에서 다 활용할 수 있는 것.

전 세계가 전쟁 속으로

노르망디 상륙 작전
노르망디 상륙 작전은 제2차 세계 대전 당시 연합군이 벌였던 많은 전투와 작전 중에서 가장 돋보이는 작전이야. 이 작전으로 전쟁 초에 패하여 유럽에서 밀려났던 연합군이 다시 유럽으로 진출하여 독일을 공격하기 위한 발판을 만들 수 있었어. 뒷날 미국의 대통령이 되는 드와이트 아이젠하워 장군이 작전의 총지휘를 맡았단다.

노르망디 상륙 작전

거기에 대고 마구 사격을 가했는데 알고 보니 연합군이 바다에서 공격해 오는 거야! 독일군은 해안으로 돌진해 들어오는 연합군 병사들에게 소총과 기관총과 대포를 마구 쏘아 댔어.

이날 해 질 녘까지 적어도 5천 명의 연합군이 목숨을 잃었어. 그러나 미국의 드와이트 아이젠하워Dwight D. Eisenhower 장군이 지휘하는 연합군은 노르망디 해안 다섯 곳을 장악하는 데 성공했단다. 이렇게 해서 연합군은 안전하게 상륙해서 프랑스를 되찾을 발판을 마련했어. 나아가 독일의 심장부까지 치고 들어갈 발판이 마련된 거야.

몇 달간의 전투가 이어졌어. 연합군이 무서운 기세로 진격해 나가기 시작했어. 점점 더 많은 프랑스 땅이 독일의 지배에서 벗어났어. 샤를 드골Charles De Gaulle 장군이 이끄는 '자유 프랑스' 군도 공격에 가담했어. 연합군이 파리 근처까지 진격했을 때는, 미국군과 자유 프랑스 군이 서로 먼저 파리에 들어가려고 시합을 벌였다는구나!

1944년 8월 25일, 연합군이 파리로 행진해 들어갔어. 오랫동안 독일군의 손안에 있던 파리가 마침내 해방된 것이었어. 이날 밤, 1939년 9월 1일 이후 처음으로 파리 시내의 가로등이 켜졌어.(1939년 9월 1일은 독일군이 폴란드의 바르샤바를 공격한 날이야.)

이제 연합군의 발길이 독일로 향했어. 이때 소련군이 동쪽에서부터 베를린을 향해서 진격해 오고 있었어. 독일은 항복하지 않을 수 없는 형편이었어. 하지만 히틀러는 대반격에 나섰어. 그해 12월 중순, 히틀러는 연합군 사령관 아이젠하워 장군이

연합군 사령관 드와이트 아이젠하워 장군

이끄는 미국군을 기습 공격했어. 일찍이 없었던 대규모 공격이었어. 언덕과 숲이 많은 벨기에 북부의 아르덴에서 있었던 이 전투를 '벌지 전투Battle of the Bulge'라고 해. 이 전투에서 미국군은 독일군에게 나가떨어졌어. 전선이 연합군 쪽으로 자루(Bulge) 모양으로 불쑥 튀어나올 만큼 말이야. 그런데 미국군 병사들이 참호에 기대어 죽어라고 총을 쏴 댔대. 그 바람에 독일군이 더 이상은 전진하지 못했다는구나. 서쪽 전선에서는 이 벌지 전투가 독일군의 마지막 공격이었어. 1945년 4월에는 동쪽 전선의 소련군이 독일의 수도인 베를린으로 진격했어. 독일 나치스의 숨통이 끊기기 일보 직전이었어.

이탈리아에서는 4월 28일에, 무솔리니가 후퇴하는 독일군으로 변장해서 트럭을 타고 도망치다가 국경 근처에서 파르티잔들에게 붙잡혀 처형당했어. 시체는 거리에 내던져져서 사람들의 침 세례를 받았어. 그리고 이틀 뒤에는 베를린에서 히틀

러가, 지하에 만들어 놓은 진지에 숨어 있다가 독약을 먹고 스스로 목숨을 끊었어.(권총으로 자살했다는 말도 있지만 시체를 가져간 소련의 최신 자료에 의하면 독약을 마시고 자살한 거래.) 일주일 뒤에 독일이 공식적으로 항복했어. 이어 1945년 5월 8일 자정을 기해서 연합국이 '유럽에서는 전쟁이 끝났다.'고 선언했어! 이날을 'V-E 데이'라고 한단다. V-E는 '유럽에서의 승리Victory in Europe'의 줄임말이야.

유럽에서 전쟁은 끝났어. 그러나 셀 수 없이 많은 사람들이 죽었어. 또 영국의 런던과 코번트리, 벨기에의 브뤼셀, 독일의 베를린 같은 오래된 도시들이 폭격을 당하고 훌륭한 건물들이 파괴되었어. 전쟁이 유럽에 안겨 준 것은 잿더미뿐이었단다.

일본을 항복시킨 '원자 폭탄'

1945년 8월 6일은 미국 사람들에게 여느 여름날과 다를 바 없어 보였어. 그저 무더운 하루였지. 그런데 서늘한 저녁이 되어 집집마다 저녁 뉴스를 들으려고 라디오를 켰을 때, 충격적인 소식이 들려왔어.

라디오에서 대통령의 목소리가 흘러나왔어. 몇 달 전에 뇌출혈로 세상을 떠난 루스벨트 대통령의 뒤를 이은 해리 트루먼Harry S. Truman 대통령의 목소리였어.

"우리 미국 공군 폭격기가 방금 일본의 히로시마[廣島 광도] 시에 원자 폭탄을 투하했습니다 ……."

유럽에서는 지난 5월 8일에 전쟁이 이미 끝났어. 하지만 독일의 항복으로 '나 홀로 추축국'이 된 일본은 여태 항복하지 않고 있었어. 아시아에서의 전쟁은 석 달이나 더 끌고 있었어. 7월 말, 트루먼 미국 대통령과 처칠 영국 총리, 스탈린 소련 공산당 서기장*이 만났어. 세 지도자는 일본에게 최후의 통첩을 보냈단다. '무조건 항복하고 평화 조약에 사인해라, 그러지 않으면 연합군의 침략을 받을 것이다.'라는 내용이었어. 일본은 잠시 생각해 보는가 싶더니 '더 거들떠볼 게 없다!'며 손을 내저었어.

히로시마에 원자 폭탄 투하를 승인한 트루먼 대통령

일본이 이렇게 나오자 연합국은 대책을 세워야 했어. 일본을 점령하는 일은 전쟁이 몇 해 더 길어지고 더 많은 병사들이 매일 죽어 나갈 거라는 걸 의미했어. 또 겁 없이 대드는 일본군을 확실히 꺾으리라는 보장도 없었지.

그런데 일본 본토까지 힘들여 쳐들어가지 않고도 항복을 받아 낼 수 있는 방법이 아주 없지는 않았어. 미국이 비밀리에 만들어 온 '신형 폭탄'이 있었거든.

여기서 잠깐 1930년대로 거슬러 올라가 보자꾸나. 독일에서 '원자(atom)'의 운동을 연구하고 있던 알베르트 아인슈타인Albert Einstein이란 과학자가 있었어. '원자'란 화학적 방법으로 더 이상 쪼갤 수 없는, 물질을 구성하는 가장 작은 입자를

---

*서기장(書記長) : 사회주의 정당의 중앙 집행 위원회에 속해서 일상 업무를 수행하는 서기국의 통솔자.

말해. 그 즈음 아인슈타인은 세상이 놀랄 만한 발견들을 줄줄이 내놓고 있었어. 그러나 히틀러는 놀라지 않았다고 해. 오히려 그의 발견을 엉터리라고 생각했다는구나. 왜 그랬을까? 이유는 간단했어. 아인슈타인이 유대 인이기 때문이었지. 히틀러는 아인슈타인에게 깡패 패거리를 보내 위협했어. 그들은 아인슈타인의 집에 들이닥쳐서 물건을 닥치는 대로 때려 부수는가 하면 논문을 불태우고, 그의 바이올린을 훔쳐 가기도 했어.

결국 아인슈타인은 독일을 떠나 미국으로 갔어. 그런데 그는 히틀러가 전쟁을 일으키기 직전인 1939년 여름, 나치스의 과학자들이 원자 폭탄을 만들까 봐 무척 걱정했다는구나. 그는 당시의 미국 대통령인 루스벨트에게 이런 편지를 썼대. "독일이 원자 폭탄을 개발할 염려가 있습니다. 우리는 이것을 매우 경계해야 합니다. 서둘러 조치를 취하십시오."

알베르트 아인슈타인

원자 폭탄은 원자핵이 분열할 때 생기는 거대한 에너지를 이용한 무시무시한 무기야. 그는 독일 나치스가 원자 폭탄을 먼저 개발한다면 전 인류에게 위협이 될 거라고 경고했어.

루스벨트 대통령은 그의 경고를 받아들였어. 이듬해 초, 미국 정부는 원자 폭탄을 먼저 만들기 위한 계획을 세웠어. 이 계획은 일급 비밀로서, '맨해튼 계획Manhattan Project'이란 암호로 불렀어.(실제로 연구가 진행된 곳은 뉴욕의 맨해튼이 아니라 워싱턴 주, 뉴멕시코 주, 테네시 주였단다.) 이 계획을 이끈 과학자는 이탈리아 태생의 유명한 미국 물리학자 엔리코 페르미Enrico Fermi와 미국 물리학자 존 로버트 오펜하이머John Robert Oppenheimer였어. 페르미는 1942년 12월 2일에 시카고 대학교의 지하 원자로*에서 핵분열 연쇄 반응을 일으키는 데 성공했어. 원자 폭탄을 만들려면 꼭 성공해야 하는 과정이었지. 과학자들은 그 기쁜 소식을 대통령한테 얼른 알렸어. 물론 일급 비밀이니까 암호로 알렸단다. "이탈리아 탐험가가 신대륙에 도착했다."고!

엔리코 페르미

존 로버트 오펜하이머

미국 과학자들은 '맨해튼 계획'을 세운 지 3년 만에 마침내 원자 폭탄을 만들어 냈어. 1945년 7월 16일 새벽 5시 30분, 뉴멕시코 주 앨러머고도 공군 기지에서 인류 역사상 최초의 원자 폭탄 실험이 비밀리에 실시되었어. 이날 실험을 지켜본 케네스 그리슨이라는 과학자는 뒷날 이렇게 적었단다. "순간, 강철 탑에서 어마어마한 열이 발생해서 머리가 확 달아올랐다.(실험용 원자 폭탄은 강철 탑 위에서

---

*원자로(原子爐) : 핵이 분열하여 반응할 때, 순간적으로 방출되는 다량의 에너지가 목적하는 바에 따라 서서히 방출되도록 조절함으로써 핵에너지를 실생활에 활용할 수 있도록 만든 장치.

폭발했고, 과학자들은 여기서 9킬로미터 떨어진 벙커에서 원격 감시 장치로 폭발 광경을 지켜보고 있었어.) 눈을 떴을 때 강렬한 섬광(순간적으로 번쩍 빛나는 빛)이 눈을 찔렀다. 노르스름한 섬광이 온 사방을 메우고 있었다. 이때 발생한 열과 섬광으로 말하자면, 눈을 못 뜰 정도로 휘황하고 살이 탈 정도로 뜨거운 태양을 상상하면 된다. …… 거대한 연기 구름이 하늘로 치솟았다. 붉은 빛깔이 마치 붉은 노을 같았다. 그리고 그것은 겹겹이 쌓은 빵처럼 층을 이루었다."

성공적인 실험이었어. 독일 나치스가 만들지 못한 원자 폭탄을 미국이 사용할 수 있게 된 거야. 대통령의 승인만 떨어진다면 말이지.

그런데 고작 보름 남짓 만에 승인을 해 줄 대통령이 나타났어! 트루먼 현(現) 대통령이야. 트루먼 대통령은 제2차 세계 대전을 한 방에 끝내기 위해 일본에 원자 폭탄을 떨어뜨리기로 결심했어.

1945년 8월 6일, 폴 티베츠Paul Tibbets 대령이 '에놀라 게이Enola Gay'라는 애칭(친근하게 부르는 이름)을 가진 폭격기를 몰고 기지를 이륙했어.(이 애칭은 그의 어머니 이름인 '에놀라 게이 티베츠'에서 따온 거란다.) 티베츠 대령은 그길로 곧장 일본의 히로시마 시의 상공으로 날아가서 '꼬마 Little Boy'란 별명을 붙인 원자 폭탄을 떨어뜨렸어!

히로시마에 원자 폭탄을 떨어뜨린 폭격기 에놀라 게이

순식간에 히로시마 주민 6만 6천 명이 그 자리에서 죽고, 6만 9천 명이 부상당했어!(당시 히로시마 주민은 34만 3천 명가량 되었어.) 또 히로시마의 건물 67퍼센트가 완전히 파괴되거나 불타 버렸어! 말 그대로 '마른하늘에 날벼락'이었단다. 라디오 방송들은 히로시마가 완전히 연락 두절(막힘)이라고

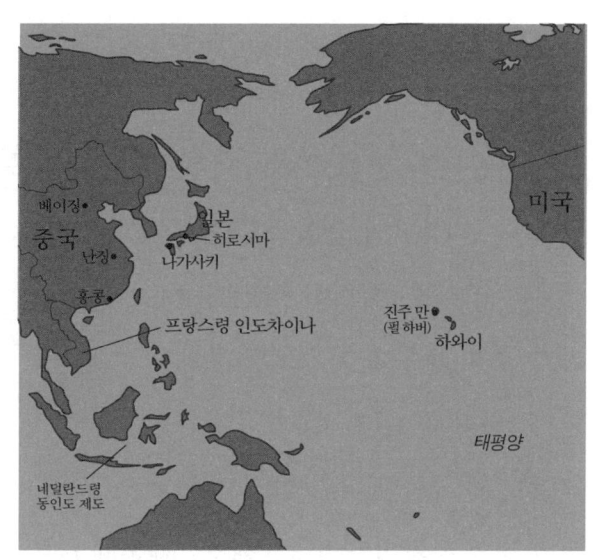

제2차 세계 대전의 끝

아우성쳤고, 군대의 지도자들은 히로시마의 군대 사령부와 연락이 끊겨 안절부절못했어. 도시 하나가 눈 깜짝할 사이에 사라져 버린 것이야!

사흘 뒤인 8월 9일, 미국은 이번에는 일본의 나가사키[長崎 장기] 시에 '뚱보Fat Man'란 별명을 붙인 원자 폭탄을 투하했어!(이 별명은 영국의 처칠 총리를 가리켜.) 이때 3만 9천 명이 그 자리에서 죽었어. 이날 살아남은 어떤 사람이 뒷날 적은 글을 잠깐 읽어 보자꾸나. "후텁지근한 바람이 밀려왔다. 저 멀리 불길이 보였다. 검은 연기를 피우면서 올망졸망한 불길이 곳곳에서 타올랐다. 나가사키가 한순간에 폐허로 변하고 말았다."

트루먼 대통령이 원자 폭탄을 떨어뜨리기로 한 결정이 과연 옳은 결정이었을까

하는 의문은 오늘날에도 전 세계 사람들의 뜨거운 논쟁거리란다. 어떤 사람들은, 군인도 아니고 전투와 아무 상관이 없는 그 많은 남자와 여자들, 심지어 어린이들까지 죽인 건 무슨 이유로도 용납할 수 없다고 말해. 원자 폭탄이 폭발할 때 즉사한 사람 말고도 수

원자 폭탄의 피해로 고통받고 있는 아이

십만 명의 사람이 '방사능 낙진' 때문에 죽어 갔어. 방사능 낙진이란 핵이 폭발할 때 핵분열로 인해 대기 중에 생기는 방사능 먼지로, 암이나 다른 질병을 일으켜. 어떤 사람은 '미국이 원자 폭탄을 투하했기 때문에 전쟁을 일찍 끝낼 수 있었던 게 아니냐, 그러지 않았더라면 전쟁이 몇 해 더 갔을 것이다, 그러면 더 많은 사람이 죽지 않았겠느냐, 그리고 그때 일본은 항복할 생각이 전혀 없지 않았느냐.'고 말해.

그런데 역사적으로 분명한 사실이 하나 있어. 원자 폭탄 때문에 제2차 세계 대전이 끝났다는 거야. 나가사키에 원자 폭탄이 떨어지자 일본은 그 다음 날 바로 항복 협상에 나섰어. 원자 폭탄을 가진 나라에 맞서 봐야 아무 소용이 없다는 사실을 깨달은 거지.

1945년 8월 14일, 제2차 세계 대전이 공식적으로 막을 내렸단다. 전 세계에서 전

쟁이 끝난 거야.

제1차 세계 대전 뒤에 '국제 연맹'이 만들어진 사실을 기억하고 있겠지? 이번에도 각 나라의 지도자들이 이런 엄청난 세계 대전을 어떻게 하면 막을 수 있을까를 놓고서 머리를 맞댔단다. 그 결과, '평화를 사랑하는 나라들'로 구성되는 '국제 연합 United Nations'이란 국제 기구가 탄생했어. 간단히 줄여서 '유엔(UN)'이라고도 해. 유엔 본부는 지금 미국 뉴욕 시에 있어. 너도 언젠가 뉴욕에 갈 기회가 되면 유엔 본부에 한번 가 보렴. 하지만 오늘날 우리는 거기까지 가지 않고도 손쉽게 유엔을 방문할 수 있어. 유엔 홈페이지(www.un.org)를 방문하면 되니까 말이야.

뉴욕 시에 있는 유엔 본부

유엔의 회원이 된 나라는 자유와 민주주의를 지키는 일에 서로 협력할 의무가 있어. 또 유엔은 지난날의 국제 연맹과 마찬가지로 회원국 사이에 어떤 다툼이 있을 때 바람직한 해결책을 찾아내 전쟁을 예방하도록 노력할 의무가 있어. 그런데 유엔이 제2차 세계 대전이 끝난 직후부터 무엇보다도 신경 써야 할 임무가 있었단다. 그것은 '핵무기 사용 방지'였어. 그래서 일찍이 1946년에 열린 제1차 유엔 총회에서 '유엔 원자력 위원회United Nations Atomic Energy Commission(UNAEC)'가 만들어졌단다. 핵무기 개발과 확산을 막기 위한 노력이었지. 하지만 이 위원회는 채 6년도 되기 전에 쓰러지고 말았어. 영국과 소련이 핵실험에 성공하고, 내로라하는 나라들이 저마다 딴 궁리를 하고서 너도나도 핵무기 개발에 뛰어들었기 때문이야.

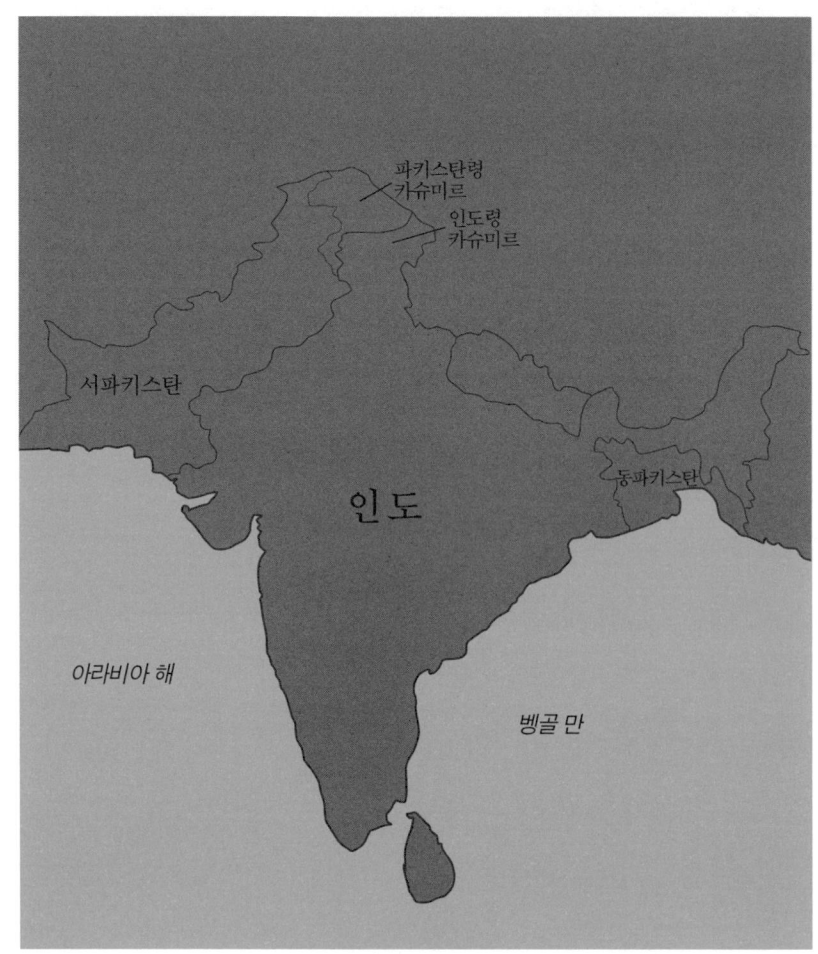

인도의 분리

제30장 갈라선 나라들

인도의 분할 독립과 간디의 죽음

영국은 일찍이 제1차 세계 대전 때 인도 사람들에게 이렇게 약속했어. "우리가 전쟁에서 이길 수 있도록 좀 도와줘. 전쟁이 끝나면 자치권을 줄게!" 이때 인도 사람들이 전쟁에 나가 많은 희생을 치렀단다. 그런데 1918년에 전쟁이 끝나자 영국이 모르쇠(다 모른다고 잡아 뗌)로 나가는 게 아니겠니! 그러자 인도의 전 지역에, 영국에 반대하는 운동의 물결이 휩쓸었어. 간디는 '비폭력 불복종 운동'으로 영국을 궁지에 몰아넣었고, 혁명가들은 "영국군을 몰아내자!"며 무기를 들었어. 영국의 식민지 정부(총독부)는 인도 사람들을 힘으로 꺾으려 들었지만, 저항 운동은 고개를 숙일 줄 몰랐단다. 영국이 골머리를 앓았겠지? 아마 "인도를 식민지로 통치하기가 이렇게 힘들 줄이야!"하고 저절로 한숨이 나왔을 거야. 사실, 영국은 인도를 식민지로 계속 묶어 두기가 어려운 형편이었어.

그런데 인도는 1947년 8월 15일에야 비로소 독립했어. 왜 이렇게 늦어진 걸까? 우선은 영국의 욕심 때문이었어. 이 거대한 알짜배기 식민지를 그냥 뱉어 내자니 속이 쓰렸던 거지. 그런데, 인도 사람들에게도 속사정이 있었어. 독립 문제를 놓고서 힌두 교도와 이슬람 교도(무슬림)의 의견이 엇갈렸던 거야. 그래서 1945년에 영국 정부와 마침내 독립 협상을 하게 되었을 때도, 서로 딴소리를 했단다.

힌두 교도와 이슬람 교도의 '한 지붕 두 가족'이냐, '갈라서기'냐의 문제였어.

이 갈등은 어제오늘의 일이 아니었어. 일찍이 1919년에 암리차르 대학살이 일어났던 무렵부터 계속되어 온 갈등이었으니까.(암리차르 대학살은 간디가 비폭력 운동을 선언하고서 얼마 지나지 않아 인도 서북부 펀자브 주의 암리차르에서 봉기가 일어났을 때, 영국군이 시위 군중 4백 명을 학살한 사건이야. 제22장에 나왔었지?)

인도 사람들은 대부분 힌두 교도였어. 힌두 교는 기원전 1500년 무렵에 생겨난 아주 오래된 종교란다. 네가 알고 있는 요가(yoga)는 바로 힌두 교도들의 오랜 수행법(몸과 마음을 닦는 방법)으로, 요가 자체가 힌두 교의 신앙 생활이야. 요가에도 여러 갈래가 있는데 그중 하나인 카르마 요가(karma-yoga)는 앎(삶의 진리를 깨닫는 것)보다 함(남을 아끼고 섬기고 돌보는 것)을 더 중요시한단다.

힌두 교도가 워낙 많아서 그렇지, 이슬람 교도도 결코 적은 수는 아니었어. 이들 역시 남을 아끼고 섬기고 돌보는 삶을 무척 귀하게 여겼단다. 이슬람 교의 가르침에도 그런 내용이 들어

힌두 교의 수행법인 요가

있어. 다만 이들은 힌두 교도가 수많은 신을 섬기는 것은 좋게 생각하지 않았어. 이슬람 교도는 '알라Alláh'라고 하는, 오직 하나의 신(유일신)을 믿었어. '알라'는 아랍 어로 '신'이란 뜻이야. 그리고 힌두 교도가 요가를 하는 것처럼, 이들은 '다섯 기둥Five Pillars'에 따라 신앙 생활을 한단다. 하루에 다섯 번 이슬람 성지인 메카를 향해 기도하는 것이나 가난하고 굶주린 사람들을 위해 자선세를 내는 것도 그중 하나야.(다섯 기둥은 이 시리즈 〈중세 편〉 제6장에 나왔었어.)

식민지 시절에는 힌두 교도나 이슬람 교도나 모두 영국인의 지배를 받았어. 기독교도의 지배를 받은 거지. 힌두 교도가 독립 운동에 나섰을 때 이슬람 교도도 이들과 힘을 합쳐 함께 싸웠어. 그러나 많은 이슬람 교도는 '이슬람 교'와 '인도 민족주의' 사이에서 심각하게 고민하기 시작했어. '애써 독립하고 나서 힌두 교도의 지배를 받게 되면 어쩌지? 그렇게 되느니 따로 독립하는 게 낫지 않을까?' 힌두 교도보다 숫자가 적은 이슬람 교도는 이렇게 고민했단다. 그들은 기독교도가 다스리는 나라에서 살고 싶지 않은 만큼이나 힌두 교도가 다스리는 나라에서 살고 싶지 않았어.

이렇게 생각한 이슬람 교도 중에 "우리가 가야 할 길은 따로 있다!"고 힘주어 외친 사람이 있었어. 무하마드 이크발Muhammad Iqbál이라는 인물로, 시인이자 철학자, 변호사였어. 인도의 이슬람 교도는 '이슬람 나라'를 따로 세워서 독립해야 한다는

무하마드 이크발

인도의 분할 독립과 간디의 죽음 183

모하메드 알리 진나

그의 외침에 수많은 이슬람 교도가 고개를 끄덕였어.

이슬람 교도 중에 또 한 사람, 모하메드 알리 진나Mohammed Ali Jinnah라는 지도자가 있었어. 뒷날 '콰이드 이 아잠Qaid-I-Azam'(아랍 어로 '위대한 지도자'란 뜻)으로 불리게 되는 인물이지. 진나는 이크발과 같은 또래에 역시 변호사였어. 다만 그는 이크발과 달리 '이슬람 교도와 힌두 교도의 화해와 통합'을 위해서 오랜 세월 묵묵히 노력했어. 하지만 그도 1930년대 중반에 이르러서는 이 입장에서 완전히 돌아서게 된단다. 간디가 이끄는 힌두 교도 중심의 '인도 국민 회의 당'이 소수 세력인 이슬람 교도를 무시하는 데 실망했기 때문이었어. 그래서 마침내 진나도 "우리 이슬람 교도와 힌두 교도는 서로 다르다. 힌두 교도와 억지로 한 지붕 밑에서 살 까닭이 없다. 차라리 따로 갈라서는 게 낫다!"고 주장하기에 이르렀어.

넓은 방을 둘로 나누려면 칸막이가 필요하겠지? 병원이나 도서관 같은 데서 볼 수 있는 칸막이 말이야. 진나는, 말하자면 이런 식으로 인도의 영토를 나누어 서로 딴살림을 차리자고 주장했단다.

1940년 봄, 진나가 이끄는 '인도 무슬림 동맹 당Muslim League'(인도 이슬람 동맹 당이라고도 해.)은 '파키스탄Pakistan'이라는 이슬람 나라를 세우기로 결의했어.

인도를 나누자고 공식적으로 요구하고 나선 거지. "(간디가 이끄는) 인도 국민 회의 당이 일단 권력을 잡으면 우리 이슬람 교도를 차별하리라는 것은 불 보듯 뻔하므로, 우리는 이슬람 나라를 따로 세워 독립할 것을 엄숙히 결의한다. 힌두 교도와 영국에게 강력히 요구하니, 앞으로 인도가 독립할 때 영토를 나누어 우리로 하여금 이슬람 나라를 따로 세울 수 있게 하라!"

전 세계가 제2차 세계 대전의 수렁에 빠져들자 인도 사람들도 당분간 독립을 기대할 수 없었어. 그러나 전쟁이 끝나자 독립을 요구하는 목소리가 다시 울려 퍼졌고, 영국의 새 정부도 인도의 독립 문제를 진지하게 검토하기 시작했단다. 마침내 영국 정부는, '인도 국민 회의 당'과 '인도 무슬림 동맹 당'이 인도의 장래 문제에 합의하는 즉시 독립을 허용하겠다고 나왔어. 이제 독립을 하느냐 마느냐의 문제가 아니라, 어떤 모양새로 독립할 것인가의 문제만 남았어.

간디는 '갈라서기'에 강력히 반대했어. "힌두 교도와 이슬람 교도가 함께 살아가지 못할 까닭이 어디 있소? 우리는 서로 평화롭게 공존할 수 있소!" 그는 독립 운동을 할 때 동지였던 진나를 설득하려고 무척 애를 썼어. 하지만 그의 마음을 돌이킬 수는 없었어. "힌두 교도가 말

진나와 간디

인도의 분할 독립과 간디의 죽음 185

네루와 간디
네루와 간디는 인도 사람들의 사랑을 듬뿍 받은 인물들이야. 두 사람 모두 인도가 영국으로부터 독립하는 데 커다란 업적을 남겼어. 간디는 비폭력 운동을 펼쳤고 인도가 분리 독립되는 것을 막기 위해 힘썼어. 네루는 독립한 인도의 첫 번째 총리가 되었단다.

하는 평화란 이슬람 교도에게는 그저 찍소리 하지 말고 죽은 듯이 살라는 것일 뿐이오. 우리는 반드시 이슬람 나라를 세우고 말 것이오. 억지로 막으려 든다면 우리도 무력을 사용할 수밖에 없소!"

인도 국민 회의 당, 인도 무슬림 동맹 당, 영국 정부가 모여서 협상을 벌였지만, 힌두 교와 이슬람 교 대표들은 한 해가 넘도록 서로의 의견을 좁히지 못했어. 영국 정부는 하는 수 없이 두 세력이 따로 독립한다는 안(案)을 밀고 나갔어. 힌두 교도와 이슬람 교도 간의 적대감과 유혈 충돌을 중단시킬 방도가 달리 없었던 거지. (협상 중에도 양 세력 간에 유혈 충돌이 꼬리를 물고 일어나 7천 명이나 죽고 다쳤단다!) 자와할랄 네루Jawaharlal Nehru가 이끄는 인도 국민 회의 당도 결국 이 안을 받아들였어.

이렇게 해서 1947년 8월 15일에 지금의 인도가 독립했단다. 이슬람 나라 파키스탄은 하루 일찍 독립했어. 이때 파키스탄의 영토는 인도를 사이에 두고 동파키스탄(현재의 방글라데시)과 서파키스탄(지금의 파키스탄)으로 나뉘어졌어. '칸막이 공사'가 그렇게 이루어진 거지.

그런데 칸막이 공사 결과 양쪽에 대혼란이 벌어졌어. 힌두 교도 중에 어느 날 갑자기 파키스탄 국민이 되어 버린 사람들은 이슬람 교도의 습격을 받을까 봐 오들오들 떨었어. 결국 재산을 정리해서 자식들의 손을 끌고 남쪽으로 가는 열차에 몸을 실었어. "제발 무사히 인도까지 갈 수 있기를!" 하고 애타게 기도하면서 말이야. 어느 날 갑자기 인도 국민이 되어 버린 이슬람 교도도 두려움에 떨기는 마찬

인도의 분할 독립과 간디의 죽음

가지였어. 이들 역시 저마다 짐을 싸 들고 줄줄이 북쪽으로 가는 열차에 올랐어. "알라이시여, 굽어 살피소서. 당신의 자녀들이 무사히 파키스탄에 닿을 수 있도록!" 하고 간절히 기도하면서 말이야. 공포에 질린 힌두 교도를 가득 싣고

인도와 파키스탄이 분리 독립되자 종교적 박해를 피해 기차를 타고 떠나는 인도 사람들

서 인도로 향하는 열차와, 역시 공포에 가득 찬 이슬람 교도를 시루 안의 콩나물처럼 빽빽이 싣고서 파키스탄으로 향하는 열차가 서로 맞은편에서 달려와 스쳐 지나가는 풍경을 흔히 볼 수 있었어. 실제로 양쪽 지역에서 이슬람 교도의 손에 죽고 힌두 교도의 손에 죽은 사람이 수천 명을 헤아렸다는구나. 정든 고향을 등지고 '소수'의 위험한 상황에서 벗어나 '다수'에 속해서 안전할 수 있는 곳으로 떠난 사람을 모두 합하면 1천5백 만 명에 달했단다!

이처럼 따로 독립했지만, 힌두 교도와 이슬람 교도 간의 유혈 충돌은 그치지 않았어. 우선, 인도 대륙 서북부의 잠무카슈미르Jammu and Kashmir 지역을 놓고서 인도와 파키스탄이 서로 자기 땅이라고 주장하면서 티격태격했어. 결국 한참 뒤에 이 지역도 인도령 잠무카슈미르와 파키스탄령 잠무카슈미르로 나뉘었어. 하지만 그 경계선을 놓고서 아직도 다투고 있다는구나. 그리고 두 나라 안에서도 폭동*이 일어나 소수 종교에 속한 사람들이 숱하게 죽었단다.

간디는 이런 현실 앞에서 흐느꼈어. 힌두 교도와 이슬람 교도가 한 지붕 밑에서 평화롭게 살아 가기를 그토록 간절히 원했건만 따로 갈라서게 되었기 때문이야. 게다가 두 나라 모두 잇단 폭동으로 죄 없는 목숨들이 죽어 가고 있으니! 그는 이 피비린내 나는 현실을 중단시키려고 안간힘을 다했어. 그러나 모두 실패로 돌아가고 말았어. 그는 마침내 단식(斷食)에 들어갔단다. 그가 할 수 있는 마지막 방법이었어. 이 소식이 전해지자 폭동이 가라앉기 시작했어. 힌두 교도와 이슬람 교도 모두 그가 단식을 계속하다가 세상을 떠나지나 않을까 염려했어.

하지만 모든 힌두 교도가 간디를 존경한 건 아니었어. "이슬람 교도 놈들 때문에 나라가 영영 쪼개질지도 모를 판이 되었는데, 이슬람 교도를 차별하지 말라고?" 하면서 그를 미워하는 사람들도 있었어.

인도 땅은 예로부터 힌두 교의 땅이라고, 힌두 교도가 인도 대륙 전부를 다스려야 한다고 굳게 믿고 있던 힌두 교 광신자*들 중에 나투람 고드세Nathuram Godse라는 젊은이가 있었어. 인도와 파키스탄이 따로 독립한 지 6개월도 안 된 1948년 1월 30일, 이 청년은 허리춤에 권총을 몰래 감추고서 간디가 나오기로 한 기도 모임에 나타났어. 이날 간디는 또 한 차례의 단식을 한 직후여서 혼자 서 있기가 어려웠다는구나. 그래서 다른 사람의 팔에 기대어 참석자들에게 말을 하고 있는데, 고드세가 군중 사이에서 갑자기 튀어나와 그를 쏘았어. 이날 간디는 세상을 떠났단다.

---

*폭동(暴動) : 어떤 집단이 폭력으로 소동을 일으켜서 사회의 안녕을 어지럽히는 일.
*광신자(狂信者) : 이성을 잃고 어떤 사상이나 종교에 지나치게 빠져 있는 사람.

유대 인과 분할된 팔레스타인

남의 종교에 시달리며 사느니 내가 믿는 종교를 떠받드는 나라를 따로 만들어 살고 싶다고 생각한 사람들이 비단 인도 땅에만 있었던 건 아니었어. 이때 전 세계에 흩어져 살고 있던 유대 인도 자기네 나라를 따로 세우고 싶어 했어.

유대 인은 서기 70년에 로마 군대에 의해 예루살렘에서 쫓겨난 뒤 이날 이때까지 한 지붕 밑에서 살지 못했어. 그러나 그들은 저 지중해 동쪽 끄트머리에 있는 유대 땅을 잊지 않고 언젠가는 자기네 조상의 땅으로 돌아가리라고 생각했어. 그 땅은 가나안이란 곳으로, 유대 교 경전인 《구약 성서》에 "여호와(야훼)께서 이스라엘 백성에게 주셨다."고 적혀 있는 약속의 땅이었어.

그런데 19세기 후반에 유럽의 동부와 중부에 살고 있던 유대 인들 사이에서 다음과 같이 말하는 사람들이 나타나기 시작했어. "이제 우리 유대 인도 나라를 세울 때가 되었어! 우리 유대 인이 왜 전 세계에 뿔뿔이 흩어져 살아야 하지? 러시아에 얼마, 독일에 얼마, 영국에 얼마, 미국에 얼마 하는 식으로 말이야." 이처럼 유대 인의 '옛날 옛적 고향 땅'에다 유대 나라를 세우려는 생각을 '시오니즘Zionism'이라고 해. 그리고 이런 생각을

시오니즘을 발전시킨 테오도르 헤르츨

가진 사람들을 '시오니스트Zionist' (시온주의자)라고 한단다. '시온Zion' 은 《구약 성서》에 나오는 지명으로, 옛날 예루살렘의 동쪽 언덕의 이름 이란다.

20세기 전만 하더라도 시오니즘을 따르는 시오니스트는 한 줌밖에 안

시오니스트들의 모습

되었어. 그러나 제2차 세계 대전이 끝나자 전 세계 유대 인들이 이 생각에 크게 호응하고 나섰어.

유대 인이 히틀러의 죽음의 수용소에 끌려가 무참하게 학살된 뒤, 유대 인 자신들이나 유대 인이 아닌 사람들이나 '유대 나라'를 세우는 문제에 점점 더 관심을 갖게 되었어. 많은 유럽 사람들은 이웃들이, 때로는 자기 부모나 이모나 삼촌들이 유대 인을 미워하는 것을 보면서 자랐어. 그들은, 사람들이 유대 인을 미워하는 줄은 익히 알고 있었지만, 권력을 쥔 자들이 그런 죽음의 수용소까지 만들어 가지고 유대 인의 씨를 말리려 들 줄은 상상조차 하지 못했단다.

제2차 세계 대전을 겪으면서 유대 인은 나라 없는 백성의 고통을 뼈저리게 느꼈어. 그들은, '이 지옥 같은 세상을 벗어나려면 우리 유대 인의 나라를 어서 빨리 만들어야 한다!'고 생각했어. "유대 인의 나라가 아닌 한 이 세상 어디에도 우리에게 안전한 곳은 없다. 겉으로 드러내 놓고 미워하든 속으로 미워하든 우리를 끊임없

이 미워하는 저 사람들의 땅에서 우리가 어찌 목숨을 부지할 수 있겠는가!" 전 세계의 많은 사람들에게도 그들의 말이 억지 소리로 들리지는 않았어. 홀로코스트(유대 인 대학살)라는 일찍이 들어 본 적이 없는 끔찍한 사건에 그들 역시 커다란 충격을 받았으니까.

홀로코스트(유대 인 대학살) 현장에 선 유대 인들

그렇다면 어디에 유대 인의 나라를 세워야 할까? 시오니즘 지도자들의 의견이 엇갈렸어. "장소는 중요하지 않소. 우리 유대 인이 다스리는 나라인 한 어디에 세운들 무슨 상관이오?" 이렇게 말하는 사람들이 있는가 하면, "저 아프리카 땅 한 귀퉁이를 차지해서 거기다 우리 유대 나라를 세우는 게 어떻겠소?" 하는 사람들도 있었어.

그러나 많은 지도자들이 이렇게 한목소리를 냈어. "우리는 여호와께서 우리 조상에게 약속하신 땅으로 돌아가야 하오. 옛 이스라엘 땅으로 말이오!"

20세기 초에 그곳은 팔레스타인Palestine으로 불리고 있었어. 팔레스타인은 1천 년 전부터 아랍 사람들이 차지하고 사는 땅이었어. 그런데 유대 인들이 "거기는 우리 고향이오!" 하고 주장하고 나선 거야. 유대 인들은, "옛날에 우리 조상이 수백 년 동안이나 살았던 땅이 바로 거기요. 또, 여호와께서 우리 유대 백성에게 그곳을 주셨다는 이야기가 성서에도 잘 나와 있지 않소?"하며 정말 그렇게 철석같이 믿었어. 그러나 그곳은 그들만의 고향이 아니었어. 적어도 지난 1천 년 동안 그곳에서 살아온 팔레스타인 사람들의 고향이기도 했으니까.

이렇게 땅 한 덩어리를 놓고서 서로가 자기 고향이라고 주장하는데, 여기에다 두 나라를 세울 뾰족한 방법이 없을까? 시오니스트를 지원하는 나라들이 생각하기에 아주 간단한 방법이 있었어. '칸막이 공사'였단다! 1947년 말에 미국과 영국 등의 지원으로 '팔레스타인에 아랍 나라와 유대 나라를 따로 세운다.'는 내용의 '팔레스타인 분할안'이 유엔(UN. 국제 연합) 총회에서 통과되었어. 이때 팔레스타인에는 영국군이 주둔하고 있었어.

전 세계의 시오니스트들이 환호성을 올렸어. "우리가 마침내 나라를 되찾게 되었어! 2천 년 동안이나 이 나라 저 나라에서 흩어져 살던 우리가! 디아스포라 Diaspora 신세도 이제 끝이야!" '디아스포라'는 남의 나라에서 유배 생활을 하는 유대 인을 가리키는 말이야. 미국 뉴욕 시의 유대 인들은 기쁨에 겨워 '길거리 파티'를 열기도 했단다.

그러나 유엔의 결의가 누구에게나 기쁜 소식이었던 것은 아니었어. 한번 생각해 보렴. 지금 네가 살고 있는 집에서 너의 어머니가 자라고, 너의 할머니가 자라고, 너의 할머니의 할머니의 할머니도 자랐어. 그렇게 적어도 1천 년 전까지 거슬러 올라가. 그런데 어느 날 낯선 사람들이 불쑥 찾아와서, "이 집은 우리가 2천 년 전에 살다가 빼앗긴 집이오. 이제 우리가 다시 살아야겠으니 집을 비워 주시오!" 한다고 해 봐.

이럴 때 기분이 어떻겠니? 물론 남의 집을 억지로 빼앗은 건 잘못이야. 하지만, 수천 년이 지난 뒤에 나타나서 집을 내놓으라고 하면 어떻게 하지. 까마득한 옛날에 자기 조상이 빼앗긴 집이라고 하면서 말이야. 이 집이 네 집이란 건 세상이 다 아는 사실인데! 이런 경우를 당하면 놀랍기도 하고, 황당하기도 하고, 슬프기도 하고, 화도 날 거야. 유엔 총회가 '유대 인은 팔레스타인 지역 일부를 다시 차지할 권리가 있다.'는 내용의 결의문을 통과시켰을 때, 팔레스타인 사람들의 기분이 꼭 이랬어.

1948년 5월 14일, 유대 나라 '이스라엘Israel'이 탄생했어. 이날이 이스라엘의 '독립 기념일'이란다.

독립 선언서를 낭독하는 이스라엘의 초대 수상

그러자 당장 전쟁이 터졌어. 난데없이 조상의 땅을 빼앗기게 된 아랍 사람들이 유엔과 유대 인에 대한 분노를 참지 못한 거야. 특히 시리아, 레바논, 이집트와 같은 이웃 나라 사람들의 분노가 심했어. 아까 그 집 이야기로 잠시 돌아가 보자꾸나. 자기네 조상이 2천 년 전에 그 집에서 살았다고 주장하는 낯선 사람들에게 집을 빼앗겼다고 해 봐. 피가 거꾸로 솟겠지? 또, 너와 네 가족이 벌건 대낮에 네 집에서 쫓겨나는 꼴을 동네 사람들이나 친척들이 다 보았다고 해 봐. 이웃 간에 허물없이 지내 온 사이니까 그들의 기분도 좋을 리 없을 거야. 이 사람들은 너와 네 가족이 좋지, 네 집을 빼앗은 사람이 좋을 리가 없어. 그들의 입에서 당장 이런 소리가 나올 거야. "남의 집을 빼앗다니, 세상에 저런 나쁜 놈들이! 저런 놈들하고 어떻게 한동네에서 살아." 팔레스타인의 이웃 나라 사람들의 반응이 꼭 이랬어. "까마득한 옛날부터 우리와 함께 여기서 살아온 사람들을 내쫓다니! 그냥 보고만 있을 수 없어!" 이웃 사람들은 자기네 이웃을 쫓아내고 그 집을 차지한 불청객을 동네에서 쫓아내기로 뜻을 모았어. 팔레스타인의 이웃에 있는 아랍 나라들이 전쟁을 하기로 결심한 거야. 이스라엘이 독립 선언을 하던 바로 그날이었어. 이집트, 레바논, 요르단, 시리아, 이라크에서 파병된 아랍 군이 이스라엘을 공격했어. 이스라엘 정부는

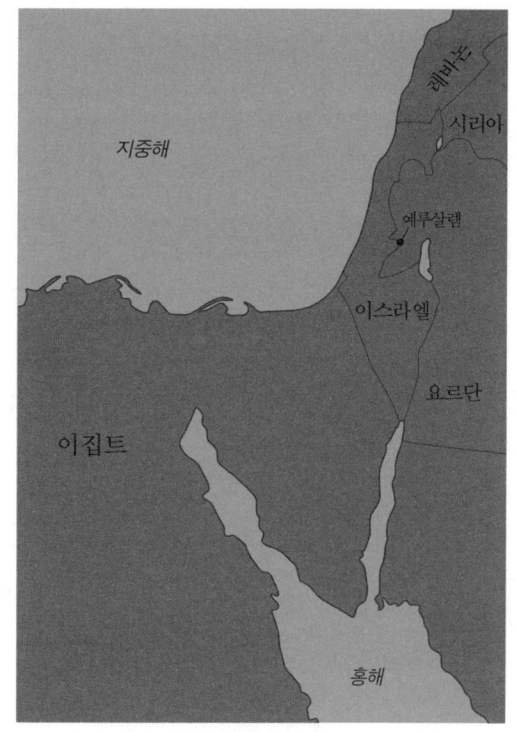

이스라엘의 탄생

'다윗의 별'이 그려진 이스라엘의 국기

서둘러 반격에 나섰어. 남자와 여자 수천 명을 군대에 소집했어. 전 세계 여러 나라에 살고 있던 유대 인들도 군대에 지원하러 왔어. 전투에서 이스라엘 병사 6천 명이 전사했어. 이스라엘 인구 1백 명당 한 사람 정도가 죽은 꼴이었어. 그러나 놀랍게도 결과는 이스라엘 군의 승리였어. 이스라엘은 공격에 나섰던 아랍 나라들과 이듬해에 평화 협정을 맺었어. (이라크는 거절했단다.)

이 승리는 신생국 이스라엘과 그 국민에게 자부심을 심어 주었어. 이스라엘이 스스로를 지킬 수 있는 나라임을 전 세계에 과시한 것이었으니까. 그러나 이것으로 이스라엘과 아랍 나라들의 전쟁이 끝난 건 아니었어. 오히려 시작일 뿐이었단다.

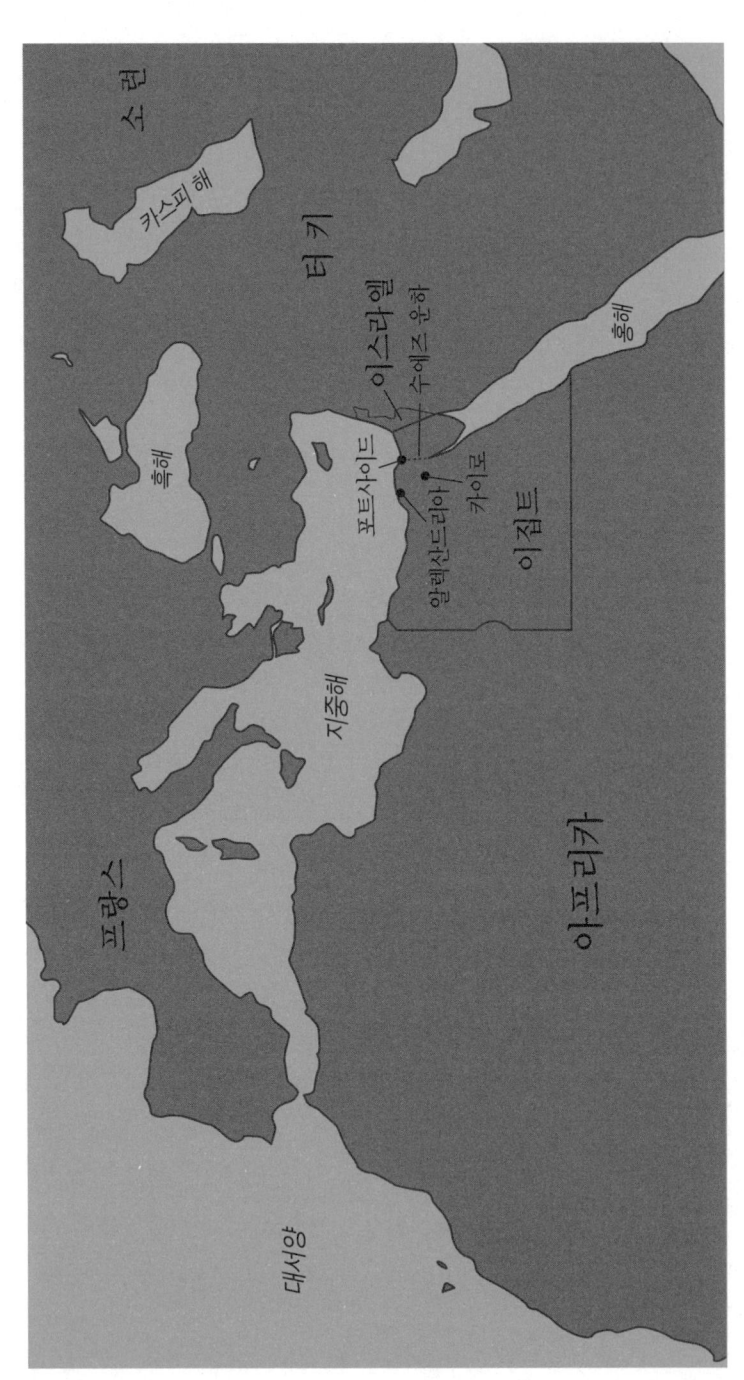

수에즈 위기

제31장 서유럽의 '깡패 나라들'과 미국의 '돈다발'

수에즈 위기와 나세르 대통령

아랍 나라들이 신생국 이스라엘로 쳐들어갈 때 이집트의 국왕은 파루크 1세 Farouk I 였어. 이집트의 두 번째 국왕이야.

1936년에 첫 번째 국왕 푸아드 1세가 세상을 떠나고, 그의 아들 파루크 1세가 왕위를 물려받은 거란다. 그때 새 국왕의 나이는 겨우 열일곱 살이었어. 당시 이집트는 세 세력(국왕, 와프드 당, 영국)이 저마다 나라를 장악하려고 한참 힘겨루기를 할 때였지. 이집트 사람들은 워낙 국왕을 좋아하지 않았지만, 그래도 새 국왕이 복잡한 그 상황을 잘 이끌어 나가기를 바랐어.

그러나 파루크 1세는 유능한 국왕이 못 되었어. '도덕군자'는 더욱더 아니었어. 그는 유럽을 여행하면서 돈을 펑펑 쓰고, 도박에 빠져 돈을 뭉텅이로 갖다 바치고, 돈을 잃으면 더 쏟아 붓곤 했는데, 그 돈다발의 부피가 점점 커졌단다. 그리고 전쟁이 나면 꼭 이집트를 지는 쪽에 세우려고 했다는구나.

제2차 세계 대전이 일어났을 때 파루크 1세는 중립을 지키려고 무척 노력했어. 하

이집트의 국왕 파루크 1세

지만 그 중립은 오래가지 못했어. 무슨 전쟁이 일어나든 이집트는 영국 편에 서기로 이미 협정을 맺었기 때문이었어. 결국 그는 영국의 으름장에 굴복할 수밖에 없었단다. 1948년에는 이집트가 신생국 이스라엘과의 전쟁에서 패하는 바람에 백성들한테서 욕을 바가지로 얻어먹었어.

결국 1952년에 가말 아브델 나세르Gamal Abdel Nasser라는 청년 장교가 나타나 파루크 1세를 권좌에서 몰아냈어.

나세르는 부자는 아니었지만 흠잡을 데는 없는 집안에서 자랐어. 아버지가 동네 우체국장이었는데 살림살이가 어려웠단다. 그 시절에 가난한 집 아이들은 학교에 다닐 꿈도 못 꾸었지만 소년 나세르는 용케도 학교에 다녔어. 행운아였던 셈이지. 그가 뒷날 털어놓은 이야기를 들어 보면 그의 집도 궁색하기는 마찬가지였던 모양이지만 말이야. "학교에서 돌아와 배가 고파서 뭐 먹을 게 없나 하고 온 집 안을 다 뒤졌어. 그런데 어쩌면 그렇게 먹을 게 하나도 없던지!"

소년 나세르는 앞뒤 가리지 않는 성격에다 싸움도 많이 하며 자랐어. 길바닥에서 다른 아이들과 시비가 붙어 죽기 살기로 싸운 적도 한두 번이 아니라는구나. 커서는 육군 사관학교에 들어가서 군인이 되었어. 1948년에 이스라엘과 전쟁이 붙었을 때, 그는 겁 없고 다부진 서른한 살의 노련한 육군 장교로서 전쟁에 참가했지.

이때 그는 평생의 교훈을 하나 얻었다고 하는구나. 어느 날 저녁, 그는 '카말'이라는 이름의 동료 장교와 나란히 앉아 그가 하는 이야기에 귀를 기울이고 있었어. 방금 전사한 어느 대령에 관한 이야기였는데 나세르도 아는 사람이었어. 카말이 이야기 중에 대뜸 이렇게 말했어. "나세르, 그분이 전사하기 전에 나에게 무

어린 시절의 나세르

슨 말씀을 하신 줄 알아?" 무슨 말일까 나세르는 궁금했어. 카말이 말을 이었어. "이러시더라고, '진짜 싸움터는 우리 이집트일세!'라고."

나세르는 이 말을 듣고 곰곰이 생각에 잠겼어. 그리고 그 말을 가슴 깊이 아로새겼어. '그래, 나는 이집트 사람이야. 내 나라가 우선이야. 내 나라 꼴이 말이 아닌데 전쟁은 무슨 전쟁이야. 우선 내 나라를 튼튼히 지키고 반듯한 나라로 만들자. 여기에 온 힘을 쏟자!'

전쟁이 끝난 지 4년째 되던 해인 1952년에, 그는 89명의 장교를 이끌고 쿠데타를 일으켰어. 대다수 이집트 사람들과 마찬가지로 이 장교들도 무능하고 줏대 없는 파루크 1세에게 아주 질려 있었어. 이들은 정부 청사를 점령한 뒤(이때 거의 아무도 저항하지 않았어!) 국왕에게 명령했어. "이 나라를 떠나시오!" 이어 11명의 장교로 구성된 '혁명 평의회'가 정부를 장악했어. 이로써 마침내 군주제가 막을 내리고 공화국이 세워졌어. (나세르는 1956년에 대통령으로 뽑혔어.)

전 세계의 눈길이 일제히 나세르에게 모아졌어. 수에즈 운하 때문이야. 다들 나세르가 수에즈 운하를 어떻게 할 것인지 궁금해 하며 그의 입만 쳐다보았어. 너도 잘 알고 있겠지? 수에즈 운하 덕분에 유럽에서 인도나 그 너머로 가는 뱃길이 얼마나 짧아지고 운반비도 얼마나 싸게 먹히게 되었는지 말이야. 유럽의 여러 나라들은 나세르가 운하를 덜컥 막아 버리거나, 미운털이 박힌 나라는 운하를 사용하지 못하게 할까 봐 걱정이 태산이었어.

제2차 세계 대전 때, 이탈리아와 독일이 이집트를 침공해서 수에즈 운하를 차지하려고 무척이나 힘을 들였어. 그러나 나세르가 권력을 잡은 지금, 수에즈 운하는 여전히 이집트가 장악하고 있었어. 즉 운하가 영국의 손아귀 안에 들어 있다는 뜻이지! 영국 군대는 그때까지도 이집트에 터줏대감처럼 박혀 있었단다.

나세르에게는 모든 아랍 나라들을 한데 묶어 강력한 '아랍 연합 공화국United Arab Republic'을 만들겠다는 꿈이 있었어! 그리고 외국 세력을 완전히 몰아내어 이집트를 진정한 독립국으로 만들겠다는 꿈이 있었어!

또한 그는 지금 당장 수에즈 운하에서 영국을 몰아내기에는 때가 적절하지 않다는 사실을 잘 알고 있었어. 우선 이집트가 이 운하에서 벌어들이는 수입이 여간 짭짤하지 않았어. 운하를 통과하는 선박들에게 받는 통행료 덕분이었지. 1950년대에 수에즈 운하를 통과한 화물은 해마다 1억 2천2백 만 톤에 이르렀단다. 물론 그 화물 중 절반은 '석유'였어.

그런데 1956년에 나세르가 화가 너무 나서 이 운하를 덜컥 막아 버릴 기세로 나왔어. 유럽의 강대국들이 화들짝 놀랐어. 나세르가 유럽의 배들이 못 다니게 운하를 막아 버리면 당장 페르시아 만의 석유를 퍼 나를 수가 없게 되니까. 이 일을 '수에즈 위기Suez Crisis'라고 해.

수에즈 위기는, 나세르가 나일 강에 큰 댐을 세우기 위해 미국한테 돈을 빌리려다가 잘되지 않게 된 데서 비롯되었어. 나세르는 높이 111미터, 길이 4,828미터나 되는 어마어마한 댐을 만들어서, 나일 강의 풍부한 물을 끌어다가 너른 농토에 물을 넉넉히 대고 전기도 넉넉히 만들어 낼 계획이었어. (이 댐의 이름은 아스완 하이 댐Aswan High Dam으로 1970년에 완공되었단다.)

미국의 대통령 아이젠하워

당시 미국 대통령은 드와이트 아이젠하워였는데, 그는 나세르를 달갑지 않게 여겼어. 소련과 너무 가깝게 지낸다는 거였지. 미국과 소련은 제2차 세계 대전 때는 같은 연합국에 속했어. 그러나 지금은 사정이 달라졌고, 미국은 소련의 힘이 점점 커지는 게 영 못마땅했어. 그래서 아이젠하워 대통령은 돈을 꿔 달라는 나세르의 부탁을 딱 잘라 거절했단다. 그런데 사실 미국이나 영국이 진작 돈을 꿔 주기로 약속해 놓고는 말을 뒤집은 거였어. 나세르가 화가 잔뜩 날 만했어.

1956년 7월 26일, 나세르는 이집트 사람들이 모인 자리에서 한 연설에서 이렇게

이집트의 대통령 나세르

선언했어. "지난 수백 년간 우리 아랍의 역사는 서양 세력의 손아귀에서 벗어나기 위한 투쟁의 역사였습니다! 바로 저 영국과 미국 같은 나라들 말입니다! 나는 우리 이집트가 어엿한 독립국임을 분명히 보여 주고자 합니다. 지금부터 수에즈 운하는 완전히 우리의 것입니다! 운하를 사용할 수 있는 나라와 사용할 수 없는 나라는 우리가 결정할 것이고, 그것은 우리의 권리입니다. 우선, 이스라엘 선박의 운하 통과를 금지합니다!"

이날 그는 수에즈 운하 지역에 계엄령을 선포하고, 운하를 이집트의 소유로 만들어 버렸어. 사실 이집트는 예전에 사이드 파샤와 이스마일 파샤가 수에즈 운하를 건설하려고 영국과 프랑스에게 꾼 돈을 아직 갚지 않은 상태였어. 법적으로 따지면 영국과 프랑스 은행들에게도 수에즈 운하의 소유권이 어느 정도 있는 거였어. 하지만 나세르는 아랑곳하지 않았어.

영국 총리와 프랑스 총리는 나세르가 점점 독재자가 되고 있다고 걱정했어. 그들은 나세르가 아랍 나라들을 한데 묶어 강력한 통일 국가를 만들고 싶어 한다는 것도 알고 있었어. "이러다가 중동* 지역이 나세르한테 전부 넘어가는 거 아니오? 그의 힘이 더 세지기 전에 얼른 손을 씁시다!"

이스라엘의 지도자들도 "우리를 건드리면 어떤 대가를 치르게 되는지 이번 기회에 아랍 나라들에게 확실히 보여 주겠소!" 하면서 거들겠다고 나섰어. 그들은, 이스라엘 선박의 수에즈 운하 사용을 금지한 나세르에게 뜨거운 맛을 보여 주면, 다른 아랍 나라들도 앞으로 이스라엘을 건드릴 생각을 못 하리라는 계산이었어.

이어 영국, 프랑스, 이스라엘의 관리들이 프랑스 파리 교외에서 비밀리에 만났어. 그들은 타일 지붕으로 된 어느 별장에 처박혀 '삼총사 작전'이라는 비밀 계획을 세웠어. 그리고 샴페인을 터뜨리며 "하나는 모두를 위해, 모두는 하나를 위해!" 하고 건배를 했어.

'삼총사 작전'의 내용을 다 말하려면 좀 복잡한데 핵심은 다음과 같아.

1. 이스라엘 군이 이집트를 침공한다.
2. 영국과 프랑스가 모른 척하고 끼어들어 나세르에게 도와주겠다고 하면서 '수에즈 운하를 다시 우리한테 넘기면 이스라엘에 압력을 넣어서 군대를 물리게 해 주겠다.'고 제의한다.
3. 나세르가 이 조건을 받아들이면 이스라엘 군을 철수시킨다. 일이 이렇게 돌아가면 영국과 프랑스는 운하를 차지하고, 이스라엘은 운하를 다시 사용할

---

*중동(中東) : 아시아 남서부와 북아프리카의 북동부 지역을 두루 일컫는 이름.

수 있게 된다. 또, 이스라엘은 막강한 군사력을 보여 줌으로써 '우리를 건드리면 큰코다친다.'는 사실을 아랍 나라들의 머릿속에 확실히 심어 줄 수 있다.
4. 나세르가 코웃음을 치면, (이스라엘은 모르고 있었지만 사실 영국과 프랑스는 이 경우를 가장 기대했다는구나.) 영국과 프랑스는 이집트를 침공할 명분을 쥐게 된다. 두 나라 군대가 당장 이집트로 쳐들어가서 수에즈 운하를 무력으로 점령한다. 영원히!

1956년 10월 29일, 세 나라가 작전을 개시했어. 삼총사 작전의 각본대로 이스라엘 군이 이집트 영토로 진격하고, 영국과 프랑스의 관리들이 나세르에게 급히 전갈을 띄웠어. "이게 무슨 일이오? 우리가 도와주겠소. 다만 수에즈 운하를 당분간 우리한테 넘기시오. 그러면 이스라엘을 뜯어말려 군대를 물리게 하겠소."

나세르는 피식 웃으면서 "웃기는 소리들 작작 하시오!" 하고 대뜸 거절해 버렸어. 영국과 프랑스가 바라던 바였지. 이틀 뒤 두 나라의 전투기들이 이집트 비행장을 공격해 이집트 전투기들을 거의 다 박살

'수에즈 위기'를 풍자한 그림

내 버렸어. 육지에서는 이스라엘 군과 이집트 군이 맞붙었어. 이집트 군은 수천 명의 전사자를 내면서 침략해 온 이스라엘 군을 막았어. 곧 영국군과 프랑스 군이 수에즈 운하의 들머리(들어가는 첫머리)에 있는 포트사이드에 상륙했어. 여기에서도 이집트 군은 3천 명이 넘는 전사자를 내면서 침공군에게 맞섰어.

그런데 전투가 곧 중단되었어. 미국이 "영국과 프랑스는 이집트의 권리를 짓밟지 말라."면서 끼어든 거야! 미국 정부는 유엔 정신이라는 카드를 꺼내 들었어. "여기 봐라. '모든 회원국은 주권과 영토를 존중받을 권리가 있다.'고 적혀 있잖아." 소련과 유엔도 영국과 프랑스를 비난하고 나섰어. "영국과 프랑스는 이집트 땅에서 즉시 군대를 철수시켜라!"

일이 이렇게 꼬일 줄이야! 두 나라는 쩔쩔맸어. 전 세계적으로 '깡패 나라', '망나니 나라'로 낙인 찍히게 되었으니, 이런 창피가 어디 있을까! 그나마 창피를 덜 당하려면 군대를 얼른 물리는 수밖에 없었어! 결국 두 나라는 그해 12월 말에 이집트에서 군대를 철수시켰어. 수에즈 운하를 점령할 의도가 없었던 것처럼 한껏 변명을 늘어놓으면서 말이야! 영국 총리는 온갖 망신을 당한 끝에 몇 달 못 가서 자리에서 물러나야 했어.

'수에즈 위기'는 미국과 중동 지역에 큰

수에즈 운하

나세르를 환호하는 사람들

변화를 가져왔어.

미국에서는 아이젠하워 대통령의 요청으로 의회가 새 법률을 통과시켰어. '중동 지역의 나라들이 침공을 받아 미국에게 도움을 요청할 경우 미국은 군대를 보내 도울 수 있다.'는 내용의 법률이었어. 이 새로운 정책을 '아이젠하워 독트린Eisenhower Doctrine'이라고 한단다. ('독트린'은 공식 외교 정책을 말해.)

중동 지역에서는 나세르 이집트 대통령이 영웅이 되었어. 감 놓아라 배 놓아라 하면서 이리 으르고 저리 으르는 서양 강대국들의 위세에 전혀 눌리지 않았으니까. 그뿐이야? 오랜 세월 이 지역에서 '큰 형님' 노릇을 하면서 설쳐 대던 영국의 코를 아주 납작하게 만들어 버렸어! 아랍 세계는 그의 이름을 외치며 아낌없는 갈채를 보냈어. "나세르! 나세르! 나세르!" 서유럽의 '깡패 나라들'에게 당당히 맞서는 지도자, 용감하고 결단력 있는 지도자, 이런 지도자를 그들은 얼마나 오랫동안 기다려 왔던가!

유럽을 일으키려 한 '마셜 플랜'과 베를린 장벽

나세르가 밉다고 이집트한테는 "돈 못 꿔 줘!" 하고 쌀쌀맞게 군 미국이지만, 유럽 나라들한테는 얼마나 후했는지 몰라. "다들 전쟁의 폐허에서 얼른 일어나시오!" 하면서 뭉칫돈을 막 퍼 주었으니까. 팔레스타인 지역에다 '이스라엘'이란 나라를 세워 중동에 분쟁의 씨앗을 뿌린 바로 그해부터 말이야.

네가 1930년에 영국 런던에서 태어났다고 해 보자. 네가 네 살 때 히틀러가 독일 총리가 돼. 부모님이 신문에서 이 기사를 보고서 눈썹을 찌푸리셔. "여보, 히틀러가 어떤 사람인지는 잘 몰라도 영 마음에 안 들어요." 하면서 말이야. 하지만 넌 별생각이 없어. 아직 겨우 네 살이니까.

그런데 열 살 때쯤 되면 뭔가 느낌이 심상치 않아. 저 멀리 독일이란 나라에서 벌어지고 있는 일이 네 피부에도 와 닿기 시작해. 하지만 그래도 넌 네 생일에 생일 선물을 받을 수는 있었어. 그런데 얼마 안 가서 영국이 독일에게 선전 포고를 해. 그리고 바로 다음 날, 1,418명을 태우고 가던 영국 배가 독일 배의 공격으로 침몰해. 다행히 배에 타고 있던 사람들이 대부분 구조되었지만, 영국은 벌집을 쑤신 듯 발칵 뒤집혔어. 부모님도 이렇게 말씀하셔. "전쟁이 끝날 때까지는 아예 배를 탈 생각을 말아야겠어!"

1940년, 네가 열한 살 때 정부에서 '중대 발표'를 해. "지금부터 설탕과 버터와 고기의 공급을 통제합니다. 군대에 우선 공급하기 위해서입니다. 우리도 우리지만 우선 병사들부터 먹여 살려야 하니까요!" 그러더니 집집마다 식량 배급부(ration books)가 나와. 설탕이나 버터, 고기처럼 물량이 부족한 식료품을 살 때는 거기에 들어 있는 '쿠폰'(교환권)을 써야 해. 식료품을 살 때마다 쿠폰이 한 장씩 썩썩 날아

가. 쿠폰이 다 떨어지면 그걸로 끝이야. 설탕과 버터 같은 식료품을 더는 못 사. 네 생일날이 되어서 엄마가 너한테 맛있는 케이크를 만들어 주고 싶어도 설탕이 너무 귀해. 그래서 너는 '전쟁 케이크(war cake)'란 걸 받아. 달걀, 버터, 설탕이 하나도 안 들어 있는 케이크야. 이름만 케이크지.

이게 어디 케이크 맛이 나겠어? 생일날도 생일날 같지가 않아.

옷도 배급제로 바뀌어. 그 다음엔 비누도! 엄마는 닭 뼈도 안 버리시는구나. 그것을 캐서롤*에다 넣고 찜을 만드셔. 그런데 어이쿠, 이게 무슨 날벼락이야? 독일 폭격기들이 런던 하늘에 나타나 공습을 하기 시작해! 학교 가는 길에 보니 학교 근처의 집들이 밤새 폭격을 당해 폭삭 주저앉아 버렸어. 집 안에 있던 사람들은 다 죽었어.

곧 정부에서 이런 발표를 해. "자녀들을 런던 바깥으로 내보내십시오! 런던은 지금 아이들에게 너무 위험합니다. 아이들을 한 명도 빠짐없이 얼른 내보내십시오! 위험합니다." 부모님은 너를 웨일스(영국 남서부 지방)에 있는, 농사

식량 배급부를 발행받는 사람들

---

*캐서롤(casserole) : 요리해서 식탁에 올려놓고 먹는 유리나 도기로 된 냄비. 우리 나라의 뚝배기와 비슷함.

를 짓는 먼 친척 집으로 보내기로 하셨어. 부모님이 역까지 배웅 나와서 너를 웨일스 행 열차에 태워 주셔. "엄마 아빠 걱정일랑 하지 말고, 다시 만날 때까지 건강하게 잘 지내야 한다. 알겠지?"라고 말씀하시는구나. 열차가 기적을 울리며 출발하고 엄마 아빠의 모습이 점점 멀어져. 이윽고 너는 웨일스에 도착해서 친척네 집으로 가. 어른들이 침실을 만들어 주셔. 너는 그곳에서 우유 짜는 법도 배우고, 정원 일도 거들며 한참을 지내. 엄마 아빠가 너무 보고 싶어! 엄마가 만들어 주시던 닭 뼈 찜도 먹고 싶고, 얼른 런던 집으로 돌아가고 싶어!

전쟁은 1945년에야 끝났어. 네가 열여섯 살 때야. 사람들이 다들 환호해. 길거리 파티도 벌어져! 닭 뼈 찜도, 식량 배급부도, 공습도 더는 없어. 너는 너무 기뻐서 "와아, 저는 이제 런던으로 돌아가도 되는 거죠?"라고 말해. 그리고 친척들과 작별 인사를 하고서 런던으로 가는 열차에 올라. 엄마 아빠가 역에 마중 나와 계셔. 부모님은 연방 함박웃음을 지으시며 널 부둥켜안으셔. 너도 부모님을 꼭 껴안아. 역에서, 거리에서 사람들이 말하는 소리가 들려. "이제 다들 정상적인 생활로 돌아갈 수 있게 됐어!"

하지만 전쟁이 끝난 지 몇 해가 지나도록 도대체 뭐가 '정상'인지 알 수가 없어. 제2차 세계 대전 때 연합국은 전쟁에서 이기기 위해 엄청난 희생을 치러야 했어. 특히 영국과 프랑스의 희생이 컸어. 두 나라에서 수많은 사람들이 죽었어. 전쟁이 끝난 지금 사람들은 지쳐 있고, 공장과 회사와 은행은 돈 가뭄에 허덕여. 또 온 사방에 폭격을 맞은 건물들이 널려 있어. 교회와 학교까지 폭격을 맞았어. 다들, 이

유럽을 일으키려 한 '마셜 플랜' 과 베를린 장벽   211

많은 건물을 언제 다 수리하고 언제 새로 짓나 하고 한숨만 푹푹 내쉬고 있어.

미국도 연합국으로 참전해서 희생을 치렀어. 미국 병사들도 많이 죽었어. 하지만 미국이 공격을 당했다고 해 봐야 본토에서 까마득히 먼 남태평양의 하와이 섬에 있는 진주 만이야. 미국 본토에서는 아예 전투라곤 없었어. 학교 한 채 부서지지 않았단다. 그래서 미국에서는 전쟁이 끝나자마자 모든 게 금방 '정상'으로 돌아갈 수 있었어.

미국은 서유럽의 연합국들이 다시 일어설 수 있도록 부지런히 도와야 한다는 사실을 알고 있었어. 국무 장관 조지 마셜George C. Marshall에게 이 임무가 떨어졌어. 미국에서 국무 장관은 대통령을 도와 나라의 외교를 돌보는 사람으로, 미국과 다른 나라 사이에 일이 생기면 이것을 처리하기 위해 사방팔방으로 뛰어다녀. 1947년 6월 5일, 마셜 장관이 하버드 대학교에서 이렇게 연설했어. "우리는 유럽이 전쟁의 폐허에서 일어설 수 있도록 도와야만 합니다. 지금 세계 경제가 얼마나 심각한 형편에 놓여 있는지는 새삼 다시 말씀드릴 필요가 없을 것입니다. 우리는 무슨 수를 써서라도 세계 경제를 하루빨리 정상으로 돌려놓아야 합니다. 세계 경제가 이 상태로 계속 가게 되면 정치 안정도, 평화도 없기 때문입니다."

유럽 부흥 계획을 제안한 조지 마셜

전 세계의 안정과 평화는 미국에게도 다급했어. 이 때문에 마셜 장관은 특별한 계획을 세웠고, 지금 그걸 말하고 있는 거야. 그의 연설에서 미국은, 유럽 나라들이 다시 일어설 수 있도록 120억 달러를 지원할 예정이라는 사실을 밝혔어. 이 계획을 '마셜 플랜Marshall Plan'이라고 해.(유럽 부흥 계획이라고도 한단다.)

유럽 원조 법에 사인하는 트루먼 대통령

미국은 그 돈 중에서 얼마를 떼서 소련에게도 주려고 했어. 그러나 소련의 공산당 서기장 스탈린은 그 제안을 듣고서 고개를 저었어. 제2차 세계 대전 때는 미국과 한편이 되어 싸웠지만, 지금 그 돈을 받으면 나중에 미국이 뭘 내놓으라고 할지 알 수가 없었기 때문이야. 그는 미국하고 거래하고 싶지도 않았고, 미국이 뭘 요구하더라도 들어줄 생각이 아예 없었어. 그래서 그 '뭉칫돈'을 간단히 뿌리쳤어.

유럽의 다른 나라들은 이 제안을 듣고 다들 감지덕지하며 좋아했어. 마셜 장관에게 남은 문제는, '미국이 왜 유럽에 자그마치 120억 달러나 되는 뭉칫돈을 쏟아 부어야 하는지를' 미국 국민들에게 잘 납득시키는 것이었어. 그래서 그는 유럽의 여러 나라로 돈을 퍼 나르면서 한편으로는 '마셜 플랜 홍보 영화'를 만들어서 방영했어. 이 영화들 덕분에 '마셜 플랜'을 좋게 생각하는 사람이 늘어났단다.

그런 영화 중 하나가 1950년에 만들어진 〈사랑하는 가정〉이란 영화야. 프랑스 남부 지방의 마자메란 마을을 무대로 해서 만든 건데, 전쟁통에 아주 폐허가 된 마을이 마셜 플랜의 돈 덕분에 마침내 다시 일어난다는 내용이야. 이 영화를 보면 마을 사람들이 식료품을 사고, 학교에 가고, 미국의 원조를 받아서 다시 지은 공장에서 일하는 모습들이 화면을 채워. 이 모두가 미국이 준 달러 덕분이라는 거지.

또, 〈1쿼트짜리 우유의 특이한 모험〉이란 영화도 있었어. '쿼트'는 약 1리터 정도 되는 양의 단위야. 이 영화는 1951년에 만들어졌는데 주인공이 '1쿼트짜리 우유통'이란다. 줄거리는, 이 우유 통이 프랑스 노르망디의 어느 농장에서 분말(가루) 우유 공장으로 이동하면서 겪는 일들이란다! 글쎄, 이 1쿼트짜리 우유 통과 '마셜 플랜'이 무슨 상관이 있을까? 상관이 무척 많았단다. 미국이 프랑스를 돕지 않았다면 이 우유 통을 싣고 가는 길들이 어찌 저렇게 반듯할 수 있으며, 길 주변에 공장이나 하나 있었겠느냐는 거야. 프랑스 사람들이 도로를 다시 닦고, 공장을 세우고, 우유를 먹을 수 있게 된 것도(생우유는 물론 분말 우유까지!) 전부 '마셜 플랜' 덕분이라는 거였어.

그런데 '마셜 플랜'의 혜택이 독일에게도 돌아갔어.

제2차 세계 대전 후의 상황은 제1차 세계 대전이 끝났을 때하고는 달랐어. 제1차 세계 대전이 끝났을 때 연합국이 독일에게 엄청난 전쟁 배상금을 물린 일을 기억하고 있겠지? 연합국은 연합국대로 배상금을 제대로 받아내지 못했고, 독일은 독일대로 나치즘에 휘말려 들고 말았잖아. 연합국은 이번에는 그런 실수를 저지르고 싶지 않았어. 미국도, 영국도, 프랑스도, 소련도 독일에게 엄청난 전쟁 배상금을 물리기보다는 나라를 다시 세울 수 있도록 도와줘야 한다고 판단한 거지. 문제는 '독일을 어떤 나라로 만들 것인가?' 하는 것이었어. 미국, 영국, 프랑스는 독일을 '자본주의'* 나라로 묶어 두고 싶어 했어. 반면 소련은 독일을 '공산주의' 나라로 만들고 싶어 했어. 이렇게 양쪽 의견이 팽팽하게 맞서다가 결국 연합국은 독일을 동독東獨과 서독西獨으로 두 토막을 내 버렸어. 독일의 수도였던 베를린도 동베를린과 서

독일의 분할

베를린으로 나뉘었어. 미국, 영국, 프랑스는 독일의 서쪽 절반을 자본주의 나라로 만드는 데 공을 들이고, 마셜 플랜 원조금을 끌어다가 도로도 만들고 건물들도 다시 지어 올렸어.

소련은 독일의 동쪽 절반을 공산주의 나라로 만들었어. 그리고 "다른 연합국은 이제 동독과 아무 상관이 없다. 동독 문제에 끼어들 생각을 하지 말라."고 경고하면서 동독과 서독 사이에 화물도 오가지 못하게 막았어.

---

*자본주의(資本主義) : 생산 수단을 가진 자본가 계급이 노동자 계급으로부터 노동력을 사서 생산 활동을 함으로써 이익을 추구해 나가는 경제 구조로, 봉건 제도의 붕괴 이래 서양에서 지배적인 경제 체제.

동베를린과 서베를린 사이에 세워진 베를린 장벽

몇 년 동안 동독과 서독의 사람들은 서로 오갈 수 있었어. 사람들은 친척이나 친구를 만나려고 국경을 서로 넘나들었어. 그런데 서독에 있는 상점에 물건이 더 많았기 때문에 동독 사람들은 서독을 뻔질나게 드나들면서 온갖 물건을 사 갔어. 식료품에서부터 팬티스타킹까지!

그런데 동독 사람들이 서독에 볼일을 보러 가서 그곳에 그냥 눌러앉아 버리기 일쑤였어. 서독이 더 살기 편하고 자유롭다고 생각한 거야. 동독 사람들 중에 이런 식으로 서독에 눌러앉은 사람이 1961년까지 자그마치 250만 명이나 되었어! 과학자, 교수, 의사, 변호사 같은 사람들이 서독으로 줄줄이 빠져나가자 동독 경제는 큰 어려움에 빠졌어.

그래서 동독 정부는 1961년 8월 12일 한밤중에 병사들을 시켜서 동베를린과 서베를린 한가운데에다 동독과 서독의 경계선을 따라 장벽을 세웠어. (서베를린은 동독 땅 한가운데에 마치 섬처럼 있던 서독 영토였어.) 사람들이 아침에 일어나 보니 블록과 가시 철조망으로 된 담으로, 다른 절반의 베를린과 완전히 나뉘어 있었어. 더 이상 건너편의 베를린으로 갈 수 없었어. 친척을 만나려고 국경을 넘어와 있었던 사람들은 다시 집에 돌아갈 수 없었어. 하룻밤 사이에 이산가족*이 되고 만 거야! 정부의 허락 없이는 어느 누구도 이 담을 통과할 수 없었어. 이 담이 그 유명한 '베를린 장벽Berlin Wall'이란다.

해가 바뀌면서 이 담은 높이 약 5미터의 콘크리트 장벽으로 교체되었고, 장벽에는 고압선(고압의 전류를 보내는 전선)이 둘러쳐지고 감시 탑이 세워졌어. 감시 탑에는 기관총을 든 병사들이 세워졌고, 땅바닥에는 지뢰를 묻어 놓았어. 이 장벽을 넘나드는 것은 법으로 금지되었어.

그래도 목숨을 걸고 장벽을 넘으려는 사람들이 있었어. 5천여 명의 사람이 장벽을 넘는 데 성공했고, 2백여 명이 장벽을 넘으려다가 동독 수비대의 총이나 지뢰에 목숨을 잃었어. 이 장벽은 얼추 30년이 지난 1989년에 이르러서야 마침내 무너진단다.

---

*이산가족(離散家族) : 남북 분단 등의 사정으로 헤어지고 흩어져서 서로 소식을 모르는 가족.

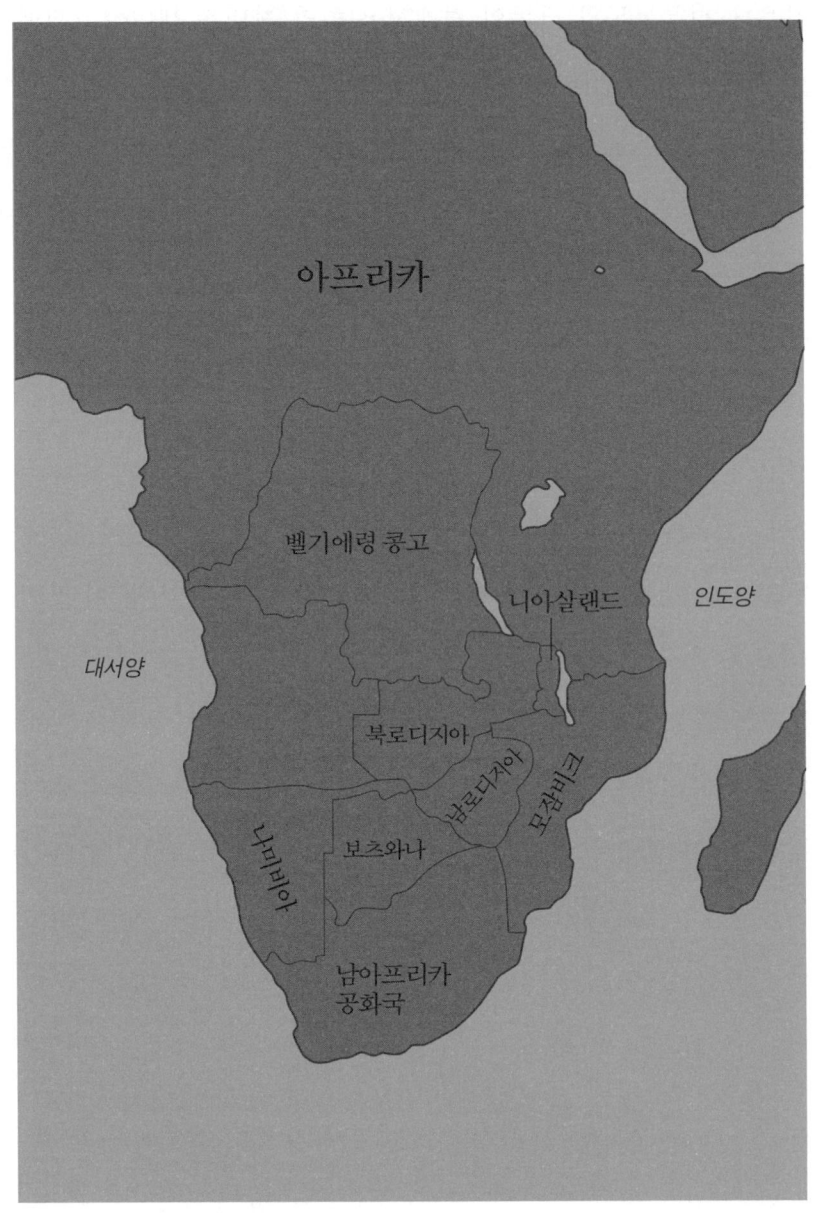

국민당 지배 하의 남아프리카 공화국

제32장 '아파르트헤이트'와, 중화 인민 공화국의 탄생

남아프리카 공화국과 '아파르트헤이트'

남아프리카 공화국South Africa은 제2차 세계 대전 때 연합국 편에서 싸웠어. 그런데 이상하게도 독일이 전쟁에서 지고 히틀러마저 죽은 지 3년이 지난 1948년에 히틀러의 사상을 '좋아하는' 정당이 권력을 잡았어.

어떻게 이런 일이 생겼을까? 잠깐 남아프리카 공화국의 역사를 살펴보자꾸나. 저번에 우리가 남아프리카 지역을 마지막으로 둘러보았을 때 '보어 전쟁'이 막 끝났었어. 이곳에서 영국인과 보어 인이 벌인 전쟁 말이야. (보어 인은 남아프리카에 사는 네덜란드계 백인을 가리키는 말로, 아프리카너라고도 해. 상권 제12장에 나왔었지?) 그 뒤 영국은 이곳 식민지들을 한 꾸러미로 묶어서 '남아프리카 연방 Union of South Africa'을 세웠어.

남아프리카 연방은 1931년에 영국에서 독립했고, 비로소 헌법을 따로 갖게 되었어. 그런데 이 헌법이 아주 고약해. 한마디로 모든 권력을 백인이 몽땅 차지하게 만들어 놓은 헌법이었어.

보어 전쟁 때의 아프리카너의 모습

지도를 보니까, 남아프리카 연방의 머리맡에도 백인이 다스리는 나라가 여럿 있었구나. 인도양 쪽에 포르투갈령 모잠비크가 있고, 그 왼쪽으로 영국령 보츠와나와 로디지아가 있어. 대서양 쪽 머리맡에는 나미비아가 있어. 나미비아는 독일의 식민지였는데, 제1차 세계 대전 뒤에 국제 연맹이 남아프리카 연방에 떼어 주었어.

이 말은 아프리카의 남쪽 전체가, 그곳에서 수천 년간 살아 온 흑인의 손에 있는 것이 아니라, 백인의 손아귀에 들어 있다는 소리란다. (이 남아프리카 연방이 지금의 남아프리카 공화국의 옛 이름이야.)

남아프리카 공화국의 흑인들은 '아프리카 민족 회의African National Congress(ANC)'를 중심으로 흑인들의 권리를 좀 더 얻어 내기 위해 싸웠어. 이 단체는 일찍이 1910년대에 만들어졌으니 꽤 오래되었지. '아프리카 민족 회의'의 주장은 간단했어. "아프리카는 아프리카 사람이 다스려야 한다!"는 거였지. 이 단체의 어느 지도자가 이런 말을 남겼어. "우리 흑인들은 자기 땅에서 '나무 패고 물 긷는 자'로 억울하게 살아가고 있다. 백인들은 '남아프리카 연방'이란 걸 만들었다. 법을 만들든 나라를 운영하든 우리 흑인들은 끼어들 틈조차 없는 자기네들만의 나라를!"('나무 패고 물 긷는 자'는 '노예'를 가리키는 말로, 《구약 성서》에 나오는 말이야.)

남아프리카에서 흑인들은 흑인에게 투표할 수조차 없었어. 하원 의원과 상원 의원을 뽑는 선거에 참여해서 투표할 수 있는 권리는 있어도, 의원은 백인만 할 수 있었기 때문이야. 또, 같은 일을 해도 백인이 100원을 받을 때 흑인은 단돈 10원도 못 받았어. 좋은 일자리도 다 백인들 차지였어. 흑인 아이들을 위한 학교도 없었어. 겨우 기독교 선교사들이 운영하는 학교에 다니는 게 고작이었단다.

제2차 세계 대전 때 남아프리카 공화국은 연합국으로 참전했어. 그런데 전쟁이 길어지자 '국민당 National Party'이라는 이름의 정치 집단(정당)이 사람들을 점점 많이 끌어들이기 시작했어. 이 무리의 주장은 '남아프리카의 권력은 백인에게! 단, 영국계 백인은 빼고!'였어. 한마디로, 보어 인이 권력을 다 움켜쥐자는 거였어. 그런데 이 무리 중에 나치즘을 떠받드는 자들이 매우 많았어. 독일이 제2차 세계 대전을 일으켰다가 보란 듯이 거꾸러지는 꼴을 뻔히 보면서도, '백인의 문화는 다른 어떤 인종의 문화보다 우월하다!'는 히틀러의 사상을 신주 모시듯 했단다.

남아프리카의 백인은 대부분이 보어 인이었어. 그들은 당연히 '권력을 (영국 백

'아프리카 민족 회의'를 이끈 지도자들
(위 : 루툴리와 탐보, 아래 : 만델라)

인이 아니라) 보어 인에게!'하고 외치는 국민당에게 마음이 쏠렸어. 많은 보어 인들이 감 놓아라 배 놓아라 하며 남아프리카의 운영에 대해 간섭하는 영국에게 이를 갈고 있었어. (그리고 무엇보다, 남아프리카가 제2차 세계 대전에 참전하게 된 건 오로지 영국과의 동맹 관계 때문이었어. 영국한테 멱살이 잡혀서 전쟁터로 끌려간 거지.)

이런 분위기를 타고 1948년에 국민당이 남아프리카에서 권력을 잡았어.

국민당이 권력을 잡은 즉시 소매를 걷어붙이고 나선 일이 뭘까? 그건 흑인을 더 옥죄는 법률들을 줄줄이 만들어 내는 거였어. 이때 국민당 지도자들이 한 말을 한번 들어 보자꾸나. "이 나라는 우리 백인들이 계속 잘 틀어줘어야 합니다. 흑인들을 풀어 주면, 날이면 날마다 종족끼리 전쟁이나 일삼을 것입니다." 어때, 참 자기 편한 대로만 생각하는 사람들 같지 않아? 자기네 유럽의 백인들이 인류의 역사에서 최악으로 꼽는 전쟁(제2차 세계 대전)을 불과 얼마 전까지 6년간이나 벌인 사실을 까맣게 잊고 말이야!

내친김에, 1948년에 국민당이 발표한 성명서*도 한번 들어 보자꾸나.

"우리의 목표는 순수 백인 혈통을 보호하고 원주민 집단(즉 흑인)을 백인과 분리하여 보호하는 것입니다. 우리는 '인종 평등'이냐 '인종 분리'냐 하는 갈림길에서 어느 한쪽 길을 선택해야 합니다. 평등의 길은 백인의 집단 자살을 뜻할 수밖에

---

*성명서(聲明書) : 여러 사람에게 공개하여 발표하는 글.

없는 길입니다. 반면에 분리의 길은 각 인종의 본바탕과 그 미래를 보호하는 길입니다. …… 따라서 우리는 백인의 본바탕과 생활을 망치거나 위협할 수 있는 갖가지 생각과 행위에 맞서서, 적절하고 효과적인 방법으로 백인을 보호하고자 합니다. 또한, 유럽 인(백인)이 비(非)유럽 인(유색 인종*)을 억압하고 착취하는 것은 이 나라의 기둥인 기독교 정신에 비추어 보나 우리의 정책에 비추어 보나 어긋나는 일이므로, 이에 대해서도 반대합니다."

그런데 '비유럽 인을 억압하고 착취하는 데 반대한다.'고 한 건 한낱 말 장난일 뿐이었단다. 왜냐하면 지금부터 10년 남짓 동안 국민당이 쏟아 낸 법률들을 보면 하나같이 남아프리카의 유색 인종을 꾹꾹 밟아 버리자는 것이었으니까.

국민당은 갖가지 법률을 만들어서 흑인은 권력의 근처에도 얼씬거리지 못하게 하고, '순수 백인 혈통'을 보호한답시고 백인과 유색 인종을 완전히 분리했어. 인구의 10퍼센트 남짓 되는 백인과 나머지 유색 인종으로! 이렇게 '한 지붕 딴 세상'을 만들었단다.

몇 가지 예를 들어 볼까? 우선 '주민 등록법'을 만들어서 모든 국민을 백인, 흑인, 컬러드(coloured 백인과 다른 인종 사이에서 태어난 혼혈인), 아시아 인, 이렇게 네 집단으로 나누었어. 이 네 집단 중에서 오로지 백인만이 모든 권리를 누릴 수 있었어. 또 '혈통법'이란 걸 만들어서 백인과 유색 인종의 피가 섞이지 않게 했어. 즉 백인이

---

*유색 인종(有色人種) : 백인이 백인 외의 인종을 가리켜 부르는 말로, 과학적인 용어가 아니라 단순히 백인 이외의 종족을 차별하여 사용하는 말.

다른 세 집단의 사람과 결혼하지 못하게 한 거야. 또, 백인이 유색 인종과 마구 뒤섞여 살지 않도록 '집단 지역법'을 만들어서 흑인, 컬러드, 아시아 인의 거주 구역을 따로 정해 주었어. 그래도 문제가 있었어. 한 지붕 밑에서 서로 얼굴을 안 보고 살 수는 없는 노릇이잖아. 그래서 유색 인종이 백인에게 예의를 깍듯이 지키도록 '분리 예의 법'이란 걸 만들었어. 그래서 흑인과 컬러드와 아시아 인은 백인이 타는 버스나 택시를 타지 못하게 했고, 백인이 드나드는 극장이나 음식점, 호텔도 드나들지 못하게 했어. 흑인과 컬러드와 아시아 인은 공원 벤치도 가려서 앉아야 했고, 아무 바닷가에 가서 헤엄쳐서도 안 되었어. 급하다고 아무 건물 계단이나 오르내려서도 안 되었어. 이렇게 살다가 죽으면? 죽어서도 마찬가지였어. 무덤으로 가는 영구차(관을 옮기는 마차나 차)와 장례식장도, 백인이 쓰는 걸 넘봐서는 안 되었어. 또 '반투Bantu 교육법'이란 걸 만들어서 흑인 아이들이 더 이상 기독교 선교사들이 운영하는 학교에 다니지 못하게 했어. 이들은 나라에서 운영하는 학교에만 다녀야 했는데, 이런 학교들의 운영비는 백인 학교의 고작 10분의 1밖에 안 되었어. 흑인 아이들이 다니는 학교에서 가르치는 교과서는 이런 인종 분리 정책이 '남아프리카를 위해서 얼마나 유익한지'를 설명하는 내용으로 가득 차 있었단다. 어때, 끔찍하지? 남아프리카 공화국의 이 악명 높은 인종 차별 정책을 '아파르트헤이트Apartheid'라고 해. '아파르트헤이트'는 아프리칸스 어(보어 인이 쓰는 언어)로 '분리'를 뜻한단다.

그런데 국민당의 목표가 이 '분리'에만 있는 게 아니었어. 그들은 흑인을 그냥 분

'아파르트헤이트'에 반대하여, 유럽 사람만 타는 기차에 탄 남아프리카 사람들

리만 할 게 아니라, 백인이 누리는 자유를 감히 넘보지 못하도록 못을 쾅쾅 박아 놓고 싶었어. 그래서 갖가지 법률을 만들어 냈어. 남아프리카의 흑인은 투표를 할 수 없었어. 그들은 항상 신분증을 지니고 다녀야 했어. 또 야간 통행금지를 지켜야 했어. 이 말은 밤에, 정해 놓은 시간 이후에는 집 안에 있거나 집 근처에 있어야 한다는 말이야.

남아프리카의 흑인들이 이런 법률을 뭐라고 부른 줄 아니? "또 '불공정한 법'이네!" 뭐 이렇게들 불렀대. 그런데 여간한 배짱이 아니고서는 이런 법에 감히 대들지 못했어. '유색 인종은 체포 영장 없이도 체포할 수 있다.'는 또 다른 불공정한

흑인, 컬러드, 아시아 인의 출입을 분리시킨 화장실 앞에 선 소녀

법이 있었으니까! ('이 사람을 잡아들여도 좋소.'하고 법원이 내주는 문서를 '체포 영장'이라고 해.) 남아프리카의 흑인들은 입 한번 잘못 놀렸다가는 언제 어디서 감옥으로 붙들려 들어갈지 몰랐어. 그들은 재판도 못 받고 감옥에 갇혀서는 언제 풀려 나는지조차 몰랐어. 변호사도 흑인에게는 '그림의 떡'일 뿐이었어. 남아프리카의 흑인은 변호사를 만날 권리가 없었단다.

이런 현실에 맞서서 '아프리카 민족 회의'는 어떻게 싸웠을까?

제법 오랫동안 모한다스 카람찬드 간디처럼 '비폭력' 저항을 폈어. 그들은 남아프리카의 흑인들에게 "저들이 우리를 악독하게 탄압해도 우리는 폭력을 쓰지 말자!"고 가르쳤어. 그러고는 '신분증 안 가지고 다니기' 같은 운동을 벌였어. 인도 사람들이 '세금 안 내기' 운동을 한 것과 비슷해. 경찰에게 체포당하면 저항하지 않고 순순히 잡혀갔단다.

그러나 백인 정권은 이런 비폭력 저항조차도 용서하지 않았어. 과거 그 어느 때보다도 심하게 흑인들을 탄압했어! 수많은 흑인들을 감옥에 잡아 가두고, 어떤 흑인이든 아프리카 민족 회의에 속해서 활동하는 낌새만 보이면 어김없이 비밀경찰을 붙여 몰래 뒤를 밟았어. 일부 흑인을 꼬드겨서 첩자 노릇을 하게 한 건 물론이야.

아프리카 민족 회의의 활동은 신문에 절대 못 싣게 했어. 이들이 어디서 무슨 시위를 해도 신문에는 한 자도 안 났어. 다들 소문으로만 들을 뿐이었어.

그래도 아프리카 민족 회의는 안간힘을 다해 싸웠어. 하지만 어쩌면 좋을까, 해가 바뀌고 또 바뀌어도 남아프리카 흑인들의 처지는 좀처럼 나아질 기미가 없었으니…….

중화 인민 공화국의 탄생과 마오쩌둥

제2차 세계 대전이 끝나자 중국의 장제스는 고민에 빠졌어. '소련이 전쟁에서 이기고 나서 여간 기세등등하지 않아. 이를 어쩌지? 우리 중국의 공산당도 덩달아 기세를 올리려고 하면?'

장제스가 침략해 들어온 일본군을 물리치기 위해 마지못해 '국공 합작'을 한 일을 기억하고 있지? 이렇게 해서 국민당과 공산당 연합군이 일본군에게 맞서 한창 싸우고 있을 때, 제2차 세계 대전이 일어났어. 그러자 일본은 자신들을 '추축국'으로 선언했고, 그래서 국민당과 공산당 연합군은 '연합국'으로부터 약간의 도움을 받을 수 있었어. 영국군과 미국군이 일본군과 싸우려고 중국 대륙으로 왔거든.

그런데 장제스는 공산당의 도움이 아쉬워서 국공 합작을 하면서도 공산당을 아주 싫어했어. 한번은 이런 소리까지 했다는구나. "일본 침략자들은 우리의 피부를 성가시게 할 뿐이다. 그러나 공산당은 우리의 심장을 오염시킨다!" 그러니까, 일본 침략군은 중국 사람을 괴롭히고 고통을 줄 뿐이지만, 공산당은 중국 사람의 사고

방식과 사상을 바꿔 놓을지도 모르니 훨씬 더 위험하다는 거야.

이런 마당에 일본이 항복했으니, 장제스로서는 국공 합작을 더 끌고 갈 것도 없었어. 또 그는 중국 공산당이랑 소련이 척척 죽이 맞아 돌아가는 게 여간 꺼림칙하지 않았어. 그는 제2차 세계 대전이 끝나고 나서 소련 공산당의 힘이 점점 강해지는 모습을 지켜보았어. 그는 중국 공산당이 소련 공산당과 서로 손을 잡고, 군대의 힘을 동원해서 중국을 공산주의 나라로 만들지 않을까 걱정스러웠단다.

그런데 지금 소련 공산당 서기장 스탈린은 장제스와 국민당을 적으로 만들고 싶지 않았어. 몇 년 전에는 '중국 공산당이 중국을 얼른 차지해 버려야 할 텐데……'하고 바랐지만 말이야. (스탈린이 한번은 이런 소리를 했대. "장제스를 닭 모가지 비틀듯이 확 비틀어서 아주 황천길로 보내 줄 테다!"라고. 이러니 장제스가 걱정할 만도 하겠지?)

하지만 지금 국민당군은 병력이 3백 만 명을 넘었고, 훈련도 잘되어 있었고 무기도 잘 갖추고 있었어. 반면에 소련군은 침공해 온 독일군을 몰아내느라고 엄청난 전사자를 냈어. 이런 처지에서 스탈린이 어떻게 중국 땅으로 가서 3백 만 명이나 되는 국민당군과 대결하겠어?

그래서 스탈린은 중국 공산당에게 이렇게 말했어. "국민당과 계속 손잡고 있는 게 좋지 않겠소? 내 생각에는 그게 상책이오!"

이때 마오쩌둥이 이끄는 중국 공산당군인 홍군은 다 합해 봐야 채 50만 명도 안 되었고, 그나마 무기가 있는 병사는 15만 명뿐이었어! 그러나 마오쩌둥과 중국 공산당은 스탈린의 충고를 받아들이지 않았어. 장제스가 공산당을 싫어하는 만큼이나 이들도 장제스를 싫어했으니까. 중국 공산당은 국공 합작을 더 끌고 갈 이유가 없다며 스탈린의 충고를 거절해 버렸어. 양쪽 군대는 일본군이 항복하고 물러나기가 무섭게 서로 충돌하기 시작했어. 중국 대륙을 차지하기 위한 힘겨루기가 다시 시작된 거야.

국민당군은 병력도 많았고 무기도 막강했어. 또 중국의 큰 도시들은 모두 국민당의

국민당의 최고 권력자 장제스

손에 들어 있었어. 그러나 인구의 대부분을 차지하는 가난한 농민들과 노동자들은 국민당 편이 아니라 공산당 편이었어. 이들은 공산당 정부가 들어서면 지주들의 땅을 빼앗아 가난한 사람들에게 나눠 주리란 걸 잘 알고 있었어. 또, 제2차 세계 대전 동안 일본군과 전쟁을 치른 뒤라서 일자리가 없는 사람들이 무수히 많았고, 다들 당장 먹을 것과 입을 것을 살 돈도 없었어. 돈의 가치는 말 그대로 똥값이었어. 이때 중국의 화폐인 위안[元]으로 1달러짜리 사탕 한 개를 사려면 자그마치 9만 3천 위안이나 들고 가야 했단다!

농민들과 가난한 노동자들이 공산당의 깃발 아래로 물밀듯이 모여들었어. 중국 전 지역에 해방구(공산당이 다스리는 지역)가 쑥쑥 생기고 또 쑥쑥 불어났어. 국민당

중화 인민 공화국

은 어느새 자기들이 수세에 몰렸다는 사실을 알아차렸어. 국민당 병사들은 너도 나도 홍군으로 옮겨 가기 시작했어. 많은 병사들이 '어이구 잘됐다!' 하는 표정이었어. 국민당군은 돈이 없어서 이미 몇 달째 병사들의 월급을 못 주고 있었어. 사실, 많은 국민당 병사들이 식량을 사기 위해 진작부터 마오쩌둥의 홍군에게 무기를 팔고 있었어!

장제스의 국민당군은 점점 더 쪼그라들고, 홍군의 몸집은 점점 더 불어났어. 홍군은 국민당군이 차지한 지역을 하나씩 빼앗을 때마다 부유한 지주들의 땅을 어김없이 몰수했어. 그리고 그 땅을 가난한 농민들에게 골고루 나누어 주었어. 가난한 사람들이 점점 더 많이, 그리고 더욱 열심히 공산당에게 충성을 바치게 된 건 당연한 일이었어.

1949년 이른 봄, 홍군은 국민당 정부의 수도인 난징을 눈앞에 두고 있었어. 홍군 병사들은 작은 고기잡이배를 띄워 그걸 타고서 양쯔 강[揚子江 양자강]을 건너서 난징을 공격했어. 홍군의 공세에 국민당군은 난징을 버리고 도망치지 않을 수 없었어. 하지만 홍군은 국민당군을 계속해서 몰아붙였고, 국민당군은 여섯 달 이상 남쪽으로, 남쪽으로 떠밀리며 이 도시, 저 도시를 전부 버리고 후퇴했어.

결국 장제스와 그를 따르는 국민당 잔당(패하거나 망하고 남은 무리)은 타이완[臺灣 대만] 섬으로 달아났어. 타이완 섬은 중국 본토의 남동쪽 해안에서 160킬로미터 떨어진 섬이야. 장제스는 '유배된 처지'라고 할 수 있는 타이완 섬에서 이렇게 큰소리쳤어. "나는 진정한 중화 민국中華民國을 다시 일으켜 세울 것이다! 민주 선거를 실시하고, 중국의 문화와 전통을 잘 보존할 것이다!"

중화 인민 공화국의 성립을 알리는 마오쩌둥

중국 본토에서는 1949년 10월 1일에 '중화 인민 공화국中華人民共和國'이 세워졌어. 이날 마오쩌둥이 베이징의 톈안먼[天安門 천안문] 광장에 모습을 드러내자, 광장에 모인 30만 명의 군중이 열광했어. 그는 이미 중국 사람들의 영웅이었어. "오늘 중화 인민 공화국, 중앙 인

마오쩌둥
중국 공산당의 지도자이자, 중화 인민 공화국의 국가 주석을 지낸 마오쩌둥은 가난한 농민의 아들로 태어났어. 그는 아버지의 농사일을 도우며 서당에 들어가 《대학》, 《논어》, 《맹자》 같은 책을 읽었단다. 하지만 그의 아버지가 공부가 전혀 필요 없다며 농장에서 강제로 일을 시키자 집에서 뛰쳐나와서 학교에 들어갔어. 그리고 새로운 사상을 접하게 된단다.

민 정부가 탄생하였음을 선언합니다!" 그의 말이 떨어지자 우레 같은 박수가 터져 나오고, 국가가 연주되고, 전 인민(백성)의 단결을 나타내는 '오성홍기五星紅旗'라는 이름의 국기가 게양되었어. 이어 축하 행렬이 벌어졌어. 군중이 그의 얼굴을 실은 대형 사진과 그림, 포스터를 앞세우고 그의

오성홍기 / 빨간색 바탕에 노랑색 별들로 이루어져 있는데 큰 별은 중국 공산당을, 작은 별 네 개는 4계급으로 이루어진 국민을 가리킴.

이름을 외치며 거리를 휩쓸었어. 이날 마오쩌둥은 국가 주석의 자리에 올랐어. (이것을 중국 혁명Chinese Revolution이라고 해.)

마침내 중국에 햇살이 들고, 새 기운이 일고, 나라가 점점 풍요로워지기 시작했어. 자기 땅을 갖게 된 농민들은 신바람이 나서 더 열심히 일했어. 더 이상 자기가 농사지은 곡식을 지주들한테 홀랑 빼앗기던 시절이 아니었으니까.

반면에, 국민당 잔당과 지주들은 저주를 받았어. 1백 만 명 이상이 처형당하고, 2천 만 명이 강제 수용소나 감옥에 갇혔어. 그중에는 유럽에 있는 대학을 나온 사람으로, '자본주의에 너무 찌들어 구제 불능인 자'로 판정받은 사람도 있었어.

'영웅 마오쩌둥'에 대한 중국 사람들의 존경과 사랑은 사그라들 줄 몰랐어. 그러나 그가 새 기운을 불어넣어 다시 일으켜 세운 중국은 머지않아 뒤뚱거리기 시작했고, 불안과 폭력의 그림자가 드리우기 시작했어.

베트남과 한국의 분할

제33장 아시아의 공산주의

베트남의 독립과 호치민

제2차 세계 대전이 끝날 무렵의 아시아를 둘러보면 프랑스 식민지가 하나도 안 보여. 전쟁통에 일본한테 빼앗겨 버린 거지.

앞서 프랑스가 '프랑스령 인도차이나'에다 작은 식민 제국을 세운 일을 기억하고 있니? 그래, 지금의 베트남, 라오스, 캄보디아 지역이 그곳이란다. 그때로 돌아가서 지금의 베트남 지역을 잠깐 살펴볼까? 사람들이 상전과 머슴으로 쫙 나뉘어 있구나. 상전은 프랑스 인 지주들과 얼마 안 되는 부유한 베트남 사람들이야. 이 한 줌밖에 안 되는 사람들이 돈과 권력을 몽땅 쥐고 흔들었어. 나머지 대부분의 베트남 사람들은 임금 같지도 않은 임금을 받아 가면서 실컷 일해야 했어! 이런 프랑스의 식민지 통치에서 벗어나기 위해 판 보이 쩌우라는 혁명가가 나타나서 프랑스를 몰아내려고 안간힘을 썼어. 하지만 실패로 돌아갔어. 이것이 1900년대 초반에 있었던 일이야. (상권 제19장에서 이야기했어.)

그 뒤 제2차 세계 대전이 일어나면서 프랑스령 인도차이나에 소용돌이가 일어. 독일이 프랑스를 침공할 때 독일의 동맹인 일본도 덩달아 이곳을 침공한 거지. 이렇게 해서 프랑스령 인도차이나는 1940년부터 일본의 지배 하에 놓였어. 베트남 사람들이 볼 때 지배자가 한순간에 바뀐 거지. 이때 일본은 이곳에 있던 프랑스 식민 정부를 없애지 않고 그대로 두었어. 그리고 프랑스 관리들한테 권력을 그대로 쥐어 주고서 자기들의 꼭두각시 노릇을 하게 했어. 독일 나치스의 명령을 받아 움직였던 '비시 프랑스'처럼 말이야. 실제로 이 식민 정부는 '비시 프랑스' 밑에 있었단다. 그러니까 프랑스 본토에서는 '비시 프랑스'가 독일에게 충성하고, 프랑스령 인도차이나에서는 그 식민 정부가 일본에게 충성하고 있었던 거지.

이런 사실들은 베트남 사람들에게 베트남이 독립하는 데 아주 좋은 기회로 보였어. 이윽고 일본과 프랑스 모두에 대항하는 맹렬한 저항 운동이 일어났어. 그 중심에는 '구엔 아이 쿡'(애국자 구엔)이란 지도자가 있었단다. 이 사람은 1890년에 태어났다는데 확실하지는 않아. 이름도 무려 열다섯 개나 되었단다. 비밀리에 혁명 운동을 하느라고 가명(가짜 이름)을 많이 썼기 때문이었어. 그 이름 중 하나가 '호치민胡志明'이야. 베트남 말로 '깨우치는 자'란 뜻이지.

호치민은 어렸을 때부터 프랑스 하면 넌더리를 치며 몹시 싫어했어. 베트남 사람이 남의 나라도 아닌 제 나라에서 다른 나라의 머슴살이를 하는 꼴을 보자니 어린 마음에도 울화통이 터졌던 거지. 다들 하인이나 머슴이 아니면 농장에서 일하는 게 고작이고, 사람 대접도 못 받으면서 프랑스 사람들한테 마냥 굽실굽실해야 했어. 소년 호치민이 '민족 해방 투쟁'에 뛰어든 건 채 열 살도 되기 전의 일이었어.

그 어린 나이에 벌써 독립 운동가들의 편지를 몸속에 감추고 몰래 전달하러 다녔단다. 호치민의 가족들도 다들 프랑스를 몰아내기 위해 소매를 걷어 붙인 사람들이었어. 그의 아버지는 "베트남 사람이 프랑스 말을 왜 배워?" 하면서 프랑스 말 쓰기를 거부했어. 그의 누이는 무기를 훔쳐다가 '해방* 전사(戰士)'들에게 몰래 빼돌렸어. 그리고 그의 형은 해방 전사로 뛰어다녔지.

젊은 시절의 호치민

호치민은 스물한 살의 청년이 되었을 때 넓은 세상을 둘러보려고 프랑스 증기선에 올랐어. 그는 증기선에서 요리사로 일했단다. 호치민은 3년 남짓 이 항구, 저 항구를 드나들며 전 세계의 많은 나라를 둘러보았어. 아프리카에도 가 보고, 미국의 보스턴과 뉴욕에도 가 보았어. 그러던 중에 제1차 세계 대전이 터졌어. 전쟁이 한창일 때 그는 선원 생활을 접고 영국 런던으로 갔다가 프랑스 파리로 옮겼어. 그는 파리에서 온갖 궂은일을 하면서 여러 가지 활동을 벌였어. 베르사유 평화 회담 때는 연합국 대표들에게 '식민지 백성의 권리'를 요구하는 탄원서*를 보냈어. 그런데 별 대꾸가 없자 〈추방자〉라는 잡지를 펴내서 프랑스와 영국의 악랄한 식민지 정책을 끈질기게 물고 늘어졌어. 이렇게 얼추

*해방(解放) : (몸과 마음의 속박이나 제한 따위를) 풀어서 자유롭게 함.
*탄원서(歎願書) : 사정을 하소연하여 도움을 청하는 글.

8년간 유럽에서 활동하면서, 그는 '식민지 해방'을 부르짖고 있던 러시아의 혁명 지도자 블라디미르 레닌을 무척 존경하게 되었어. 그는 레닌의 책도 읽고, 프랑스 공산당에도 가입하고, 직접 모스크바를 방문하기도 했단다.

외국 생활을 통해 눈을 넓힌 그는 서른다섯 살 때인 1924년에 중국 남부의 광저우로 갔어. 활동 무대를 아시아로 옮긴 것이지. 그는 베트남에서 추방당한 사람들을 모아 '베트남 혁명 청년 협회'와 '인도차이나 공산당'을 만들고, 중국 옌안에 가서 중국 공산당의 지도자인 마오쩌둥과 사귀기도 했어. 그런데 아시아로 오고 나서 15년 동안에도 그는 늘 '도망자' 신세였어. 중국도, 다른 어디도 안전하지 않았어. 중국의 장제스가 국공 합작을 깨고 공산주의자들을 탄압하는 바람에 중국에 발붙이기도 어려웠고, 베트남의 프랑스 식민 정부는 일찌감치 그를 죽여 없애라는 명령을 내린 상태였기 때문이야. 그는 베트남 주변을 오가면서 비밀리에 활동할 수밖에 없었단다.

호치민은 해가 지날수록 더욱 절실히 깨달았어. 독립을 쟁취하기 위해서는 프랑스와 정면 대결하여 싸우는 수밖에 없다고 말이야!

이럴 때 제2차 세계 대전에서 독일이 프랑스를 장악한 거야. 어느덧 쉰 살의 장년의 나이가 된 호치민은 기회가 왔다고 판단했어.

그는 베트남으로 몰래 들어가 여러 갈래의 혁명 세력과 두루 접촉했어. 그리고 "바야흐로 독립을 쟁취할 수 있는 좋은 기회입니다. 서로 간에 생각의 차이가 있더라도 작은 차이를 접고 민족 해방이라는 큰 뜻을 위해 굳게 뭉칩시다!"라고 사람들을 설득했어.

다들 동의했어. 이렇게 해서 '베트민Viet Minh'이라는 거대한 독립 운동 조직이 탄생했어. 호치민이 이끄는 이 조직의 구성원은 모두 1만 명이 넘었어. 베트민 군대가 일본군을 상대로 게릴라전에 들어갔어. 그들은 밀림의 덤불 속에 숨어 있다가 일본군을 기습 공격하고 유유히 사라지곤 했어.

베트남의 독립을 위해 투쟁한 호치민

그런데 1940년에서 1945년에 베트남은 그만 죽음의 아수라장이 되고 말았어. 전쟁도 전쟁이지만 큰 가뭄이 들어 기근(굶주림)이 덮친 거야. 그 바람에 거의 2백 만 명이나 되는 베트남 사람들이 굶어 죽었어! 엎친 데 덮친 격으로 베트민은 한동안 호치민이라는 지도자 없이 굴러가야만 했어. 호치민이 중국의 장제스에게 도움을 청하러 간 게 화근이었어. 호치민은 게릴라전을 계속하려면 장제스의 도움이 필요하다고 판단했어. 장제스 역시 일본군과 싸우고 있었으니 도움을 청할 만도 했지. 그런데 장제스가 자신에게 도움을 청하러 온 이웃 나라의 지도자를 감옥에 덜컥 가두어 버린 거야! 단지 공산주의자라는 이유만으로 한 해 반 동안이나!

베트민은 연합국 편에 서서 첩자 활동을 벌였어. 일본군의 작전 계획과 이동 상황을 몰래 캐내서 연합국 쪽에 알렸어. 자신들을 그토록 괴롭힌 프랑스가 연합국이었지만, (물론 '비시 프랑스'가 아니라 그 반대쪽인 '자유 프랑스'를 말하는 거야.) 베트민은 이에 상관하지 않았어. 당장은 일본군을 물리치는 게 중요했으니까.

호치민의 동료들이 나서서 장제스 쪽과 협상을 벌인 끝에 그는 마침내 풀려 났어. 그가 베트남에 돌아왔을 때 제2차 세계 대전의 흐름이 크게 바뀌고 있었어. 독일이 궁지에 몰리기 시작한 거야. 이윽고 프랑스가 해방되고 '비시 프랑스'가 무너졌어. 그러자 일본은 베트남의 식민 정부의 관리들, 즉 프랑스 사람들을 모조리 잡아들이고 일부는 처형해 버렸어. '비시 프랑스'가 무너진 마당에 이들이 자기네 명령을 고분고분 따르리라고는 기대할 수 없었던 거지. 그 대신 일본은 바오 다이[保大]란 베트남의 황제를 앞세워 자치국을 선포했어.

그러나 이 꼭두각시 황제의 수명은 다섯 달을 넘지 못했어. 일본이 이미 망할 징조였으니까. 1945년 8월, 히로시마와 나가사키에 원자 폭탄이 떨어지자 일본은 더 이상 견디지 못하고 연합군에 항복했어. 그리고 베트남도 도로 뱉어 내야 했어. 일본이 앉혀 놓은 바오 다이 황제도 자리를 내놓아야 했지.

일본이 항복하자마자 베트민 군대가 베트남의 수도 하노이에 입성했어.

1945년 9월 2일, 마침내 '베트남 민주 공화국Democratic Republic of Vietnam'이 탄생했어. 이날 하노이 시의 바딘 광장에 구름같이 모여든 군중

꼭두각시 황제 바오 다이

앞에서 호치민은 감격스러운 목소리로 '베트남 독립 선언문'을 낭독했어. 그 선언문에는 미국의 독립 선언문과 아주 비슷한 대목이 들어 있어. 잠깐 읽어 볼까? "모든 사람은 평등하게 태어났다. 저마다 생명과 자유와 행복을 누릴 권리가

베트남의 독립을 선언하고 있는 호치민

있으니, 이는 하늘이 내려 주신 권리요, 그 누구도 빼앗을 수 없는 권리이다!" 그런데 독립의 걸림돌이 말끔히 사라진 게 아니었어.

우선, 베트남 북쪽 지역으로 중국의 장제스 군대가 와락 밀고 들어온 거야. 항복한 일본군의 무장(전쟁을 위한 장비)을 해제시키겠다고 말이야. (연합국들끼리 그렇게 협정을 맺은 것이었어.) 또, 남쪽 지역으로는 프랑스 군대가 밀고 들어왔어. 그러고는 베트남의 독립을 절대로 인정할 수 없다며 입에 거품을 물었어.

베트남의 남북 양쪽에 외국 군대가 들어와 버티고 있으니 이를 어쩐담? 그것도 전쟁에서 이긴 연합국 군대가!

호치민은 싸움을 할 것이냐 협상을 할 것이냐 고민했어. 싸움은 불리했어. 베트민 군대의 힘으로 프랑스 군과 중국군을 한꺼번에 상대하기란 무리였으니까. 그는 한편으로는 싸움에 대비하면서 프랑스와 협상에 들어가서 "우선 중국군이 물러나게 하시오!" 하고 요구했어. 그렇게 해서 프랑스가 장제스와 만나 이 문제를 해결하

고 나자, 그는 프랑스와 이런 내용의 협정을 맺었어. '베트남은 프랑스 연합Union Franaise에 속한 자유국으로서, 자신의 정부와 군대를 가지고 나라 살림도 자기 뜻대로 꾸려 나간다.'

한마디로 '독립국이 아닌 자유국'이란 거야. 베트남 사람들이 이걸 달가워했을 리가 없었어. 그리고 프랑스는 프랑스대로 베트남을 믿지 못하고 경계의 눈초리를 거두지 않았어. 언제 깨질지 모르는 불안한 평화였단다.

이 '불안한 평화'는 결국 한 해를 못 넘기고 깨졌어.

협정이 맺어진 1946년이 저물 무렵, 수도 하노이의 외항(바깥 항구) 하이퐁 시에서 베트민 군대와 프랑스 군대가 충돌했어. 계획적으로 일어난 일은 아니었는데, 이 일을 빌미로 프랑스 함대가 하이퐁을 폭격해서 무려 6천 명이나 되는 베트남 사람들을 죽였어!

분노한 베트남 사람들에게 호치민이 외쳤어.

"총이 있는 사람은 총으로, 칼이 있는 사람은 칼로, 총도 칼도 없는 사람은 도끼를 들고 싸웁시다!"

전쟁이 시작되었어. '제1차 인도차이나 전쟁Indochina War'으로 불리는 이 전쟁은 무려 8년이나 계속되었어.

프랑스는 권좌에서 물러났던 황제 바오 다이를 앞세워 남베트남 지역에다 꼭두각시 정부를 세웠어. 하지만 베트남 사람들은 그 황제를 인정하지 않았어. 그리고 계속 저항해 나갔어. 프랑스 군대는 정글과 덤불에서 신출귀몰하는 베트남 게릴라에게 점점 밀렸어. 결국 프랑스 군대는 밀리고 밀린 끝에 라오스 쪽 국경 근처에서 벌어진 '디엔비엔푸 전투Battle of Dien Bien Phu'에서 베트민 군대에게 결정타를 맞았어. 프랑스는 5천 명의 병사가 죽고, 1만 명의 병사가 항복한 끔찍한 패배를 당했단다!

프랑스는 싸울 기력을 완전히 잃고 부랴부랴 협상으로 돌아섰어. 프랑스는 베트남의 독립을 인정하겠다면서 조건을 내놓았어. 그 조건이란 '북위 17도 선을 휴전선으로 하여 베트남이 북부와 남부로 임시적으로 나뉘며, 앞으로 3백 일 안에 남베트남과 북베트남 전 지역에서 총선거*를 치러 통일 정부를 세운다.'는 것이었어.

프랑스와 일본으로부터 자유를 얻은 베트남은 머지않아 완전한 독립국이 될 것이

프랑스가 베트남에서 물러나는 결과를 가져온 디엔비엔푸 전투

었어. 그러나 베트남을 일시적으로 둘로 나눈다는 결정이 커다란 재앙이 되었어. 베트남의 남부에 들어와 있던 또 다른 외국 세력이 벌써부터 베트남에 눈독을 들이고 있었던 거야. 미국이라는 세계 최강대국이!

무려 20년에 걸친 또 다른 전쟁이 기다리고 있을 줄은 아무도 몰랐어.

공산주의와 자본주의가 대결한 '한국 전쟁'

제2차 세계 대전이 끝나자 소련은 다른 나라에 공산주의를 퍼뜨리느라고 열을 올렸어. 소련을 바라보는 미국의 눈초리가 점점 날카로워졌어.

제2차 세계 대전 때만 하더라도 미국은 소련에게 별로 신경을 쓰지 않았어. 유럽이 독일 나치스에게 다 넘어가 버리면 어떡하나, 일본이 아시아를 통째로 집어삼키면 어떡하나, 뭐 이런 게 걱정이었어. 소련이 다른 나라를 꼬드겨서 공산주의 나라로 만들면 어떡하나 하는 문제를 걱정할 겨를이 없었단다.

그러나 지금은 사정이 달라. 제2차 세계 대전에서 독일도, 일본도 다 망했어. 그런데 소련이 마치 여기저기 말뚝을 박듯이 이 나라 저 나라에 공산주의 깃발을 꽂고 있는 거야. 거대한 중국 대륙이 공산주의로 넘어가고, 또 북베트남에도 공산주의 깃발이 꽂히고, 동독도 그렇게 되고……. 미국은 신경이 곤두섰어.

이렇듯 서로 신경을 곤두세우고 있던 자본주의 세력과 공산주의 세력이 '피비린

---

*총선거(總選擧) : 국회 의원 전체를 한꺼번에 뽑는 선거.

내 나는 결투'를 치르게 되는 곳이 바로 한반도란다. 한반도는 극동 아시아에 있는 작은 반도로, 땅으로는 중국에 닿아 있고, 바다 건너편으로는 일본을 마주하고 있어.

1945년에 일본은 연합국에 항복하면서 한반도에서도 물러나야 했어. 일본은 일찍이 제1차 세계 대전이 일어나기 전인 1910년부터 거의 40년 가까이 한반도를 지배해 왔어.

한반도가 일본으로부터 해방되었을 때, 한반도에는 전체 백성을 대표할 만한 강력한 정치 조직이 없었어. 나라 안팎에서 활동해 온 여러 갈래의 항일(抗日) 조직들이 있긴 했지만, 일본의 탄압이 워낙 심했기 때문에 그만큼 강력한 조직은 만들어져 있지 않았던 거야. 또, 영원한 지배자인 것처럼 한반도에 터줏대감처럼 눌러 앉아 있던 그 많은 일본 사람들이 썰물처럼 빠져나갔을 때, 당장 그 자리를 메워서 나라 살림을 꾸려 갈 만한 인재도 제대로 없었어. 일본의 극심한 민족 차별 때문이었어. 아무튼 나라를 세워서 꾸려 가는 건 이곳 사람들의 몫이었어. 남이 와서 이래라저래라 할 일은 아니었지.

그런데 미국과 소련이 달려들어 한반도를 두 토막 내 버렸어! 북위 38도 선을 기준으로 남북으로 딱 갈라놓은 거야. 일본군의 무장을 해제시킨답시고 38도 선(삼팔선) 남쪽은 미국군이, 그 북쪽은 소련군이 들어와 남북으로 절반씩 가른 거지.

그런데 삼팔선을 기준으로 남북으로 나눈다는 건 순전히 억지야. 북위 38도 선이든 북위 39도 선이든 그 자체로는 아무 의미가 없으니까. 예를 들어 미국의 북위

38도 선을 잠깐 살펴볼까? 음, 태평양 쪽으로는 캘리포니아 주 스톡턴에 걸쳐 있고, 대서양 쪽으로는 버지니아 주 샬러츠빌에 걸쳐 있구나. 이 선을 기준으로 남북으로 가른다고 생각해 보렴. 그 위쪽과 아래쪽이 뭐가 다르지? 사람들의 말이 달라, 인종이 달라? 산맥이 뚝 끊기나, 식물 분포도가 달라지나? 딱히 다른 게 없어. 그런데 이런 식으로 남북으로 뚝딱 갈랐으니, 이게 얼마나 웃기는 소리야. 그리고 이제까지 아무도, 나라를 몇 토막으로 나누었더니 더 잘 굴러갔더라는 사실을 발견한 사람은 없어.

그런데, 일본군의 무장을 해제시킨답시고 군대를 몰고 온 미국과 소련이 금세 서로 으르렁거리기 시작하는 거야. 일본군의 무장 해제를 끝냈으면 어서 물러날 일이고, 삼팔선도 없어져야 마땅해. 하지만 미국과 소련은 무슨 꿍꿍이속인지 1948년까지도 한반도에서 나갈 생각을 안 했어.

당시의 삼팔선 표지판

결국 삼팔선 남쪽과 북쪽 지역에 정부가 따로 들어섰어. 1948년 8월 15일에 삼팔선 남쪽에 '대한민국大韓民國' 정부가 들어서고, 9월 9일 삼팔선 북쪽에 '조선 민주주의 인민 공화국朝鮮民主主義人民共和國' 정부가 들어선 거야.

남한(대한민국)에서는 이승만李承

晩이란 사람이 권력을 잡았어. 물론 미국이 점찍은 사람으로, 미국에서 오래 살았고 프린스턴 대학교에서 박사 학위를 받기도 한 대표적인 친미파(미국과 친하게 지내는 무리)였어.

북한(조선 민주주의 인민 공화국)에서는 김일성金日成이란 사람이 권력을 잡았어. 물론 소련이 점찍은 사람으로, 일본에 항거해 게릴라 활동을 한 인물이었어.

남한의 초대 대통령이 된 이승만

정부가 따로 들어선 일은 '통일 독립 국가'를 바라던 많은 한반도 사람들에게 찬물을 끼얹는 일이었어. 그리고 분단된 남한과 북한은 순탄하게 굴러가지 않았어. 우선, 남한의 이승만 대통령은 '자유롭고 공정한 선거'에서 뽑힌 인물이 아니었어. 또, 김구金九라는 걸출한 지도자를 비롯한 정적(정치적 맞수)들이 암살당할 때 마치 자기는 아무 관계가 없는 양 딴청을 부렸어. 친일파 무리들을 높은 자리에 앉혀 독립 운동가들에게 큰 타격을 주기도 했지. 김일성이 이끄는 북한에서는 친일파 무리들이 된서리를 맞기도 했지만, 공산주의에 반대하는 사람도 역시 설 자리가 없었어. 그 바람에 많은 사람들이 남한으로 줄줄이 도망쳤어. 물론 남한에서도 미국과 이승만 정부의

북한의 최고 권력자가 된 김일성

공산주의와 자본주의가 대결한 '한국 전쟁'

탄압을 피해서 북한으로 넘어간 사람들이 적지 않았어.

그러던 중 1950년 6월 25일에 북한군 9만 명이 소련제 최신 무기로 무장하고 삼팔선 남쪽으로 진격해 왔어. 그들은 크고 힘센 소련제 탱크 150대도 몰고 내려왔어. 남한군은 소스라치게 놀랐어. 이날은 일요일이어서 휴가나 외출로 부대를 비운 병사가 적지 않았어. 또 삼팔선을 지키고 있던 병사들한테는 이 우람한 소련제 탱크를 막을 무기라곤 없었어.

북한군은 삽시간에 서울을 점령하고 남쪽으로 계속 진격했어. 남한에 주둔하고 있던 미국군도 북한군에게 상대가 되지 않았어. 미국은 유엔(국제 연합)을 움직여 유엔 군을 이끌고 반격에 나섰어.

미국의 더글러스 맥아더Douglas MacArthur 장군이 이끄는 유엔 군에는 미국과 영국을 비롯하여 모두 16개 나라가 참가했어. 그러나 아시아 나라들 중에서 유엔 군에 참가한 나라는, 유럽과 아시아의 경계에 있는 터키를 제외하면 필리핀과 타이(태국)뿐이었어. 인도를 비롯한 많은 나라들이 중립을 지켰어. 그러니까 유엔이 생기고 나서 처음 만들어진 유엔 군이 미국군과 영국군 중심이었던 거지.

유엔 군 사령관 더글러스 맥아더 장군

유엔 군의 참전으로 전쟁의 흐름이 바뀌었어. 유엔 군은 북한군을 삼팔선 북쪽으로 밀어냈고, 계속 북쪽으로 진격했어. 마침내 중국과 북한의 경계인 압록강鴨綠江 근처까지 올라갔단다! 그러자 중국이, 유엔 군이 자기 나라까지 침략해 들어오는 것이 아닌가 위협을 느끼고 반격에 나섰어. 중국군 26만 명이 압록강을 건너 남쪽으로 진격해서 유엔 군을 밀어냈어. 밀물같이 올라갔던 유엔 군은 뒤를 돌아볼 새도 없이 썰물처럼 밀려 내려왔어. 전세가 다시 뒤집힌 거야.

한국 전쟁 당시 동생을 업고 피난 가는 소녀

유엔 군이 전쟁에 참가한 일은 이제까지 있어 왔던 전쟁의 성격을 바꾸어 놓았어. 같은 국민끼리의 전쟁을 국제적인 전쟁으로 바꿔 놓았고, 그것도 영토를 둘러싼 이웃 나라들끼리의 싸움이 아닌 '자본주의냐 공산주의냐' 하는 이념 전쟁으로 바꾸어 놓은 거야!

한반도에 사는 사람들은 졸지에 이념을 앞세운 국제 공룡들의 먹이가 되었고, 한반도는 쑥대밭이 되고 말았어.

그러나 미국에게나 영국에게나, 소련에게나 중국에게나 한반도 사람들의 고통은 뒷전이었어. 그보다는 자신들이 가진 이념의 승리를 위해 한사코 전쟁을 계속했어! 심지어 유엔 군 사령관 맥아더는 "중국의 만주에 원자 폭탄을 떨어뜨려야 한다."고 주장하기까지 했어. 그것도 한두 군데가 아닌 무려 스물여섯 군데에나! 한마디로 제3차 세계 대전이라도 벌일 판이었어. 결국 해리 트루먼 미국 대통령은

공동 경비 구역
1953년 7월 27일 휴전 조약에 서명한 후, 이곳은 유엔 군과 북한의 공동 경비 구역이 되었어. 멀리 보이는 판문각이 있는 곳이 북한이야. 판문점 안의 공동 경비 구역에서는 남한의 병사와 북한의 병사가 같이 보초를 서고 있단다.

유엔 군의 새 사령관이 된 매슈 리지웨이

(사실 그는 일본의 히로시마와 나가사키에 원자 폭탄을 떨어뜨리라고 명령할 만큼 간덩이가 컸지만) 맥아더를 물러나게 하고 매슈 리지웨이Matthew Ridgway 장군을 새 유엔 사령관에 앉혔어.

이즈음 유엔 군은 삼팔선 남쪽으로 쫓겨났고, 서울도 공산군(공산주의 국가의 군대)에게 다시 넘어갔어. 유엔 군은 전열(부대의 대열)을 가다듬어 다시 반격에 나섰어. 그 결과 서울을 되찾고 삼팔선 북쪽으로도 진격할 수 있었어. 하지만 그 이후로 유엔 군과 공산군은 삼팔선을 사이에 놓고 밀려 올라갔다 밀려 내려가기를 수 차례나 반복했어.

이때 인민군(북한군)으로 전쟁에 참가한 정동규라는 사람이 이런 글을 남겼구나. "삼팔선 근처에 있던 어느 농가의 할머니는 군인들이 자기 집에 찾아와 '밥 좀 주세요.' 하면 어느 편이든 가리지 않고 선선히 밥을 지어 주었다. 근처에서 폭탄이 터지고 전투가 벌어져도 할머니는 눈 하나 깜짝하지 않는 것 같았다. 삼팔선 근처의 마을에서 살다 보니, 마을이 국방군(남한군) 손에 넘어갔다가 인민군의 손에 넘어오는 일을 수도 없이 겪었기 때문이다. 그래서 누가 이기고 지고, 어떤 변화가 벌어지든 할머니는 놀라지도, 무서워하지도 않았다."

전쟁은 3년 남짓 계속되었어. 이 무의미한 전쟁에서 죽은 사람이 무려 450만 명을 넘었어. 그 절반은 무기도 없는 민간인들이었어!

전쟁은 1953년 7월 27일에 끝났단다. 전 세계에서 '전쟁을 멈추라.'는 여론이 들끓는 가운데 소련의 스탈린이 죽은 뒤 유엔 군과 공산군 대표가 마침내 '휴전 협정'을 맺은 것이지. (놀랍게도 이때 남한의 친미 정권은 휴전에 끝까지 반대했다는구나!)

한반도는 둘로 나뉜 상태로 계속 남아 있게 되었고, 남한과 북한은 평화 협정도 아닌 휴전 협정에 기대어 불안한 미래를 맞을 수밖에 없게 되었어. 그리고 남한과 북한 사이에, 8년 전에 미국과 소련이 남한과 북한의 경계선으로 삼았던 삼팔선을 따라서 '휴전선'이 그어졌어.

이 전쟁을 '한국 전쟁Korean War'이라고 해.(6·25 전쟁이라고도 하지.) 미국과 소련을 우두머리로 하는 자본주의와 공산주의의 대결 때문에 벌어진 이 전쟁으로, 한반도는 온통 피 범벅이 되고 말았단다.

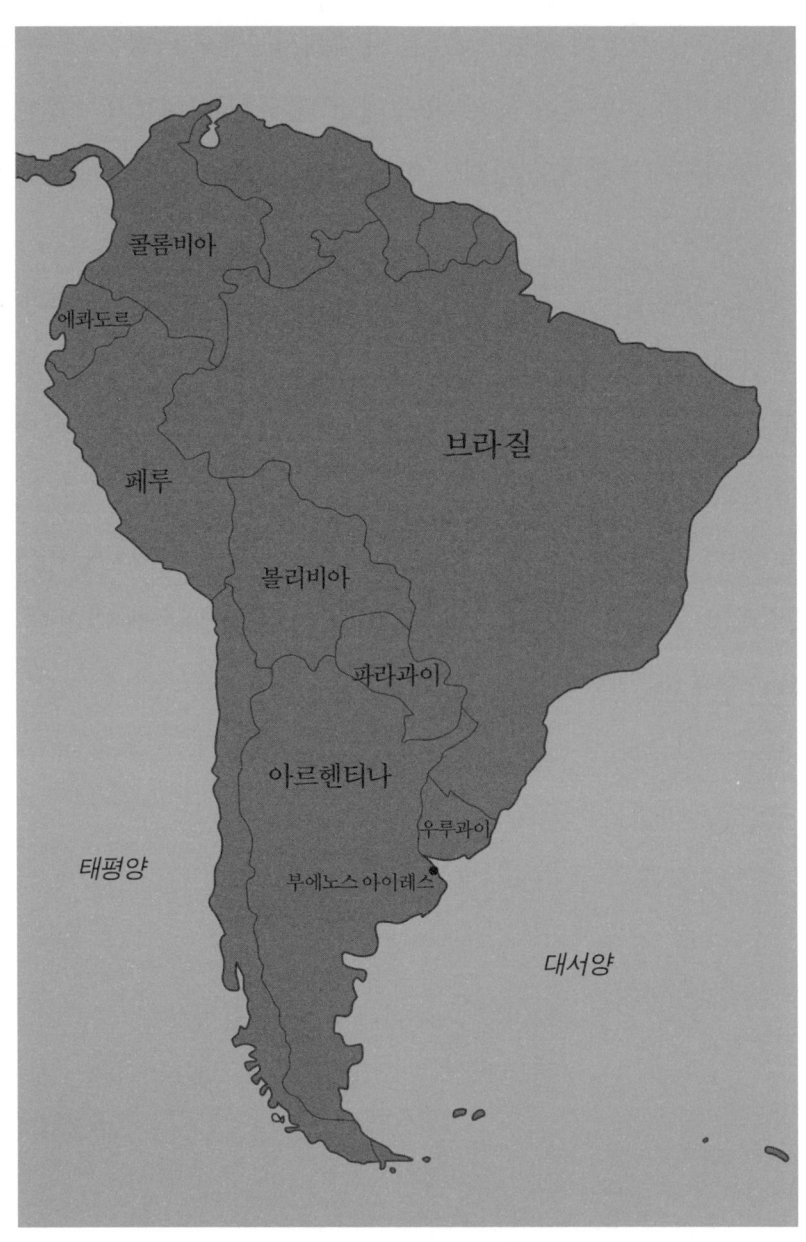

페론 지배 하의 아르헨티나

제34장 남아메리카와 남아프리카의 빛과 그림자

아르헨티나의 대통령 페론과 그의 아내

제2차 세계 대전이 끝난 뒤인 1946년부터 1955년 사이에, 남아메리카의 아르헨티나에서는 새로운 대통령이 국민들의 엄청난 지지 속에서 권력을 쥐었다가 다시 쫓겨난 일이 있었단다.

제2차 세계 대전이 일어나자 아르헨티나 사람들은 연합국과 추축국 중 어느 편을 들 것인가를 놓고 두 패로 나뉘었어. 아르헨티나 사람들은 크게 나누면 네 갈래로 나눌 수 있어. 우선 옛날부터 남아메리카에 살았던 원주민이 있어. 그리고 17세기에 남아메리카에 건너와서 정착한 스페인 사람들의 후손이 있어. 또 19세기 동안 아르헨티나에 정착한 이탈리아와 독일 사람들의 후손이 있어. 이 네 갈래 사람들 중에서 이탈리아와 독일 출신의 아르헨티나 사람들은 추축국 편에 서자고 했고, 나머지 아르헨티나 사람들은 연합국 편에 서자고 했단다.

당시 아르헨티나의 대통령은 라몬 카스티요Ramón Castillo란 사람이었는데, 그는 어느 편도 아닌, 아르헨티나의 중립을 선언했어. 그리고 실제로 전쟁에 참가하지 않았어. 하지만 아르헨티나는 말로만 중립을 내세웠지, 사실은 추축국인 독일과 이탈리아 쪽으로 기울었단다. 제2차 세계 대전 동안 장교들을 뽑아서 새로운 군사 전략을 배워 오라고 추축국에 보내기도 했어.

이 장교들 중에 후안 도밍고 페론Juan Domingo Perón이라는 장교가 있었어. 그는 제2차 세계 대전이 일어난 직후에 산악 전투*에 관한 새로운

아르헨티나의 대통령 라몬 카스티요

전술을 배워 오기 위해 파시스트 나라인 이탈리아로 갔어. 그는 이탈리아에서 2년간 머물면서 이탈리아 군이 어떻게 전투를 하는지 눈여겨보았어. 또 이탈리아 장교들한테서 새로운 전술도 배우고, 그들의 지도자인 무솔리니도 잘 관찰했어. 페론은 무솔리니가 나라를 운영하는 방법이 마음에 들었어. '나라가 부강해지려면 국민들이 국가 지도자의 말을 군말 없이 잘 따라야 한다.'는 무솔리니의 사상이 말이야. 그는, 전쟁 중에도 나라의 목표가 이처럼 뚜렷하고, 사회 전체가 톱니바퀴 돌아가듯이 척척 잘 굴러가는 것은 무솔리니의 파시즘 덕분이라고 생각했어.

제2차 세계 대전이 시작된 지 4년이 지난 1943년, 아르헨티나에 돌아와 있던 페론은 정부를 손에 넣으려는 장교들의 집단에 가입했어. 당시 카스티요 대통령의 권

---

*산악 전투(山嶽戰鬪) : 산악 지대에서 이루어지는 전투로, 산악이라는 지리·환경적인 특수성 때문에 평지에 서와는 다른 방식의 전투가 이루어짐.

위와 인기는 땅에 떨어져 있었어. 국민들은 다들 "대통령이란 사람이 어떻게 우리 배고픈 농민들과 노동자들을 거들떠볼 생각을 안 하는 거지? 우리처럼 하루하루 힘겹게 살아가는 사람들은 뒷전이고, 그저 배부른 지주들과 자본가들이나 챙기고 앉아 있으니!"하고 볼멘소리를 하고 있었어. 또, 다가오는 대통령 선거를 두고 벌써부터 소문이 떠돌았어. "그 주제에 대통령을 또 해 먹겠다고 야무지게 준비를

후안 도밍고 페론

해 놨다는구먼. 부정 선거를 하려고 말이야." 이런 와중에 카스티요 대통령은 전쟁 장관을 물러나게 하고 대지주 출신의 관리를 그 자리에 앉히려고 했어. 그 사람은 연합국인 영국과 가깝게 지내는 사람이었어. 그러자 추축국의 편을 들고 있던 장교들이 분통을 터뜨렸어.

그들은 병사들을 이끌고 아르헨티나의 수도 부에노스아이레스의 대통령 궁(宮)으로 향했어. 저벅저벅…… 쿵 쿵……. 군홧발 소리가 요란하게 울렸어. 무장한 장교들이 대통령 궁에 들어가 카스티요 대통령에게 말했어. "깨끗이 물러나시는 게 좋을 겁니다!" 총을 들이대고 험한 표정으로 을러대는데 어쩌겠어. 카스티요 대통령은 짐을 싸들고 대통령 궁을 떠났어. 이어서 곧 장교들에 의해 군사 정부가 세워졌어.

국민들이 보기에, 부정 선거로 대통령이 된 사람이나 군사 정부나 별 차이가 없어

보였어. 하지만 일이 벌어진 걸 어떡해. 다들 "좀 두고 보지 뭘. 잘하는지 엉터리인지 말이야." 하는 눈치였어.

새로 세워진 군사 정부에서 페론은 노동·사회 복지 장관을 맡았어. 그는 무엇보다도 '일하는 사람이 대접받는 세상'을 만들고 싶었어. 그래서 이들이 임금을 제대로 받을 수 있도록, 그리고 늙어서도 돈에 쫓기지 않고 살아갈 수 있도록 노동 정책과 사회 복지 정책을 몽땅 뜯어고쳤어. 스페인 말로 '데스카미사도descamisado'라고 부르는 사람들이 환호성을 지르며 그의 개혁 정책에 박수를 보냈어. '데스카미사도'란 '셔츠를 걸치지 않은 사람'이란 뜻으로, 남아메리카의 뜨거운 뙤약볕 아래에서 웃통을 드러내 놓고 일하는 가난한 노동자를 일컫는 말이야.

페론의 인기가 하늘을 찌를 듯했어.

하지만 거꾸로 군사 정부 안에서는 점점 인기를 잃었어. 그의 폭발적인 인기를 경계하는 눈초리들이 늘어난 거야. 또 이 눈초리들은 그가 무솔리니를 찬양하는 걸 못마땅하게 여겼어.

그런데, 군사 정부가 알게 모르게 이탈리아를 지원한 지 두 해째 되던 1945년에, 추축국이 연합국에게 항복했어. 그 바람에 파시스트를 지지하던 페론은 궁지에 몰리게 되었어. 1945년 10월 9일, 부통령 직에다 육군 장관까지 맡고 있던 페론은 반대파의 쿠데타로 모든 자리에서 쫓겨났어. 그는 체포되어 어느 외지고 작은 섬의 감옥에 갇혔어. 반대파는 페론을 그 섬에 처박아 놓으면 아무리 천하의 페론이라도 별수 없을 거라고 생각했단다. 아무리 그가 자신의 지지자들에게, 봉기를 일으켜서 자신을 구해 달라고 외쳐 봐야 들리지도 않을 거라고 생각한 것이지.

파시즘에 반대하던 사람들은 좋아서 어쩔 줄을 몰랐어.

그런데 페론에게는 사귄 지 몇 년 된, 마리아 에바 두아르테Maria Eva Duarte라는 연극 배우 출신의 연인이 있었어. 이 아름다운 여자는 자신의 연인이 감옥에 갇혔다는 소식을 듣자 부에노스아이레스 지역의 '데스카미사도' 수천 명을 이끌고 거리로 나왔어. 거리를 가득 메운

마리아 에바 두아르테

이들 노동자들은 페론의 석방을 요구했고, 이 물결은 전국의 데스카미사도들에게로 퍼졌어. "페론을 석방하라! 페론을 석방하라! 페론을 석방하라!" 페론을 풀어 주지 않으면 당장 전국에서 봉기가 일어날 판이었어.

페론은 이런 사람이었어.

결국 그는 8일 만에 풀려 났어. 그가 풀려 나던 날 밤, 그의 연설을 듣기 위해 30만 명의 군중이 몰려들었어. 그들은 환호성을 올리고 횃불을 흔들어 댔어. 다음 날, 데스카미사도들은 페론의 석방을 축하하는 뜻에서 전부 일손을 놓고 집에서 가족과 함께 푹 쉬었어. 그들은 우스갯소리로 이날에 '성(聖) 페론 축제'라는 이름을 붙였단다!

이즈음 페론은 연인 에바와 결혼했어. 페론을 잡아 가두었던 군사 정부는 위기를 맞았어. 그들은 노동자들의 신뢰를 잃었고, 더 이상 권력을 장악할 힘이 없었어. 마침내 군사 정부는 새로운 대통령을 뽑기 위한 선거를 실시하는 데 찬성했단다.

국민들의 환호에 답하는 페론 부부

1946년 초에 실시된 선거에서 페론이 당선되었어.

대통령의 자리에 오른 페론은 예전처럼 가난한 사람들의 삶을 나아지게 하기 위해 노력했어. 그는 또 아르헨티나의 주요 기업을 아르헨티나 사람들의 손에 쥐어 주기 위해서 무진장 애썼어. 이때 아르헨티나의 철도와 항구와 많은 공장들이 외국 사람의 손에 넘어가 있었어. 도로의 대부분은 영국 사람에게, 자동차 공장은 거의 다 미국 사람에게 넘어가 있었단다. 그는 이런 기업들을 국가의 이름으로 몰수해서 아르헨티나 사람들의 품에 안겨 주었어.

이처럼 아르헨티나 사람들을 위해서 열심히 일한 그였지만, 권력을 유지하는 일에서는 파시스트의 얼굴을 하고 있었어. 예를 들어, 어떤 신문이 그의 정책에 대해 비판하면 그 신문사의 문을 닫게 해서 다시는 그런 기사를 내지 못하게 했어. 어떤 선생님이 학생들에게 "페론 대통령의 정책이 나라에 해로울 수도 있단다."

라고 말하면 당장 학교에서 쫓겨났어. 그의 개혁 정책에 대해서 목청 높여 반대하는 사람은 쥐도 새도 모르게 사라져 버렸어. 그는 분명 가난한 사람들의 편이었고, 가난한 사람들에게 권력을 쥐어 주어야 한다고 믿었어. 그러나 권력을 쥐어 주는 방식이란 게, 정부가 모든 사람에게 땅은 이렇게 쓰고 돈은 저렇게 쓰라고 일일이 정해 주는 방식이었어.

이런 식의 통치 방식을 그는 '후스티시알리스모Justicialismo'라고 불렀어. '후스티시알리스모'란 '사회 정의'라는 뜻으로, 자본주의도 사회주의도 아닌, 사회 정의를 앞세우는 제3의 길을 가리켜. 흔히 '페론주의Peronism'라고도 해.

아르헨티나에도 기본권*을 보장하는 헌법이 있었어. 예를 들어 범죄를 저지른 사람이라고 해도 재판을 받을 수 있는 권리가 있었지. 그런데 페론이 권좌에 있을 때 이런 권리들은 무시당하기 일쑤였고 그에게 반대하는 사람들은 사라져 버리기까지 했어. 그런데 페론은 어떻게 이런 짓을 하고도 책임을 피할 수 있었을까? 헌법 덕분이었어! 아르헨티나 헌법에는 '나라가 위기에 놓여 있을 때는 대통령이 모든 권한을 행사할 수 있다.'라는 대목이 있었어. 그래서 그가 "지금 이 나라는 위기에 처해 있습니다!"라고 한마디 하기만 하면 그만이었어. 독재로 가는 길이 헌법에 마련되어 있었다는 이야기야. 페론의 아르헨티나 독재는 9년간 이어졌어.

그런데, 페론이 9년간이나 권좌에 앉아 있을 수 있었던 데에는 그의 아내 에바의

---

*기본권(基本權) : 기본적인 인권으로, 사람이라면 누구나 태어나면서부터 가지고 있는 생명·자유·평등 등에 관한 기본적인 권리.

인기가 큰 몫을 했단다. 에바는 아름답고 매력적이었고, 따뜻한 마음씨를 가진 사람이었어. 그녀는 '에바 페론 재단'을 만들어서 병원과 학교, 고아원, 양로원을 수천 개나 세웠어. 형편이 어려운 사람들의 생계를 도와주고, 노동자들이 병원에 갈 수 있도록 해 주고, 학비가 없어서 학교에 못 가는 아이들을 학교에 다닐 수 있게 해 주었어. 가난한 사람들은 이런 그녀를 무척 사랑했고, 사랑과 존경의 표현으로 그녀에게 '에비타Evita'라는 애칭을 붙여 주었어. 그리고 여기에서 한술 더 떠서 '아메리카의 마돈나'라고 부르기도 했어. ('마돈나'는 예수의 어머니인 '성모 마리아'를 말해.)

에바 페론은 1952년, 서른네 살의 젊은 나이에 암으로 세상을 떠났어.

그녀의 장례식 날, 아르헨티나 사람들은 눈물 범벅이 되었어. 온 거리를 가득 메운 그녀의 장례 행렬이 지나갈 때 사람들은 다들 목 놓아 엉엉 울었어.

에바가 세상을 떠난 뒤, 페론 대통령은 자꾸만 포악해졌어. 더 많은 아르헨티나 사람들이 감쪽같이 사라져서 영영 얼굴을 볼 수 없었어. 사람들은 페론의 독재가 심하다고 소곤소곤 불평하기 시작했어. 그리고 나라 살림도 점점 궁색해져 갔어. 페론이

에바 페론의 장례식 날 모인 아르헨티나 사람들

가난한 사람을 위한 교육과 의료 부분에 돈을 왕창 쏟아 부었기 때문이야. 그런 일은 가난한 사람들에게는 보탬이 되었지만, 너무 많은 돈이 그리로 가다 보니 정부에 돈이 부족해지기 시작했던 거야.

나라의 금고가 날로 비어 가자 페론은 이런 대책을 내놓았어. "앞으로 2년 동안 아르헨티나의 모든 사람의 임금을 지금 수준으로 꽉 묶어 두기로 합시다." 그리고 아르헨티나 사람들에게 이런 제의를 했어. "여러분, 고기 먹는 것을 줄이고 빵을 더 먹읍시다. 고기를 수출하면 벌이가 쏠쏠해서 나라 살림에 큰 보탬이 됩니다." 이 말을 듣고서 아르헨티나 사람들의 표정이 확 달라졌어. "어이구, 고기 없이 맨 빵만 팍팍 씹어 먹으라고?"

엎친 데 덮친 격으로, 페론은 로마 가톨릭 교회와 충돌하는 바람에 인기가 땅바닥까지 떨어지고 말았어. 몇몇 가톨릭 사제가 미사*를 할 때 자신의 정책을 헐뜯었다고 비난하면서, 이름깨나 있는 사제 두 사람을 반역죄를 씌워 로마로 내쫓아 버린 거야. 그리고 아르헨티나 국민들이 지금껏 공휴일로 잘 지켜 오던 가톨릭 기념일 중에서 몇 개를 제외시켜, 일을 해야 하는 평일로 만들어 버렸어. 독실한 가톨릭 신자들이 심하게 반발했단다.

페론은 국민의 지지를 잃어버렸어.

1955년 6월 16일, 한 무리의 군인들이 반란을 시도했어. 그들은 군대의 비행기를

---

*미사(missa) : 가톨릭 교회에서 거행하는 최대의 예배 의식.

몰고 대통령 궁 위로 날아와 폭탄을 떨어뜨렸어. 그 반란은 하루 만에 간단히 진압되었어. 하지만 페론은 그에 대해 무척 거칠게 반응했어. 그는 자신에게 반대하는 자들에게 전쟁을 선포했어. 그리고 자신의 지지자들에게 그들을 전부 두들겨 잡으라고 지시했어.

이 말에 그의 지지자들마저 충격을 받았어. 페론의 말은, 아르헨티나 사람들이 서로를 치고 받고 하라고 부추기는 소리였어. 이때 군인의 무리가 다시 반란을 일으켰어. 이번에 군인들은 아르헨티나의 큰 도시 몇 군데를 점령했고, 페론 대통령에게 당장 물러나라고 요구했어.

1955년 9월 19일, 페론은 그의 나라를 떠나 파라과이로 갔어. 그리고 곧 스페인의 마드리드로 옮겨 가서 그곳에 정착했어. 아르헨티나에서는 그의 국민들이 그의 동상을 쓰러뜨려 박살냈어. 공원이나 광장에 새겨진 그의 이름도 싹 지워 버렸어. 그 뒤 18년 동안 아르헨티나에서는 대통령이 무려 아홉 번이나 바뀌었어. 1973년에는 페론이 고국을 떠난 지 18년 만에 다시 돌아왔단다. 그는 아르헨티나 국민들의 열렬한 환영을 받았고 다시 대통령이 되었어. 하지만 겨우 1년 동안이었단다. 한 해 뒤에 그는 여든 살의 나이로 세상을 떠났어.

벨기에령 콩고의 독립과 새로운 억압

이제 남아메리카를 떠나서 저 대서양 너머 아프리카로 가 볼까? 흑인 원주민들이 자유를 찾기 위해 이 나라 저 나라에서 분주하게 움직이고 있구나. 유럽 사람들이 마치 제 땅인 것처럼 깃발을 쑥쑥 꽂아서 만든 나라들이 이제 원래 땅 주인들한테 하나씩 돌아가고 있어.

아프리카 대륙 한가운데에 있는 벨기에령 콩고Belgian Congo도 지금 자유를 찾기 위해서 몸부림을 치고 있어. 일찍이 1880년대에 벨기에의 국왕 레오폴드 2세Leopold II가 콩고를 그의 개인

콩고 자유국의 주인 레오폴드 2세

식민지라고 선포했어. 그는 그 땅에 '콩고 자유국Congo Free State'이란 이름을 붙이고, 어느 한 도시에다가 자기 이름을 턱 갖다 붙였어. 레오폴드빌Leopoldville이라고. 그리고 이곳을 수도로 삼았단다.

콩고 자유국은 서쪽으로는 대서양을 끼고 있고(마치 팔을 쭉 뻗은 것 같지?), 동쪽으로는 탕가니카 호를 끼고 있어. 북쪽 머리맡에는 수단이란 나라가 있고, 아래로는 아프리카 남부까지 펼쳐져 있어. 콩고 자유국은 굉장히 큰 나라였어. 그리고 땅은 기름지고, 수많은 크고 작은 아프리카 부족들이 이곳에서 살고 있었어.

레오폴드 2세는 그의 식민지에 사는 수많은 원주민들을 엄청나게 못살게 굴었어. 원주민 마을마다 채워야 할 양을 등이 휠 정도로 무겁게 정해 주어서 흑인들은 죽자 사자 일해야 했어. 야생 고무를 모으고, 야자유를 모으고, 목숨 걸고 코끼리 떼한테 덤벼들어서 코끼리를 죽여다가 상아를 잘라 오고……. 원주민들은 농장이나 광산에서 뼈 빠지게 일했어. 그러다가 사소한 잘못을 저질러서 눈 밖에라도 나면

레오폴드 2세를 풍자한 그림

팔다리가 잘려 나가는 벌을 받기 일쑤였어. 그뿐만이 아냐. 콩고 자유국 자체가 드넓은 '노예 사냥터'였어. 레오폴드 2세는 유럽의 노예 상인들한테 원주민들을 마구 잡아가도록 허락했어. 그리고 콩고의 모든 마을에다가 해마다 네 명씩 꼬박꼬박, 자신의 노예로 일할 사람을 바치게 했어. 원주민들은 무서운 괴물한테 제물을 바치듯이 사람을 바쳐야 했단다. 그는 콩고 자유국에서 최고로 악명이 높은 노예 상인 '두목'이기도 했어.

레오폴드 2세가 콩고 자유국을 소유하고 있는 동안, 이 나라의 인구가 3분의 1로 줄어들었다는구나. 소문이 안 날 리가 없었어. 잔인한 원주민 학대 사실이 유럽에 알려지자 유럽 나라들이 분노에 떨면서 벨기에 정부에게 압력을 넣었어. "콩고 자유국을 당장 합병하시오!" 이렇게 해서 벨기에 정부가 1908년에 국왕의 개인 식민지였던 콩고를 나라의 소유로 만들었어. 이름도 '벨기에령 콩고'로 바꾸었단다.

천하의 악당 레오폴드가 사라졌으니 원주민의 형편이 좀 나아졌겠지? 물론 나아졌어. 예전처럼 무거운 작업량도 사라지고 노예로 살지 않아도 되었으니까. 그러나 그들이 자유로워진 것은 아니야. 남아프리카 공화국의 흑인처럼 콩고의 흑인들도 백인과 '분리'되어서 살아야 했어. 흑인들이 공부를 해서 의사가 된다거나 변호사가 되는 건 꿈도 못 꿀 일이었고, 하다못해 장사를 하는 사람이 될 수도 없었어. 그런 나라에서 더 살 것 없이 떠나면 되지 않았냐고? 그것도 안 되었어. 콩고의 흑인들은 나라를 떠날 수도 없었어.

1956년에 파트리스 루뭄바Patrice Lumumba라는 애국자가 벨기에 정부에 '우리 콩고에 자유를 더 주시오.' 하고 호소하는 글을 보냈어.

루뭄바는 바테텔라 족Batetela이라는 작은 부족 출신이었어. 딱히 정치 활동을 한 경험도 없었고 그저 식민청과 우체국에서 일하고 노동 조합 지도자로 활동한 게 전부였어. 하지만 그는 신문에다 글을 부지런히 쓰고, 사람들도 부지런히 만났어. 그가 쓰고 외친 말은 오직 "우리 콩고는 독립해야 합니다!"라는 것이었어. 그는 오로지 이 말을 하기 위해서 열심히 살았단다.

콩고의 독립을 위해 애쓴 루뭄바

1958년에 루뭄바는 마침내 '콩고 민족 운동Mouvement National Congolais(MNC)'이라는 독립 운동 단체를 만들었어. 이때 그는 동료들 앞에서 힘주어 말했어. "독립은 벨기에의 하사품*이 아닙니다. 독립은 우리의 권리입니다!"

'콩고 민족 운동'은 시위와 소요*를 일으키며 독립을 요구했어. 벨기에 정부가 무척 골치 아팠어. 마침내 그들은 '저것들을 가만히 놔두었다가는 큰일

---

*하사품(下賜品) : 임금이 신하나 백성에게 내려 주는 물건.

벨기에령 콩고의 독립과 새로운 억압   267

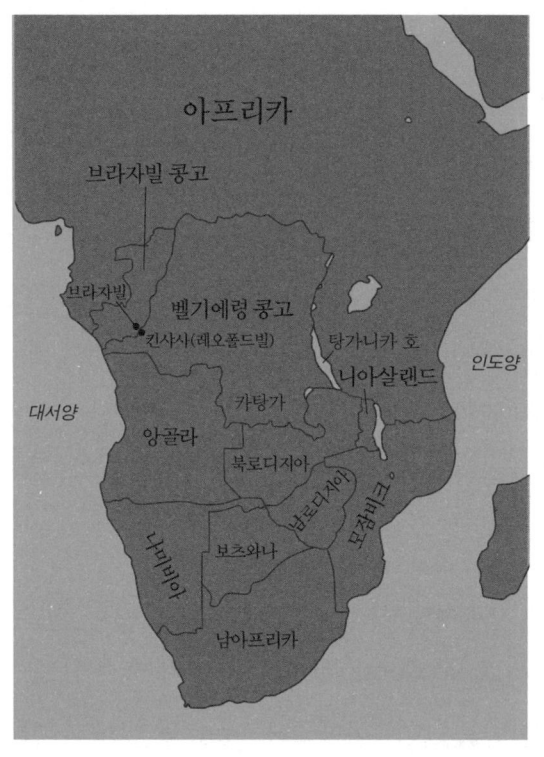

루뭄바가 살았던 때의 아프리카

나겠다. 앞에서 설치는 놈들을 손 좀 봐 줘야겠어. 그러면 독립이니 뭐니 하는 움직임이 한풀 꺾이겠지.'하고는 '콩고 민족 운동'의 일부 지도자들을 감옥에 잡아넣었어. 그런데 웬걸, 독립 운동의 열기가 더 달아올랐어! 프랑스 쪽에서 불어온 바람 때문이었어. 지도를 잠깐 볼까? 벨기에령 콩고의 서북부 국경에 '브라자빌 콩고Brazzaville -Congo'란 나라가 있어.(콩고 브라자빌이라고도 해.) 벨기에령 콩고와 브라자빌 콩고는 기다란 콩고 강을 국경으로 두고 서로 마주보고 있어. (그래서 두 나라의 지금 이름인 '콩고 민주 공화국'(벨기에령 콩고)에나, '콩고'(브라자빌 콩고)에 '콩고'란 이름이 들어가 있어.) 또, 두 나라의 수도 '레오폴드빌'과 '브라자빌'은 바로 강 건너편, 서로 엎어지면 코 닿을 거리에 있어.(지도에서 한번 확인해 보렴.) 그런데 드골 프랑스 총리가 이

---

*소요(騷擾) : 떠들썩하게 들고일어남.

브라자빌 콩고의 독립을 허용한다고 발표한 거야. 이렇게 되면, 레오폴드빌 사람들이 고개만 들었다 하면 강 너머로 '자유를 얻은 아프리카 사람들'이 훤히 보이는 거지!

루뭄바가 이끄는 '콩고 민족 운동'은 벨기에 정부에 독립을 요구하는 문서를 또다시 보냈어. 그리고 벨기에 정부가 계속 거부하자 드디어 행동에 나섰어. 레오폴드빌에서 폭동을 일으킨 거야. 벨기에 군대가 출동해서 무자비하게 진압하기 시작했어. 하지만 독립을 요구하는 군중의 기세를 꺾기에는 어림도 없었어. 벨기에 본국에서 지원 부대가 부랴부랴 달려왔어.

1959년, 결국 벨기에 정부는 콩고 사람들을 누를 수 없다는 사실을 깨닫고 손을 들었어. 그리고 5년 안에 독립을 시켜 주겠다고 약속했단다. 그런데 기가 막히게도 벨기에 정부는 꼭두각시 정부를 세우려고 했어. 하나마나 한 독립을 하게 하려는 꿍꿍이였지. 루뭄바는 이에 맞섰어. 벨기에 정부는 그를 폭동을 일으킨 죄로 감옥에 가두었지만 결국 풀어 주지 않을 수 없었어. 콩고 사람들의 '희망'인 그를 계속 가두어 놓았다가는 폭동이 끊이지 않을 테니까. 그리고 벨기에 정부는 또다시 머리를 굴려서 독립을 위한 총선거를 후닥닥 실시해 버릴 궁리를 했어. 루뭄바가 이끄는 '콩고 민족 운동'에게 선거 준비를 할 틈을 주지 않기 위해서 말이야. 나라는 넓고, 원주민 부족들은 많고, 게다가 루뭄바는 작은 부족 출신이었으니 이렇게 하면 표를 모으지 못할 거라는 계산에서 나온 생각이었지. 그러나, 이런 술수도 통하지 않았어.

콩고 공화국을 독립으로 이끈 루뭄바

'콩고 민족 운동'은 선거에서 승리했고, 루뭄바는 독립국 '콩고 공화국Republic of Congo'의 총리로 뽑혔어!

1960년 6월 30일, 콩고 공화국이 독립을 선언했어. 이날 루뭄바는 '해방된 백성'들을 향해 이렇게 연설했어. "'콩고 공화국'의 이름으로 여러분께 축하의 말씀을 올립니다. …… 우리에게 들씌워졌던 저 비인간적인 노예 제도를 끝장내기 위해서 우리는 고귀하고 정의로운 투쟁을 벌였습니다. …… 저들은 총칼로써 우리를 노예로 부려먹었습니다. …… 우리는 밤낮으로 온갖 모욕과 욕설, 주먹질, 발길질을 당하며 살았습니다. 왜? 흑인이기 때문에! …… 백인에게 적용되는 법과 우리 흑인에게 적용되는 법은 천지 차이로 달랐습니다. …… 그로 인해 우리가 당한 고통을 어찌 말로 다 표현할 수 있겠습니까! 그러나 여러분, 이제 이 모든 고통이 끝났습니다. 우리는 어엿하게 독립했고, 이 땅은 마침내 이 땅의 자식들인 우리의 손으로 넘어왔습니다! …… 독립 만세! 아프리카 단결 만세! 콩고 공화국 만세!"

수도인 레오폴드빌 사람들이 그곳에 세워져 있던 레오폴드 2세의 동상을 끌어 내리려다가 아주 박살을 냈어. 레오폴드빌이라는 수도 이름도 '킨샤사Kinshasa'로 바꾸었단다.

그런데 이 나라 사람들 모두가 독립을 기뻐한 건 아니야. 지금 '콩고 공화국'이 된 이 너른 땅에 크고 작은 원주민 부족이 많다고 했지? 그런데 이 땅은 유럽 백인들의 손아귀에 들어가기 전에는 각 부족들이 저마다 크고 작은 영토를 차지하고 살던 곳이야. 그 부족들 중에는 "옛날로 돌아가자! 저마다 자기 영토를 가지고 자기 식대로 살아가는 게 좋다!"고 말하는 사람들이 많았어.

독립한 지 얼마 되지 않아 결국 일이 터지고 말았어. 콩고 공화국의 남쪽 지역에 있는 카탕가Katanga 주가 "우린 딴살림을 차리겠어!" 하면서 분리 독립을 선언한 거야! 루뭄바는 카탕가 주가 떨어져 나가지 않기를 바랐어. 왜냐하면, 새로운 정부가 넓은 콩고 공화국을 제대로 꾸려 가자면 돈이 필요했는데, 나라의 수입이 되어 줄 구리 광산 같은 것들이 카탕가 주에 잔뜩 몰려 있었던 거야.

루뭄바는 "카탕가 주의 분리 독립을 인정할 수 없다!"고 강하게 맞섰어. 그러자 카탕가 주는, 자기네 벨기에 사람을 보호한다는 빌미로 눌러앉아 있던 벨기에 군대를 끌어들였어. 루뭄바는 내전을 피하기 위해 유엔의 평화 유지군을 끌어들였어. 그런데 대통령과 군부가 서로 짜고서 그를 총리에서 몰아내고, 체포해서 카탕가 주로 덜컥 넘겨 버렸어. 결국 루뭄바는 총리에 오른 지 불과 여섯 달 만에 카탕가 주에서 비참하게 살해되고 말았단다.

나라가 혼란에 빠졌어.

조제프 모부투Joseph Mobutu라는 장군이 실권(실제로 행사할 수 있는 권리)을 거머쥐었어. 그는 루뭄바를 붙잡아서 카탕가 주로 넘긴 혐의를 받고 있었어. 그런데 그

벨기에령 콩고의 독립과 새로운 억압

는 4년 뒤에 군사 쿠데타를 일으켜서 스스로 대통령의 자리에 올랐단다.

콩고 공화국이 전체주의 나라가 되고 말았어. 모부투는 자기가 만든 인민 혁명당 말고는 아무 정당도 만들지 못하도록 법으로 딱 금지해 놓고서, 군대의 힘으로 나라를 다스렸어. 그리고 자기를 도와주면 공산주의를 막는 방패막이가 되겠다면서 미국에게 돈을 받아 썼어.

그는 '아프리카'를 강조하기도 했어. 나라 이름을 '자이르Zaire'로 바꾸고 도시 이름들도 벨기에식에서 아프리카식으로 바꾸었어. 자기 이름도 아프리카식인 '모부투 세세 세코Mobutu Sese Seko'로 바꾸었어. 그리고 유럽 사람들이 나랏일에 더는 끼어들지 못하게 했어.

하지만 독재자들이 늘 그렇듯이 모부투 역시 자신의 권력에 도전하는 사람들을 용서하지 않았어. 자기 말을 순순히 듣지 않는 사람은 대번에 잡아들여다가 '반역죄'를 씌워서 죽이거나 감옥에 가두었어. 또, 누가 자기를 비난하고 있지나 않은지 늘 염탐하게 했어. 그리고 이런 일들을 제대로 수행하기 위해서 '올빼미 부대'라는 특수 경찰 부대를 만들었어. 그래서 모부투가 "저놈은 좀 위험해.", "저놈은 좀 수상해." 하고 말만 하면, 특수 경찰 부대가 그 사람의 집에 한밤중에 들이닥쳐서 잡아갔어. 이렇다 보니 사람들

자이르의 대통령 모부투

은 그의 이름조차 입에 함부로 올릴 수 없었어. "이봐, 어제 모부투가 뭐랬어?" 이런 식으로 말했다가는 언제 무슨 일을 당할지 모르는 거지. 그래서 다들 이렇게 돌려서 말했다는구나. "이봐, 어제 '모Mo 아저씨'께서 뭐라고 하셨어?"

모부투는 또 나랏돈을 곶감 빼먹듯이 빼돌렸어. 윗물이 그 모양이니 아랫물이 맑

모부투가 실린 지폐

을 수 없겠지? 정부 관리들은 뇌물을 받지 않으면 일을 하지 않았고, 경찰들은 "돈을 안 갖다 바치면 확 잡아넣어 버릴 테야!" 하고 아무 죄 없는 사람들을 협박했어. 그래서 모부투 때문에 새로운 말이 만들어졌어. '독재를 일삼으면서 자기 잇속을 챙기려고 나라 살림을 거덜 내는 정치'를 일컫는 '도둑 정치kleptocracy'라는 말이 바로 그거야.

백인들의 지배에서는 벗어났지만 콩고는 독재와 부패에는 여전히 발목이 잡혀 있었어.

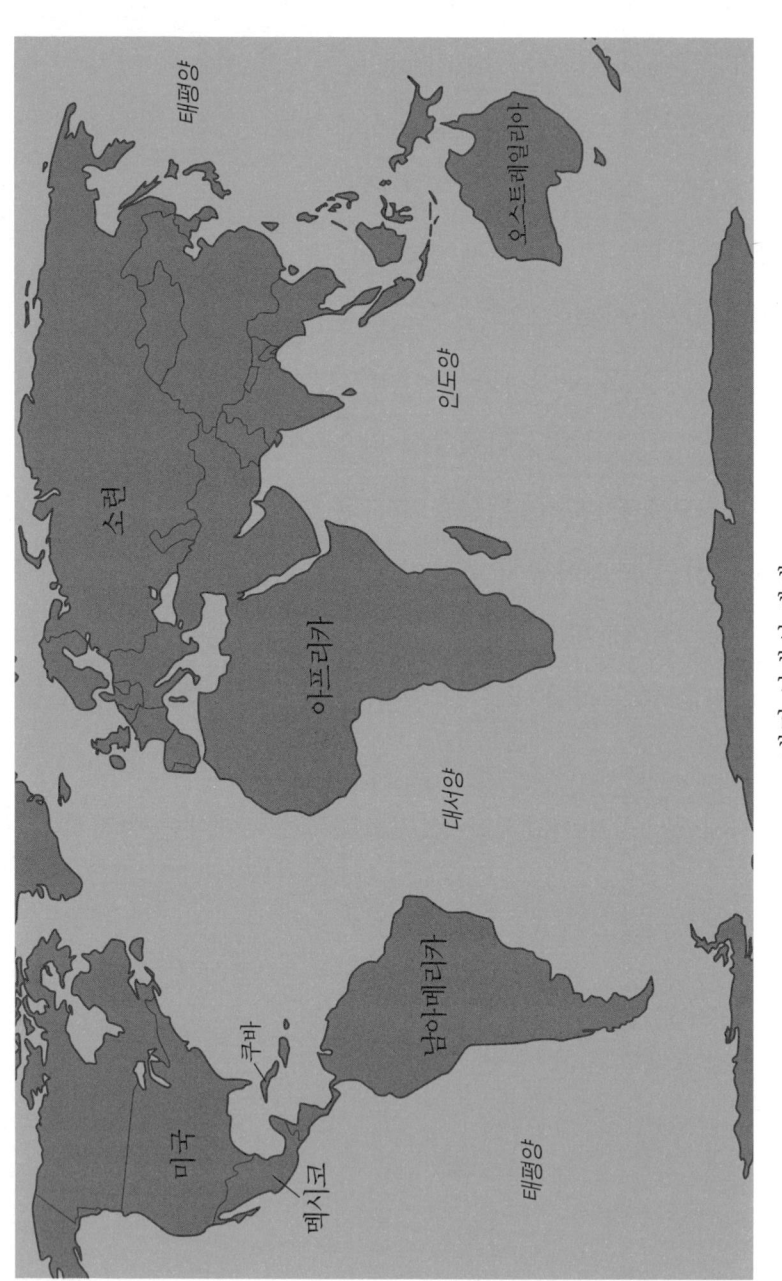

냉전 시대의 세계

제35장 냉전

소련과 미국의 '우주 경쟁'

1957년 10월 4일 밤, 어떤 물체 하나가 꼬리에 불꽃을 신나게 뿜으면서 공중으로 날아갔어. 땅에서 이 광경을 지켜보고 있던 사람들의 입에서 탄성이 터져 나왔어.
"와아, 올라갔다!", "만세! 성공이다!", "저기, 저기 간다!"

그들은 러시아 말로 이렇게들 소리 지르고 있었어. 소련에서 방금 최초의 인공위성*이 발사된 거야! 이 인공위성의 이름은 '스푸트니크Sputnik' 1호로, 러시아 말로 '여행의 동반자'란 뜻이란다.

스푸트니크 1호는 지구의 궤도를 96분마다 한 바퀴씩 돌았어. 그리고 삐익 삑, 발신음을 계속 울리며 지구로 무선 전파를 날려 보냈지. 인류 역사에서 처음으로 사람이 만든 위성이 발사된 것이었고, 또 처음으로 인공위성이 지구 궤도를 돌게 된 것이었어.

---

*인공위성(人工衛星) : 지구에서 사람이 쏘아 올려 지구 둘레를 돌고 있는 물체로, 과학 위성·기상 위성·통신 위성·방송 위성 등이 있음.

세계 최초의 인공위성 스푸트니크 1호

그런데 말이야, 채 한 달이 지나기 전에 스푸트니크 2호가 발사되었어. 이번에는 승객까지 있었어! '라이카Laika'라는 암컷 개 한 마리를 태우고 간 거야. 생명체가 우주 공간에 올라갔다가 과연 살아서 돌아올 수 있을까를 알아보려고 한 것이었어. 만일 개가 무사히 살아서 돌아온다면 사람도 태워 보낼 수 있을 테니까.

이런 소식이 전해지자 미국 사람들은 깜짝 놀랐어. "뭐? 소련이 인공위성을 벌써 두 개나 쏘아 올렸다고? 그것도 개까지 태워 가지고?", "와아, 대단해, 정말 대단한 걸!" 감탄에 이어 그들은 두려움을 느꼈어. "어이쿠, 큰일 났다, 큰일! 소련이 저 기술로 우리를 공격하면 어떡하지, 엉?", "우리 과학자들은 도대체 뭘 하고 있는 거야?"하고 말이야.

미국과 소련의 과학자들이 이처럼 우주 공간을 비행할 수 있는 인공위성을 만들겠다고 머리를 싸매고 매달려 온 지 벌써 여러 해였어. 두 나라는 서로 먼저 인공위성을 쏘아 올리고 싶어 했어. 미국 사람들은 이 '우주 경쟁Space Race'에서 자신들이 한참 앞서 있을 거라고 생각했단다. 그런데 이게 뭐야, 알고 보니 소련이 앞서도 한참 앞서 있잖아! 미국 사람들은 두려움에 사로잡히고 말았단다.

이즈음 미국과 소련은 서로 앙숙이었어. 두 나라는 제2차 세계 대전 때는 서로 손을 잡았지만, 전쟁이 끝나기가 무섭게 각자 자기 나라의 이념인 자본주의와 공산주의를 유럽과 아시아에 퍼뜨리기 위해 아귀다툼(서로 악을 쓰며 헐뜯고 다투는 짓)을 벌였어.(오죽 심하게 다퉜으면 독일을 두 토막 낸 걸로도 모자라 한반도까지 두 토막을 냈겠니.)

라이카가 실린 우표

서로를 너무나도 미워했지만, 그렇다고 두 앙숙은 직접 전쟁을 벌이지는 않았어. 그렇게 하면 서로가 엄청난 피해를 입을 거라는 사실을 잘 알고 있었기 때문이지. 그래서 전쟁을 통한 직접 대결을 피하면서 상대편 나라들을 자기편으로 끌어들이는 데 열중했어. 미국은 소련에게 '백성을 억압하고 독재를 일삼는 악의 무리'라고 손가락질했고, 소련은 미국에게 '약한 나라들을 들들 볶는 제국주의자, 탐욕스러운 돈의 노예'라고 손가락질했어. 이처럼 자본주의 미국과 공산주의 소련이 서로 으르렁거리며 전 세계를 무대로 싸운 것을 '냉전冷戰 Cold War'이라고 해.

이런 상황에서 소련이 스푸트니크 호를 쏘아 올린 거야! 그 바람에 냉전의 불꽃이 활활 타올랐어. 미국은 안절부절 어쩔 줄을 몰랐어. 미국은, "소련이 인공위성을 쏘아 올릴 정도로 뛰어난, 로켓 만드는 기술을 가지고 있다면, 그 로켓에 핵무기를 실어서 우리를 공격하기는 식은 죽 먹기다!"라고 판단했단다. 사실, '라이카'를 태운 스푸트니크 2호가 쏘아 올려지고 나서 이틀 뒤인 1957년 11월 5일자 〈뉴욕 타임스〉에는 이런 기사까지 났어. 한 대목만 읽어 보자꾸나. "소련이 달에 가서 핵폭탄을 터뜨릴 계획을 세우고 있다!" (물론 거짓 기사였어.)

마침내 두 달 뒤, 미국도 인공위성을 쏘아 올렸어. 하지만 로켓의 힘이나 덩치가 소련 로켓과는 상대가 되지 않았어. "우리가 '우주 경쟁'에서 소련한테 밀리고 있다!" 미국 사람들이 난리가 났어. "얼른 소련을 따라잡자!" 소련이 스푸트니크를 쏘아 올린 효과는 엄청났어. 당장 미국 학생들이 너도나도 로켓 만드는 기술을 배우기 위해 공과* 대학으로 몰려갔어. 공과 대학마다 학생들이 바글바글 넘쳐 났단다.

이듬해 초, 미국 의회가 '빠른 시일 안에 인간을(물론 미국 사람이야.) 달에 보내기 위해서' 소매를 단단히 걷어 붙이고 나섰어. 정부 안에 '미국 항공 우주국 National Aeronautics and Space Administration'이란 특별 기관을 만들기로 결정한 거야. (이 기다란 이름을 머리글자로 읽어서 '나사NASA'라고 한단다. 이제부터는 '나사'라고 부르기로 해.) 미국 의회는 또 '국방 교육법'이란 걸 통과시켜서 학생들의 과학 교육에 더 많은 돈을 쓰기로 했어. 우주 경쟁에서 미국이 승리하자면 어릴 적부터 과학 교육을 야무지게 시켜야 한다는 거였어.

제2차 세계 대전 때 일본군한테 진주 만을 공격당한 뒤로 미국 사람들이 이처럼 "적을 무찌르자!"고 악을 쓰고 덤벼들기는 처음이었어. 이걸 '스푸트니크 충격'이

---

*공과(工科) : 공업 생산 기술에 대한 학문을 배우거나 연구하는 학과.

라고 해. 많은 미국 사람들은 스푸트니크가 쏘아 올려진 일을 '공격'당한 일처럼 느꼈어. 말이 '우주 경쟁'이지 그건 전쟁이었고, 미국은 전쟁에 진 것이었단다.

소련은 계속 앞질러 갔어. 이젠 '사람'까지 우주 공간으로 올려 보냈단다. 1961년 4월 12일, 유리 가가린Yury Gagarin이 '보스토크 Vostok' 1호를 타고 1시간 29분 동안 지구 궤도를 한 바퀴 쓱 돈 거야! 지구 밖에서 사람의

발사되는 '보스토크 1호'

목소리가 처음으로 날아들었어. "지구가 잘 보여요. 아름다워요. 기분이 아주 좋아요!" 나중에 그는, 대서양을 지날 때 자기 어머니가 생각났대. '내가 우주 여행을 떠났다는 소식을 듣고서 어머니 기분이 어땠을까?'하고 말이야. 그는 자신이 우주로 나가서 어떻게 될지 몰랐기 때문에 어머니한테 미리 말씀을 드리지 못하고 떠났다는구나. 그의 어머니는 뉴스를 듣고서야 이 사실을 알게 되었대. 가가린은 우주 비행을 끝내고 시베리아의 어느 들판으로 낙하산을 타고(지구 상공 7백 미터에서) 내려왔단다. 그때 소 몇 마리와 농민 몇 사람이 이 광경을 지켜보고 있었어.

소련의 우주 비행사가 외계에 다녀왔다는 소식이 알려지자 미국 사람들은 우주 경쟁에 더 악착같이 달라붙었어. 당시 미국 대통령은 존 F. 케네디John Fitzgerald

소련과 미국의 '우주 경쟁' 279

유리 가가린
1961년 4월 12일, 보스토크 1호를 타고 지구 궤도를 한 바퀴 돌고 온 소련의 우주 비행사야. 이처럼, 최초로 우주에 사람을 보낸 소련에게 지지 않기 위해 미국은 나사(NASA)를 만들고, 마침내는 최초로 달에 사람을 보낸단다.

Kennedy였는데, 대통령이 된 지 채 석 달이 안 되었어. 그런 그가 소련에게 "누가 먼저 달에 가는지 한번 해 봅시다." 하고 도전장을 내밀었단다.
가가린의 우주 비행이 있고 6주 후에, 케네디는 의회에 이렇게 요청했어. "나사가 8년 안에 사람을 달에 보낼

달에 사람을 보내겠다고 연설하는 케네디 대통령

수 있도록 예산을 넉넉히 대 주십시오!" 이게 '꿈 같은' 소리란 것쯤은 케네디 자신도 잘 알고 있었어. 그가 생각하기에도 거의 불가능해 보였으니까. 그러나 그는 할 수 있다는 자신감을 가졌어. 그는 미국 사람들에게 이렇게 말했어. "우리가 참가하든 말든 우주 탐험은 계속될 것입니다. …… 우리는 10년 안에 달에 가려고 합니다. 그 일이 쉬워서가 아니라 어렵기 때문에 덤비는 것입니다!"
그런데 케네디의 꿈이 이루어졌어! 1960년대가 넘어가기 전에 사람을 달에 보내는 데 성공한 거야. 1969년 7월 16일이었어. 미국 플로리다 주에 있는 케네디 우주 센터Kennedy Space Center에서 '아폴로Apollo' 11호가 발사되었어.('케네디 우주 센터'는 케네디 대통령의 이름을 따서 붙인 나사의 로켓 발사 기지란다.) 아폴로 11호의 임무는, 달에 착륙해서 사람이 달 표면을 직접 밟아 보고 지구로 돌아오는 것이었어. 로켓에는 닐 암스트롱Neil Armstrong, 마이클 콜린스Michael Collins, 에드윈 올드린 2세Edwin E. Aldrin Jr. 이렇게 세 사람이 타고 있었어.

소련과 미국의 '우주 경쟁' 281

아폴로 11호에 탄 사람들(왼쪽부터 암스트롱, 콜린스, 올드린)

발사되고 나흘 뒤, 아폴로 11호에서 자그마한 달 착륙선 '이글 호 Eagle'가 떨어져 나왔어. 이글 호에는 암스트롱과 올드린이 타고 있었어. 두 사람은 이글 호를 직접 조종해서 달 표면으로 내려가, '고요의 바다'란 곳에 착륙했어. 너르고 평평한 곳이었어. 이때 암스트롱의 목소리가 지구로 날아왔어. "이글 호, 착륙 성공!"

곧 두 사람이 이글 호의 문을 열고 나왔어. 텔레비전을 통해 이 장면을 지켜보고 있던 전 세계 사람들이 손에 땀을 쥐었어. 이어 두 사람이 사다리를 타고서 한 발짝 한 발짝 걸어 내려왔어. 순간, 전 세계 사람들이 환호성을 질렀어. 사람이 달 표면에 첫발을 디딘 거야! 첫발의 주인공은 아폴로 11호의 선장 암스트롱이었어. 그의 목소리가 다시 지구로 날아들었어. "이것은 한 사람의 작은 걸음이지만 인류에게는 이루 말할 수 없이 큰 걸음입니다!"

두 사람은 21시간 37분 동안 달에 머물렀어. 몸을 따뜻하게 유지해 주고 숨 쉴 수 있도록 산소가 제공되는 특수복을 입고 있었지. 달은 중력이 너무 약해서 두 사람은 마치 점프 놀이를 하듯이 성큼성큼 큰 걸음으로 여기저기 걸어 다녔어. 그러면서 과학 장비도 설치하고, 지구로 가지고 돌아갈 흙과 암석 표본도 수집하고, 사진도 많이 찍었어. 그사이에 콜린스는 아폴로 11호의 본체를 타고서 달 표면 근처에서 달 주위를 돌고 있었어.

암스트롱과 올드린은 달 표면을 떠나기 전에 성조기(미국 국기)를 꽂았어. '잘 보라고. 인공위성을 먼저 쏘아 올리는 데는 우리 미국이 졌지만, 우주 경쟁에서 결국 우리가 이겼어!' 뭐 이런 뜻이었지. 물론 성조기만 덜렁 꽂고 온 건 아니었

달에 발을 딛고 선 닐 암스트롱

어. 이런 문구를 새긴 명판도 하나 남겼어. "인류의 평화를 위하여 이곳에 왔노라!" 즉, 인간의 달 착륙은 미국의 정치적 승리를 뛰어넘어서 인류에게 큰 의미가 있다는 뜻이었지.

인간이 자기가 살던 지구를 떠나 다른 별에 발을 디뎌 보기는 이번이 처음이었어.

카스트로와 쿠바의 미사일 위기

1962년 10월의 13일 동안은 금방이라도 세상이 끝나고 말 것 같은 숨 막히는 시간의 연속이었어. 냉전의 불꽃이 밑도 끝도 없이 달아올라 미국과 소련이 대판 '핵전쟁'을 벌일 뻔했으니까 말이야.

갈등은 미국 플로리다 주에서 남쪽으로 바다 건너에 있는 쿠바라는 섬나라에서 끓어올랐단다.

쿠바는 스페인의 지배를 받다가 1898년에 있었던 '미국 스페인 전쟁' 후에 독립을 얻었어. 쿠바 사람들이 스페인으로부터 독립 전쟁을 벌였고 그 와중에 미국이 끼어들어서 스페인과 전쟁이 붙었는데 스페인이 박살 났지. 이렇게 해서 '쿠바 공화국Republic of Cuba'이 탄생했어. 하지만 진정으로 독립했다고 할 수는 없는, 스페인 대신 미국한테 꽉 붙잡힌 '이름뿐인 독립'을 얻은 것이었단다.(상권 제15장에 나온 이야기야.)

미국에 이런 법이 있었어. '쿠바의 독립이 위태롭거나 생명과 재산, 자유를 존중하지 않고 있다고 판단될 때 미국은 언제든지 쿠바에 개입할 수 있다.' 또 이런 내용도 있어. '미국은 쿠바 섬에 해군 기지를 둘 수 있다.' 한마디로 '쿠바 간섭 법'이라고 할 수 있었어.

이 법에 대해서 쿠바 사람들이 다들 머리를 절레절레 흔들었어. "아이고, 스페인을 겨우 몰아냈더니 이젠 미국이네! 미국이 사사건건 우리 일에 끼어들겠다는 소리구먼!" 하지만 미국은 들은 척도 하지 않았어. 오히려 쿠바 헌법에다가 이 법의 내용을 그대로 넣게 만들었어.

쿠바는 이 모양으로 미국의 등쌀에 시달리며 40년을 보냈어. 미국은 쿠바에 군대를 주둔시켜 놓고서 쿠바를 쥐었다 폈다 했어. 미국 본토에서 어떤 사람을 계속 대통령 자리에 앉혀 놓으라는 명령이 날아오면, 쿠바의 미국군은 그가 계속 권좌에 앉아 있도록 도왔어. 전화 회사와 사탕수수 농장을 포함해서, 쿠바의 수많은 큰 기업이란 큰 기업, 큰 농장이란 큰 농장은 죄다 미국 사람이 쥐고 흔들었어.

뒷날의 일이긴 하지만, 수에즈 위기 때 미국이 무슨 카드를 들고 나왔는지 기억하고 있겠지? 그래, '남의 나라에 간섭하지 말라!'는 거였어. (제31장에 나왔었지?) 그러나 막상 미국 자신은 이런 식으로 남의 나라를 실컷 주물렀어.

1940년, 마침내 쿠바 사람들이 새 헌법 안을 통과시켰어. 미국이 쿠바 정부를 제멋대로 간섭하는 짓을 보장한 그 문제의 헌법 조항들이 사라졌어. 미국이 한발 물러선 것이지. 새 헌법에 따라 선거도 다시 치렀어. 미국의 간섭이나 도움 없이 순전히 쿠바 사람들의 힘으로 말이야. 이렇게 해서 쿠바는 진짜 독립국이 되었어.

그런데 이 독립이 오래가지 못했어. 1952년에 풀헨시오 바티스타 Fulgencio Batista 전(前) 대통령이 쿠데타를 일으켜서 권력을 다시 거머쥔 거야. 그리고는 "이따위 헌법은 필요 없다!"며 새 헌법을 날려 버렸어. 쿠바 사람들은 불행하고 답답했어. 미국의 등쌀에서 벗어났나 싶었더니 바티스타의 등쌀에 시달리게 되었으니 말이야.

이때 피델 카스트로 Fidel Castro라는 젊은 변호사가 "바티스타 정권을 무너뜨리자!" 하고 나섰어. 그리고 혁명 세력을 조직하기 시작했어. 이윽고 1953년 7월 26일, 그가 이끄는 소규모 혁명군이 바티스타 군대를 공격했어. 그러나 작전은 완전한 실패작이었어. 대다수의 혁명군이 죽고 대장을 비롯해서 일부만 겨우 살아남았어. 살아

쿠바의 독재자 풀헨시오 바티스타

피델 카스트로

남은 사람들은 모두 반역죄로 재판에 넘겨졌단다. 스물일곱 살의 카스트로가 재판정에 섰어. 재판은 꼬박 네 시간을 끌었는데, 카스트로는 무려 두 시간 동안에 걸쳐서 당당하게 자기 스스로를 변호했어. 그는 바티스타 정권을 가리켜 '행정부와 입법부를 강제로 빼앗아 제 손아귀에 쥐고 있는 불법 정권'이라고 쏘아붙였어. 그는, "헌법을 원래대로 회복시키고 군사 독재를 당장 집어치워라!" 하고 소리쳤어. 그는 또 외쳤어. "나를 감옥에 가두어 놓고 푹 썩히겠지? 그리고 사람들의 기억에서 나를 지우려고 별의별 짓을 다 하겠지? 다 안다. 그러나 당신들이 아무리 발악해도 나의 목소리마저 지워 버릴 수는 없을 것이다! …… 나의 죄를 판단해서 결정해라. 당신들이 어떻게 하든 그건 전혀 중요하지 않다. 역사는 내 편이기 때문이다!"

그에게 15년의 징역형이 선고되었어.

만일 그가 감옥살이 15년을 다 채웠다면 쿠바의 역사가 완전히 달라지고 말았을 거야. 그런데 겨우 2년 뒤에 카스트로와, 함께 감옥에 들어갔던 사람들이 모두 풀려 났어. 바티스타가 자신만만하게도 이젠 정치범*들을 풀어 줘도 자신의 권력을

---

*정치범(政治犯) : 정치적인 이유로 감옥에 갇힌 사람.

유지하는 데 아무 탈이 없을 거라고 보았던 거야. 또 그는 이렇게 선심을 써서 반대 세력을 잘 구슬려 볼 수도 있을 것 같았어. "이봐, 이젠 내 말 좀 들어. 내가 이렇게까지 해 줬잖아!" 하고 말이야.

카스트로는 바티스타를 몰아내는 일에 목숨을 걸었던 다른 몇몇 혁명가들과 함께 멕시코로 건너갔어. 떠나기 전에 카스트로는 이런 글을 남겼어. "바티스타가 오랜 독재를 꿈꾸고 있음이 불 보듯이 뻔해졌다. …… 바티스타에게 구걸하거나 하소연할 때가 아니다. 우리의 권리를 스스로 쟁취할 때다!"

이 내용을 담은 전단*이 쿠바 전 지역에 2천5백 부가량 뿌려졌어.

그는 쿠바에서 쫓겨나 멕시코에 와 있던 다른 혁명가들을 모아 '7·26 운동Movimiento 26 de Julio'을 조직하고, 쿠바 혁명을 준비했어. (7·26이란 날짜는 그가 바티스타의 군대를 공격했던 날이야. 바로 앞에서 나왔었지?) 그들은 총 쏘는 연습도 하고, 산악 행군도 하고, 험한 강을 헤엄쳐서 건너는 훈련도 했어. 식량 없이 황무지에 들어가서 그곳에서 나는 것만을 먹으며 살아남는 훈련도 했어. 쿠바에 돌아가 게릴라전을 벌이기 위해서였어. 그들은 산악에서 요리조리 몸을 숨겨 가면서 바티스타 군대와 싸울 참이었단다.

이윽고 1956년 말, 카스트로는 아르헨티나에서 온 체 게바라*와 함께 80여 명의 게릴라 대원을 이끌고 쿠바로 향했어. 그들은 작은 요트를 타고 멕시코 만을 건넜

---

*전단(傳單) : 광고나 선전 문구를 담은 종이.

쿠바 혁명을 성공으로 이끈 체 게바라와 피델 카스트로

단다. 그러나 쿠바에 상륙하자마자 카스트로와 대원들은 바티스타 군대에게 들켜서 거의 전멸을 당하고 말았어. 살아남은 대원들은 쿠바 섬에 있는 마에스트라 산맥으로 들어가서 그곳에 둥지를 틀고 혁명 전쟁을 시작했어. 그들은 바티스타 군대의 전화선을 끊고, 초소를 기습해서 무기를 빼앗고, 미국 사람들이 소유하고 있는 사탕수수 농장에 불을 질렀단다. 쿠바 사람들은 게릴라 편이었어. 그들은 주민들의 지지를 받으며 새로운 병사를 모았고, 혁명군의 세력은 점점 불어났어.

게릴라전을 이끌었던 체 게바라가 동료들에게 말했어. "한군데에 오래 머무르지 마시오. 한곳에서 이틀 밤을 머물러서는 안 됩니다. 여러분의 친구도, 정보를 알려 주는 사람도, 길잡이도 믿지 마시오. 눈앞에 보이는 것도 믿지 말고, 여러분 자신의 그림자도 믿지 마시오. 지붕 밑에서 자지 마시오. 언제 포위당할지 모르니 절대 오두막집 같은 데 들어가서 자지 마시오."

바티스타 군대의 병력 수가 무려 스무 배나 많았기 때문에 게릴라들이 바티스타

---

*체 게바라(Che Guevara) : 아르헨티나 출신의 쿠바 정치가이자 혁명가, 게릴라전의 이론·전술가. '체Che'는 아르헨티나 사람들이 흔히 쓰는 감탄사의 하나로, '체 게바라'는 그의 별칭임. 본명은 '에르네스토 게바라 데 라 세르노'임.

의 군대를 꺾기란 '달걀로 바위 치기'였어. 그러나 바티스타 군대는 게릴라들의 공격에 이리 밀리고 저리 밀렸어.

일이 이렇게 돌아가자 독재자 바티스타 못지않게 애간장이 탄 나라가 있었어. 바로, 쿠바에서 발을 빼겠다고 해 놓고서는 바티스타의 독재 정권을 확실히 지원해 주고 있던 미국이었어. 미국은 바티스타가 민심(백성들의 마음)을 잃어 더 이상 버티기가 어렵겠다고 판단했어. 그리고 어느 날, 탄약이든 무기든 더 이상 쿠바에 팔지 않겠다고 선언했어.

바티스타가 더 궁지에 몰리게 되었어. 그의 병사들이 줄줄이 혁명군으로 돌아서기 시작했어.

결국 바티스타는 1959년 새해 첫날에 이웃 나라인 도미니카 공화국으로 줄행랑을 쳤어. 쿠바 혁명 Cuban Revolution이 마침내 성공한 거야! 카스트로가 이끄는 혁명 정부가 들어섰어.

혁명 정부는 우선 바티스타를 지지했던 수백 명의 사람을 처형했어. 그리고 내전의 상처를 빨리 회복시키기 위해 소련에게 도움을 청했어. "우리를 좀 도와주시오. 돈이 필요합니다!" 소련이 순순히 그 청을 들어주었어. 쿠바와 소련은 서로 죽이 잘 맞았고, 이러면서 쿠바는 점점 공산주의로 기울었어.

카스트로는 대기업을 몰수해서 나라의 것으로 만들고, 부유한 지주들의 농장을 몰수해서 가난한 농민들에게 골고루 나누어 주었어. 사립학교도 모조리 넘겨받아서 나라가 운영했어. 거의 모든 개인 기업이 나라에서 운영하는 기업으로 바뀌었

카스트로와 쿠바의 미사일 위기

어. 지금껏 인간 이하의 대접을 받으며 살아왔던 보통 사람들이 마침내 기지개를 켜게 되었어. 학교와 의료 시설들이 크게 늘어났고, 학비와 의료비는 무료였어. 다들 일자리도 보장되었어.

그런데, 이런 '혁명 세상'에 반대하거나 불편해 하는 사람들도 있었어. 바티스타의 지지자, 그러니까 쿠바의 돈줄과 땅을 거머쥐고서 특권을 누리던 사람들이 혁명 세상에 반대하는 사람들이었어. 그들에게는, 평생 천국일 줄 알았던 이 나라가 지옥으로 바뀐 거였어. 혁명 세상을 불편하게 여긴 사람들은, 구멍가게 주인, 작은 옷 가게 주인, 하다못해 핫도그 노점상들처럼 국유화 바람 때문에 자그마한 회사나 상점을 잃게 된 사람들이었어. 혁명 세상을 못마땅하게 여기는 사람들이 쿠바를 떠나기 시작했어. 그 숫자는 수천 명에서 수십만 명으로 늘어났어. 이들은 주로 미국으로 갔고, 특히 쿠바에서 가까운 플로리다 주로 떼 지어 몰려갔어. 이들과 함께 쿠바 음식과 쿠바 음악 같은 것들도 미국으로 흘러 들었어.

미국에게 카스트로는 그야말로 밉살스런 눈엣가시였어. 혁명을 일으켜 미국 사람들이 소유했던 기업들을 몰수하질 않나, 미국과 엎어지면 코 닿을 위치에 있으면서 소련과 절친하게 지내지를 않나 말이야. 그래서 미국 정부는 '쿠바 침공 계획'까지 짜 놓고서 카스트로를 손봐 줘야겠다고 별렀단다. 이 일을 주도한 사람은 바로 대통령에 오른 지 얼마 안 된 케네디 대통령이었어.

쿠바 침공 예정일은 1961년 4월 17일이었어. (소련의 우주 비행사 가가린이 보스토크 1호를 타고 우주를 비행하고 돌아온 지 일주일도 안 된 때였어!) 공격을 할 병사들의 숫자는 약 1천5백 명으로, 카스트로가 싫어서 미국으로 넘어온 쿠바 사람들이었어. 물론 그중에는 바티스타를 따르는 무리도 있었어. 그런데 왜 미국은 쿠바 사람들로 침공군을 구성했을까? 그건 미국이 쿠바 일에 불법적으로 끼어들었다는 책임을 피하기 위해서였어. "잘 보라고, 쿠바를 공격한 건 미국의 병사가 아니라 쿠바 사람들이야. 그러니까 쿠바 공격은 쿠바 사람들끼리의 문제라고. 우리 미국하고는 아무 상관이 없다니까." 이런 식으로 발뺌하려는 것이었지. 말은 그렇게 해놓고 미국은 쿠바 사람들을 비밀리에 끌어 모아 부대를 만들고, 훈련을 시키고, 무기를 대 주었어. 침공군의 임무는, 말발굽처럼 생긴 피그스 만Bay of Pigs에 상륙해서 군사 정권을 세운 다음에 쿠바 사람들을 선동해서 카스트로 정권을 무너뜨린다는 거였어.

그러나 침공 작전은 완전히 실패로 돌아가고 말았어. 공격 예정 시간이 미리 새 나가는 바람에, 이들이 피그스 만에 도착했을 때는 카스트로의 군대가 대대적인 '환영식'을 해 주려고 기다리고 있었던 거야. 하늘에서는 카스트로의 폭격기들이 폭탄 세례를 퍼부어서 침공군이 탄 배들을 침몰시켰고, 땅에서는 탱크가 화염을 뿜으며 침공군에게 달려들었어. 결국 침공해 온 쿠바 사람들은 다들 죽거나 포로가 되고 말았어. 이 사건을 '피그스 만 침공Bay of Pigs Invasion' 사건이라고 해.

포로가 된 쿠바 병사들

카스트로와 흐루시초프

카스트로는 이 사건의 뒤에 미국이 있다는 걸 너무나도 잘 알고 있었어. 그래서 그는 '미국의 적'인 소련에게로 완전히 돌아섰어. 그리고 미국의 공격으로부터 쿠바를 방어하기 위해 소련에서 더 많은 무기를 사들였어. 이즈음 소련의 최고 권력자인 공산당 서기장은 니키타 흐루시초프Nikita Khrushchev였어. 그가 케네디 미국 대통령에게 분노에 찬 편지를 보냈어. "쿠바를 건드리지 마시오. 만일 미국이 또 쿠바를 집적거리면 우리는 '모든 수단을 다해서' 대응할 것이오!" 케네디도 씩씩거리며 똑같이 퉁명스러운 편지를 보냈어. "아메리카 대륙을 건드리지 마시오. 소련의 입김이 여기에 미치지 못하도록 막는 건 우리의 권리요!"

진짜 싸움은 '카스트로 대 미국'의 싸움이 아니라 '미국 대 소련'의 싸움이었던 거지.

6년 전인 1956년에 이런 일이 있었다는구나. 흐루시초프가 국제 연합 회의에 참석했대. 그런데 흐루시초프가 미국 대표와 무슨 이야기를 나누다가 무척 화가 났던가 봐. 그때 영국 총리가 한참 연설을 하고 있었는데 흐루시초프가 노발대발하더니 더 이상 화를 참지 못하고 신발을 확 벗어다가 책상에 꽝 내리치면서 미국 대표에게 "미국을 매장시켜 버리겠어!" 하고 고함을 꽥 질렀대.

영국 총리가 웅성거리는 소리를 듣고 연설을 멈추고 흐루시초프 쪽을 바라보았어. 그런데 어머나, 이게 무슨 일이야. 흐루시초프가 신발을 벗어다가 책상을 꽝 치고 막말을 하고……. 그 순간 영국 총리가 잽싸게 농담을 던졌어. "잠깐만요! 제가 통역을 해 드리죠!" 이 한마디에 고함 소리가 멎고 회

흐루시초프 소련 공산당 서기장

의가 무사히 끝났다는구나. 하지만 흐루시초프는 자리를 박차고 회의장을 나가 버렸어. 말 그대로 미국은 그의 '적'이었던 거지.

피그스 만 침공 사건이 일어난 지 한 해 반이 지난 1962년 10월이었어. 미국의 정찰기들이 여느 때처럼 쿠바 하늘 위를 돌아다니면서 정보를 수집하고 있었어. 그런데 보아하니 소련에서 갓 도착했음직한 무기들이 보이는 거야. 정찰기가 그걸 찍어서 사진을 분석해 보았어. 그랬더니 웬걸, 미사일에 제트 폭격기들이었어! 미국이 발칵 뒤집혔어. "저 미사일에 핵탄두*를 실어서 발사하면 우리 미국 전 지역의 도시가 한꺼번에 날아갈 수 있어! 저 제트 폭격기들에 핵폭탄을 싣고 떨어뜨리려나 보다! 핵 미사일에다 핵폭탄에…… 으아아!"

---

*핵탄두(核彈頭) : 미사일 따위에 결합시켜 놓은, 핵이 장치된 탄두. 탄두는 포탄 앞쪽 끝의 폭약을 장착한 부분을 가리킴.

미국 사람들이 다들 부들부들 떨었어. 하기야 뒷마당 격인 쿠바에서 안방 격인 미국의 수도 워싱턴을 공격하기란 식은 죽 먹기였어. 핵 미사일 한 방이면, 엎어지면 코 닿을 거리에 있는 미국의 수도를 잿더미로 만들어 버릴 수 있는 거지. 그런데 미국에게 무엇보다 최악의 상황이었던 것은, 쿠바에 배치된 핵 미사일의 '레드 버튼(red button 발사 단추)'이 저 멀리 소련에 있다는 것이었어.

쿠바 미사일 위기를 놓고 회의하는 케네디 대통령과 장관들

케네디 대통령의 입에서 즉각 명령이 떨어졌어. "해군 함정을 동원해서 쿠바를 완전히 봉쇄해 버리고, 소련 배가 무기를 싣고 접근해 오면 모조리 압수하시오!" 그리고 소련에게 경고했어. "소련이 우리에게 핵무기를 한 개라도 떨어뜨리면 우리는 그 보복으로 소련에 핵무기 세례를 퍼부을 것이오." 소련도 전투 준비에 들어가며 맞받아쳤어. "우리도 반격할 준비가 다 되어 있다!"

13일 동안, 미국과 소련은 당장이라도 전쟁을 시작할 것처럼 으르렁거렸고, 전 세계는 핵전쟁의 공포에 사로잡혔어. 일본의 히로시마에 원자 폭탄이 떨어진 뒤로 전 세계가 이처럼 공포에 떤 적은 없었어. 핵무기는 너무나도 강력하고 치명적이어서 만약 소련과 미국이 서로를 공격한다면 전 세계가 한순간에 파괴되고 말 것이었어. 사람들은 제발 핵전쟁이 일어나지 않기를 간절히 기도했고 하루하루 숨죽여 살았어. 어른들은 아침에 출근하면서 '오늘 저녁에 내가 무사히 집으로 돌아올 수 있을까?' 하고 걱정했고, 식구들은 아침 식사를 하면서 '과연 우리 식구가 오늘 저녁 식사를 함께할 수나 있을는지……' 하고 염려했어.

1961년에 있었던 흐루시초프와 케네디의 만남

나중에 미국의 어느 정치가가 이렇게 썼어. '미국과 소련은 성난 눈초리로 서로를 정면에서 노려보면서 눈싸움을 하고 있었다. 그리고 소련이 먼저 눈을 끔벅거렸다.' 10월 28일, 흐루시초프가 케네디에게 말했어. "쿠바를 침공하지 않겠다고 약속하시오. 그럼 우리도 쿠바에 배치된 미사일을 거둬들이겠소." 케네디도 화답했어. "좋소! 약속하오."

이렇게 해서 숨 막히는 13일이 막을 내렸어. 이것을 '쿠바 미사일 위기Cuban Missile Crisis'라고 해. 그러나 쿠바 미사일 위기는 끝났어도 냉전이 끝날 기미는 아직 보이지 않았어.

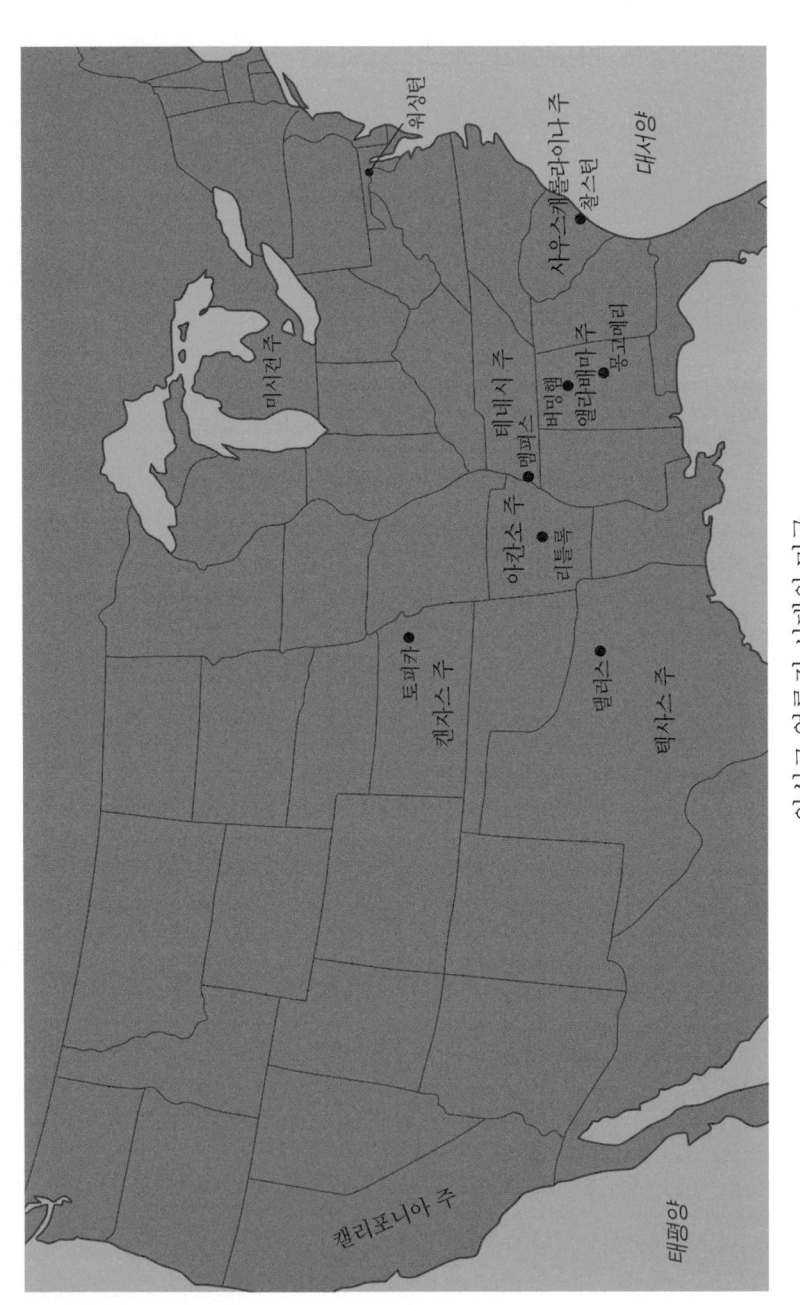

제36장 투쟁과 암살

케네디 대통령의 암살과 미국의 1950년대

존 F. 케네디는 우주 경쟁과 쿠바 미사일 위기 때 미국을 이끈 지도자였어. 미국 역사를 통틀어 몇 손가락 안에 꼽히는 매우 인기 있는 대통령이야. 그는 유명한 하버드 대학교 출신으로 얼굴도 잘생기고 말도 매우 잘했어. 그의 아내 재클린 케네디Jacqueline Kennedy도 매력적이고 아름다운 여자였지.

케네디는 제2차 세계 대전 때는 전쟁 영웅이었어. 이때 그는 해군으로 참전했는데, 어느 날 그가 이끌던 어뢰정*이 일본 군함의 공격을 받았어. 어뢰정이 침몰하고 그는 심한 중상을 입었는데, 그런 상태에서도 부하들을 잘 이끌어서 목숨을 구해 냈다는구나.

그는 또 두 권의 유명한 책을 쓰기도 했어. 한 권은 《영국은 왜 잠자고 있었나Why England Slept》로, 영국이 왜 독일의 위협을 진작 알아채지 못했나 하는 문제를 파

---

*어뢰정(魚雷艇) : 어뢰를 쏘아 적의 배를 공격하는 작고 날쌘 배.

미국의 대통령 존 F. 케네디

고든 책이야. 이 책을 쓰고 얼마 지나지 않아 그는 제2차 세계 대전에 참전했어. 또 한 권은 《용기 있는 사람들Profiles in Courage》이란 책인데, 이건 대통령이 되기 몇 해 전에 썼어. 이 책은 미국의 정치인 중에서 민주주의를 지키기 위해 뭇사람들의 손가락질도 마다하지 않은 용기 있는 인물 여덟 명에 관해서 쓴 책이지. 이 책으로 1957년에 풀리처 상을 받기도 했어. (풀리처 상은 미국에서 해마다 언론, 문학, 음악 분야에서 큰 발자취를 남긴 사람들에게 수여하는 상이야. 상권 제15장에서 나왔었지?)

케네디 대통령의 인기가 그렇게 좋았다면, 대통령 선거에 또다시 출마할 만했겠지? 너끈히 당선될 테니까. 케네디는 두 번째 임기에 도전할 생각을 했고 실제로 행동에 옮겼어. 그는 첫 번째 대통령 임기가 끝나 가는 마지막 해에 선거 운동을 시작했단다.

대통령에 당선되려면 전국을 두루 돌아다니면서 연설을 하고 사람들을 직접 만나서 악수도 많이 해야 해. 그리고 자신에게 표를 던지라고 설득해야 한단다.

1963년 11월 22일, 케네디는 아내 재클린과 함께 미국 남부에 있는 텍사스 주의 댈러스Dallas에 갔어. 하늘은 화창했지만 날씨가 쌀쌀해질 거라는 일기 예보가 있었어. 그래서 재클린은 모직으로 된 예쁜 연분홍 색 정장을 입었어. 늘 그렇듯이

댈러스 공항에 도착한 케네디와 재클린

우아한 옷차림이었어. 대통령이 댈러스의 기업인들과 점심 식사를 앞두고 있을 때였어. 존 코널리 텍사스 주지사가 대통령에게 제안했어. "시내를 한 바퀴 도시는 게 어떻겠습니까?" 댈러스 주민들의 얼굴도 직접 보고, 그들에게 대통령의 얼굴도 한번 비치고 가는 게 좋겠다는 거였지. 좋은 생각이었어. 대통령 부부와 주지사 부부가 무개차(지붕 없는 자동차)에 함께 올랐어. 경호원들이 자동차 주위를 에워쌌어. 그리고 멋진 카 퍼레이드*가 시작되었어. 엄청난 인파가 도로변에 몰려들었어. 주민들은 저마다 미소를 지으며 대통령에게 손을 흔들었고, 대통령도 사람들을 향해 손을 흔들어 주었어. 다들 신바람이 났어. 주지사의 아내가 대통령에게 한마디 했어. "미스터 케네디, 댈러스 사람들이 당신을 얼마나 좋아하는지 확실히 아시겠죠?"

12시 30분경, 대통령이 탄 자동차가 '텍사스 교과서 보관 창고'라는 간판이 걸려 있는 커다란 건물 앞을 지날 때였어. 갑자기 총성이 울리고 대통령이 푹 쓰러졌어! 총탄이 날아와 대통령의 목과 머리에 명중한 거야. 곁에 있던 주지사도 등에 총탄을 맞고 쓰러졌어. 순식간의 일이었어. 경호원들이 급히 달려들어 온몸으로

---

*퍼레이드(parade) : 화려하게 무리를 지어 거리를 행진하는 일.

케네디 대통령의 암살과 미국의 1950년대

암살되기 전의 케네디 대통령의 모습

막아섰지만 때는 이미 늦었어. 대통령의 자동차가 가까운 병원을 향해 숨 가쁘게 달려갔어. 그러나 파크랜드 메모리얼 병원에 도착했을 때, 주지사는 살아 있었지만 대통령은 이미 숨진 뒤였어. 가톨릭 사제 두 사람이 병원에 와서 대통령의 명복을 빌어 주었어.

간호사 한 명이 재클린에게 "갈아입을 옷을 갖다 드릴까요?" 하고 물었어. 그러자 그녀가 대답했어. "아니오, 저들이 무슨 짓을 했는지 그대로 보여 주겠어요." 그녀의 재킷과 스커트는 온통 피로 얼룩져 있었어.

대통령이 세상을 떠나고 말았으니 그 역할을 당장 누가 대신 맡아야 했어. 미국에서는 부통령이 그 역할을 맡게 되어 있어. 부통령 린든 존슨Lyndon Johnson이 당장 대통령 서리 노릇을 하게 되었어. ('서리(署理)'는 역할을 대신하는 사람을 말한단다.) 대통령 취임 선서만 하면 정식으로 대통령이 될 것이었어.

그런데, 대통령을 죽인 그 '의문의 암살범(들)'이 대통령 서리마저 죽이면 어떡하지? 대통령 서리도 지금 여기에 있는데! 존슨은 대통령이 저격당할 때 다른 차를 타고서 뒤따라오는 바람에 화를 면했어. 그는 지금 대통령의 시신을 지키고 있었어. 대통령을 잃은 경호원들에게 비상이 걸렸어. 경호원들은 그에게 위험하니 어서 워싱턴으로 돌아가자고 간청했어. 하지만 존슨은 대통령의 시신을 댈러스에 그냥 두고 갈 수 없다고 고개를 흔들었어.

사건 발생 두 시간 만인 오후 2시 30분경, 대통령의 시신을 담은 관이 대통령 전용기에 실렸어. 연방 지방 법원 판사인 세라 휴즈가 대통령 참모들의 연락을 받고 부리나케 달려와 기다리고 있었어. 곧 대통령 전용기 안에서 '제36대 미국 대통령 취임 선서식'이 거행되었어. 세라 휴즈 판사 앞에서 존슨 대통령 서리가 대통령 취임 선서를 했어. 미국에서 이렇게 비행기 안에서 대통령 취임 선서식이 이루어지기도 처음이었고, 여성에게 선서를 하기도 이번이 처음이었어. (대개는 연방 대법원장 앞에서 하지만, 딱히 누구한테 선서를 해야 하는지는 미국 헌법에 따로 정해져 있지 않다는구나.)

이때 재클린이 피 묻은 정장 차림으로 존슨 곁에 서 있었어. 그녀의 뒤를 이어서 이날 새 퍼스트레이디(first lady 대통령의 아내)가 된 존슨 여사는 일기에 이렇게 적었어. "그녀의 모습을 바라보았다. 옷은 피 범벅이 되어 있고, 한쪽 다리는 완전히 피투성이였다. …… 이 슬픈 날, 이처럼 가슴 아픈 장면이 또 어디 있으랴. 저 티 없이 맑고 우아한 여인이 피를 뒤집어쓰고 말았으니……."

선서가 끝나자마자 비행기가 이륙했어.

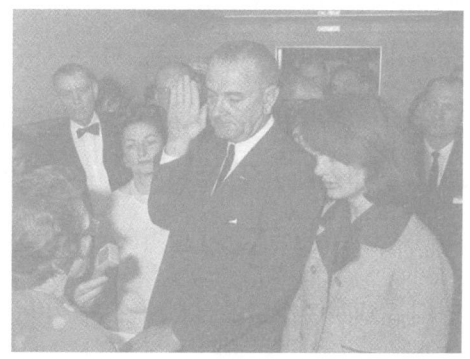

린든 존슨 대통령의 취임 선서식

케네디 대통령의 암살과 미국의 1950년대

비행기는 전(前) 대통령의 시신과 그의 아내, 새 대통령 부부를 싣고서 워싱턴으로 날아갔어.

미국 대통령이 암살되기는 이번이 처음이 아니었단다. 일찍이 1865년에 에이브러햄 링컨 대통령이 워싱턴의 포드 극장에서 연극을 보다가 존 윌크스 부스라는 사람의 총을 맞고 이튿날 아침에 세상을 떠났어. 존 윌크스 부스는 노예 제도를 찬성하는 사람이었어.(상권 제5장에 나온 내용이야.) 또 1881년에는 제임스 가필드 대통령이 취임한 지 겨우 넉 달 며칠 만에 워싱턴의 어느 기차역 대합실에서 총탄을 맞고 쓰러졌어. 그를 쏜 사람은 찰스 J. 기토란 사람이었는데, 글쎄 돈으로 관직을 사려다가 뜻대로 되지 않자 화가 나서 대통령을 죽였다는구나. 가필드 대통령은 총에 맞고 80일 만에 죽었어. 그리고 1901년에는 윌리엄 매킨리 대통령이 뉴욕 주 버펄로에서 개최된 전국 박람회에 가서 모인 사람들과 악수를 나누다가 레온 촐고츠란 사람의 총을 맞고 죽었단다.

그런데 케네디 대통령의 죽음에는 남다른 구석이 있었어. 그의 죽음은 미국 사람들에게 여느 대통령의 죽음과는 사뭇 다르게 받아들여졌단다. 그가 죽자 많은 사람들이 그가 다스렸던 시대를 캐멀롯Camelot에다 비유하곤 했어. 아서 왕과 그의 아내 귀네비어가 다스렸다는 전설의 왕국 '캐멀롯' 말이야. 케네디 자신도 뮤지컬 〈캐멀롯〉을 아주 좋아했다는구나. 재클린은 케네디가 암살되고 며칠 뒤에 있었던 인터뷰에서 〈캐멀롯〉에 나오는 아서 왕의 대사 한 토막을 읊었대. "잊지 마오, 한때 그곳이 있었음을. 그 빛나던 한순간 캐멀롯이 있었음을."

1950년대에 나왔던 〈나의 집 MY HOME〉이란 잡지의 표지

돌이켜 보면 '케네디 시대'를 고비로 미국 사회가 많이 달라졌어. 제2차 세계 대전 이후인 1945년부터 그가 세상을 떠난 1963년까지 미국은 아주 잘 나갔어. 나라에 기운이 펄펄 넘쳤고, 미래도 밝아 보였어. 전쟁이 끝나고 1950년대에 들어서자 여기저기 새집이 막 들어섰어. 일찍이 없던 일이었어. 자기 집을 가지게 된 가정이 엄청나게 늘었어. 텔레비전과 잡지는 행복한 가정으로 가득한 그런 집들의 모습으로 가득 메워졌어. 저녁 시간에 식구들이 한자리에 모여서 단란하게 식사를 하고, 훌라후프를 하고, 드라이브인 극장*에 가서 영화를 보는 모습들이었어. 이런 미국 사회에서 모든 남자들은 좋은 직장을 가졌고, 모든 여자들은 아름답고 완벽한 가정을 가진 것처럼 보였어.

하지만 1950년대가 마냥 행복한 시절이었던 것은 아니었어. 겉으로 드러나지 않았을 뿐이지 걱정거리가 한둘이 아니었으니까. 우선 냉전의 소용돌이가 사람들의 마음을 점점 더 옥죄었어. 또, 다른 나라에서 미국으로 이민 온 사람들은 으레 가

---

*드라이브인 극장(drive-in theater) : 자동차에 탄 채로 영화를 관람할 수 있는 극장.

난과 지저분함과 질병에 허덕이며 힘든 삶을 살았어. 특히 남부 지방에서, 흑인들은 인간답게 살 권리를 거부당했어. 투표권도 없었고, 백인들이 너무도 당연하게 누리는 권리를 오직 흑인이라는 이유로 전혀 누릴 수가 없었으니까.

이런 문제들은 새삼스러운 건 아니었어. 그전부터 죽 있어 왔으니까. 그런데 케네디 대통령이 암살당한 뒤로 이런 문제들이 툭툭 불거져 나오기 시작했어. 그러다가 마침내 누구도 외면할 수 없을 정도로 심각한 사회 문제가 되었어. 이 나라에서 사는 맛이 예전만 못한 것 같았어. 그래서 "옛날이 좋았지.", "이젠 좋은 시절도 다 갔구나!" 이런 말들이 여기저기서 나오기 시작했어. 하기야 미국 사회에 떨어진 '발등의 불'이 어디 한두 개라야 말이지. (다음에 나오는 '미국의 민권 운동과 킹 목사'와 제37장에서 그중 몇 가지를 알 수 있을 거야.)

그런데 도대체 케네디 대통령을 누가, 왜 죽인 걸까? 이에 관해서는 이러쿵저러쿵 아직도 말들이 많아. 다만, 많은 사람들이 리 하비 오즈월드Lee Harvey Oswald라는 사내가 케네디를 죽였다고 믿고 있어. 오즈월드는 그때 스물네 살이었는데, 해병대 출신으로 총 하나만큼은 기막히게 잘 다뤘대. 그는 해병대를 제대하자마자 소련으로 훌쩍 가서 거기서 얼추 3년을 살았다고 해. 그러다가 암살 사건이 있기 한 해 반쯤 전에 미국으로 돌아왔다는구나. 이 때문에 많은 사람들이 그가 진작부터 공산주의에 기울어져 있었다고 짐작하고 있어. 그리고 오즈월드는 아까 말한 그 '텍사스 교과서 보관 창고'에서 일하고 있었어. 이곳은 미국 남서부 지방의 많은 학교들을 상대로 책을 주문 받아 공급해 주는 곳이었는데, 이 건물 6층에서 총알이 날아왔다고 해.

대통령이 암살되자 경찰이 범인을 쫓기 시작했어. 45분쯤 뒤 존 D. 티핏이라는 경찰관이 순찰차를 타고 가다가 댈러스의 거리를 서성이고 있던 오즈월드를 발견했어. 티핏 경찰관은 그를 불러 세운 뒤 순찰차 창문을 내리고 몇 마디 질문을 던졌어. 이어 그가 순찰차에서 내리는 순간, 오즈월드가 품속에서 총을 꺼내 쏘았어. 티핏은 그 자리에서 죽었단다.

오즈월드는 냅다 도망쳤지만 30분 남짓 만에 다시 붙잡혔어. 경찰이 그의 손에 수갑을 채우고 경찰서로 끌고 왔어. 그는 경찰의 조사를 받으면서 "암살 사건과 난 아무 상관이 없소!" 하며 길길이 날뛰었어. 하지만 경찰에게는 씨알도 먹히지 않는 소리였어. 그는 사건이 발생한 지 13시간 만에 대통령 암살범으로 기소되었어. ('기소'는 검사가 죄 지은 사람을 벌 주기로 하고 재판에 넘기는 걸 말해.)

11월 24일 아침, 경찰이 그를 구치소*로 옮길 채비를 했어. 그를 구치소로 데려갈 자동차가 경찰서 앞에 대기하고 있었어. 경찰서 지하에 텔레비전 카메라맨들이 몰려들었어. 그가 경

대통령을 암살한 오즈월드와 그를 취재하는 기자들

*구치소(拘置所) : 구속 영장에 의해서 구속되어 있는 사람 등을 판결이 날 때까지 수용하는 시설.

찰에 이끌려 위로 올라가는 문으로 향하는 장면이 '오즈월드, 오늘 구치소로'라는 제목으로 전국에 생방송으로 보도되고 있었어. 그런데 그가 지상 계단으로 향하는 문 근처에 이르렀을 때, 어떤 사람이 그에게 갑자기 달려들더니 고함을 질렀어. "네놈이 대통령을 죽였어? 이 나쁜 놈!" 이어서 그는 총을 꺼내 오즈월드를 쏘았어. 이 사람이 누구인지, 언제 무슨 수로 이 철통같은 경찰서 지하실로 들어왔는지 알 수 없었어.

전국에서 생중계로 저격 장면을 본 수많은 미국 사람들이 깜짝 놀라서 뒤로 나자빠졌어. 대통령 저격 사건에 이은 '오즈월드 저격 사건'이었어. 오즈월드를 쏜 사람은 잭 루비Jack Ruby라는, 댈러스 시내의 어느 나이트클럽의 주인이었어. 그가 케네디 대통령을 존경하는 인물이라는 보도가 나오기 시작했어.

오즈월드는 대통령이 실려 갔던 파클랜드 메모리얼 병원으로 옮겨졌다가 이틀 뒤에 숨졌어. 그리고 장례식도, 조문객도 없이 쓸쓸히 무덤에 묻혔어. 관을 옮길 사람마저 없어서 그의 장례식을 취재하러 왔던 기자들이 관을 옮겼다는구나. 그를 죽인 나이트클럽 주인 잭 루비는 살인죄로 기소되었지만 재판이 종결되지 않은 상태에서 암으로 세상을 떠났어.

오즈월드를 총으로 쏘는 잭 루비

1963년 11월 25일, 케네디 대통령은 워싱턴 근처의 알링턴 국립 묘지Arlington National Cemetery에 묻혔어. 이때 그의 나이 마흔일곱 살이었어. 그의 묘비에 새겨진 글 중에 이런 대목이 있단다.

> 미국 시민 여러분,
> 조국이 여러분을 위해 무엇을 할 수 있는가를 묻지 말고
> 여러분이 조국을 위해 무엇을 할 수 있는가를 물으십시오.
> 전 세계 시민 여러분,
> 여러분을 위해 미국이 무엇을 할 수 있는가를 묻지 말고
> 인간의 자유를 위해 우리 모두가 무엇을 할 수 있는가를 물으십시오.

미국의 민권 운동과 킹 목사

1960년대 미국에서 모든 사람들이 전부 자유를 누렸던 건 아니야.

노예 제도가 없어진 지 무려 1백 년이 지났지만, 미국 남부 지방은 옛날과 별반 달라진 것이 없었어. 남부의 흑인들은 여전히 푸대접을 받으며 하루하루를 고달프게 살아가야 했어.

노예 제도가 금지되자 남부 지방의 백인들은 흑인들을 가난의 사슬에 꽁꽁 묶어두려고 온갖 법을 새로 만들었어. 흑인들이 경제력을 갖게 되면 목소리를 높일 거라고 생각한 거야. 흑인들은 투표에도 참여할 수 없었고, 백인과 결혼할 수도 없

었어. 남아프리카 공화국의 흑인들처럼 이들 역시 백인이 드나드는 식당에 들어갈 수 없었어. 학교도 따로, 미장원이나 이발소도 따로였어. 백인들이 물을 길어 먹는 샘물에 손을 대서도 안 되었고, 버스를 타면 흑인 칸에 따로 앉아야 했어. 흑인은 죽어서도 아무 묘지에나 묻힐 수 없었어. 미국 남부에서 벌어진 이런 인종 차별을 '인종 분리(segregation)'라고 불러.

미국 남부의 흑인을 옥죄고 있던 이런 인종 분리 법을 통틀어 '짐 크로 법Jim Crow Law'이라고 해. '짐 크로'라는 이름은 19세기에 유행한 〈점프 짐 크로Jump Jim Crow〉란 노래에서 따온 거야. 이 노래는 44절까지 있는데 그 1절을 잠깐 읽어 볼까?

> 처녀 총각 다들 와서 내 말 좀 들어 봄세
> 난 터크호*에서 막 왔다네.
> 내, 노래나 한가락 읊어 봄세,
> 내 이름은 짐 크로.
>
> (합창)
> 요리 뱅글 조리 뱅글, 잘한다, 잘해!
> 쉬지 말고 뱅글 돌다 펄쩍 뛰어, 짐 크로!

---

*버지니아 주를 가리킴.

이 노래의 주인공 '짐 크로'는 절름발이가 된 흑인 노예의 이름이란다. 이 노래는 '민스트럴 쇼의 아버지'로 불리는 토머스 라이스라는 백인이 만들었어. '민스트럴 쇼(minstrel show)'는 백인 광대들이 흑인으로 분장해서 벌이는 대규모 쇼를 말해. 이런 쇼가 19세기에 큰 인기를 누렸다는구나. 그런데 이 '짐 크로'란 이름이 점점 흑인을 얕잡아 보는 말로 바뀌면서 '검둥이'란 뜻으로 굳어졌어. 그러니까 '짐 크로 법'은 한마디로 '검둥이 법'이란 뜻이지.

민스트럴 쇼의 광고

'짐 크로 법'은 대부분 1870년대부터 1900년 사이에 만들어졌어. 흑인들은 이런 법들이 만들어질 때부터 반발했어. 하지만 약자 입장에서 대놓고 반발하기가 쉽지 않았어. 그러다가 1950년대에 접어들면서 흑인들의 저항이 점점 거세졌어. 여기저기서 짐 크로 법의 불공정함에 대해 목소리를 높이기 시작했어. 바야흐로 전 세계의 흑인들이 억압의 사슬에서 풀려 나고 있었어. 그런데 '자유'와 '민주주의'를 대표한다고 하는 미국은 막상 예외였어. 피부의 색깔이 검다는 이유로 흑인들이 자유를 누리지 못하고 있었던 거지.

미국 흑인들은 자신들도 백인들처럼 민권(民權. 국민의 권리)을 누리고 싶었어. 투표에도 참여하고, 자신들이 하고 싶은 일을 하고, 하고 싶은 생활을 자유롭게 하고

미국의 민권 운동과 킹 목사

싶었어. 그래서 '짐 크로 법'을 무너뜨리기 위한 투쟁에 나섰어. 미국의 역사를 바꿔 놓은 이 운동을 '민권 운동Civil Rights Movement'이라고 해.

민권 운동의 불꽃은 미국 남부의 사우스캐롤라이나 주의 클래랜던 카운티에서 피어올랐어. ('카운티'는 우리 나라의 군(郡)과 비슷한 행정 구역이야.) 1950년대 초에 이 카운티에는 약 3만 2천 명쯤 되는 사람들이 살고 있었는데 인구의 대부분이 흑인이었어. 그런데 이 지역의 땅이란 땅은 거의 다 백인들이 쥐고 있었어. 흑인들은 쥐꼬리만 한 품삯을 받으며 백인들의 농장에서 품을 팔아야 했지. 흑인들의 형편은 이루 말할 수 없을 정도로 어려웠어. 한 해 가구*당 수입이 1천 달러(지금 우리 나라 돈으로 1백만 원쯤 된단다.)도 채 안 되는 집이 수두룩했어. 또 흑인 아이들이 다니는 학교는 언제 쓰러질지 모르는 낡고 허름한 건물이었고, 수도도 전기도 들어오지 않았어. 하지만 백인 아이들이 다니는 학교는 멋지고 깔끔한 벽돌 건물에 시설도 거의 대저택 수준이었어.

1951년 5월 28일, 변호사 세 사람이 사우스캐롤라이나 주의 찰스턴 카운티에 있는 연방 법원에다 소송*을 냈어. 주(州) 법원을 피해 일부러 연방 법원에 소송을 낸 것이었는데, 연방 법원 판사들은 사우스캐롤라이나 주가 아닌 미국 정부에서 임명하기 때문이었어. 이때 연방 판사는 세 사람이었고 물론 모두 백인이었어. 변호사들은 "흑인과 백인을 분리해서 학교를 따로 운영하는 것은 '모든 시민은 평등하

---

*가구(家口) : 혈연관계와는 상관없이 주거와 생계를 같이하는 단위.
*소송(訴訟) : 법원에 재판을 청구하는 일.

다.'고 규정한 미국 헌법에 위반된다."고 주장했어. 판사 한 사람은 변호사들의 손을 들어 주었지만 나머지 두 사람은 고개를 저었어. 그래서 변호사들이 소송에서 졌어.

그러나 이것은 시작에 지나지 않았어. '인종 분리 교육'을 깨뜨리기 위한 또 다른 소송이 제기되었어.

이번에는 남부 한가운데에 있는 캔자스 주의 토피카 시에서 소송이 벌어졌어. 변호사들은 '인종 분리 학교'는 헌법 정신에 어긋난다고 강력하게 주장했고, 이 소송은 결국 연방 대법원까지 갔어. 연방 대법원이 어느 쪽 손을 들어 주느냐에 따라 미국의 인종 분리 교육이 계속되느냐 끝나느냐가 확실히 결정 나게 되었어. (연방 대법원이 최고 법원이기 때문에, 여기에서 결정된 판결은 아무도 뒤엎을 수 없어.) 1954년, 연방 대법원이 역사적인 판결을 내놓았어. '공립학교에서 인종을 분리하여 교육하는 것은 헌법 정신에 위반된다!' 이것을 '브라운 대 토피카 교육 위원회 판결'이라고 해.

이어 1955년 12월 1일, 민권 운동 역사의 새로운 장이 열렸어. 이날 앨라배마 주 몽고메리 시에 사는 로자 파크스Rosa Parks라는 흑인 여성이 버스를 탔어. 그녀는 흑인 전용 칸에

'브라운 대 토피카 교육 위원회 판결'에 대해 실린 신문 기사

가서 다른 흑인 승객 세 사람과 함께 한 줄로 죽 앉았어. 백인들은 백인 전용 칸에 가서 앉았단다. 그런데 좌석이 다 차서 백인 한 사람이 서서 갈 형편이 되었어.
그러자 버스 운전사가 흑인 승객들에게 말했어. "거기, 그 줄 다 일어나요!" 흑인 승객 네 사람이 전부 일어나서 백인에게 자리를 내주라는 소리였어. 그런데 왜 한 사람이 아니라 네 사람 다 일어나라고 했을까? 그것은 이 도시의 법(시 조례라고 해.) 때문이었어. 이 법에 따르면 백인과 흑인은 서로 섞여 앉으면 안 되었어. 운전사의 말이 떨어지자 흑인 세 사람이 자리에서 벌떡 일어났어. 그러나 로자 파크스는 꼼짝하지 않고 그냥 버텼어. 그러자 경찰이 달려와서 법을 위반했다는 혐의로 그녀를 체포했어.
로자 파크스가 체포되었다는 소식이 전해지자 흑인들이 머리를 맞대고 '짐 크로 법'에 정면으로 맞서기로 의견을 모았어. 우선 버스 이용을 보이콧하기로 했어. "버스의 흑백 전용 칸을 없애라!", "누구나 아무 자리에 가서 앉을 수 있을 때까지 흑인들은 버스 이용을 거부한다!" 흑인들의 목소리가 울려 퍼지기 시작했어.
'몽고메리 버스 보이콧' 운동에 앞장선 사람들은 어떤 흑인 목사에게 도움을 청했어. 그는 이 도시에 온 지 1년 남짓밖에 안 되는 신출내기였어. 하지만 연설을 힘 있고 감동스럽게 잘한다는 소문이 나 있었

체포되어 지문을 찍고 있는 로자 파크스

어. 이 사람이 바로 뒷날 미국 민권 운동의 지도자로 우뚝 서게 될 마틴 루터 킹 2세 Martin Luther King Jr.였어.
몽고메리 버스 보이콧은 몇 주일을 끌고 몇 달을 끌었어. 아무도 예상하지 못한 사태였어. 몽고메리의 백인들은 흑인들에게 겁을 주어서 보이콧을 그만두게 만들려고 했어. 심지어 어떤 사람은 킹의 집에 폭탄을 터뜨리기까지 했어.

몽고메리 버스 보이콧을 이끈 마틴 루터 킹

그런데 연방 대법원에서 기쁜 소식이 날아왔어. '몽고메리 시가 버스 좌석을 흑백으로 나누게 한 것은 헌법에 위반된다.'는 판결이 나온 거야. 흑인들은 이제부터 버스에서 아무 데나, 자기가 앉고 싶은 자리에 가서 앉을 수 있었어. "와아! 이겼다!" 흑인들이 환호성을 올렸어.

역사적인 버스 보이콧 운동이 성공한 뒤, 이 운동에 힘을 쏟았던 로자 파크스는 하원 의원 존 커니어스의 비서로 일하며 활동 무대를 넓혔어. 킹 목사는 남부 지역, 나아가 미국 전 지역을 무대로 민권 운동을 펼쳐 나갔어. 그는 간디를 무척 존경해서, 자신도 간디의 정신을 본받아 비폭력 저항으로 세상을 바꾸겠노라고 다짐했어. 그는 남부 전 지역을 돌아다니며 비폭력 행진과 투쟁을 두루 이끌었어. 또 전국 방방곡곡을 다니며 사람들이 모인 자리에서 연설하고 '인종 분리'가 잘못된

마틴 루터 킹 2세
미국의 민권 운동을 이끈 목사 마틴 루터 킹 2세야. 그는 1964년에 노벨 평화상을 받았어. 그는 '나에게는 꿈이 있습니다.'라는 제목의 멋진 연설을 하기도 했는데, 그 내용은 흑인과 백인이 손을 맞잡기를 꿈꾼다는 내용이야.

것임을 알렸어.

미국의 남부 전 지역이 민권 운동의 불길에 휩싸였어. 흑인들은 로자 파크스나 킹 목사 같은 수많은 헌신적인 지도자들을 따라 들고일어났어. 그들은 분리가 아니라 평등을 요구했어. 백인들 중에도 인종 분리의 부당함에 찬성하고 민권 운동에 박수를 보내는 사람들이 있었어. 하지만 민권 운동의 불길을 끄려고 덤비는 백인들도 많았어. '버스의 흑백 전용 칸은 헌법에 위반된다.'는 연방 대법원의 판결이 나오기가 무섭게 몽고메리의 백인들은 지나가는 버스에다 총질을 해 댔어. 또 남부 전 지역의 백인들은 하루가 멀다 하고 흑인 지도자들에게 폭탄을 던져 댔단다. 한편, "아니, 우리 아이들을 어떻게 흑인 아이들하고 같이 공부시킬 수 있어?" 하면서 흑백 통합 교육을 결사적으로 막으려는 백인들의 노력도 끈질겼어. 1954년에 대법원이 '브라운 대 토피카 교육 위원회 판결'로써, 공립학교에서 인종을 분리하여 교육하는 것은 헌법에 위반된다고 분명히 못 박았는데도 수많은 공립학교들이 못 들은 척했어. 그리고 1960년대까지 인종 분리 교육을 끌고 갔어. 어떻게 이럴 수 있었을까? 그것은 연방 대법원의 판결에 '빠져나갈 구멍'이 이미 마련되어 있었기 때문이야. 연방 대법원은 '흑백 통합 교육을 하되 차근차근 하라.'고 했단다. 다시 말하면, 언제까지 흑백 통합 교육을 하라는 '시한'이 없었던 거야.

자, 네가 도서관에 가서 읽을 만한 책을 골랐다고 치고, 상상해 보자. 너는 그 책을 빌리고 싶어. 그럼 '대출 기간'을 확인해야겠지? 그 책을 얼마 동안이나 빌려 볼 수 있는지 말이야. 대출 기간을 어기면 '벌칙'이 있을 거야. 그런데 벌칙이 '대출 기간을 어길 경우, 대출해 간 책값의 열 배를 벌금으로 물린다.'라고 되어 있다면 너는 어떻게 할까? 너는 대출 기간을 반드시 지키려고 할 거야. 어겼다가는 손해가 클 테니까. 그런데 거꾸로 대출 기간이란 게 물렁물렁하기 짝이 없다고 해 봐. '빌려 가신 책은 되도록 빨리 반납해 주십시오. 그러나 너무 서두르지는 마세요.' 뭐 이런 식으로. 그러면 너는 한 달이고 두 달이고 석 달이고 이 책을 돌려주지 않을 수도 있어. 읽고 또 읽고 하면서 말이지. 혹은, 책을 돌려줘야 한다는 사실을 까맣게 잊어버릴 수도 있을 거야.

미국 남부의 공립학교들이 꼭 이 모양이었어. 수많은 백인 학교 교장과 백인 학부모들은 인종 통합 교육을 받아들일 마음이 눈곱만큼도 없었어. "언제까지 흑백 통합 교육을 해야 한다는 법이라도 있어?" 오히려 이렇게들 나왔어. 그러면서 계속 흑인 아이들의 입학을 막았어.

심지어 버지니아 주의 몇몇 도시에서는 이런 일도 있었어. 연방 정부에서 '언제까지 인종 통합 교육을 하라.'는 지시가 내려오자 공립학교들이 아예 학교 문을 닫아 버린 거야. "우리 아이들이 흑인 아이들과 뒤섞여서 공부하는 꼴을 보느니 차라리 학교를 없애 버리자!"고 나온 것이었어. 그리고 백인들은 자기네 아이들을 백인 아이들만 다니는 비싼 사립학교로 전학시켜 버렸어. 어떤 백인들은 아이들을 아예 학교에 보내지 않았단다.

흑백 통합 교육이 강제로 이루어진 곳도 있었어. 미국 중남부의 아칸소 주의 주도(州都) 리틀록에 있는 리틀록 센트럴 고등학교가 그곳이었어. 1957년 9월 4일, 엘리자베스 엑포드를 비롯한 흑인 아이들 아홉 명이 이 학교에 입학하려고 시도했어. 이 학교는 흑인 학생의 입학을 철저히 막고 있던 학교였어. 헌법의 정신과 연방 대법원의 판결에 따르면 흑인 학생들이 이 학교에 다니지 못할 이유가 없었어. 그러나 아칸소 주의 주지사 오벌 포버스는 말도 안 되는 소리라고 하면서 주 방위군에게 명령을 내렸어. "가서 흑인 아이들이 학교에 발도 못 들여놓게 하시오!" 주 방위군은 적의 공격이나 재난에 대비해서 주를 방어하기 위해 있는 군대로, 병사들은 아칸소 주의 사람들이었어. 그리고 물론 이런 일에 쓰라고 있는 군대가 아니었지. 엘리자베스를 비롯한 흑인 아이들 아홉 명이 학교로 갔어. 나중에 엘리자베스는 신문 기자에게 다음과 같이 말했단다. "저는 방위군이 백인 아이들을 들여보내고 있는 쪽으로 갔어요. 제가 방위군을 지나쳐 억지로 학교에 들어가려 하자 그가 저를 꽉 붙잡았어요. 저는 뿌리치고 학교에 들어가려고 했어요. 그러자 그가 총검(총 끝에 꽂은 칼)으로 저를 겨누는 거예요. 막 찌를 듯이 말이에요. 다른 방위군들도 우르르 다가와서 총검을 겨누었어요. 그리고 무서운 표정으로 저를 노려보았어요. 저는 너무너무 무서웠어요. 어떻게 해야 할지를 모르겠더라고요. 하는 수 없이 저는 발길

리틀록 센트럴 고등학교
(저 뒤로 아이들이 연방군의 호위를 받으며 들어가고 있음)

야유를 받으며 학교로 들어가는 엘리자베스 엑포드

을 돌렸어요. 그러자 모여 있던 백인들이 '저년 죽여라!' 하면서 마구 달려드는 거예요. 정말 무서웠어요……."

이 소식이 드와이트 아이젠하워 대통령의 귀에 들어갔어. 그는 포버스 주지사에게 흑인 아이들을 학교에 들여보내라고 명령했어. 주지사가 그렇게는 못 하겠다고 나왔어. 그러자 대통령은 엘리자베스와 흑인 아이들을 호위하라는 명령과 함께 1천 명의 연방군을 이 도시로 보냈어. 이렇게 해서 흑인 아이들 아홉 명은 학교에 들어갈 수 있었어.

상상해 봐. 엘리자베스가 학교 안으로 걸어 들어갈 때나, 학교 건물로 들어갈 때, 교실로 들어갈 때 얼마나 무서웠을지. 또, 얼마나 큰 용기를 내야 했을지. 엘리자베스와 다른 여덟 명의 아이들은 학교 안에서 한순간도 마음을 놓을 수 없었을 거야. 하지만 아이들은 이튿날에도, 그 다음 날에도 계속 학교에 갔어. 몇몇 백인 아이들과 부모들이 욕설을 퍼붓고, 죽인다고 협박해도 꾹꾹 참아 가면서…….

미국의 학교에서 완전한 인종 통합 교육이 이루어지기까지는 더 많은 세월이 지나야 했어. 그러나 엘리자베스 같은 학생들과 로자 파크스와 킹 목사 같은 수많은 사람들의 용기는 열매를 맺고야 말았어. 미국의 흑인들이 '민권'을 누릴 수 있는 날이 다가온 거야.

1964년, '민권법Civil Rights Act'이 오랜 논쟁 끝에 마침내 의회를 통과했어. 학교를 비롯한 공공시설에서 인종을 분리하거나 차별하는 모든 행위는 금지되었고, 흑인들은 비로소 투표권을 가질 수 있게 되었어. 민권 운동이 위대한 승리를 거둔 이해에, 민권 운동 지도자 킹 목사에게 노벨 평화상Nobel Peace Prize이 돌아갔어.

민권법에 사인하는 존슨 대통령
(뒤에 마틴 루터 킹의 모습이 보임)

그로부터 4년 뒤인 1968년 4월 4일, 킹 목사가 테네시 주 멤피스의 어느 모텔에 동료들과 함께 묵고 있었어. 이 도시의 가난한 흑인 청소부들이 임금을 올려 달라고 파업*을 벌이고 있었고, 킹 목사는 이들을 돕기 위한 행진을 이끌 계획이었어. 그런데 이날 저녁, 그는 모텔의 자기 방 발코니에 서 있다가 제임스 얼 레이라는 백인이 쏜 총탄에 쓰러지고 말았어. 그리고 다시는 일어나지 못했어. 이때 그의 나이 마흔 살이었어. 민권법이 의회를 통과한 지 몇 해가 지났지만 흑인과 백인 간의 갈등과 미움은 아직 시퍼렇게 살아 있었어.

*파업(罷業) : 근로자가 기업주를 상대로 요구 조건을 실현시키기 위해 노동을 중지하는 것.

미국의 민권 운동과 킹 목사

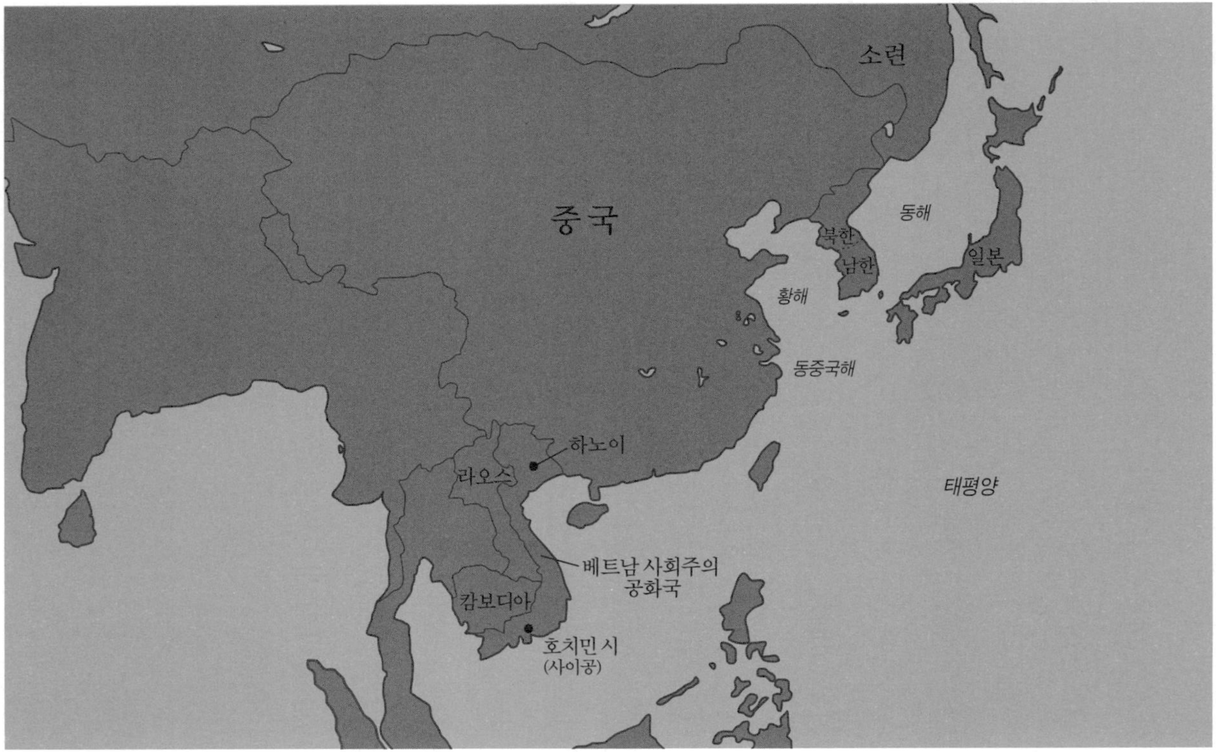

지도상 한국어 라벨:

- 소련
- 중국
- 몽골
- 북한
- 남한
- 황해
- 동중국해
- 동해
- 일본
- 태평양
- 하노이
- 베트남사회주의공화국
- 호치민시 (사이공)
- 라오스
- 캄보디아

베트남의 통일

제37장 긴 전쟁과 짧은 전쟁

베트남 전쟁과 미국

지난번에 베트남에 들렀을 때 '제1차 인도차이나 전쟁'이 일어났었지? 프랑스가 전쟁에 져서 베트남에서 빈손으로 물러났고, 평화 협정이 맺어졌어. 그래서 3백 일 안에 남베트남과 북베트남이 총선거를 실시해서 통일 정부를 세울 예정이었지.(제33장 뒷부분에 나온 이야기야.)

그 결과를 알아볼까? 프랑스는 베트남을 떠났어. 그러나 '남북 총선거'는 치러지지 않았단다. 평화 협정이 아무 소용이 없었던 거지. 베트남은 여전히 남북으로 갈라져 있어.

호치민이 이끄는 북베트남(베트남 민주 공화국)에는 별 변화가 없어. 호치민은 공산주의자든 아니든 다 함께 힘을 모아 외국 세력을 몰아내고 나라를 통일하자고 벼르고 있어. 하지만 남베트남(베트남 공화국)에는 변화가 있었어. 프랑스가 베트남에서 손을 떼고 떠나 버렸기 때문에, 프랑스가 꼭두각시로 앉혀 놓은 통치자 '바오다이'가 낙동강 오리 알 신세가 되어 버렸거든.

이 상황에서 큰 변화가 일어났어. 프랑스 대신 미국이라는 호랑이가 달려든 거야! 이 때문에 베트남 사람들은 그 누구도 상상할 수 없었던 엄청난 시련을 겪게 되었어.

그런데 미국은 왜 베트남에 뛰어들었을까? 한마디로 소련과의 '냉전' 관계 때문이었어. 이 냉전의 시대에, 공산주의라고 하면 기겁을 하고 있던 미국이 북베트남을 눈여겨보지 않을 리가 없었어. 미국은, 프랑스를 몰아낸 북베트남의 호치민 군대가 남베트남을 덜컥 집어삼키면 어떡하나 하고 걱정하고 있었어. 그리고 베트남 전 지역이 공산주의로 넘어가면, 그 영향을 받아서 이웃 나라들까지 공산주의로 넘어갈 게 틀림없다고 불안해 했어. 이것을 '도미노 이론(domino theory)'이라고 하는데, 서양 사람들이 즐기는 도미노 놀이에서 따온 말이야. 작고 납작한 직사각형 모양의 도미노 패(牌)들을 한 줄로 세워 놓고 맨 앞의 것을 톡 건드리면 그 다음 패들이 줄줄이 넘어지면서 맨 끝에 있는 패까지 쓰러지게 되지. 이처럼 어느 한 나라가 공산주의 나라가 되면 주변 나라도 차례로 공산주의 나라가 된다는 이론을 도미노 이론이라고 해.

미국은 공산주의를 따르는 북베트남에 의해 베트남이 통일되는 것을 무슨 수로든 막아야겠다고 작정했어. 그래서 바오 다이 황제를 밀어내고, 고 딘 디엠[吳廷琰 오정염]이라는 사람을 남베트남의 새로운 통치자

도미노

로 내세웠어. 그리고 디엠을 도와 남베트남을 지키고, 남베트남의 군대와 경찰을 확실히 일으켜 세우라는 명령과 함께 미국군 고문단과 장교들을 왕창 파견했어. 이때가 1954년이었단다.

이렇게 등장한 디엠 정권이 맨 먼저 내린 중요한 결정은 '남북 총선거'를 거부

미국 대통령 아이젠하워와 악수하는 고 딘 디엠

하기로 한 것이었어. 왜냐하면 그것은 '날 잡아 잡수시오.' 하고 남베트남을 거저 갖다 바치는 거나 다름없는 일이기 때문이었어. 베트남 사람들이 자신들에게 등을 돌리고 있어서, 총선거를 하면 질 게 뻔하다는 사실을 디엠이나 미국이나 잘 알고 있었던 거지. 디엠은 자기 친척들과 기독교도 친구들을 중요한 자리에 앉혀서 남베트남을 다스렸어. (그런데 대부분의 남베트남 사람들은 불교도였단다.)

베트남은 이렇게 해서, "베트남 인민(백성)의 가슴에 독립과 해방만큼 소중한 것은 없습니다!" (호치민의 말이야.)라고 외치는 세력과, 이것을 '공산주의 나라가 되는 것'으로 받아들여 무슨 수로든 막으려는 세력이 대립하는 판국으로 바뀌게 되었어.

디엠 정권은 곧 '베트콩Viet Cong'이라고 불리는 게릴라와 싸워야 했어. 이들은 남베트남 정부에 반대하는 '베트남 민족 해방 전선'이라는 단체의 군사 조직이었고, 호치민이 이끄는 북베트남과 손잡고 있었어.

베트남 전쟁과 미국   323

호치민은 프랑스를 몰아낼 때나 지금이나 남북 베트남을 통틀어 놀라운 영향력을 미치고 있었어. 그는 기대를 걸었던 남북 총선거가 미국의 간섭으로 물거품이 되자 곰곰이 생각했어. '정치적인 방법으로 베트남을 통일하는 것은 이제 불가능하다. 그렇다면 무력으로 통일하는 수밖에……' 1959년, 그는 '베트민'에게 남베트남 정부에 대항해서 게릴라전을 펼치라고 명령을 내렸어. 프랑스 군을 몰아냈던 북베트남의 베트민 게릴라들이 우르르 남베트남으로 넘어가서 베트콩에 합세했어.

디엠은 곤경에 빠졌어. 디엠의 통치는 남베트남 사람들의 믿음과 호응을 얻지 못하고 있었고, 그런 상황에서 베트콩을 꺾기란 쉽지 않았어. 그가 기댈 언덕은 군대뿐이었어. 그는 1962년에 남베트남에 계엄령을 선포했어.

그런데 디엠은 이듬해에 그 군대의 손에 죽고 말았어. 부하 장군들이 쿠데타를 일으킨 거야. 군사 정권이 들어섰고, 그들은 '베트콩도 무찌르고 나라도 지배한다.'는 두 마리의 토끼를 잡겠다고 직접 나섰어. 하지만 그들은 두 마리의 토끼는커녕 한 마리도 잡을 수 없었어. 정치적인 혼란이 계속되었고, 그 가운데 베트콩은 점점 세력이 강해졌단다.

미국이 갑갑하게 되었어. 밀어주었던 디엠은 암살당해 버렸고, 베트콩은 무섭게 커져 가고 말이야. 마침내 미국은 전쟁에 직접 뛰어들기로 했어. 1964년 여름, 존슨 대통령이 이끄는 미국 정부가 '통킹 만 사건'이라는 미심쩍은 사건을 발표했어. "우리 미국 구축함이 북베트남 북부의 통킹 만 앞바다를 순찰하던 중, 아무 이유 없이 북베트남 어뢰정의 공격을 받았다. 이것은 미국에게 전쟁을 거는 행위이다!" 이어 미국 의회가 '대통령이 모든 권한을 가지고 전쟁을 수행하시오!'라는 결의안을 단숨에 통과시켜 버렸어. 이 대담한 결의안이 미국을 '치욕스러운 전쟁'으로 몰아넣었어. (뒷날 이 구축함의 함장은 '어뢰정을 확인하지 못했다.'고 증언했다는구나.)

통킹 만 결의안에 사인한 린든 존슨 대통령

이제 베트남은 미국이라는 세계 최강대국을 상대로 무려 10년간 전쟁을 치르게 되었어. 이 전쟁을 '베트남 전쟁Vietnam War'이라고 해. 프랑스와의 전쟁(제1차 인도차이나 전쟁)에 이어 일어났다고 해서 '제2차 인도차이나 전쟁'이라고도 한단다.

통킹 만 결의안이 통과되기가 무섭게 미국 폭격기들이 북베트남으로 날아가 폭격을 시작했어. 북베트남의 수도 하노이를 비롯한 주요 도시들이 아수라장이 되었어.

미국은 또 남베트남에 지상군(육지에서 싸우는 군대)을 밀어 넣었어. 남베트남 군 40만 명이 그 10분의 1도 안 되는 베트콩에게 쩔쩔매고 있는 상황이었기 때문이었어. 그러나 미국군도 힘이 부치기는 마찬가지였어. 점점 더 많은 미국군이 베트남으로 밀려 들어왔어. 1969년에는 무려 54만 명에 이르렀단다! 미국은 다른 나라들까지 전쟁에 끌어들였어. 남한과 타이, 오스트레일리아, 필리핀 군대가 미국군과 남베트남 정부군을 거들었어. 그러나 그렇게 엄청난 병력과 우수한 무기와 장비를 가지고도 베트콩을 꺾지 못했어. 베트콩은 목숨을 걸고 싸우고 있었고, 북베트남 군이 이들을 돕기 위해 점점 더 남쪽으로 밀고 내려오고 있었어.

1964년부터 1973년 사이에 이 전쟁에 참가한 미국 군인은 무려 3백만 명이나 돼. 엄청난 숫자야. 미국은 이 많은 병사들을 '징병'을 통해 모았어. 지원한 병사만 가지고는 전쟁에 필요한 병사의 숫자가 모자랐기 때문에 젊은이들을 강제로 군대에 들어가게 한 거야. 미국 역사를 통틀어서 징병을 하기는 이번이 네 번째였어. 1861년에서 1865년에 있었던 남북 전쟁, 1914년에서 1918년에 있었던 제1차 세계

베트남 전쟁

대전, 1939년에서 1945년에 있었던 제2차 세계 대전 때 징병을 했었어.

베트남 전쟁이 시작되자 미국 정부는, 이번이 또 대규모의 군대를 만들어야 할 때라고 판단했어. 베트남 전쟁 동안 18살부터 25살까지의 젊은 남자들은 '징집 번호 카드'라는 것을 받았어. 번호가 불린 사람은 가까운 징병소에 가서 신체검사를 받고, 이상이 없다고 통과되면 훈련소로 보내져서 훈련을 받았어. 훈련을 마치면 베트콩과 싸우라는 명령이 떨어졌고, 이들은 좋든 싫든 간에 베트남 정글로 향해야 했어.

지금 미국 군대는 모두 지원제야. 육군, 해군, 공군, 해병대에 들어가고 싶은 남자와 여자는 모병소(募兵所)란 곳에 가서 군대에 들어가고 싶다고 지원해야 해. '모병소'란 말 그대로 병사를 모으는 일을 하는 곳이야. 그런데 미국에서는 젊은 남자들이 아직까지도 18살이 되면 '병역 신고Selective Service'란 것을 해야 해. '병역(兵役)'이란 일정 기간 동안 군대에 가서 군인의 몸으로 일해야 하는 의무를 말해. 물론 병역 신고를 한다고 해서 군대에 가는 건 아냐. 다만, 병역 신고를 통해서, '징병'을 할 경우 얼마나 많은 병사들을 끌어 모을 수 있는지를 알 수 있는 것이지. 하지만 미국 정부는 징병이 필요하다고 해도 마음대로 징병을 할 수는 없어. 그전에 의회의 승인을 받아야 하거든. 그런데 또, 의회가 징병을 승인할 가능성이 거의 없어. 수많은 미국 사람들이 징병을 너무너무 반대하기 때문이야. (실제로, 의회가 '징병을 승인할까 말까'를 놓고서 가장 최근에 투표한 결과를 보면 이 사실을 잘 알 수 있어. 찬성 2표, 반대 402표였단다!)

이렇게 미국은 징병까지 해 가면서 수많은 젊은이들을 전쟁터로 내보내고 또 몇 년 동안이나 전쟁을 계속했지만, 베트남에 아무런 변화도 가져오지 못했어. 게다가 미국의 여론이 점점 베트남 전쟁에서 등을 돌렸어. 전쟁에 반대하는 반전(反戰) 운동의 물결이 미국은 물론 전 세계를 휩쓸었어. 미국 젊은이들은 거리를 가득 메우고 반전 구호를 외쳤어. "잘못된 전쟁을 집어치워라!", "우리는 평화를 원한다!" 그들은 평화에 대한 노래를 부르며 '징집 번호 카드'를 불살랐어. 미국 정부는, 베트남에서 저지른 비인간적인 일들이 속속 들통 나면서 점점 궁지에 몰렸고, 마침내 전 세계 사람들의 거센 비난을 받게 되었어.

1968년에 베트콩과 북베트남 군은 베트남의 명절인 음력 설에 대규모의 공격을 퍼부었어. 남베트남의 수도 사이공마저 위태로워졌어. 이렇게 되자 존슨 미국 대통령은 "북위 20도 선 북쪽으로는 폭격을 하지 않겠다."고 한 걸음 물러서고는, 비로소 평화 회담으로 눈길을 돌리기 시작했어. 프랑스 파리에서 미국과 북베트남 사이에 평화 회담이 시작되었어. 또, 존슨 대통령은 "나는 올 가을에 있는 대통령 선거에 다시 출마하지 않겠다."고 발표했어. 그의 인기는 베트남 전쟁 때문에 땅에 떨어져 있었어. 이어, 리처드 닉슨Richard Nixon이 대통령이

베트남 반전 운동

베트남 전쟁

미국군이 베트남의 민간인을 체포하고 있는 모습이야. 미국은 베트남이 공산주의 나라가 될까 봐 무척 두려워했어. 그래서 엄청나게 많은 젊은이들을 징집해서 베트남으로 보내고, 10년 동안이나 전쟁을 치렀어. 하지만 미국은 이 전쟁에서 졌단다.

되었어. 그는 대통령 자리에 오르자마자 베트남에서 미국군을 철수시키겠다고 선언했어. 미국군이 조금씩 조금씩 베트남에서 빠져나가기 시작했어.

1973년, 엎치락뒤치락하던 평화 회담이 마침내 열매를 거두어 '파리 평화 협정'이 맺어졌어. 이런 내용이었어. '베트남 전 지역에서 전투를 중지한다, 모든 미국군은 철수한다, 미국군 기지도 다 없앤다, 전쟁 포로를 다 풀어 준다, 남베트남에 있는 북베트남 군은 그곳에 머물 수는 있으나 더 늘이지는 않는다…….'

그러나 미국군이 철수한 뒤에도 남베트남과 북베트남 사이에 전투는 계속되었고 북베트남은 남베트남에 전면 공격을 개시했어. 남베트남 군은 미국군의 지원을 받아 무기와 장비를 보강하고서 베트콩과 북베트남 군에게 맞섰어. 그러나 베트남 사람들의 호응을 얻는 데나 전투력에서나 그들의 상대가 되지 않았어.

1975년 4월 30일, 이 기나긴 전쟁이 20년 만에 마침표를 찍었어. 베트콩이 사이공에 들어와 남베트남 정부의 항복을 받은 거야.

이어 남북 총선거를 거쳐 이듬해 7월 2일에 베트남 통일 국가가 세워졌어. 나라 이름은 '베트남 사회주의 공화국Socialist Republic of Vietnam'이고 수도는 하노이로 정해졌어. 이때 남베트남의 수도였던 사이공은 '호치민'으로 이름이 바뀌었어.

오랜 전쟁이 끝나고 마침내 통일이 이루어졌지만, 베트남 사람들이 치러야 했던 대가는 너무도 컸어. 남북 베트남을 통틀어 2백 만 명 이상이 죽고, 수많은 사람들이 다치고, 국토는 폐허가 되었어.

베트남 사회주의 공화국은 새 정부에 반대하는 남베트남 고위 인사들을 '재교육

캠프'에 보냈어. 이렇게 남베트남 정부가 무너지자 배를 타고서 남중국해를 건너 이웃 나라로 뿔뿔이 흩어진 사람들도 있었어. 이들을 '보트 피플(boat people)'이라고 불렀어.

보트 피플

미국도 또 다른 의미에서 눈물을 흘려야 했어. 어마어마한 전쟁 비용과 6만 명 이상의 전사자, 그리고 그만큼의 실종자와 숱한 부상자를 내고 전쟁에서 패하고 말았으니! 미국이 전쟁에 지기는 이번이 처음이었어. 여론이 등 돌린 전쟁이었던 만큼, 전쟁터에서 살아 돌아온 병사들도 영웅 대접은커녕 야유나 받기 일쑤였어. 그 바람에 미국 정부도 전사자들을 위한 위령비* 하나 못 세우고 있다가, 1982년에 가서야 '베트남 참전 위령비'란 걸 세웠어. 미국의 수도 워싱턴에 가 보면 대리석으로 된 이 위령비를 볼 수 있어. 마치 베트남 전쟁이 미국 사람들에게 안겨 준 상처가 얼마나 깊은지를 보여 주듯 'V' 자 모양으로 가운데가 푹 패어 있단다. 그리고 대리석 벽면에는 수많은 전사자들과 실종자들의 이름이 빼곡히 새겨져 있어.

베트남 참전 위령비

*위령비(慰靈碑) : 영혼을 위로하는 뜻으로 세우는 기념비.

베트남과 미국은 전쟁이 끝난 지 20년 만인 1995년에 이르러 묵은 앙금을 털고 국교를 맺었단다.

소용돌이치는 중동과 석유

중동에서는 '유대 국가' 이스라엘을 둘러싸고 두 차례의 전쟁이 더 벌어졌어. 지난번에 우리가 중동에 들렀을 때, 이스라엘이 독립을 선언하기가 무섭게 바로 그날 전쟁이 터졌었어. 팔레스타인 땅에 유대 나라가 세워지는 걸 눈 뜨고 지켜볼 수 없었던 이웃 아랍 나라들이 먼저 공격했지.(제30장 뒷부분에 나왔었지?) 그 뒤 1957년의 수에즈 위기 때는 이스라엘이 먼저 이집트를 침공해서 전쟁이 일어났어.(제31장 앞부분에 나왔었어.)

그리고 1967년에 세 번째 전쟁이 일어났어. 6일 만에 끝났다고 해서 '6일 전쟁Six Day War'이라는 이름이 붙여진 전쟁이야.

이 전쟁은 시리아, 이집트, 요르단과 이스라엘 사이에서 벌어진 전쟁이었어. 시리아가 이스라엘 마을 몇 군데를 공격

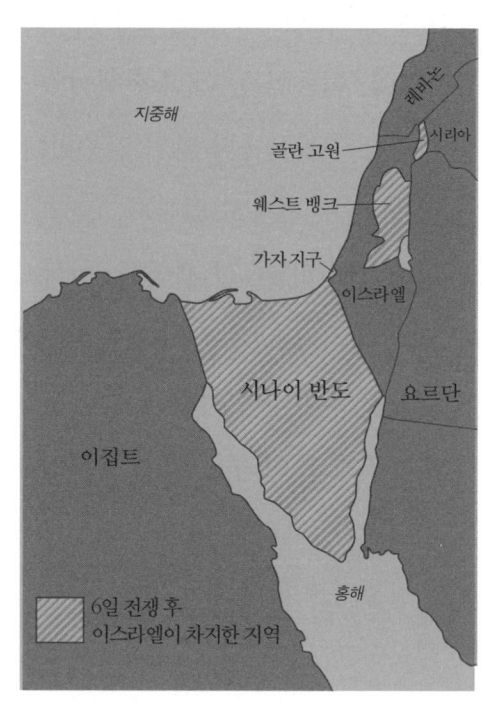

6일 전쟁

하자, 이스라엘이 시리아의 폭격기 몇 대를 쏘아서 떨어뜨렸어. 그러자 이집트가 그 보복으로 시나이 반도 국경에서 이스라엘을 공격했는데, 결과는 이스라엘의 승리였어. 최신 공군 비행기와 노련한 조종사들 덕분이었지. 그런데 이번에는 그냥 공격을 막기만 한 게

이스라엘이 승리한 6일 전쟁

아니라, 그 아랍 나라들의 영토를 빼앗기까지 했단다. 시나이 반도Sinai Peninsula, 가자 지구Gaza Strip(시나이 반도 서북쪽 지역), 웨스트뱅크West Bank(요르단 강 서쪽 지역), 그리고 시리아의 골란 고원Golan Heights이 그곳이야. 이 지역을 다 합하면 이스라엘 영토의 무려 네 배나 되었어. 그런데 이 지역에 사는 주민들이 황당하게 되었어. 아랍 정부의 지배를 받으며 잘살아 왔던 1백 만 명이나 되는 아랍 주민들이 느닷없이 '유대 나라'인 이스라엘의 지배를 받게 되었으니까 말이야.

그러지 않아도 아랍 사람들과 유대 사람들은 사이가 좋지 않았는데, 이런 새로운 사태는 중동 지역의 앞날에 더욱더 찬물을 끼얹는 일이었어.

이스라엘이, 이 별로 달가운 마음이 없는 아랍 사람들을 6년째 지배하고 있을 때, 기어코 전쟁이 터지고 말았어. 네 번째 전쟁이었어. 1973년 10월 6일, 그동안 이를 갈고 있던 이집트와 시리아가 이스라엘을 공격했어. 마침 이날은 유대 인들이 '나의 죄를 씻고 하나님과 화해하려는 날'로 엄숙히 지키는 '욤 키푸르Yom Kippur',

즉 '속죄의 날'이었어. (그래서 이 전쟁을 '욤 키푸르 전쟁'이라고도 한단다.) 이번 전쟁은 '6일 전쟁'보다는 길었지만 썩 오래가지는 않았어. 전쟁은 3주일 만에 끝났어.

그런데 이번 전쟁은 예전과는 달랐어. 이집트와 시리아의 아랍 군이 놀라운 공격력을 발휘한 거야. 이스라엘은 초반부터 궁지에 몰려서 많은 사상자(죽은 사람과 다친 사람)들을 냈어. 하늘에서는 이스라엘의 폭격기들이 이집트 공군기들에게 줄줄이 격추(비행 물체를 쏘아 떨어뜨림)당했고, 땅에서는 겁 없이 달려드는 아랍 군을 막느라 탄약이 바닥나기 시작했어. 아랍 군의 승리가 눈앞에 다가온 것 같았어.

이스라엘은 유엔에 급히 도움을 청했어. 처음에 미국은 거절했어. (수에즈 위기 때 '이집트의 주권을 해치지 말라!'며 영국과 프랑스를 꾸짖었던 미국이!) 그런데 소련이 이집트와 시리아에 무기를 보내 주겠다고 하자 미국은 얼른 생각을 바꾸었어. 닉슨 미국 대통령의 입에서 "이스라엘에 당장 최신 무기를 보내 주겠다!"는 말이 떨어지자 이스라엘은 "살았다!" 하고 만세를 불렀어. 이스라엘 군이 생기를 찾기 시작했어.

닉슨 미국 대통령과 이스라엘의 총리 골다 메이어

그러나 전쟁이 3주일을 넘기기가 무섭게 미국이 부랴부랴 전쟁의 불을 끄려고 나섰어. 소련이 전쟁에 참가할 기미를 보이고 핵무기마저 사용할 염려가 있다고 판단했기 때문이었어. 그래서 미국은 이스라엘과 이집트, 시리아를 어르고 달래서 휴전 협정을 맺게 했어.

전쟁이 끝나자 이스라엘은 자기네가 이겼다고 주장했어. "보라, '6일 전쟁' 때 빼앗은 땅이 우리 손안에 그대로 있지 않은가!" 하고 말이야. 이집트와 시리아도 자기네가 이겼다고 주장했어. "이스라엘 군이 무슨 일을 당했는지 저 찌그러지고 망가진 이스라엘의 공군과 육군에게 물어보라!" 하고 말이야.

이렇게들 입씨름을 했지만 중동 지역에는 큰 변화가 없었어. 그러나 '욤 키푸르 전쟁'의 후유증은 엄청났어. 전 세계에 석유 난리가 불어 닥친 거야. 전 세계를 뒤흔든 이 난리를 '석유 파동*Oil Shock'이라고 해.

원유*를 생산하는 나라를 산유국(產油國)이라고 해. 그 산유국들 중에서 다섯 손가락 안에 꼽히는 나라가 사우디아라비아, 이란, 이라크, 쿠웨이트, 베네수엘라야. 이 나라들이 1961년에 '석유 수출국 기구Organization of Petroleum Exporting Countries'라는 걸 만들었어. 머리글자를 따서 간단히 'OPEC'이라고 부르지.(이 머리글자를 그대로 읽어서 '오펙'이라고 부를게.)

'욤 키푸르 전쟁'이 끝나자마자 오펙 나라들

오펙의 상징

---

*파동(波動): '사회적으로 새로운 변화를 가져올 만한 변동'을 비유하여 이르는 말.
*원유(原油): 땅속에서 나는 그대로의, 정제하지 않은 석유.

이 원유를 무기로 들고 나왔어. "이번 전쟁에서 이스라엘을 도운 나라들은 단단히 혼나야 해!" 하면서 말이야. 그리고 원유의 가격을 마구 올렸어. 그 바람에 원유 가격이 1973년에서 1980년 사이에 무려 열 배나 뛰어올랐어!

오펙 나라들한테 미운털이 가장 많이 박힌 나라는 물론 미국이었어. 1973년 10월부터 오펙은 미국에게 단 한 방울의 원유도 팔지 않았어. 이것을 '원유 봉쇄(oil embargo)'라고 해.

미국이 갑갑하게 되었어. 미국은 자동차, 버스, 트럭, 기계 들로 가득 찬 나라였어. 그리고 그것들은 원유를 정제*해서 얻는 무색 투명한 액체 연료인 '휘발유'(가솔린)가 있어야 움직였지. 물론 미국에서도 원유가 나긴 났어. 특히 텍사스 주에서 많이 났단다. 그렇지만 중동에서 나오는 원유에 크게 의지하기는 다른 나라들과 마찬가지였어. 또 대부분의 원유는 중동의 아랍 나라들에서 났어.

미국 사람들이 비명을 질렀어. "미우나 고우나 저 중동 나라들의 원유가 없으면 우린 끝장이야. 경제고 뭐고 전부 마비돼 버려. 이건 완전히 동작 그만이잖아, 동작 그만!" 글쎄, 미국은 이 사실을 이제야 알게 되었어.

오펙이 원유를 봉쇄해 버리자 미국은 당장 휘발유 부족에 허덕이게 되었어. 주유소마다 휘발유가 동나기 시작했어. 주유소 주인들은 문을 열기가 바쁘게 '죄송합니다! 오늘은 휘발유가 없습니다!' 하는 안내문을 내걸기에 바빴어. 어떤 주유소는

---

*정제(精製) : 다시 가공하여 더 좋고 순도 높은 것으로 만듦.

단골손님한테만 휘발유를 팔았어.

미국 전 지역에 '휘발유 배급제'가 실시되었어. 운전 면허증 번호의 끝자리가 홀수인 사람은 홀수 날에만 휘발유를 살 수 있었고, 짝수인 사람은 짝수 날에만 휘발유를 살 수 있었어. 자동차는 속도를 높이면 휘발유가 더 많이 들어. 그래서 미국 정부는 나라 전체에 적용되는 새로운 속도 제한을 공표했어. 미국의 모든 주에서 운전 속도가 최고 시속 88.5킬로미터(55마일)를 넘어서는 안 되었어. 그 이전에는, 확 트인 사막에 일직선으로 뚫린 도로 같은 데에서는 속도 제한이 아예 없었어. 빨리 달리고 싶은 만큼 속도를 높일 수 있었지. 그런데 이런 것도 이제는 다 꿈 같은 이야기가 되고 말았어.

하지만 이처럼 휘발유 배급제를 실시하고 운전 속도 제한을 해도 별 효과가 없었어. 사람들은 주유소 앞에서 두어 시간씩 줄을 서야 했고, 휘발유 가격도 불과 몇 주일 만에 네 배나 뛰어올랐어.

이 끔찍한 '원유 봉쇄'는 다섯 달 동안 계속되다가 1974년 3월에야 겨우 풀렸어. 이제 휘발유 배급제도 없어졌고, 언제 어디서나 휘발유를 살 수 있게 되었어. 하지만 휘발유 가격은 좀처럼 떨어질 줄을 몰랐어. 이 난리를 겪고 나자 미국의 과학자들은 대체 연료와 대체 에너지* 연구

원유 봉쇄 후 휘발유를 사기 위해 줄 선 자동차들의 모습

소용돌이치는 중동과 석유 337

에 매달렸어. 태양 에너지 같은 대체 에너지를 개발하면 석유 파동 때문에 전국이 한꺼번에 마비되는 이런 난리를 다시는 겪지 않아도 될 테니까. 그러나 시간이 흐르면서 원유 봉쇄에 대한 두려움도 무디어졌고, 이와 함께 대체 에너지 개발에 쏟아 붓는 시간이나 돈도 자연스럽게 줄어들었어. 오늘날 미국의 1인당 원유 소비량은 세계 최고를 달리고 있고, 미국과 중동 여러 나라의 관계는 아직도 미국의 중동산 석유에 대한 필요성과 맞물려 있어.

'욤 키푸르 전쟁'이 끝난 지 4년째 되던 해에 지미 카터Jimmy Carter 미국 대통령이 이집트와 이스라엘의 화해를 주선했어. 이집트의 대표는 안와르 사다트Anwar el-Sádát 대통령이었고, 이스라엘의 대표는 메나힘 베긴Menachem Begin 총리였어. 사다트 대통령은 '욤 키푸르 전쟁'을 이끌었던 인물이고, 베긴 총리는 이제 막 이스라엘의 총리에 오른 인물이었어.

사다트 대통령이 먼저 화해의 손길을 내밀었어. 그는 아랍 나라의 최고 지도자로서는 처음으로 이스라엘을 방문하여, 이스라엘 의회(크네세트)에서 이렇게 연설했어. "나는 평화를 일구려고 오늘 이 자리에 섰습니다. 우리 모두는 이곳, 하나님의 땅을 사랑합니다. 이슬람 교도나 기독교도나 유대 교도나 다 같은 하나님을 섬깁니다."

이집트의 사다트 대통령

---

*대체 에너지 : 석유에 주로 의존해 온 에너지원에 대신하여 활용되는 에너지(석탄·원자력·태양열 등).

사다트 대통령이 이스라엘을 방문하자 아랍 세계가 분노로 들끓었어. "저 유대 나라를 쓸어버리고 우리 팔레스타인 형제에게 고향 땅을 안겨 줘야 할 판에 무슨 짓을 하고 있는 거지?" 하고 말이야. 그러나 그는 이스라엘과 화해하려는 발걸음을 멈추지 않았어.

1977년, 카터 대통령은 워싱턴에서 한 시간 거리에 있는 캠프 데이비드Camp David 휴양지로 사다트 대통령과 베긴 총리를 초대했어. 매릴랜드 주 캐톡틴 산에 있는 이 휴양지는, 일찍이 루스벨트 전(前) 미국 대통령과 처칠 전(前) 영국 총리가 독일 나치스를 꺾기 위해 머리를 맞댄 곳이기도 했어. 이제 미국, 이집트, 이스라엘 세 나라의 지도자가 중동의 평화를 위해 이곳에서 머리를 맞대었어.

그러나 회담은 순조롭지 않았어. 사다트 대통령과 베긴 총리가 서로 말 한마디 나누려 하지 않았으니까. 카터 대통령은 두 사람을 따로따로 만나서 몇 시간씩 이야기를 나누고, 그런 뒤 두 사람의 의견 차이를 좁혀 나가는 방식으로 회담을 이끌어 나갔어. 두 사람이 속이 뒤틀려 "나 돌아가겠소!" 하면 소매를 끌어당겨 다시 자리에 앉히곤 했어. 자그마치 12일 동안이나! 카터 대통령은 두 사람의 말에 똑같이 귀를 기울였어. 카터 대통령의 업적을 꼽자면 아마 이게 단연 으뜸일 거야.

왼쪽부터 사다트, 카터, 베긴

사다트 대통령과 베긴 총리는 팽팽한 줄다리기 끝에 마침내 서로 한 발짝씩 물러나기로 했어. 그 결과 1978년 9월 17일에 '캠프 데이비드 협정Camp David Accords'이 맺어졌어. 이런 내용이었어. '두 나라는 지금부터 서로 사이좋게 지낸다, 이스라엘은 시나이 반도에서 철수하여 3년 안에 이집트에게 돌려준다, 이집트는 이스라엘의 배가 수에즈 운하를 자유롭게 드나들 수 있도록 보장한다, 이스라엘은 점령지 웨스트뱅크와 가자 지구의 팔레스타인 사람들에게 자치권을 주고, 이곳에 있는 군대도 점차 줄여 나간다……'

사다트 대통령과 베긴 총리는 이 협정을 통해서 중동에 평화를 가져오게 한 공로로 이해에 노벨 평화상을 받기도 했어. 그러나 모든 사람들이 이 협정을 반긴 건 아니었어. 아랍 세계는 충격과 분노에 휩싸였어. "사다트는 이슬람의 적이다!", "사다트가 팔레스타인 형제들을 배신했다!", "고작 시나이 반도만 돌려받는다고? '6일 전쟁' 때 이스라엘이 차지한 땅을 몽땅 되찾아야 할 것 아닌가!" 이렇게들 소리쳤단다.

사다트 대통령은 결국 자기 나라에서도 환영받지 못하다가 1981년 10월 6일, 군대를 사열*하던 중 암살당하고 말

캠프 데이비드 협정

았어. 사열대 앞을 지나던 자동차에서 한 무리의 병사들이 뛰어내려 그에게 총탄과 수류탄 세례를 퍼부은 것이었어. "사다트는 이슬람 교도가 아니다!"라고 외치면서!

그러나 비록 사다트 대통령은 죽었지만, 암살은 성공적이지 못했어. 새로 대통령이 된 호 스니 무바라크는 이스라엘과 조약을 맺는 데 힘을 쓰는 등, 사다트의 뜻을 따르는 정치를 했어.

---

*사열(査閱) : 군대에서, 병사들을 정렬시켜 놓고 군사 교육의 성과 및 장비 유지 상태 등을 실지로 살펴봄.

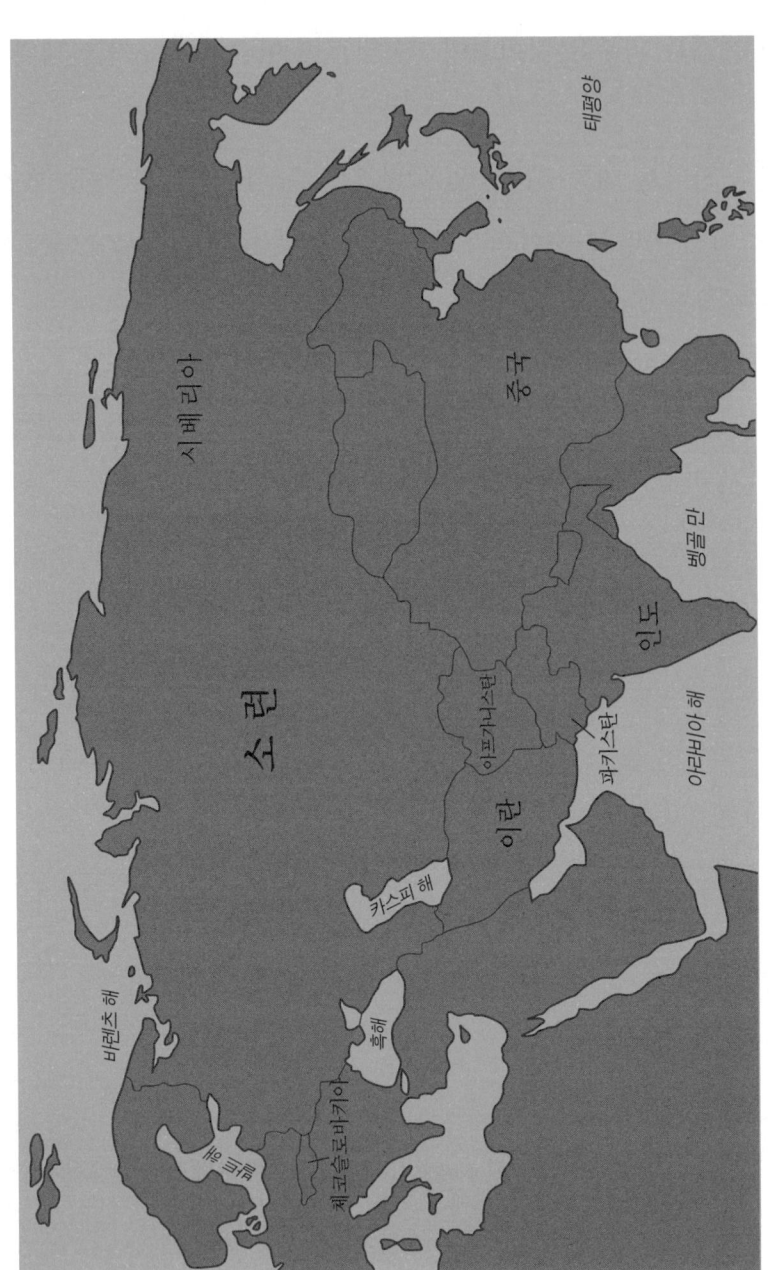

소련의 팽창

제38장 소련의 침공과 또 다른 전쟁 '테러리즘'

체코슬로바키아와 아프가니스탄을 침공한 소련

한때 미국을 매장시켜 버리겠다고 몹시 성을 내기도 했던 소련의 최고 지도자 흐루시초프가 '쿠바 미사일 위기'가 있은 지 2년 만에 권좌에서 물러났어. 그리고 레오니드 브레주네프Leonid Brezhnev가 소련의 최고 지도자가 되었어.

브레주네프는 흐루시초프가 했던 방식대로 소련을 다스렸어. 공산주의 사회에 반기를 드는 사람이 있는지 눈에 쌍심지를 켜고 감시했고, 정부의 허락 없이는 아무도 외국으로 나가지 못하게 했어. KGB라는 정보 기관은 국경을 몰래 넘어가는 사람을 붙잡으려고 국경 지역을 이 잡듯이 뒤지고 다녔어.(KGB에 대해서는 뒤에서 이야기할게.) 그런데 이렇게 엄한 감시망을 뚫고서 국경을 몰래 넘어가는 사람들이 있었어. 이 사람들은 서유럽의 나라나 미국으로 가서 "당신네 나라에 좀 머물 수 있게 해 주시오." 하고 부탁하곤 했어. 이처럼 남의 나라로 몸을 피하는 것을 망명(亡命)이라고 해.

그런데 이들이 왜 자기 조국 소련을 떠나려고 했을까? 그건 한마디로, 많은 사람들

레오니드 브레주네프

에게 공산주의 사회에서의 삶이 기대했던 것에 못 미쳤기 때문이야. 사람들은 생활에 필요한 것들을 구하기가 쉽지 않았어. 식량이나 옷 같은 생활필수품을 사려면 몇 시간씩 줄을 서서 기다려야 했어. 막 결혼한 신랑 신부가 함께 살 집이 필요하면 그냥 가서 집을 사면 되는 것이 아니었어. 그럴 경우 신랑 신부는 정부에게 살 집을 마련해 달라고 요구해야 해. 그러면 집이 생기는 데 짧게는 몇 주일이 걸릴 수도 있었지만, 길게는 몇 년이 걸릴 수도 있었단다. 물론 정치적인 이유로 소련을 떠난 사람도 있었어.

브레주네프가 최고 지도자가 되자 소련의 생활 형편이 어느 정도 나아졌어. 먹을 것과 입을 것을 구하거나 일자리를 얻기가 예전보다 쉬워지고 교육 환경도 나아졌어. 하지만 말이나 글로 소련 정부를 함부로 비판했다가는 KGB에게 체포되어 끌려갔어.

KGB의 정식 이름은 '국가 보안 위원회Komitet Gosudarstvennoy Bezopasnosti'란다. 머리글자를 따서 간단히 KGB라고 해. KGB는 정보 기관이자 비밀경찰로, 소련 사람들에게 공포의 대상이었어. '공산주의 사회의 물을 흐리는 자'로 낙인 찍히면 KGB에 체포되어 감옥살이를 하거나, 심하게는 눈보라가 휘몰아치는 저 시베리아로 끌려갈 수도 있었으니까! 시베리아는 남쪽으로는 몽골의 국경, 북쪽으로는 북극해까지 뻗어 있는 드넓은 황무지인데, 상상하지 못할 정도로 추운 곳이야. 한겨울 온도가 영하 44도에서 70도나 되고, 여름에도 얼음이 어는 곳이 있을 정도란다! 이런 곳에다가 '강제 노동 수용소'라는 것을 만들어 놓고 '사회의 물을 흐리는 미꾸라지 같은 자'들을 끌고 가서 온갖 험한 일을 시켰어. 여기에서마저 밉보이면 처형당하기 일쑤였지.

브레주네프 시절에도 냉전은 계속되었어. 미국이나 소련이나 '집안 단속'과 '줄 세우기'에 바빴어. 자기 세력을 잘 단속하고, 다른 나라를 자기편으로 끌어들이는 데 열심이었지. 이런 흐름 속에서 소련은 다른 나라를 두 차례 침공했어. 미국이 베트남 전쟁에 한창 코를 박고 있던 1968년에 한 번, 그리고 베트남 전쟁이 끝난 지 4년 만인 1979년에 한 번. 두 전쟁은 10년 정도 간격을 두고 일어났지만, 모양새가 크게 달랐어.

첫 번째 침공은 평상시에 느닷없이 일어났어.

1968년 봄, 소련과 한집안이었던 동유럽의 체코슬로바키아(이 나라는 1993년에 체크(체코)와 슬로바키아라는 두 나라로 갈라졌단다.)에서 공산주의로부터 변화를 시도하려는 움직임이 일어났어. 공산주의 정부의 엄한 통제를 받았던 언론, 출판, 집회의 자유가 보장되고, 의회와 법원이 비로소 제구실을 하게 되고, 외국 여행도 자유로워졌어. 이 변화를 이끈 사람은 공산당 지도자 알렉산더 두프체크Alexander Dubcek였어. 그는 "우리는 이제 '인간의 얼굴을 한 사회주의'로 가야 합니다!"라고 외쳤고, 수많은 체코슬로바키아 사람들이 이를 환영했어. 이 자유의 물결을 '프라하의 봄Prague Spring'이라고 해.(프라하는 체코슬로바키아의 수도였어.) 하지만 소련은 체코슬로바키아의 이런 변화를 '집안 단속'이 잘 이루어지지 않은 것으로 여겨 무척 못마땅히 여겼어.

그해 8월 20일, 체코슬로바키아의 여름은 무척 따사롭고 평화로웠어. 많은 체코슬로바키아 사람들이 휴가를 즐겼어. 다른 나라로 여행을 떠난 사람도 있고, 여기저기 어슬렁거리는 사람도 있고, 산에 올라가 서늘한 바람을 쐬는 사람도 있고, 집에 죽치고 앉아 고요한 한여름 밤을 즐기는 사람도 있었어.

체코슬로바키아의 공산당 지도자
두프체크

밤 11시, 대부분의 체코슬로바키아 사람들이 잠에 곯아떨어져 있을 때, 소련군 탱크 부대가 체코슬로바키아의 국경을 넘어 쳐들어왔어. 요란하게 달려오는 탱크들 뒤로 수천 명의 병사들이 떼 지어 몰려왔어. 제트 폭격기들이 찢어지는 소리를 내며 하늘을 갈랐어. 그리고 공군 수송기들이 날아와 체코슬로바키아의 주요 도시에 낙하산 부대를 떨어뜨렸어. 땅에 착륙한 뒤 낙하산을 접은 병사들은 곧장 전투에 들어갔어. 프라하는 몇 시간 만에 소련군 천지가 되었어. 그리고 동틀 무렵, 두프체크를 비롯한 체코슬로바키아의 개혁적인 지도자들이 소련군에게 체포되어, 비행기에 실려 곧장 모스크바로 끌려갔어.

별안간에 닥친 일이었어. 아무도 예상하지 못했고 아무런 대비도 하지 못했어.

"소련군이 침공해 올 줄 짐작이라도 했으면 무기를 챙겨 두었을 텐데!" 하며 체코슬로바키아 사람들은 맨손으로 대항했어. 젊은이들은 보도블록을 깨서 거대한 소련군 탱크에 던졌어. 탱크에 불을 지르려고 달려드는 용감한 사람도 있었어. 다들 밀려드는 소련군의 기세를 조금이라도 늦추어 보려고 악을 썼어. 페인트 통을 들고 다니며 도로 표지판에다 '모스크바로 돌아가라!'라고 적는 사람도 있었어.

안간힘을 다했지만 맨손으로 소련군을 막기란 불가능했어. 이로써 '프라하의 봄'은 막을 내렸고, 얼마 뒤 두프체크는 자리에서 쫓겨나고 말았어. 소련은 자기 '집안'의 뜻을 잘 받드는 인물들을 내세워 체코슬로바키아를 다스리게 했어.

두 번째 침공은 피비린내가 물씬 풍겼어.

아프가니스탄은 아시아 중남부 내륙에 있어서 동서남북 어디에도 바다가 없어. 지도에서 보면 왼쪽, 오른쪽, 아래쪽이 이란과 파키스탄에 둘러싸여 있어. 그리고 위쪽으로는 소련이 자리잡고 있어. 국민들은 대부분 이슬람 교도였지.

아프가니스탄은 일찍이 영국과 러시아 제국 사이에 끼어 고생을 했어. 상권 제3장에서, 두 나라가 아프가니스탄을 장악하기 위해 벌인 '그레이트 게임'에 대해

탱크 위에 올라가 있는 체코슬로바키아 청년

이야기했지? 러시아가 아프가니스탄을 러시아 제국의 일부로 만들려고 했는데 실패했어. 러시아처럼 아프가니스탄을 가지고 싶어 했던 영국 때문이었지. 두 힘센 제국은, 어느 쪽이든 아프가니스탄을 영원히 소유하겠다고 주장하면 서로 전쟁을 하게 될 거라는 사실을 잘 알고 있었어.

그 이후에도 아프가니스탄을 집어삼키려는 영국의 야심은 수그러들지 않았고, 여러 차례 전쟁을 일으켰어. 하지만 아프가니스탄 사람들은 끝내 꺾이지 않았어. 아프가니스탄은 제1차 세계 대전 직후인 1919년에 영국과 마지막 전쟁을 치르고 나서야 영국의 등쌀에서 완전히 벗어났어. 이때부터 아프가니스탄은 헌법이 있는 가운데 국왕이 다스리는 '입헌 군주국'이 되었단다.

아프가니스탄 사람들은 바로 북쪽에 있는 소련이라는 크고 힘센 이웃이 자신들을 노리고 있다는 사실을 잘 알고 있었어. 소련은 예전의 러시아 제국만큼이나 아프가니스탄을 탐냈어. 소련은 제2차 세계 대전 후에 아프가니스탄에 무척 공을 들였어. "학교도 짓고, 공장도 짓고, 도로도 닦으시오." 하면서 척척 돈을 보내 주었어. 그리고 미국도 마찬가지로 아프가니스탄에 공을 들였어. "소련을 멀리하고 우리랑 가까이 지냅시다! 필요한 게 뭐요? 다 보내 주겠소." 하면서 소련에게 질세라 도움을 주었어. 이렇게 해서 아프가니스탄은, 다시 한 번 거대하고 힘센 두 강대국 사이에서 균형을 잡아야 하는 상황에 놓였어.

1973년에 국왕이 유럽으로 휴가를 떠난 사이에 군대의 군인들이 들고일어나 정부를 장악했어. 그리고 국왕을 없애고 공화정을 세웠어. 이어 5년 뒤인 1978년에는 새로운 정부가 들어서서 토지 개혁과 사회 개혁을 밀어붙였는데, 이 정부는 공산주의 소련과 매우 가까웠어.

그런데 아까 말했듯이, 아프가니스탄의 국민은 대부분이 이슬람 교도야. 그들은 아무리 훌륭한 개혁 정책이라도 이슬람 교의 가르침에 어긋나면 쉽게 받아들이지 않았어. 또 독립심이 강해서 어느 나라의 간섭이나 영향도 받고 싶어 하지 않았어. 물론 소련의 영향도 받고 싶지 않았지.

국민들이 공산주의의 생각을 따르는 정부에 거세게 반발하고 나섰어. 폭동이 잇달아 일어나고, 무자헤딘Mujahideen이라는 이슬람 반란군이 나타나 정부와 내전을 벌였어.('무자헤딘'은 '성스러운 이슬람 전사'란 뜻의 아랍 말이야.) 그 바람에 정부가 위태위태하게 되었어.

이런 사태를 지켜보고 있던 소련은, 지금이 아프가니스탄에 쳐들어가야 할 때라고 판단했어. 1979년에 소련군에게 명령이 떨어졌어. "아프가니스탄의 반란군을 진압하라!" 소련군이 국경을 넘어 물밀듯이 아프가니스탄으로 쳐들어왔어.

그러나 무자헤딘 게릴라들은 결코 만만한 상대가 아니었어. 그들은 게릴라전을 어떻게 수행해야 하는지 잘 알고 있었어. 무자

무자헤딘

헤딘은 아프가니스탄의 거칠고 험한 산에서 나타나 소련군을 공격하고는 감쪽같이 사라지곤 했어. 아프가니스탄 사람들도 처음부터 그들 편이었어. 소련은 아프가니스탄을 자기네 땅의 일부로 만들기는커녕 수렁에 빠져든 꼴이었고 전쟁은 점점 늘어졌어. 공산주의 소련을 경계하는 미국은, 게릴라 훈련도 시켜 주고 미사일 같은 최신 무기도 보내 주는 등 열심히 무자헤딘을 지원했어.

결국 소련군은 꼬박 10년간을 무자헤딘에게 끌려 다니다가 아무것도 얻지 못하고 떠날 수밖에 없었어. 미국이 베트남에서 그랬던 것처럼.

두 차례에 걸친 소련의 침공은 이렇게 달랐어. 체코슬로바키아는 순식간에 잠재울 수 있었지만, 아프가니스탄에서는 거꾸로 톡톡히 당했단다.

뮌헨 올림픽과 또 다른 전쟁 테러리즘

1972년 여름, 서독에서 뮌헨 올림픽 대회가 열렸어. 이 대회에서 미국의 마크 스피츠 선수가 남자 수영 7관왕이라는 올림픽 신기록을 세웠어. 그리고 소련의 열일곱 살짜리 꼬마 요정 올가 코르부트가 2단 평행봉에서 '뒤로공중제비돌기'라는 기막힌 묘기를 선보이며 여자 체조 3관왕에 올랐어. 전 세계가 "와아! 어떻게 저렇게 할 수 있지!" 하면서 그녀의 고난도 묘기에 갈채를 보냈단다.

이렇게 열흘간 경기를 치르고 이제 나흘간의 경기를 앞두고 있었어.

9월 5일 이른 새벽, 뮌헨은 아직 잠에서 깨어나지 않았어. 선수들이 묵는 숙소가 있는 올림픽 선수촌에서는 꼭두새벽부터 일어나 몸을 풀고 식사를 하면서 오늘 치를 경기를 준비하는 선수들이 있었어. 그리고 선수촌 울타리 바깥에는 '올림픽 경비대'에 속한 경찰과 특수 부대들이 철통같이 선수촌을 지키고 있었어. 이때 스웨트 셔츠* 차림으로 운동 가방을 둘러메고서 울타리를 넘어가는 사람들이 경비대의 눈에

뮌헨 올림픽 스타디움

띄었어. 그러나 경비대는 대수롭지 않게 생각했어. 감독의 눈을 피해 몰래 외출했다가 동트기 전에 울타리를 넘어 살짝 기어 들어오는 선수가 한둘이 아니었거든.

그런데 채 30분이 지나기도 전에 선수촌 안에서 갑자기 '탕 탕 탕 탕!' 하는 총소리가 요란하게 울려 퍼졌어. 자동 소총으로 마구 쏘아 대는 소리였어! 경비대가 부리나케 울타리를 넘어 안으로 뛰어 들어갔어. 그러나 그들이 미처 총을 뽑기도 전에 상황은 끝나 있었어. 여남은 명쯤 되어 보이던 아까 그 스웨트 셔츠를 입은 남자들이 이스라엘 선수단 숙소를 이미 덮친 거야. 이스라엘 선수 두 명이 죽고, 아홉 명이 인질로 붙잡혔어.

이 사람들은 올림픽에 참가한 선수들이 아니라 '검은 9월단Black September'이라는 조직에 속한 게릴라였어. 그리고 이들은 새로운 종류의 혁명 조직이었단다. 즉,

---

*스웨트 셔츠(sweatshirt) : 운동 선수가 몸을 따뜻하게 하기 위해 경기 전후에 입는 헐렁한 스웨터.

'테러리스트'들이었어. 이 사람들은 이제까지 우리가 본 혁명 조직들처럼 정부나 군대와 직접 싸우는 것이 아니었어. 이들은 정부나 군대와 상관이 없는 민간인을 대상으로 삼아 무차별적으로 죽이거나 난폭한 행위를 했어. 이처럼 어떤 정치적인 목적을 위해서 정부, 군대, 민간인을 가리지 않고 마구 공격하는 행위를 '테러리즘(terrorism)'이라고 해. 그리고 이런 행위를 하는 사람들을 '테러리스트(terrorist)'라고 한단다.

검은 9월단의 테러리스트

그런데 테러리스트는 왜 죄 없는 민간인들까지 공격하는 것일까? 그건 사람들 사이에서 엄청난 공포심을 불러일으키기 위해서야. 사람들이 공포에 휩싸이게 되면 자기네 정부에 압력을 넣어, 결국 정부가 어쩔 수 없이 테러리스트가 원하는 목적을 들어준다는 것이지.

'검은 9월단'은 '팔레스타인 해방 기구 Palestine Liberation Organization(PLO)'라는 정치 단체에서 갈라져 나온 비밀 게릴라 조직이었어. (이 단체에 대해서는 나중에 설명하기로 해.) 이 조직이 만들어진 지는 채 1년이 안 되었는데, '검은 9월단'이나 '팔레스타인 해방 기구'나 목표는 하나였어. 즉, '팔레스타인 땅에서 이스라엘을 몰아내자.'는 것이었지.

올림픽 선수촌을 덮친 '검은 9월단' 테러리스트는 모두 여덟 명이었어. 이들이 요구한 것은 다음과 같았어. "이스라엘 군의 포로가 되어 지금 이스라엘 감옥에 갇혀 인간 이하의 대접을 받으며 죽어 가고 있는 팔레스타인의 정치범 2백 명을 석방하라! 그러지 않으면 인질들을 모조리 죽이겠다!"

올림픽 대회를 개최한 서독 정부가 난리가 났어. 대회의 표어가 '즐거운 대회'인데 이게 무슨 날벼락 같은 일이람? 서독 정부는 이스라엘을 설득했어. 하지만 이스라엘은, 저들의 요구를 절대 들어줄 수 없다며 꿈쩍도 하지 않았어. 서독 정부는 발을 동동 구르다가 아랍 나라들에게 싹싹 빌며 요청했어. "당신들이 저 테러리스트들을 좀 설득해 봐요! 제발!" 그러나 아랍 나라들은 전부 거절했어. 이런!

서독 정부는 이제 '검은 9월단'의 테러리스트들에게 하소연했어. "일단 인질들을 데리고 뮌헨을 떠나 주시오. 비행기를 내줄 테니 어디든지 당신들이 가고 싶은 데로 가시오!" 테러리스트들은 그 제의를 받아들였어. 그리고 인질들을 데리고 뮌헨 공항으로 이동했어. 그런데 서독 정부가 대기시켜 놓은 비행기로 옮겨 타려는 순간, 특수 부대가 테러리스트들을 향해 일제히 총알을 퍼부었어. 인질 구출 작전이었어. 그런데 총격전이 끝나고 나서 보니 다섯 명의 테러리스트와 아홉 명의 인질 전원이 죽어 있었어. 인질 구출 작전은 완전히 실패로 돌아간 거야.

테러리즘은 고개를 숙일 줄 몰랐어. 그 뒤 30년이 넘도록 세계는 테러리즘으로 얼룩졌어. 이런저런 테러리스트 조직이 이런저런 요구를 내걸고 세계 여러 나라 사

사망한 이스라엘 선수의 장례식

람들을 공포에 몰아넣었어.

테러리즘의 뿌리는 '분쟁'이야. 그리고 분쟁이 있는 곳에는 반드시 강한 쪽과 약한 쪽이 있어. 이때 강한 쪽이 약한 쪽을 괴롭히면 괴롭힐수록, 그리고 약한 쪽의 힘이 부족하면 부족할수록, 약한 쪽은 테러리즘이라는 수단을 쓰기 쉬워.

전 세계적으로 알려진 유명한 테러리스트 조직들은 하나같이 중동 지방에서 생겨났어. 아까 말한 '팔레스타인 해방 기구'는 팔레스타인 사람들을 대표하는 정치 단체로, 1964년에 아랍 나라인 요르단에서 만들어졌어. 이 단체는, 이스라엘이 팔레스타인에 들어서면서 그 땅에서 쫓겨난 팔레스타인 사람들을 위해 새로운 나라를 만들려고 했어. 팔레스타인에서 쫓겨나 나라 없는 설움을 겪으면서 이 나라, 저 나라에 뿔뿔이 흩어져 살고 있는 팔레스타인 사람이 4백5십만 명가량이나 되었어. "언제까지 나라 없이 살 수 없다, 이스라엘을 몰아내고 팔레스타인 국가를 세우자." 하고 팔레스타인의 여러 조직이 한데 뭉쳐 '팔레스타인 해방 기구'가 만들어진 것이었어.

그런데 '6일 전쟁'을 겪으면서 '팔레스타인 해방 기구'는 심각한 고민에 빠졌어. 이스라엘이 전쟁을 통해 빼앗은 아랍 영토와 그 주민들을 영원히 지배하려고 들었기 때문이야. 그 모습을 보고 '팔레스타인 해방 기구'는 이렇게 생각했어. '설령

'너희도 살고 우리도 살자, 우리도 나라를 세워야겠으니 땅을 좀 떼어 다오.'라고 하더라도, 이스라엘은 우리한테 땅 한 뼘 양보하지 않을 것이다. 오히려 기회를 봐서 아랍 나라의 땅을 더 집어삼키려고 덤빌 것이다!'

이들은 더 이상 방법이 없다고 결론을 내렸어. 그래서 마침내 게릴라 조직들을 만들어 이스라엘 군대는 물론 민간인들까지 표적으로 삼아 공격하기 시작했어. 이스라엘 사람들 사이에 "언제까지 이러고 살아야 합니까? 이 밑도 끝도 없는 싸움을 바로 중지하고 이제 팔레스타인 사람들과 함께 사는 길로 갑시다! 나라 없는 설움을 우리만큼 잘 아는 백성이 세상에 또 어디 있겠소?" 하는 목소리가 높아지면 이스라엘 정부도 그에 따르지 않을 수 없을 테니까.

'팔레스타인 해방 기구'는 또한 전 세계를 향해 자신들의 딱한 처지를 호소하고 요구 조건을 알렸어. 전 세계 각 나라가 이스라엘에게 "이젠 당신들도 땅을 좀 양보하시오!" 하고 압력을 넣도록 말이야. 그래서 이들은 테러 행위를 할 때마다 전 세계의 주요 신문사와 방송사에 연락을 했어. "우리는 아무개 조직이다. 이번 일은 우리가 한 것이다. 우리의 요구는 이렇다. …… 이 요구를 받아들이지 않으면 열 배 스무 배의 대가를 치르게 해 줄 것이다." 전 세계 신문과 방송을 통해 이들의 요구가 알려지면 사람들

팔레스타인 해방 기구의 지도자 아라파트

이 보고, 이해하고, 찬성할 수 있었어. 그들의 행동에 대한 사람들의 반응은 제각각이었어. "세상에, 절대 있을 수 없는 일이야. 어떻게 아무 죄 없는 사람들을 마구 죽일 수 있지?" 하는 사람도 있고, "하지만 이스라엘도 너무해. 자기들도 독일 나치스 정권에게 쫓겨나 온갖 설움을 당해 놓고, 어떻게 팔레스타인 사람들한테 똑같이 그렇게 할 수 있지? 말도 안 돼." 하는 사람도 있었어.

유럽과 중동의 테러리즘

'검은 9월단'이 올림픽 선수촌을 겨냥한 것도 전 세계의 눈길을 끌기 위해서였어. 올림픽 대회는 그야말로 몇 손가락 안에 드는 전 세계적인 행사야. 올림픽 대회가 열렸다 하면 전 세계의 신문과 텔레비전이 온통 올림픽 기사로 가득 메워져. 그리고 경기장마다 방송 아나운서, 카메라맨, 신문 기자가 바글바글 몰리지. '검은 9월단' 사건이 터졌을 때, 텔레비전을 통해서 이들의 모습을 지켜본 사람이 무려 5억 명이나 된다는구나. 이때 '팔레스타인 해방을 위한 인민 민주 전선(PFLP)'이라는 조직이(PLO와 관련된 조직이란다.) 신문 기자에게 이렇게 말했어. "올림픽 대회를 겨냥한 것은 …… 세상 사람들이 전부 볼 수 있는 높은 산에 '팔레스타인'이라는 이름을 커다랗게 쓴 것과 같습니다."

영국 옆에 있는 북아일랜드 문제를 둘러싸고도 테러리즘이 고개를 숙일 줄 몰랐어. '아일랜드 공화국군(IRA)'이 그 주역이었어. '아일랜드 공화국군'은 아일랜드의 민족주의 정당인 신페인 당과 더불어 오랫동안 아일랜드 독립 운동을 이끈 군사 조직이야. (이 이야기는 제22장에서 했었어.)

북아일랜드는 아일랜드가 영국의 지배에서 벗어나 아일랜드 공화국으로 독립할 때 영국이 끝내 내놓지 않은 땅이야. '아일랜드 공화국군'은 이곳을 되찾기 위해 테러리스트 조직으로 변신했어. 그리고 영국 정부와 군대는 물론 영국 본토의 민간인들한테까지 폭탄 공격을 퍼부었어. "앗, 뜨거워!" 하면서 영국이 제 발로 물러나도록 압박한 것이야.

1969년부터 '아일랜드 공화국군'은 테러리즘을 멀리하기 시작했어. 그러나 북아일랜드를 되찾는 방법은 폭력밖에 없다고 외치는 사람들이 여전히 있었어. 이들은 '임시 아일랜드 공화국군'이란 조직을 만들어서 테러 활동을 계속했어. 그 때문에 북아일랜드에 사는 영국인은 물론 영국 본토의 선술집, 상점, 거리, 지하철도 안전하지 않았어. 이들의 폭탄 공격에 적지 않은 사람들이 죽고 다쳤어. 1979년에는 엘리자베스

아일랜드 공화국군(IRA)

'임시 아일랜드 공화국군'의 테러로 죽은 마운트배튼 경

여왕의 사촌인 루이스 마운트배튼 경이 이들의 폭탄 공격으로 죽었어. 그는 제1차 세계 대전과 제2차 세계 대전에 참가하고 인도 총독을 지내기도 한 사람인데, 그의 낚싯배에서 폭탄이 터지는 바람에 여든 가까운 나이에 손자와 함께 죽었단다.

1970년대에는 팔레스타인과 아일랜드 테러리스트 조직들이 맹활약했어. 그러나 이들 말고도 테러리스트들은 전 세계에 널려 있었어. 일찍이 1948년에 유대 나라 이스라엘이 세워지기 전에는 유대 인 테러리스트들이(물론 시오니스트들이었어.) 팔레스타인에 있던 영국 민간인들을 공격하기도 했어. 영국이 팔레스타인을 점령하고 있을 때였는데, "영국이 아랍 사람들의 눈치를 보느라고 팔레스타인으로 옮길 유대 인 이주민의 수를 제한하고 있다."면서 반발한 것이지. 그리고 스페인 북부 바스크 지방의 바스크 족들도 '우리는 따로 독립하겠다!'고 하면서 오랫동안 테러 활동을 벌였어. '에테아ETA'(바스크 말로 '바스크 족의 고향과 자유'라는 뜻)라는 조직이 그 주역이었어. 그 밖에 그리스, 이탈리아, 인도, 미국의 테러리스트들, 일본의 적군파(赤軍派)도 자신들의 뜻을 이루려고 테러 활동을 벌였어.

다른 나라를 침공하면 전쟁이 벌어지고, 전쟁이 벌어지면 양쪽 정부와 군대가 죽자 사자 맞붙어서 결판을 내게 돼. 하지만 테러리즘은 전혀 다른 전쟁이야. 정부도 군대도 아닌 애꿎은 민간인들이 직접 공격을 받기 때문이지. 정치와는 아무 상관이 없는 사람들이 억울하게 죽어 가는 거야.

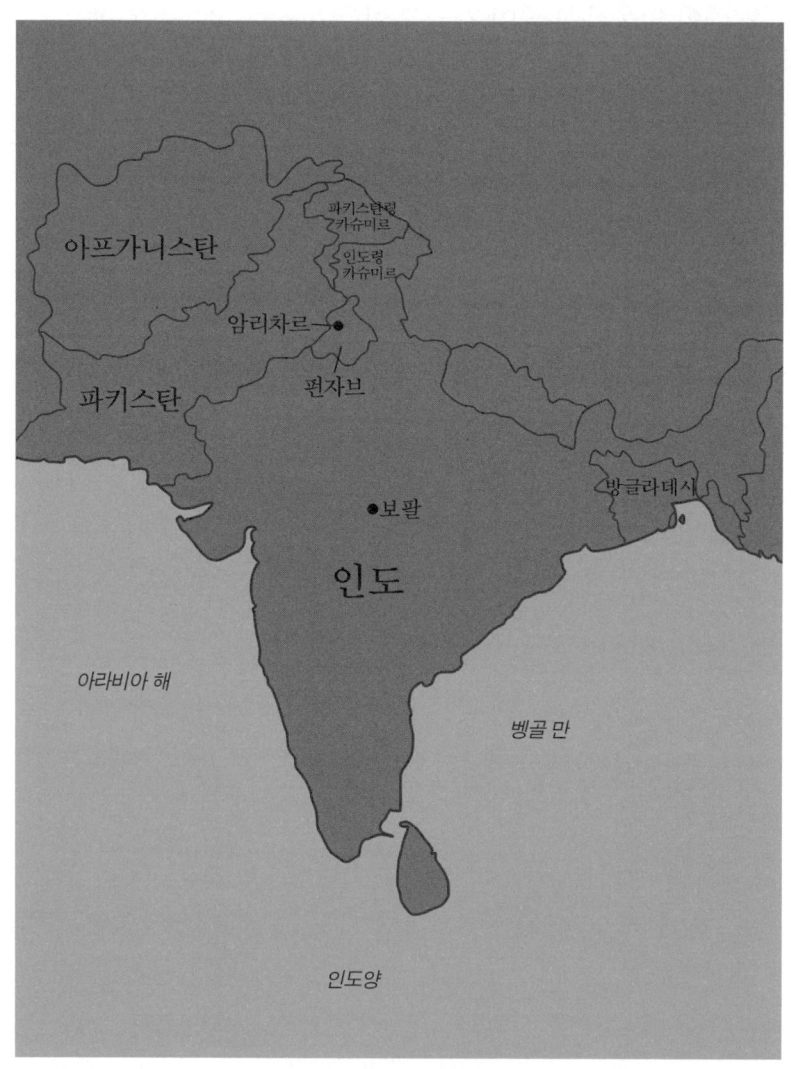

인디라 간디 지배 하의 인도

제39장 1980년대의 인도와, 중동의 또 다른 앙숙

인디라 간디와 보팔 참사

우리가 지난번에 넓디넓은 인도 대륙에 들렀을 때, 인도는 힌두 나라 '인도'와 이슬람 나라 '파키스탄'으로 갈라졌었어. 그리고 간디가 총에 맞아 세상을 떠났지. 마하트마* 간디가 세상을 떠난 뒤, 인도 국민들이 첫 선거를 치렀어. 선거 결과 자와할랄 네루가 총리로 뽑혔단다. 그는 간디의 동지이자 후계자로, 일찍부터 독립 운동을 이끌면서 인도의 영웅으로 널리 존경을 받았어.

그가 총리에 올랐을 때 영국은 이미 인도에서 물러나고 없었지만, 인도 땅 여기저기에 아직도 식민지를 가지고 있는 유럽의 나라들이 있었어. 바로 프랑스와 포르투갈이었어. 네루는 이 두 나라를 인도에서 뽑아냈단다. 프랑스는 일찌감치 두 손을 들고 '우린 곱게 물러나겠소!' 하고 조용히 사라졌어. 그런데 포르투갈은 프랑스와 정반대였어. 포르투갈은 "여기는 옛날부터 우리 땅이야! 시비 걸지 마!" 하면

---

*마하트마(Mahatma) : '위대한 영혼'이란 뜻으로 인도의 독립을 위해 평생을 바친 간디에게 인도 사람들이 붙여 준 이름.

서 눈알을 부라렸어. 포르투갈이 자기네 땅이라고 주장한 곳은 인도 서해안에 있는 고아Goa 지방으로, 포르투갈이 일찍이 16세기 때부터 식민지로 부려 먹던 곳이었어. 네루는 참을성 있게 기다렸어. 하지만 포르투갈은 통 물러날 생각을 안 하는 거야. 서로 한참 티격태격하다가 마침내 1961년, 인도군이 고아 지방으로 쳐들어가서 포르투갈을 쫓아냈어. 이렇게 해서 마지막 앓던 이가 쑥 빠졌어. 네루는 독립한 인도

인도의 총리 자와할랄 네루

의 첫 번째 총리로 17년 동안 일하다가 1964년에 세상을 떠났어.
2년 뒤에 그의 외동딸 인디라 간디Indira Gandhi가 총리에 올랐어.
이름을 보니 간디와 무슨 관계가 있는 것 같지? 그런데 그런 건 아니란다. 그저 '간디'라는 성을 가진 남자와 결혼해서 그 성을 갖게 되었을 뿐이야.(대부분의 서양 나라에서 여자가 결혼하면 남편의 성을 따른다는 사실을 알고 있지?) 사실 인도에서 '간디'라는 성은 아주 흔하다고 하는구나. 우리 나라의 김씨, 이씨, 박씨처럼 말이야.
여자 총리가 이 커다란 나라를 이끌게 되었어. '연약한 여자의 몸으로 어떻게!' 이렇게 걱정한 사람들도 없지 않았을 거야. 그러나 공연한 걱정이었어. 이 여자가 이때부터 1984년까지 무려 네 차례나 총리에 올랐으니까! 그것도 반대 세력을 무 자르듯이 쳐내 가면서 말이야. 이런 여자를 흔히 여장부(女丈夫)라고 하지. 한번은

인디라 간디가 공무원들을 모아 놓고 연설을 하면서 이런 노래를 불렀대. "우리는 인도, 인도의 여자! 애처로운 꽃이 아니야, 불꽃 같은 여자야……."

그녀가 이 커다란 나라를 이끌어 가는 데 정말로 필요했던 것이 바로 이 '불꽃 같은 정열'이었어. 나라가 독립한 지 20년이 지났지만 국민들의 살림살이는 여전히 궁색하기 짝이 없었기 때문이야. 실업자와 굶주리는 사람들이 온 사방에 널려 있었어. 당장 급한 건 식량 문제를 해결하는 일이었어. 그래서 그녀는 농업 발전에 온 힘을 기울였단다.

인디라 간디가 총리 자리에 오른 지 5년째 되던 해인 1971년에 '동파키스탄 문제'가 터졌어. 제30장에서 우리는 인도가, 인도와 파키스탄으로 '분리 독립'된 이야기를 했어. 독립할 당시 파키스탄은 인도 영토를 사이에 두고 동파키스탄과 서파키스탄으로 나뉘었지. 그런데 그렇게, 한 나라가 둘로 나뉘어 한쪽은 인도의 동쪽에 붙어 있고, 한쪽은 인도의 서쪽에 붙어 있게 된 것은 결코 현명한 조치가 아니었어. 그것도 서로 1천6백 킬로미터나 떨어져서 말이지. 힌두 교도가 많은 곳은 인도 영토로, 이슬람 교도가 많은 곳은 파키스탄 영토로 나누다 보니까 이렇게 되었지만, 이런 상태는 갓 독립한 나라에게는 아무래도 불리한 조건이었어. 정부의 관리들과 군대의 본부는 서파키스탄에 자리 잡았어.

인도의 총리 인디라 간디

인디라 간디와 보팔 참사 363

그런데 동파키스탄과 서파키스탄은 그 떨어진 거리만큼이나 말과 문화가 달랐어. 특히 동파키스탄인 벵골 지방은 '벵골 어'를 쓰면서 자신들만의 고유한 문화를 누리고 있었어.(1913년에 노벨 문학상을 받은 시인 타고르의 모국어가 바로 벵골 어란다.) 그러다 보니 시간이 흐르면서 벵골 사람들 사이에서 독립을 요구하는 목소리가 높아지기 시작했어. 급기야 1970년에는 서파키스탄으로부터 독립을 했으면 한다고 선언해 버렸어. 동파키스탄의 벵골 사람들은 "벵골은 벵골 사람들에게! 정부는 우리의 독립을 방해하지 말라!"고 외쳤어.

벵골 출신의 시인 타고르

서파키스탄에 있던 파키스탄 정부는 부랴부랴 군대를 보내 불길을 끄려고 했어. 그러나 이미 때는 늦었어. 내전이 벌어졌고, 전쟁이 나자 벵골 주민 수백만 명이 피난 행렬을 이루어 이웃 나라 인도로 밀려들었어.

인도가 이 난리를 강 건너 불 보듯이 구경만 하고 있을까? 서파키스탄 정부도 이 점을 염려했어. 그들은 인도가, 독립을 선언한 동파키스탄을 부추기는 것은 물론, 이런 난리를 틈타 전쟁을 일으킬 염려가 있다고 판단했어. 동파키스탄에 신경 쓰느라 정신없는 사이에 인도가 서파키스탄 지방을 침공해 오면 어떡하지? 파키스탄으로서는 생각만 해도 끔찍한 일이었어. 그래서 인도가 침공할 엄두를 내지 못하도록 미리 손을 쓰기로 했어. 파키스탄 폭격기들이 인도 상공으로 날아가 인도의 공항 여덟 곳을 쑥대밭으로 만들어 놓고 돌아왔어. 이제 인도의 공군 비행기들은 서파키스탄을 공격하고 싶어도 공항이 파괴되어서 이륙*을 할 수 없게 되었어. 이 폭격은 인도를 묶어 두기는커녕 인도를 너무너무 화나게 만들었어. "이슬람 군대가 감히 우릴 공격하다니!" 인도 사람들이 치를 떨었어. 여장부도 가만있지 않았어. 그녀는 군대에게, 벵골로 진격해서 파키스탄 군대를 싹 몰아내라는 명령을 내렸어. 인도군이 벵골 지방으로 돌진해 갔어. 인도군, 벵골 독립군, 파키스탄 정부군이 한데 뒤엉켜 싸웠어. 결국 파키스탄 정부군은 인도군과 벵골 독립군의 기세에 밀려 완전히 무릎을 꿇었어.

이렇게 해서 1971년에 벵골 지방이 '방글라데시Bangladesh'라는 이름으로 서파키스탄에서 독립했어.('벵골'과 '방글라데시'의 발음이 비슷하지?) 서파키스탄은 이제 그냥 '파키스탄'이 되었단다.

이 전쟁에서 승리한 사람은 둘이었어. 하나는 벵골 사람, 또 하나는 여장부 인디라 간디. 힌두 군대가 이슬람 군대(파키스탄 군대)를 무찔렀으니 인도 땅에서 그녀의 인기가 하늘을 찔렀어.

하지만 인도는 그 뒤 뜻밖의 재앙을 두 차례나 당한단다.(인디라 간디가 네 번째로 총리가 되고 나서의 일이었어.)

첫 번째 재앙은 1984년에 일어났어. 인도의 시크 교도들은 몇 년에 걸쳐 자신들만

---

*이륙(離陸) : 비행기가 날기 위해서 땅에서 떠오름.

인디라 간디와 보팔 참사

방글라데시의 독립을 축하하는 사람들

의 독립된 나라를 세우게 해 달라고 요구해 왔어. 시크 교는 이슬람 교와 힌두 교의 가르침이 혼합된 종교인데, 일찍이 15세기 말에 나나크Nanak라는 성인(聖人)이 세웠다고 해. 그 뒤 시크 교는 펀자브 Punjab 지방을 중심으로 시크 왕국을 세울 정도로 크게 세력을 떨쳤어. 펀자브 지방은 지금의 인도 서북부(펀자브 주)와 그 너머 파키스탄(역시 펀자브 주)에 걸쳐 있는 곳이야.

인도가 독립하면서 힌두 교도는 인도를 차지하게 되었고, 이슬람 교도는 파키스탄을 차지하게 되었어. 힌두 교도도 아니고 이슬람 교도도 아닌 시크 교도도 이제 인도에서 자기들만의 나라를 가지고 싶었어. 물론 펀자브 지방이었지. 그런데 이 지방은 인도와 파키스탄이 갈라설 때 두 토막이 났어. 힌두 교도들과 이슬람 교도들이 이 지역을 자기네들끼리 나누어 가진 거야. 소수 종교인 시크 교를 싹 무시하고 말이야. 그 바람에 이 지역에서도 인구 대이동이 이루어졌어. 인도 쪽 펀자브 지방의 이슬람 교도들이 파키스탄으로 넘어가고, 파키스탄 쪽 펀자브 지방의 시크 교도들이 인도 쪽 펀자브 지방으로 넘어왔어.

시크 교도들이 인도 쪽 펀자브 지방으로 몰린 건, 이곳이 시크 교의 중심지이기 때문이야. 펀자브에서 가장 큰 도시이자, 시크 교도들이 '거룩한 도시'로 받드는 암리차르 시에는 '황금 사원'으로 널리 알려져 있는 시크 교의 최대 성지인 '하리만디르'가 있었어.

소수 종교의 설움을 당하면서 이쪽으로 몰려든 시크 교도들이 독립을 요구할 만도 했겠지? 사실 그랬어. 그들은 "너희들은 저마다 힌두 나라, 이슬람 나라를 세워 독립하지 않았느냐? 우리도 이곳을 영토로 삼아 독립하겠다!" 하고 목청을 높였어.

인디라 간디는 이들을 달래기 위해 이들이 사용하는 말인 '펀자브 어'를 이 지방의 공용어로 삼게 해 주었어. 정부 기관이나 학교, 사회에서 공식적으로 가르치고 사용하는 말을 '공용어'라고 해. 하지만 이런 조치는 이 지방에 살고 있던 힌두 교

암리차르 시에 있는 황금 사원 '하리만디르'

도들을 분노하게 만들었어. 시크 교도들과 힌두 교도들의 시비가 끊이질 않자, 인디라 간디는 펀자브 지방의 일부를 뚝 잘라서 힌두 교도들에게 주어 버렸어. "정 그렇다면 당신들은 여기서 사시오!" 하고 말이야.

그러자 시크 교도들이 분통을 터뜨리며 벌 떼처럼 들고일어났어. 그들은 펀자브 전 지역을 자기들이 차지하고 싶었어. "힌두 교도들이 이제는 이 땅마저 넘보다니! 더 이상 물러설 수 없다! 용서할 수 없다!" 그들의 분노는 엄청났어.

일부 시크 교도들은 성전(거룩한 사명을 띤 전쟁)을 선포하고, 인도 정부와 힌두 교도들을 상대로 펀자브 지방은 물론 인도 전 지역에서 게릴라전에 나섰어.

그중 일부는 황금 사원에 들어가 본부를 차렸어. 이곳은 시크 교에서 으뜸가는 성지여서 인도 경찰이나 군대도 함부로 발을 들여놓지 못했어.

그러나 여장부는 달랐어. 시크 교 게릴라들이 테러 행위를 저지르고 이곳으로 숨어든다는 보고를 받자 그녀는 명령을 내렸어. "군대를 동원해서 황금 사원의 시크 교도들을 진압하라!"

1984년 6월 5일, 인도 군대가 황금 사원을 기습 공격했어. 1천 명에 가까운 시크 교도들이 죽었어.

황금 사원 근처의 시크 교도 본부의 부서진 모습을 보는 사람들

이 사건이 일어나자 참모들이 인디라 간디에게 그녀의 경호를 맡고 있는 시크 교도들을 내보내라고 충고했어. 그들이, 인디라 간디가 그들의 동족에게 저지른 일에 대해 치를 떨고 있음이 틀림없을 것이기 때문이었어. 시크 교도들은 예로부터 전투에 능해서 황실 경호원으로 맹활약했어. 네루 총리의 경호원으로도 활약했고, 지금 인디라 간디의 경호원으로도 활약하고 있었어. 그러나 여장부는 참모들의 충고를 듣지 않았어. "제 경호원들은 믿을 만합니다. 걱정하지 마세요!"

그런데 그녀가 틀렸어. 그해 10월 31일, 그녀는 집 앞 정원에서 시크 교도 경호원 두 사람에게 암살당하고 말았어. 이 재앙은 또 다른 비극으로 이어졌어. 힌두 교도들이 복수에 나선 거야. 그 결과 인도 전 지역에서 석 달 사이에 무려 3천 명이나 되는 시크 교도가 목숨을 잃었어. 이것이 첫 번째 재앙이었어.

그녀가 세상을 떠난 지 불과 한 달 남짓 만에 두 번째 재앙이 인도를 덮쳤어. 잠깐 앞의 지도를 살펴보자. 인도 한복판에 보팔Bhopal이란 도시가 표시되어 있을 거야. 이 도시에 유니언카바이드 사Union Carbide Corporation라는 미국 회사의 살충제* 공장이 있었어.(이 회사는 세계적인 화학 회사야. 그리고 제1차 세계 대전 때부터 전쟁 덕에 엄청난 돈을 벌었단다.)

1984년 12월 3일 밤 12시가 막 지났을 때 이 공장의 저장 탱크에서 유독 가스가 흘러나오기 시작했어. 보팔 사람들은 아무도 무슨 일이 일어나는지 몰랐어. 사람들

---

*살충제(殺蟲劑) : 농작물이나 가축, 인체에 해가 되는 벌레를 죽이거나 없애는 약.

인디라 간디와 보팔 참사 369

이 잔뜩 몰려 사는 공장 주변이 이 유독 가스로 뒤덮였어. 수많은 사람들이 가스를 들이마신 즉시 죽었어. 그리고, 도대체 왜 사람이 쓰러져 죽는지 몰라서 공포에 질린 수만 명의 사람들이 앞 다투어 도시를 떠나려고 하는 바람에 끔찍한 난리가 벌어졌어.

사람들은 대뜸 시크 교도의 소행이 아닐까 하고 의심했지만 그건 아니었어. 원인은 밤사이에 유니언카바이드 사에서 무려 45톤이나 흘러나온 '메틸이소시안산염'이라는 치명적인 유독 가스 때문이었어.

밤사이에 얼마나 많은 사람이 죽었는지 정확한 통계도 없어. 회사 쪽 말로는 3천 명이 죽었다지만, 주민들의 말로는 '적어도 1만 5천 명'이 죽었다고 해! 그게 다가 아니었어. 다행히 살아남은 사람들도 유독 가스를 들이마신 후유증 때문에 이루 말할 수 없는 고통을 겪어야 했어. 암, 결핵, 선천적 기형, 생식 불능, 눈병 등의 후유증에 걸린 사람이 적어도 15만 명이었고, 많게는 60만 명 이상이었어!

이 사건을 '보팔 참사'라고 해. 인간의 모든 역사를 통틀어 최악의 '산업 재해'*였어. 지구에 공장 굴뚝이 들어선 이래 이토록 끔찍한 일은 그전에도 그 뒤에도 없었어.

주변 생태계도 완전히 망가지고 말았어. 사고가 일어난 지 20년이 넘은 지금도 보팔 시의 땅과 지하수는 온통 수은을 비롯한 중금속*에 오염되어 있어. 사고를 낸

---

*산업 재해(產業災害) : 작업 환경이나 작업 활동 등의 노동 과정에서 일어나는 근로자의 신체적 장애.

유니언카바이드 사는 생태계를 복구하려고 노력하기는커녕 공장 문을 닫고 덜렁 사라져 버렸어. 공장이 있던 곳에 독성 폐기물(못 쓰게 된 물건)을 잔뜩 내팽개친 채로!

인도 정부가 조사에 착수하여 결과를 발표했어. "보팔 가스 누출 사고는 허술한 안전 장치 때문에 일어났다. 사고를 낸 회사는 돈이 많이 든다는 이유로 가스 저장 탱크의 냉각(식혀서 차게 함) 장치를 돌리지 않았으며, 가스가 새기 시작했을 때에는 안전 장치와 경보 장치도 다 꺼져 있었다!"

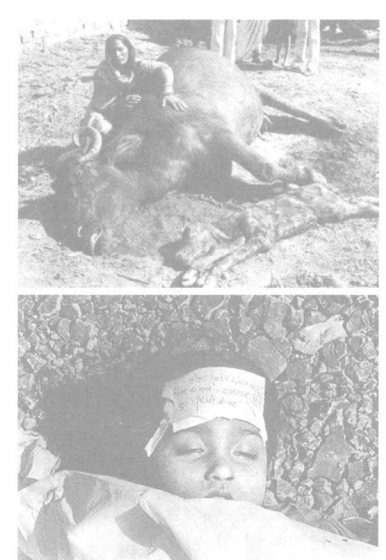

보팔 사건으로 희생당한 동물과 아이

그러나 유니언카바이드 사는 거꾸로 "그 사건은 노동자들이 태업을 하는 바람에 일어났다."며 공장의 일꾼들에게 화살을 돌렸어.('태업(怠業)'은 노동 조건의 개선을 요구하면서 일부러 일을 게을리 하는 걸 말해.) 그리고 몇 해 전에 이 회사를 사들인 다우케미컬 사Dow Chemical Company라는 유명한 미국 회사도 똑같이 발뺌을 하고 있어.

인도 법원이 사고를 낸 회사의 회장에게 법정에 나와서 진실을 밝히라고 요구했어. 그러나 그 회장은 지금까지도 못 들은 척 인도 법원에 출두할 생각을 안 하고

---

*중금속(重金屬) : 금 · 은 · 동 · 납 · 수은 · 아연 · 카드뮴 등, 비중이 약 4 이상인 금속 원소의 총칭. 생물의 몸에 해를 끼치므로 아주 적은 양이라도 주의해야 함.

인디라 간디와 보팔 참사

보팔 참사의 진실을 밝히기 위해 시위하는 사람들

있어. 싹 무시해 버린 거지. 지금도 이 회장은 인도 법으로는 '도피범' 즉 도망 다니고 있는 범인이야. 미국 정부는 그저 눈감고 있으면서 이 사람을 인도에 보내서 심판을 받게 할 생각은 하지 않고 있어. 그래서 참사가 있고 20년이 넘은 지금도 전 세계의 많은 단체들이 이 사람과 다우케미컬 사를 상대로 힘겨운 싸움을 계속하고 있어. 아직도 "보팔 참사의 진실을 밝히고 책임을 지라!"는 분노에 찬 목소리는 꺾이지 않고 있단다.

이란 이라크 전쟁

지난번에 우리는 이집트와 이스라엘이라는 두 앙숙이 "우리 전쟁일랑 그만하고 화해의 길로 나아갑시다."하고 악수를 한 이야기를 했어. 하지만 악수로 모든 갈등이 해결된 것은 아니었지.(제37장 뒷부분에서 이야기했어.)

그런데 중동에 이 두 나라 말고 다른 앙숙이 있었단다. 같은 아랍 나라인데도 걸핏하면 핏대를 세웠어. 바로 이란Iran과 이라크Iraq야.

상권 제18장에서 우리는 페르시아라는 나라에 대해 읽었어. 석유가 많이 났던 페르시아는 제1차 세계 대전이 터지기 전에 러시아의 지배를 받았지. 그 페르시아가

1935년에, 지금 널리 알려져 있는 이름인 '이란'으로 나라의 이름을 바꾸었어. 그리고 두 세계 대전이 끝난 뒤에 독립국이 되었단다.

이란은 샤(국왕) 혼자서 모든 권력을 쥐고 다스리다가, 20세기에 접어들자마자 입헌 군주제로 돌아섰어. 국왕 위에 헌법이 있게 되었고, 의회(마질레스)와 총리가 버티고 있어서 국왕이 제멋대로 나라를 다스릴 수 없게 되었지.

1953년에 이란을 다스리고 있던 샤는 모하마드 레자 샤 팔라비Mohammad Shah Pahlavi였어. (이 사람의 이름 끄트머리에 있는 '팔라비'는 그의 왕조 이름이란다. 그런데 이 사람은 이 왕조의 마지막 사람이야. 그래서 흔히 그를 '팔라비'라고 부르는데, 우리도 그렇게 부르기로 해.)

그리고 이때의 총리는 모하마드 모사데크Mohammad Mosaddeq라는 사람이었는데 한마디로 '힘 있는 총리'였단다. 흔히 성질이나 행동이 유별난 사람을 기인(奇人)이라고 하지? 그런데 모사데크가 꼭 그런 인물이었다는구나. 그는 잠옷 차림으로 사람들 앞에 나타나기도 했고, 의회를 여는 방에 침대를 갖다 놓고서 거기에 드러누워 연설을 하기도 했어. 또 사람들 앞에서 까닭 없이 엉엉 울기도 했단다.

그런데 더 중요한 사실이 있어. 그가 외국의 지배에서 벗어나는 일을 매우 중요하게 생각했다

모하마드 레자 샤 팔라비

이란 이라크 전쟁 373

는 것이야. 그는 의회에서 다음과 같이 일장 연설을 했어. "여러분! 석유는 우리 이란의 중요한 재산입니다. 그런데 왜 이란 땅에서 퍼 올린 석유를 저 영국-페르시아 석유 회사(지금의 브리티시 페트롤리움) 같은 외국 세력이 제멋대로 주물러야 합니까? 이란 땅에서 퍼 올린 석유는 당연히 우리 이란 사람의 것입니다. 석유 산업을 국유화해야 합니다!" 그러자 의원들이 "옳소! 옳소!" 하면서 찬성했어.

영국이 모사데크에게 항의했어. "총리! 석유를 퍼 올리기 위해 우리가 얼마나 많은 돈을 쏟아 부었는지 아시오?" 하지만 그는 콧방귀도 뀌지 않았어. "당신들은 이미 그 쏟아 부은 돈의 수십 배, 수백 배를 챙겨 갔잖소." 그러자 영국이 협박했어. "좋소! 앞으로 이란 석유는 한 방울도 사지 않겠소!"

그런데 이 말이 떨어지기가 무섭게, 다른 중동 나라들이 지금까지보다 더 많은 석유를 펑펑 퍼 올리기 시작했어. 갑자기 중동에, 석유는 남아돌고 석유를 사는 외국 손님은 늘지 않는 상황이 벌어졌어. 이란은, 영국이 석유를 사 가지 않았기 때문에 이런 상황이 닥치자 석유를 전혀 팔지 못하는 지경이 되고 말았어. 이란 경제에 먹구름이 잔뜩 끼었어. 모사데크 총리는 시름에 잠겼어. '어떡하나. 석유를 팔아야 나라 살림을 꾸릴 텐데. 이렇게 돈줄이 꽉 막혀서야…….' 사실, 이란이 나라를 운영하는 데 드는 돈은 대부분 석유를 판 돈에서 나왔어. 그런데 그 석

모하마드 모사데크

유가 더 이상 돈을 벌어 주지 못하고 있는 거야.

경제가 어려워졌으니 총리의 인기도 말이 아니었어. 그러자 팔라비는 이때다 하고 그를 총리 자리에서 몰아내려고 했어. 그런데 웬걸, 모사데크 총리는 꿈쩍도 안 했어. 게다가 그를 지지하는 군중이 거리로 쏟아져 나왔어. 팔라비는 걸음아 날 살려라 하고 외국으로 줄행랑을 칠 수밖에 없었어.

이렇게 모사데크는 총리 자리를 지킬 수 있었지만 그의 권력은 영국과 미국의 음모 때문에 며칠 가지 않아 끝장났어.

영국과 미국은 모사데크라는 걸림돌을 확 뽑아내 버리고 팔라비를 다시 이란의 권좌에 앉힐 음모를 꾸몄어. 팔라비는 영국, 미국과 좋은 관계를 유지하고 싶어 했고, 석유 산업을 영국의 손아귀에서 빼앗아 오고 싶어 하지도 않았어. 팔라비만큼 그들의 입맛에 딱 맞는 인물도 없었지. 반면에 모사데크는 독립심이 너무 강했고, 이란의 석유를 이란 것으로 만들려는 결심도 너무 강했어. 그런데, 영국은 그렇다 치고 미국은 왜 모사데크를 제거하려고 했을까? 그건 모사데크가 소련과 가깝게 지내는 사이일지도 모른다는 의심 때문이었어. 하지만 사실 그는 소련이 이란의 석유를 탐냈을 때도 딱 거절한 인물이었단다.

'모사데크 제거 작전'이 시작되었어. 작전 이름은 '아이아스 작전Operation Aias' 이었어.('아이아스'는 그리스 신화에 나오는 트로이 전쟁 영웅의 이름으로, 트로이를 함락시키는 데 결정적인 역할을 한 목마 속에 들어간 40명의 장수 가운데 한 명이었어.) 영국과 미국은 이란 밖에서 반란군을 몰래 훈련시킨 다음 이란으로 데리

이란 이라크 전쟁 375

고 들어갔어. 그리고 모사데크를 체포해서 반역죄로 감옥에 가두어 버렸어. 이어 팔라비가 의기양양하게 이란의 수도 테헤란으로 들어왔어. 그에게 반대하는 세력이 들고일어나면 진압할 수 있도록 영국군와 미국군의 철통같은 호위를 받아 가면서 말이야. '남의 나라 일에 간섭하지 말라.'고 떠벌려 대던 미국이 왜 이럴까 싶지 않니?

아무튼 팔라비는 다시 샤의 자리에 올라 권력을 휘둘렀어. 그러나 영국과 미국이라는 강대국을 등에 업고 있어도 그의 정권은 늘 위태위태했어. 이란 국민들이 그에게 아예 등을 돌렸기 때문이야. 이란 국민은 팔라비를 너무너무 싫어했어. 그들의 말을 들어 보렴. "세상에, 나랏돈을 제 호주머니에 넣는 왕이 어디 있소? 그는 왕이 아니라 도둑일 뿐이오, 그것도 왕도둑!" 사실 이란이 세계 각 나라에 석유를 판 돈이 그의 호주머니로 마구 쏟아져 들어갔단다. 석유를 많이 팔면 팔수록 그는 부자가 되어 갔지만 보통 국민들은 전혀 그 덕을 보지 못했어.

국민들이 그를 미워한 이유가 또 한 가지 있어. 이란 사람들은 대부분이 이슬람 교도였어. 그들은 샤에게, 이슬람 교의 가르침에 어긋나는 음주(술을 마심)와 도박을 법으로 엄격하게 금지시켜 달라고 요구했어. 하지만 팔라비는 거꾸로 갔어. 그는 이란을 좀 더 현대적으로, 좀 더 '서양식'으로 바꾸려고 했어. 그는 여성에게 투표권을 주었고, 학교를 개선해서 더 많은 이란 사람들에게 교육의 기회를 주려고 했어. 국민이 요구한 '종교적인 법'을 만드는 대신, 그는 종교가 이란에서 좀 더 힘을 못 쓰게 만들려고 했어. 그가 이란의 달력을 서양의 달력으로 바꾸는 바람에 이란 국민들은 더 이상 전통적인 이슬람 달력을 따를 수 없었어. 그는 또 자신에게 시비를 거는 의회도 없애 버리고, 이슬람 교를 따르는 신문과 잡지가 더 이상 자신을 비난하지 못하게 만들었어.

팔라비가 이끈 이러한 모든 변화를 '백색(白色) 혁명White Revolution'이라고 해. 그리고 이처럼 권력을 이용해서 전통 사회의 기틀을 무너뜨리고, 사회를 서양식으로 바꾸려고 하는 것을 '위로부터의 서구화'라고 한단다. 그가 서구화에 매달린 근본적인 이유는 자신의 권력을 위협하는 이슬람 세력의 힘을 확 빼놓기 위해서였어.

독실한 이슬람 국민들은 팔라비와 그의 개혁들을 싸늘한 눈초리로 쳐다보았어. 팔라비는 또 독재 권력을 휘둘러서 이란의 지식층으로부터 인기를 잃어 갔어. 그는 사바크SAVAK라는 악명 높은 비밀경찰을 동원하여 공포 정치를 폈어. 이란 국민들은 사바크에게 물샐틈없이 감시당했고, 국왕에게 반기를 드는 사람은 사바크에게 쥐도 새도 모르게 잡혀 가서 고문당하고 살해당했어. 또, 금서*를 읽다가 발각돼 잡혀 가서, 고문당하고 감옥에 갇힌 사람도 많았어.

팔라비 정권이 금지한 책의 목록 중에 루훌라 호메이니Ruhollah Khomeini라는 이슬람 지도자의 책도 있었어. 이 사람은 이란의 최고 종교 지도자인 '대(大) 아야톨라ayatollah'였어. 그래서 흔히 '아야톨라 호메이니'라고 불렀어. 그를 따르는

---

*금서(禁書) : 국가나 종교상의 최고 권력자에 의해 출판 또는 판매가 금지된 책으로, 기존의 정치 질서와 사회 질서를 파괴하고 풍속을 어지럽힌다고 판단되는 책을 대상으로 함.

이란 이라크 전쟁

사람들은 이슬람 교도가 따라야 할 종교적인 실천과 반대되는 팔라비의 백색 혁명에 대해 분통을 터뜨렸어. 그리고 호메이니가, 썩어 빠진 서양 사상과 외국 세력의 입김에서 이란을 구해 내어 진정한 이슬람 나라로 만들 수 있다고 믿었어.

팔라비가 가장 두려워한 사람이 바로 호메이니였어. 국민들이 워낙 그를 따랐기 때문이야. 그는 1960년대 초에 호메이니가 국민들 앞에서 자신을 직접 공격하자 그를 체포해서 외국으로 추방해 버렸어.

호메이니는 이웃 나라인 이라크로 가서 14년 동안 머무르다가, 이라크의 지도자 사담 후세인이 떠나 줄 것을 요구하자 프랑스의 파리 근처로 갔어. 그는 그곳에서 자신의 연설을 녹음한 테이프를 이란으로 보냈어. 그 내용은 팔라비의 반 이슬람적인 백색 혁명을 거부하라고 이란 국민들을 북돋우는 것이었단다.

이란 국민들이 들고일어나기 시작했어. 그러자 팔라비가 계엄령을 선포해 버렸어. 그의 군대가 시위하는 사람들을 진압하기 시작했어. 하지만 너무 늦었어. 거리를 메운 수만 명의 이란 사람들이 "팔라비는 물러나라."고 외쳤어. "위대한 이슬람 국민들이여, 팔라비를 몰아내라!" 하고 외치는 호메이니의 목소리를 담은 녹음테이프도 프랑스에서 계속 날아들었어. 마침내 팔라비는 국민들의 거센 저항에 밀려 줄행랑쳤어. 1979년 1월 16일의 일이었어. 팔라비는 징검다리 밟듯 이 나라 저 나라를 거쳐서 미국으로 도망갔단다. 이란의 역사를 바꿔 놓은 이 사건을 '이란 혁명Iranian Revolution'이라고 해.

그해 2월 1일에 호메이니가 이란으로 돌아왔어. 국민들이 환호성을 올렸어. 그를

루홀라 호메이니
'이란 혁명'을 주도한 이슬람 교 시아파의 최고 종교 지도자 호메이니야.
그는 팔라비에게 쫓겨나 외국에 있을 때는 자신의 연설을 녹음한 테이프를 이란으로 보내
국민들에게 혁명을 촉구했어. 마침내 그는 '이란 혁명'을 통해 팔라비 왕조를 무너뜨리고
이슬람 교에 기반을 둔 이슬람 공화국을 탄생시켰어.

이란 혁명

최고 지도자로 하는 혁명 정부가 나흘 뒤에 세워졌어. 이어 국민 투표에서 새 헌법이 통과되어 이란은 '이슬람 공화국'이 되었어. 국민들이 이제껏 원했던 대로 진정한 이슬람 나라가 된 거야. 바야흐로 '종교의 법'에 따라 나라를 다스리는 '신정(神政) 정치'가 시작되었어. 서양 음악과 음주, 도박이 금지되었고, 남성이 할 일과 여성이 할 일이 구별되었어. 여성은 다시 투표권을 잃었어. 모든 사람이 이슬람 교의 법에 따라 옷을 입어야 했는데, 팔꿈치와 발목을 잘 가리고 다녀야 했어. 여자들은 외출할 때 베일로 머리를 가려야 했어.

이란에서 혁명이 일어나자 큰 충격에 휩싸인 나라들이 있었어. 첫째는 미국이었어. 중동 지방에서 미국과 대립하는 가장 강력한 정권이 탄생했으니 말이야. 실제로 미국은 팔라비를 아낌없이 지원한 대가를 톡톡히 치러야 했어.

둘째는 이란의 이웃 나라인 이라크였어. 호메이니의 입김이 이라크 국민들에게도 강하게 미쳤기 때문에 그 혁명의 물결이 넘어올까 봐 염려스러웠어.

'이라크'라는 나라는 1919년 전까지만 하더라도 지구상에 없었어. 제1차 세계 대전 뒤 '베르사유 조약'에 따라 처음 생긴 나라야. 원래 이 지역은 오스만 투르크 제국의 영토였는데, 오스만 투르크 제국이 독일과 오스트리아와 함께 제1차 세계 대전을 일으켰다가 패하는 바람에 이곳을 잃게 되었어. 전쟁 당시 이 지역은 영국에게 점령당했고, 전쟁 후 연합국은 이곳에 독립국을 세우기로 결정하고, 영국에게 그 일을 맡겼어.

영국은 자기들이 고른 사람을 국왕으로 내세워 이라크를 다스리게 했어. 이 국왕이 1950년대까지 이라크를 다스렸는데, 1958년에 혁명이 일어났어. 혁명 세력은 국왕을 처형하고 이라크가 공화국이 되었다고 선포했어. 이어 1963년에 '바트 당'이라는 정당이 이라크의 정권을 잡았는데, 이때 이 정당에 몸담고 있던 젊은이 중에 '사담 후세인Saddam Hussein'이라는 인물이 있었어.(앞에서 잠깐 나왔었지?)

오랜 세월 동안 이라크와 이란은 영토 다툼을 벌여 오고 있었어. 그중 하나가 알아랍 강alArab River을 둘러싼 다툼이었어. 이 강은 두 나라의 국경선인 티그리스 강과 유프라테스 강이 만나는 지점에 있어. 여기서 배를 타면 이라크의 바스라 항구와 이란의 아바단 항구를 거쳐 페르시아 만까지 곧장 간단다.

두 나라는 이 강을 이용하고 싶었어. 1975년에 두 나라는 이 강을 둘러싼 다툼을 끝내려고 협정을 맺었어. 이란의 팔라비와 당시 부통령으로 뽑힌 이라크의 후세인이 협정에 사인을 했어. 협정 내용은 '알아랍 강은 이란의 땅임을 다시 확인한다.'는 것이었어.

이란 혁명이 일어나 팔라비가 쫓겨나고 호메이니가 정권을 잡았던 무렵, 후세인은 이라크의 대통령이 되었어. 그는 이란이 혁명 때문에 혼란스러운 틈을 타서 알

사담 후세인

아랍 강을 빼앗고 이라크의 위력을 보여 주어야겠다고 생각했어.

1980년 9월 22일, 그는 미국의 도움을 받아 이란을 기습 공격했어.

그가 생각하기에 전쟁은 잠깐이면 끝날 것 같았어. 이라크 군은 20만 명이나 되었고, 소련제 무기와 탱크, 중국과 독일과 프랑스와 영국에서 온 총으로 잘 무장되어 있었어. 게다가 미국이 이란과 호메이니를 공격하는 걸 발 벗고 도와주겠다고 했어. (당시 미국은 팔라비를 이란의 권좌에 다시 앉힐 생각을 하고 있었어, 이런!)

그러나 착각이었어. 기습 공격을 받고 빌빌거릴 줄 알았던 이란 군의 저항이 여간 거세지 않았으니까. 이란 군 병사들은 목숨을 걸고 대응해 왔고, 잠깐이면 끝날 거라고 예상했던 전쟁은 무려 8년이나 끌었어! 후세인의 폭격기들이 이란의 유정(원유를 퍼내는 샘)들을 마구 폭격했고, 호메이니의 폭격기들도 이라크의 유정들을 쑥대밭으로 만들었어.

이 전쟁으로 얼마나 많은 사람이 죽었는지 확실히 알 수 없어. 다만 8년간 50만 명쯤 죽었을 것으로 짐작하고 있단다. 또 두 나라의 유정과 송유관*도 멀쩡하게 남은 게 거의 없었어. 이런 것들을 고치고 다시 만들고 하려면 몇 해나 걸리려는지 짐작하기도 어려웠어. 이 전쟁을 '이란 이라크 전쟁Iran-Iraq War'이라고 불러.

두 나라는 1988년에 전쟁을 중지하는 데 동의했어. 전쟁에 이긴 나라는 없었어. 그럼 전쟁의 원인이었던 알아랍 강은 누가 차지하게 되는 걸까?
그냥 이란의 영토로 하기로 했대. 1975년에 협정한 대로 말이야······.

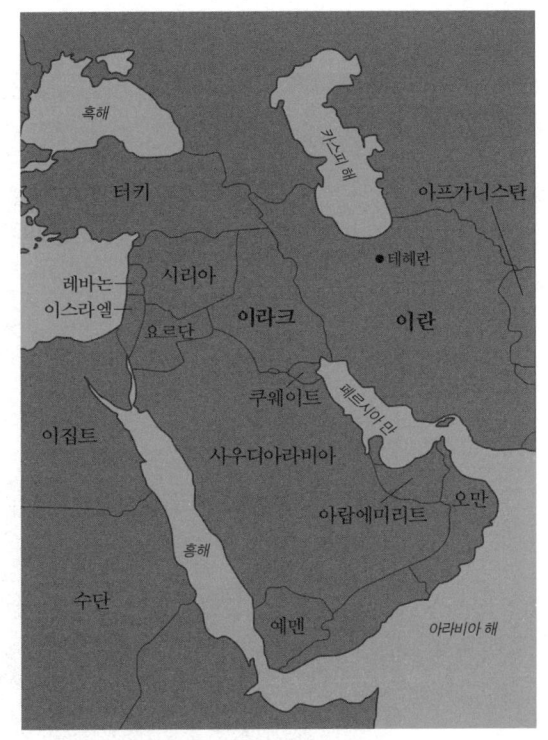

이란과 이라크

*송유관(送油管) : 석유나 원유 등을 딴 곳으로 보내기 위하여 사용하는 두툼한 관.

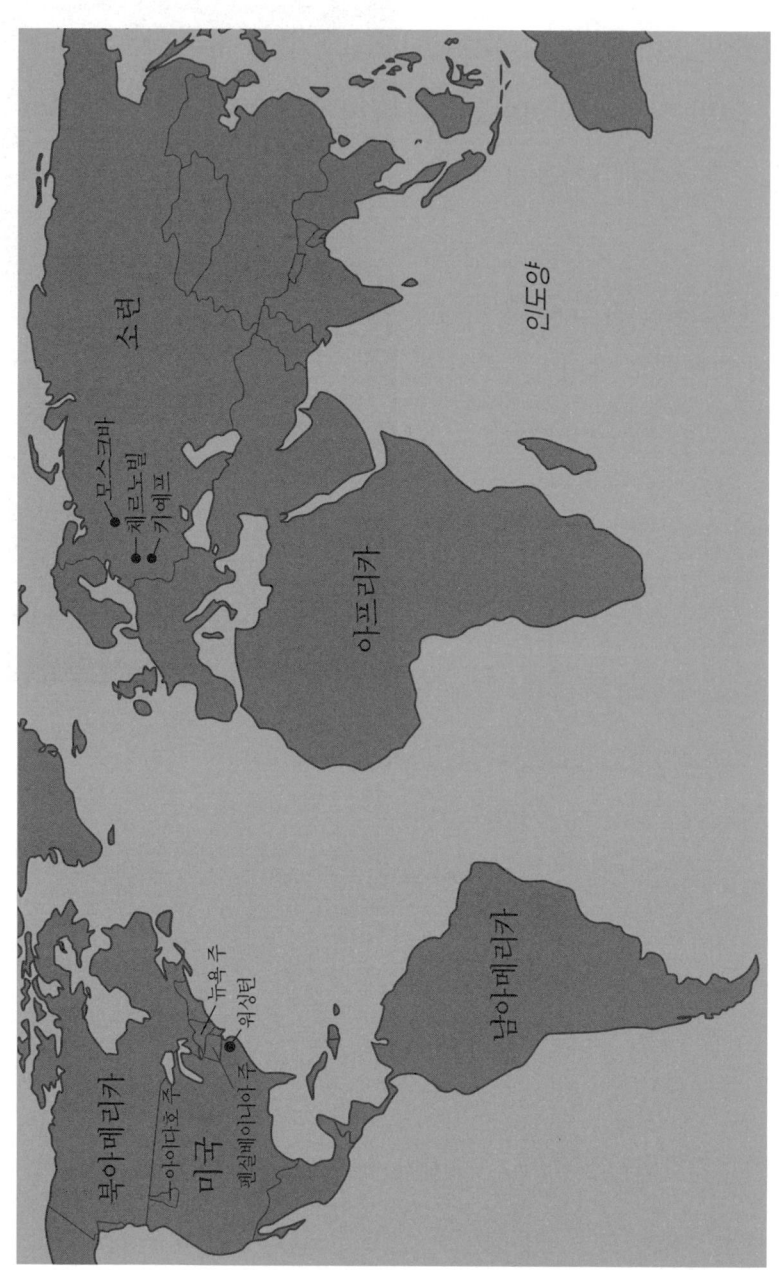

미국과 소련의 원자력

제40장 체르노빌 사건과 '냉전 끝'

체르노빌의 원자력 발전소 폭발 사건

1986년 4월 26일 새벽 1시 30분경, 폭발 소리가 소련의 체르노빌Chernobyl 시를 뒤흔들었어. 그곳은 지금 우크라이나에 속해 있는 도시야. (우크라이나는 1991년에 소련에서 독립했단다.) 지도를 한번 보렴. 소련의 키예프 시 북쪽에 체르노빌이 있지? (키예프에서 북쪽으로 1백 킬로미터쯤 떨어진 곳이란다.) 폭발은 발전소*에서 일어났어. 폭발이 발생하면서 터져 나온 불덩어리로 인해 사고 현장에서 31명이 죽었어.

언뜻 생각하기에는 그리 큰 사고는 아닌 것 같지? 그러나 그게 아니었어. 폭발이 일어나자 발전소 주변에 살고 있던 주민들 가운데 무려 13만 5천 명이 당장 위험에 처했고, 또 다른 40만 명이 평생 그 후유증으로 고생해야 했어!

도대체 왜 이런 끔찍한 일이 일어난 것일까? 체르노빌의 발전소는 바로 '원자력'

---

*발전소(發電所) : 수력이나 화력 · 원자력 따위로 발전기를 움직여서 전기를 일으키는 시설.

폭발한 체르노빌 원자력 발전소

발전소였어! 그 발전소의 원자로 네 개 중에서 하나가 '폭발'한 거였어! 역사상 최악의 원자력 사고였단다. 이 사고를 '체르노빌 사건Chernobyl Accident'이라고 해.

이 사건을 이해하기 위해서 잠깐 1940년대로 거슬러 올라가 보자꾸나. 미국의 과학자들이, "독일 나치스가 원자 폭탄을 만들어 내기 전에 우리가 먼저 만들어 내자."고 머리를 싸매고 있었던 때로 말이야. 그때 과학자들이 한 가지 사실을 발견했어. '우라늄같이 무거운 원자의 핵이 둘로 나누어질 때 엄청난 에너지가 발생한다.'는 것이야. 이 현상을 '핵분열'이라고 해. 그들은 이 현상을 이용해서 원자 폭탄을 만들었어. 그리고 그 뒤로도 과학자들은 '더 좋은 무기'를 만들어 내기 위해서 핵분열 연구를 계속했어. 그들은 원자 폭탄과 핵 미사일을 더 강하게 만들고 싶었고, 원자력으로 움직이는 잠수함을 만들고 싶었어.

하지만 그러고 나서 과학자들은 원자력을 무기 말고 다른 쓰임새로도 쓸 수 있지 않을까 하는 데 슬슬 생각이 미치기 시작했어. 원자력으로 전기를 만들어 낼 순 없을까? 자동차니 전등이니 냉장고니 텔레비전이니 하는 것들을 다 원자력으로 움직일 순 없을까? 이런 생각을 하게 된 거야. 정말 이렇게만 된다면 석유에 크게 매달리지 않아도 될 거였어.

아닌 게 아니라 그렇게 '할 수 있다'는 사실이 1951년에 밝혀졌어. 미국 아이다호 주 아코Arco 시에 있는 아이다호 국립 공학 연구소 과학자들이 원자력으로 발전기를 돌려서 '전등 네 개'를 밝히는 데 성공한 거야.

아이다호 국립 공학 연구소

전등 네 개에 불이 켜지자 이곳 과학자들과 정부 관리들은 "야호! 성공이다! 이젠 엄청나게 싼 값으로 전기를 만들어 낼 수 있어!" 하며 흥분을 감추지 못했어. 과학자들은 또 머리를 싸맸어. 원자력을 이용하여 전기를 많이 만들어 내자면 크고 잘 돌아가는 '발전용 원자로'를 만들어야 할 테니까. (원자로는 핵이 분열할 때 순간적으로 방출되는 다량의 에너지가 서서히 방출되도록 조절하는 장치를 말해.)

'불 켜진 전등 네 개의 고향' 아코 시는 1955년에, 원자력 발전만으로 그 도시가 필요한 전기 전부를 충당할 수 있었어. (물론 다른 나라도 전기를 일으키기 위한 원자력 연구를 했어. 소련 과학자들은 1954년에 원자력 발전소를 세웠고, 영국도 1956년에 상업용 원자력 발전소를 세웠어.)

그러나 원자력을 둘러싸고 격렬한 논쟁이 일어났어. 일부 과학자들과 정부 관리들은 원자력을 찬양하기에 바빴어. "엄청난 발견이야! 언젠가 인간이 땅속에 있는 석유를 다 써 버리는 날이 올 텐데, 석유를 대신할 이렇게 싼 에너지를 찾아냈으니 이런 경사스런 일이 어디 있어!"

그러나 반대의 목소리도 거셌어. "핵분열은 재앙일 뿐이오! 핵실험으로 원자 폭탄을 만들어 내지 않았소? 지구상에 일찍이 없었던 끔찍한 무기를 말이오. 지구를 완전히 쓸어버릴 수 있는 원자력의 치명적인 파괴력을 도대체 어떻게 통제할 수 있단 말이오?"

이런 논쟁이 이는 가운데, 아이젠하워 대통령이 이 문제에 관하여 유엔 총회에서 연설했어. 연설 제목은 '원자력의 평화적 이용'이었어. 미국 사람들 사이에서도 핵실험을 염려하는 목소리가 높다는 것을 그는 알고 있었어. 그러나 그가 생각하기에, 핵에너지는 '대단히 유익한 것'이었어. 원자력이라고 하면 사람들은 대뜸 원자 폭탄을 떠올리지만 그게 전부가 아니라 아주 유익하게 사용할 수 있다고 그는 믿었어. 그래서 유엔 총회에 나가 전 세계를 상대로 이런 생각을 알리고 싶었어. 그는 자신의 뜻이 자칫 잘못 전달될까 봐 연설문에 무척 신경을 썼다는구나. 대통령 전용기를 타고서 워싱턴에서 유엔 본부가 있는 뉴욕으로 날아가는 중에도 그는 연설문을 고치고 또 고쳤대. "여보게, 이 대목은 이렇게 좀 바꿔 주게. 그리고 아까 그 대목도 다시 좀 손질해야겠어······." 그가 불러 주는 대로 비서가 부지런히 타자기를 쳤어. 그런데 시간이 모자랐어. 전용기가 어느 새 뉴욕 상공에 다다랐어. 아이젠하워가 조종사에게 말했어. "이보게나. 이 연설문을 다 마칠 때까지 그냥 빙빙 돌게." 그래서 대통령 전용기가 뉴욕 상공을 30분이나 빙빙 돌았대. 그의 비서가 연설문을 마저 타이핑할 때까지 말이야.

비행기에서 내리자마자 아이젠하워는 유엔 총회장으로 헐레벌떡 뛰어갔어. 각 나라의 대표와 기자들 3천5백 명이 그의 연설을 듣기 위해 와 있었어. 아이젠하워는 우선 "핵무기는 대단히 위험합니다." 하고 말문을 열었어. 하지만 이어서 그는 "핵에너지는 의학과 농업을

유엔에서 '원자력의 평화적 이용'에 대해 연설하는 아이젠하워

발전시키는 데나, 석유나 석탄 자원이 부족한 나라들이 값싸게 전기를 생산하는 데 매우 유익합니다!" 하며 원자력 발전소를 세우면 이로운 점을 입에 침이 마르도록 늘어놓았어. 하지만 설령 원자 폭탄용으로 쓰지 않더라도 원자력은 엄청난 위험을 안고 있어. 바로 '방사능(放射能 radioactivity)' 때문이야.

핵반응* 때 나오는 아주 작은 알갱이(입자)나 알파선, 베타선, 감마선, 엑스(X)선 따위의 전자파를 '방사선'이라고 해. '방사능'은 물질을 구성하는 원자가 저절로 붕괴하여 방사선을 방출하는 성질을 말하는 것이고, 이런 성질을 가지고 있는 물질을 '방사능 물질'이라고 해.

네가 엑스레이(x-ray), 즉 엑스선 검사를 받아 본 적이 있다면, 아마 이런 식으로 받

---

*핵반응(核反應): 원자핵이 다른 입자와 충돌하여 다른 원자핵으로 바뀌는 현상.

앉을 거야. 먼저 의사 선생님이나 전문 기사가 너를 엑스선 장치 앞에 앉혀. 그러고는 네모 판을 들고 와서 찍을 부분의 뒤에 대. 이 속에 엑스레이용 필름이 들어 있어. 그리고 이 판의 반대편에서 엑스선을 쏘아. 엑스선은 네 몸을 통과해서 네모 판 속의 필름에 하얗고 까맣게 네 몸속 상태를 찍어 놓아. 그래서 네 몸속에 어떤 이상이 있는지 찾아내지. 엑스선 검사 때 네 몸에 통과시키는 이 엑스선이 방사선이야. 하지만 아주 적은 양이라

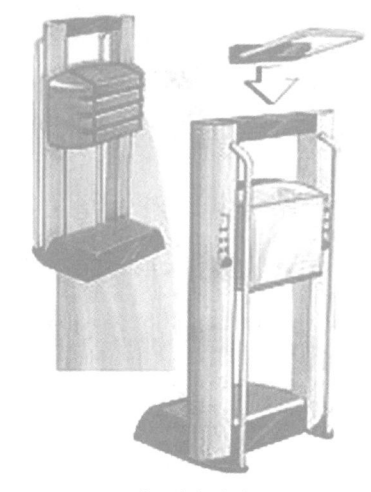

엑스레이 기계

서 너에게 전혀 해가 되지 않아. 사실 방사선은 태양에서도 나오고, 땅속에서도 나오고, 음식물에서도 나와. 이런 것들을 '자연 방사선'이라고 해. 그러나 원자 폭탄이 터질 때나 원자로에서 흘러나오는 방사선은 자연 방사선이 아니라 '인공 방사선'이야. 이것이 위험한 것이지.

커다란 원자 폭발이 일어날 때 아주 가까이 있었던 사람은 방사능에 확 노출이 되어서 신체가 더 이상 정상적으로 제 기능을 하지 않게 돼. 일본의 히로시마와 나가사키에 원자 폭탄이 떨어졌을 때 즉시 죽지 않은 수많은 사람들은 몇 년 뒤에 죽었어. 원자 폭발 때 나온 방사능이 일으킨 암이나 다른 질병으로 죽어 갔던 것이지.

그러니 원자력 발전소에 대해서 걱정을 안 하려고 해도 안 할 수가 없었어. "원자력 발전소에서 언제 방사능 물질이 새어 나올지 몰라. 또, 원자력 발전소에서 일

하는 사람들이나 원자력 발전소 주변에 사는 사람들은 방사능 때문에 무슨 병에 걸려 죽을지 몰라."하며 많은 사람들이 걱정했어. 물론 '원자로'가 정상적으로 잘 돌아가기만 한다면 안전하고 유용한 것이지만, 그것도 아니었어!

1979년 3월 28일에 미국 역사상 가장 끔찍한 원자력 발전소 사고가 일어났어. 미국 펜실베이니아 주 스리마일 섬Three Mile Island에 원자력 발전소가 있었는데, 이곳 원자로가 말썽을 부린 거야. 원자로는 너무 뜨거워지지 않도록 펌프로 냉각액을 돌려서 잘 식혀 주어야 해. 그런데 이 냉각액을 돌리는 자동 펌프가 이날 새벽에 덜컥 고장이 난 거야. 이어서 다섯 시간 동안 다른 장치들까지 줄줄이 고장 났어. 과학자들이 조사해 보니 원자로에서 방사능 물질이 흘러나오고 있었어! 오전 9시 15분, 관리들이 백악관으로 전화를 걸어서 "대통령 각하, 큰일 났습니다! 지금 스리마일 발전소에서 방사능 물질이 새어 나오고 있습니다!"하고 급한 소식을 전했어. 오전 11시, 발전소 직원들에게 긴급 대피령이 내려졌어. "모두 섬을 떠나십시오! 방사능에 노출될 수 있습니다. 어서 떠나십시오! 어서!"

이틀 뒤 과학자들이 조사해 보니 원자로의 또 다른 부분에서 더 많은 방사능 물질이 흘러나오고 있었어. 펜실베이니아 주의 주지사가 발전소 주변의 주민들에게 긴급 대피령을 내렸어. "주민 여러분,

스리마일 섬의 원자력 발전소 사고

스리마일 섬이 위험합니다! 어린이와 임산부를 발전소에서 8킬로미터 밖으로 대피시키십시오! 방사능에 해를 입을 수도 있습니다. 어린이와 임산부는 모두……."
난리가 났어. 원자로에서 방사능 물질이 얼마나 흘러나왔는지 과학자들도 정확히 몰랐어. 다만 스리마일 섬 주변의 주민들을 검사해 보니까, 다행히 방사선을 쐰 양이 아주 적었어. 엑스선 검사 때보다 훨씬 적은 1밀리렘(millirem) 정도에 불과했어!('밀리렘'은 방사선이 인체에 미치는 영향을 나타내는 단위야.) 그래서 이 사고로 죽거나 후유증을 앓게 된 사람은 한 사람도 없었어. 정말 다행이었어.
그러나 이 사건은 사고 현장의 주변이나 다른 원자력 발전소 주변의 사람들을 공포와 분노의 도가니로 몰아넣었어. "이럴 수가! 방사능 물질이 줄줄 새어 나가는데 원자로를 돌리는 발전소 직원도 그걸 중지시킬 수 없었다니!", "도대체 과학자들마저 방사능 물질이 얼마나 흘러나왔는지 모르면 어떡해! 이번엔 무사히 넘어갔지만, 정말 큰 사고가 터지면 어쩔 거냔 말이야!"
그런데 이들이 우려한 '큰 사고'가 기어코 일어나고 말았어. 소련의 체르노빌에서.
이 원자력 발전소에서는 방사능 물질이 조금 흘러나온 정도가 아니라, (원자가 핵분열을 일으키는) 네 개의 원자로 중 하나가 아

사고가 난 체르노빌 원자력 발전소

예 폭발을 해서 방사능 물질을 왕창 쏟아 낸 것이었어.

방사능 물질이 바람을 타고서 소련의 전 지역으로 퍼졌어. 대기의 방사능 수치가 너무나도 위험한 수준이었고, 당장 6만 명의 사람들이 방사능에 노출되어 암에 걸릴 지경이었어. 사고 현장 주변의 동물들도 기형*의 새끼를 낳았어. 모스크바의 어느 기자가 사고 현장을 취재했어. 그의 글을 잠깐 읽어 보자꾸나. "갓 태어난 돼지 새끼 한 마리를 보았는데, 머리가 마치 개구리 머리 같았다. 눈이 있어야 할 자리에 눈은 없고, 살이 두툼하게 올라와 있었다. 눈동자도, 각막*도 없었다. 이 기형의 새끼들은 태어나자마자 줄줄이 죽었다. 아직 살아남은 녀석이라곤 이 한 마리뿐이었다."

체르노빌 주변의 사람들과 동물들만 위험에 처한 게 아니었어. 핵이 폭발할 때, 핵분열로 생기는 방사능을 지닌 먼지를 '낙진(방사진)'이라고 하는데, 이 낙진이 유럽 전 지역을 덮쳤어. 저 멀리 폴란드에서는 젖소들의 젖이 방사능에 오염되어 우유를 입에 댈 수 없었어. 스웨덴에서는 양들과 순록들이 방사능으로 인한 병에 걸려 쓰러져 갔어. 소련 최고 지도자의 표현을 빌면 '핵에너지의 진짜 위력 앞에서 인간이 쩔쩔매는' 일이 벌어진 거야.(우리 나라에서도 낙진이 검출되었단다!)

사고 현장 주변의 땅과 지하수는 지금도 온통 방사능에 오염되어 있어. 앞으로 수천 년간 아무도 살 수 없는 죽음의 땅이 되고 만 거야.

---

*기형(畸形) : 생물체의 구조나 생김새 등이 비정상적인 모양.
*각막(角膜) : 눈알의 앞쪽 중앙에 있는, 둥근 접시 모양의 투명한 막.

원자력 발전소를 반대하는 피켓 시위

과학자들은 폭발한 원자로를 어떻게 할 것인지 궁리했어. 거기서 방사능 물질이 계속 흘러나왔기 때문이야. 그들은 결국 두꺼운 콘크리트와 강철로 이 원자로를 덮어 버리기로 결정했어. 방사능 물질이 흘러나오지 못하도록 원자로를 꽁꽁 싸매 버리자는 것이었지. 그해 말에 매장 작업이 시작되었어.

이렇게, 원자 폭탄의 공포에 이어 원자력 발전의 공포가 전 세계를 흔들었어. 원자력 이용에 반대하는 '반핵(反核) 운동'의 물결이 거세게 일었어. "원자력 발전소를 줄여라!", "원자력 발전소를 더는 세우지 말라!"는 목소리가 울려 퍼졌어. 체르노빌 사건의 교훈이었어.

그러나 이 끔찍한 사건을 겪고도 아직 많은 나라들이 원자력 발전에 매달리고 있단다. 오늘날 전 세계 전기 생산량의 약 5분의 1을 원자력 발전이 차지하고 있어. 대부분의 과학자들은 아직도 이렇게 주장하고 있지. "아무 걱정 마세요. 다른 나라는 몰라도 우리 나라의 원자력 발전소는 아주 안전합니다. 체르노빌 사건 같은 건 절대 일어나지 않아요!"

막을 내린 '냉전'

미국과 소련의 '냉전'은 제2차 세계 대전 뒤의 세월 동안 두 나라가 행했던 모든 일에 영향을 미쳤어. 손놀림 하나, 발놀림 하나마저도 냉전의 영향이었지! '우주 경쟁'도, '베트남 전쟁'도 모두 냉전에서 비롯되었어.

그런데 1980년대에 들어와서 냉전이 끝날 조짐을 보이고 있었어. 정치학자들의 표현을 빌면 '얼음장 같던 미국과 소련의 관계가 슬슬 녹고' 있었던 거야.(이처럼 얼음이 풀리는 걸 '해빙(解氷)'이라고 해.)

이 해빙 이야기의 주인공은 미하일 고르바초프Mikhail Gorbachev 소련 공산당 서기장과 로널드 레이건Ronald Reagan 미국 대통령이야. 고르바초프는 아직 살아 있고, 레이건은 2004년에 세상을 떠났어.

두 사람 모두 특이한 구석이 있는 인물이었어. 우선 고르바초프의 경우, 독특한 모반을 타고났어. 모반(母斑)이란 선천적인 원인으로 살갗에 나타난 갈색 또는 검은색 점이나 사마귀를 말해. 그러니까 그의 오른쪽 이마에 마치 붓으로 그린 것 같은 얼룩이 나 있는 거야. 신문을 보면 한두 칸짜리 만화로 된 시사만평*이란 게 있는데, 1980년대 시사만평들을 보면 고르바초프의 이 모반이 아주 큼직하게 그려져 있어. 만화가들이 그를 한눈에

소련 공산당 서기장 고르바초프

조지 지프 역할의 레이건

알아볼 수 있도록 일부러 그렇게 그린 거지.

레이건은 '지퍼Gipper'라는 희한한 별명이 있었어. 바지에 있는 지퍼(zipper)하고 발음이 비슷하지? 그는 대통령이 되기 전에 영화배우였어. 그가 맡았던 주인공 중에 조지 지프George Gipp라는 미식축구 영웅이 있었는데, 그 바람에 평생 이 별명을 달고 다니게 된 거란다.

해빙의 고삐를 먼저 잡아당긴 사람은 고르바초프였어. 그는 1985년에 소련의 최고 지도자가 되어 '페레스트로이카perestroika(개혁)'라는 놀라운 정책을 폈어. 여러 분야에서 놀라운 개혁이 이루어졌는데, 무엇보다 경제 분야에서 정부가 땅을 소유하고 은행을 운영하는 방식이 크게 바뀌었어. 러시아 혁명 이후, 소련의 은행과 회사와 공장은 대부분 정부가 소유하고, 운영하고, 통제했어. 그런데 '페레스트로이카' 정책이 실행되면서 보통 사람들도 그런 기업들을 운영하고 관리할 수 있게 되었어. 심지어 자기 사업체를 가질 수도 있었어. 그리고 그동안 냉랭하게 지내던 관계를 깨고 유럽의 여러 나라들과 우호(서로 친함) 관계를 맺었어.

---

*시사만평(時事漫評) : 그때그때의 세상의 정세나 일어난 일을 일정한 형식이나 체계 없이 생각나는 대로 비평한 것.

그는 또 '글라스노스트Glasnost(개방)'라는 정책을 폈어. 이것도 놀라운 정책이었어. 왜냐하면 정부가 스스로 '스탈린 독재 체제'는 이제 끝!' 하고 선언한 것이기 때문이야. '글라스노스트' 정책이 실행되면서 소련 국민들은 자기의 의견이나 생각을 말이나 글로 자유롭게 표현할 수 있게 되었어. 또, 신문들은 소련 정부를 비판하는 기사를 싣는 것이 더 이상 '죄'가 되지 않았어.

레이건은 소련의 이런 변화를 눈여겨보면서 이렇게 판단했다는구나. '소련이 확실히 크게 바뀌고 있어. 이런 식이라면 두 나라가 적이 아닌 친구 사이로 지낼 수도 있겠는걸…….'

그러나 말처럼 쉬운 게 아니었어. 두 나라가 서로 앙숙으로 지내 온 지가 이미 40년이 넘었으니까. 게다가 서로 핵무기로 단단히 무장하고 있어. 상대방을 겨눈 채 여차하면 방아쇠를 당길 준비를 하고 말이야. 이런 형편이었으니 두 나라 사이에 전쟁이 일어나지 않으리라고 믿기가 참으로 어려웠어.

그래서 레이건은 냉전을 끝낼 수 있는(그리고 소련을 이길 수 있는) 열쇠는 두 나라의 '무기 협상'에 달려 있다고 생각했어.

레이건과 고르바초프 모두 제3차 세계 대전 같은 건 결코 원하지 않았어. 두 나라 사이에 전쟁이 일어난다면 핵전쟁이 되기 십상이었는데 그러면

미국의 레이건 대통령

결과가 어떨지는 불을 보듯 뻔했기 때문이야. 지금 두 나라가 가지고 있는 핵무기의 위력은 옛날 미국이 일본에 떨어뜨렸던 제1세대 핵무기와는 비교가 안 될 정도로 더욱 강력해지고 더욱 위험해진 상태였어. 그렇다면 이 핵무기들을 싹 치워 버리면 그만 아니야? 여기에 두 나라의 고민이 있었어. 서로 눈치를 보지 않을 수 없었던 거야.

레이건은 생각했어. '고르바초프한테 우리 서로 가지고 있는 핵무기를 다 없애자고 하면 아마 그러자고 할 거야. 그런데, 우린 약속대로 핵무기를 다 없앴는데 저쪽은 몰래 숨겨 놨으면 어떡하지? 그러면 우리만 꼼짝없이 당하고 말잖아!' 고르바초프도 마찬가지로 이런 걱정을 하고 있었어.

미국과 소련은 마치 물총 싸움을 하는 어린아이들 같았어. 물세례를 피하고 싶은 마음은 간절했지만, 막상 자기가 먼저 물총을 내려놓기는 싫었던 거야. '내가 먼저 물총을 내려놓으면 저 녀석이 나를 쏠 게 뻔하잖아.' 하고 생각한 거지.

레이건은 이 문제를 풀기로 결심했어. 미국의 모든 원자 폭탄을 없애는 방법이 아니라, 더 크고 더 강력한 새로운 무기를 개발하는 방법을 통해서! '우리가 가지고 있는 원자 폭탄을 다 없앨 게 아니라, 더 센 걸 만들어 내자! 소련 것보다 훨씬 더 센 것을! 그럼 소련이 감히 우릴 공격할 엄두를 못 낼 거야!' 이 같은 레이건의 전략을 '힘에 의한 평화Peace Through Strength'라고 한단다. 한마디로 미국이 평화를 지키려면 세계의 그 어느 나라보다 강해져야 한다는 것이지.

이 전략에 따라 레이건은 '힘'을 향해 줄달음질했어. 전쟁 때가 아닌 평화 시기에

'중거리 핵 전력 협정'을 맺는 고르바초프와 레이건

미국이 엄청난 나랏돈을 무기 개발에 쏟아 부은 적은 일찍이 없었어. 레이건은 한 손으로는 무기를 열심히 챙기면서 다른 한 손은 고르바초프에게 내밀었어. 두 사람은 1987년 12월 8일에 '중거리 핵 전력 협정Intermediate-Range Nuclear Forces Treaty(INF Treaty)'을 맺는 데 동의했어. 두 나라가 가지고 있는 핵 미사일 중에서 중거리 탄도* 미사일과 단거리 탄도 미사일을 다 없애자는 내용이었어. 중거리 탄도 미사일은 사정 거리*가 1,000킬로미터에서 5,500킬로미터, 단거리 탄도 미사일은 사정 거리가 500킬로미터에서 1,000킬로미터에 해당하는 미사일들을 말해. 이

---

*탄도(彈道) : 발사된 탄환이 공중을 날아가 목적물에 이르기까지의 길.
*사정 거리(射程距離) : 탄환이 나가는 최대 거리.

협정에 따라서 없앤 미사일의 3분의 2는 소련의 것이었고, 미국의 것은 3분의 1 정도밖에 되지 않았어. 그리고 '힘에 의한 평화' 전략에 따라 미국이 만들어 냈거나 만들게 될 최신형 핵무기들은 이 협정에서 제외되었어. 왜냐하면 그 핵무기들은 앞에서 말한 사정 거리보다 훨씬 더 먼 거리를 날아가도록 설계되었기 때문이야. 평화를 가져오는 방법치고는 참 이상해 보이는데도, 레이건의 입장에서는 이 방법이 잘 맞아떨어지는 것 같았어. 왜냐하면 자기 손에는 여전히 막강한 무기가 들려 있었고, 소련한테 '이것 말고 다른 무기로도 널 치지 않으마.'하고 약속한 것도 아닌데 상대방이 덜컥 받아들여 주었으니까. '페레스트로이카'와 '글라스노스트', 그리고 '중거리 핵 전력 협정' 덕분에 냉전의 얼음이 완전히 녹게 되었어. 냉전이 막을 내리자 소련 사람들은 환호성을 질렀어. 그리고 연극과 시, 소설, 음악을 통해 새로운 시대를 노래했어. 그중에 보리스 그레벤시코프라는 가수가 만든 〈라디오 침묵Radio Silence〉이란 노래가 있어. '글라스노스트'에 관한 노래인데, 이 노래의 가사를 한 대목 살펴볼까?

> 신기해,
> 마치 이방인처럼 겉돌기만 했던 내가
> 이젠 정말 토박이란 생각이 드는걸.
> 얼마나 기다렸던가, 이날이 오기를!
> 이젠 말할 수 있어, 지난 이야기를!

미국 사람들도 냉전이 끝난 기쁨을 노래했어. 빌리 조엘이라는 가수는 1987년에 소련을 방문해서 레닌그라드(지금의 상트페테르부르크)와 모스크바에서 콘서트를 하기도 했어. 그리고 여행에서 돌아와 〈레닌그라드Leningrad〉라는 노래를 만들기도 했지. 이런 가사로 끝나는 노래란다.

보리스 그레벤시코프와 빌리 조엘

우리에게 벗들이 있음을
레닌그라드에 가서야 비로소 알았네.

냉전의 사슬이 뭇 사람의 머리와 가슴을 옥죄어 온 지 40년! 이제 그 사슬이 끊겼어. 냉전의 이름으로 미워했던 마음을 털어 내고 평화와 우정을 노래할 시간이 되었어.

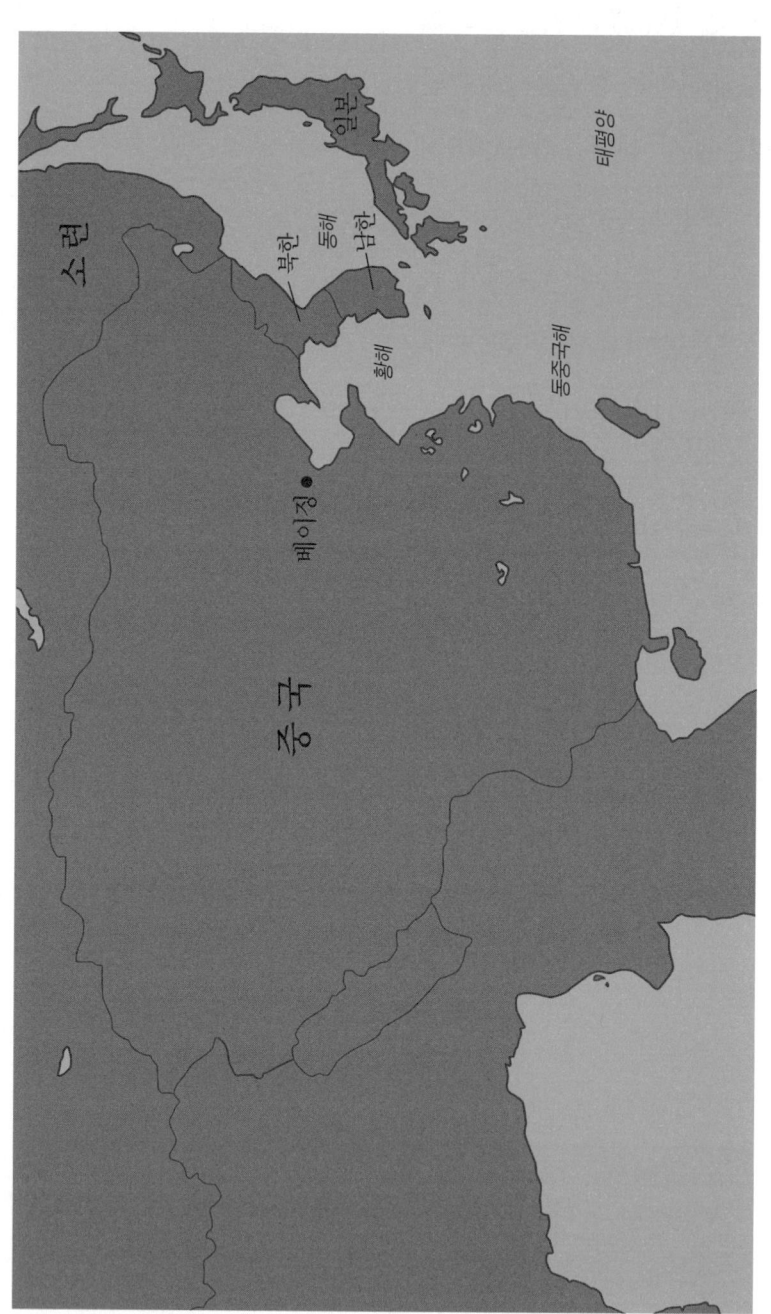

마오쩌둥 이후의 중국

제41장 변화하는 중국과 소련

혁명의 꿈과 현실

우리가 지난번에 중국에 들렀을 때, 마오쩌둥이 이끄는 공산당이 내전에서 승리하여 1949년에 중화 인민 공화국을 세우는 모습을 보았어. (제32장에서 이야기했던 내용 생각나니?)

마오쩌둥을 비롯한 중국 혁명 지도자들은 중국을 세계에서 가장 큰 '사회주의(socialism)' 나라로 만들려는 꿈에 부풀어 있었어. 전 세계 인구 중 '열 명에 두 명'은 중국 사람이고, 중국의 영토가 세계에서 세 번째로 커. 그리고 이처럼 어마어마한 인구가 '사회주의' 세상을 향해 나아간 적은 일찍이 없었어! 과연 어떤 놀라운 광경이 벌어지는지 어디 한번 살펴볼까?

그런데, 그 광경들을 정확히 보려면 '사회주의'가 무엇인지 잘 알아야 해. 사회주의에 대해 좀 이야기해 줄게. 사회주의자들은 '사회주의'를 '공산주의의 1단계'라고 생각했어. 그러니까 사회주의와 공산주의가 같은 것이 아니라 어떤 차이가 있다는 것이지. 지금까지 이야기할 때는 이걸 무시하고 그냥 공산주의라는 말로 다

뭉뚱그려 버렸단다. (그 차이를 설명하기가 조금 까다롭기 때문이었어.)

사회주의자들은, 사회주의와 공산주의가 인간에 의한 인간의 착취를 막기 위하여 땅이나 공장 같은 '생산 수단'을 한 개인이 아니라 공동으로 가진다는 점에서 같다고 여겼어.('착취'란 돈을 가진 자본가나 땅을 가진 지주가 노동자나 농민이 일한 것에 비해 싼 임금을 주고 이익의 대부분을 차지하는 걸 말해.) 다만 착취가 없어진 사회에서 '저마다 일한 만큼 대가를 받느냐, 능력껏 일하고 필요한 만큼 나눠 갖느냐.'에 따라 이 둘로 갈라진다는 거야. 좀 알쏭달쏭하니? 한마디로 약한 사람을 배려하는 정도(다른 말로 하면 '사회적 배려'라고 해.)가 다르다는 거야. 착취당하지 않고 일한 만큼 정당한 대가를 받는 사회(사회주의)만으로도 대단한 것이지만, 이런 사회에서도 노동 능력이 떨어지는 사람은 아무래도 약자 신세를 면하기가 어렵다는 것이지. 그래서 이 정도로는 만족스럽지 못하다, 그런 약자를 더욱 배려하자고 해서 생각해 낸 것이 '공산주의'였어. 일을 해내는 능력이 뛰어나든 그렇지 않든, 능력이 되는 대로 일하고 필요한 만큼 나누어 갖는다면 이런 사람들도 더 이상 약자가 아니라는 것이야. 사회주의자들은, 이 정도면 약자에 대한 사회적인 배려가 완성된다고 여겼어. 이것을 가리켜 '평등(平等)'이라고 했지.

앞에서 사회주의를 '공산주의의 1단계'라고 한다는 말이 나왔는데, 그러면 사회주의를 거치지 않고 곧바로 공산주의로 갈 수는 없을까? 다 같이 능력대로 일하고 나누어 갖자고 마음만 먹으면 될 것 같은데 말이야. 이 질문에 대하여 공산주의 이론가들은 이렇게 말했단다. "인간의 지능과 과학 기술이 발달함에 따라서 사회에 필요한 물질을 만들어 내는 능력, 즉 생산력(生産力)이 높아집니다. 즉, 생산 수단도 발달하고 그것을 이용해서 물건을 만들어 내는 노동의 힘도 발달한다는 것이지요. 사회주의나 공산주의가 마음먹기에 달려 있다면 오죽 좋겠습니까마는, 이러한 생산력이 뒷받침되지 않으면 곤란합니다. 그리고 공산주의는 사회주의보다 더 높은 수준의 생산력을 필요로 하죠. 능력이 되는 만큼 일하고 필요한 만큼 넉넉히 나누어 가지려면 생산력이 더 높아야 하니까요." (이런 설명에 대하여 반대하는 사람도 적지 않다는구나.)

사회주의자들은 이러한 '공산주의'를 통해 오래된 인류의 꿈인 '평등'한 세상을 만들 수 있다고 여겼어.

마오쩌둥은 20대 시절에 이런 꿈에 부풀어 공산주의 운동에 뛰어들었어. 그런데 지금 어느 새 쉰일곱 살의 나이가 되었어! 국민당과의 오랜 전쟁, 산맥 18개와 강 24개를 건넌 '장정' 등 숱한 고생 끝에 혁명을 성공시켜 중화 인민 공화국을 세웠으니 나라를 잘 이끌어야 했어. 공산주의와 자본주의가 대립하는 '냉전'의 시대인 만큼 그는 나라 안팎의 사정을 주의 깊게 살펴보았어.

나라 안의 사정부터 말하자면, 토지 개혁은

중화 인민 공화국의 주석 마오쩌둥

혁명의 꿈과 현실 405

이미 다 끝났어. '농지(농사짓는 땅)는 농민에게'라는 원칙에 따라 지주들의 땅을 몰수해서 가난한 농민들에게 골고루 나눠 주었어. 한 줌밖에 안 되는 지주들이 수억 명이 넘는 농민을 착취하고 업신여기던 시대는 끝났어.

그리고 나라 바깥 사정으로 말하자면, 다행히 '사회주의 형제 나라'들이 주변에 진을 치고 있어. 스탈린이 이끄는 소련이 북쪽 국경 끝에서 끝까지 뻗어 있고, 동쪽의 한반도 북쪽에 김일성이 이끄는 북한(조선 민주주의 인민 공화국)이 있고, 남쪽의 인도차이나 반도에 호치민이 이끄는 북베트남이 있어.(호치민은 지금 프랑스와 전쟁을 치르고 있어!) 걱정스러운 건 미국이었어. 타이완, 남한, 일본에 발을 뻗치고는 고개를 바짝 쳐들고 있었거든.

마오쩌둥의 걱정은 이듬해에 정말로 사실이 되었어. 한반도에서 한국 전쟁이 터진 거야. (제33장에서 이야기했지?) 마오쩌둥은 유엔 군을 이끌고 한반도에 상륙한 미국에게 "한반도의 38도 선 북쪽으로 치고 올라오면 용서하지 않겠다!"고 경고했어. 하지만 미국이 이를 무시하고 국경 근처까지 치고 올라오자 마오쩌둥은 군대를 보내어 순식간에 유엔 군을 38도 선 남쪽으로 내쫓아 버렸어.

한편, 이해에 중국은 두고두고 '침략자' 소리를 듣게 될 일을 저질렀어. '세계의 지붕'이라고 불릴 정도로 높고 넓은 땅인 티베트(해발* 4,600미터, 동서 길이 1,300킬로미터)를 덜컥 침공해서 영토를 크게 넓힌 거야.

---

*해발(海拔) : 바다의 평균 수면을 기준으로 하여 잰 어느 지점의 높이.

그리고 한국 전쟁이 끝나자 마오쩌둥은 사회주의 사회를 건설하기 위하여 신발끈을 꽉 조여 맸어. 마라톤 선수가 아닌 100미터 달리기 선수처럼!

그는 소련의 스탈린이 했던 방법을 따라서 '생산력'을 높이려고 했어. 농촌을 '집단 농장'으로 다시 구성하고 중공업(重工業)을 발전시키는 것이었어.(제23장에서 스탈린이 소련을 강대국으로 만들기 위해 했던 일들에 대해 읽었어.) 중공업은 기계나 배, 자동차처럼 덩치가 크고 무거운 물건을 만들어 내는 산업을 말해.

집단 농장은 대규모의 '농업 공동체'였는데, 규모가 어찌나 큰지 농민 수가 2만 5천 명이나 되는 것도 있었어. 이 많은 사람들이 엄청나게 넓은 하나의 땅 조각에서 네 땅 내 땅 가리지 않고 공동체 생활을 했어! 이런 땅은 농민들이 자기 땅을 투자하는 형식으로 만든 협동조합들을 하나로 합친 것이었단다. 집단 농장 덕분에 농산물 생산량이 늘어났고, 일부 농민을 공업 노동자로 돌릴 수 있었어.

그러나 중국은 머지않아 소련식 방식을 버리고 '우리 식'으로 돌아섰어. 소련 방식의 산업화가 중국 형편에 맞지 않았던 거야. 원래 마오쩌둥은 남는 농산물을 팔아다가 중공업에 필요한 돈을 대려고 했는데, 인구가 워낙 많다 보니 생각처럼 잘 맞아떨어지지 않았던 거지.

그 바람에 기계가 모자랐지만, 언제까지 기계 타령만 하고 있을 순 없었어. 기계가 모자라면 모자라는 대로 모두가 더 힘껏 일해서 공업과 농업을 발전시키자는 게 '우리 식'이었단다. '항일 운동의 정신으로 더 힘껏 일하자.', '하면 된다!'는 운동이 벌어졌어. 이것을 '대약진 운동大躍進運動'이라고 해. ('대약진'은 큰 걸음으

혁명의 꿈과 현실

대약진 운동

로 힘껏 뛴다는 뜻이란다.)
마오쩌둥은 집단 농장을 더 큰 규모의 '농촌 인민 공사農村人民公社'라는 공동체로 다시 짰어. '능력껏 일하고 필요한 만큼 나눠 갖는' 공동체였어! 그는 공산주의의 꿈이 이루어졌다고 생각하고 기뻐했어. 그러나 농민들의 생각은 아주 달랐어. 그들은 불과 몇 해 만에 작은 공동체에서 협동 농장으로, 협동 농장에서 집단 농장으로, 집단 농장에서 인민 공사에 속하게 되어서 너무 혼란스러웠어. 농민들은 그런 변화를 한꺼번에 받아들이기에 벅찼고, 생활은 뒤죽박죽이 되고 말았어. 그리고 일을 하고자 하는 의욕이 크게 떨어졌어. 엎친 데 덮친 격으로 1960년부터 1961년에 큰 가뭄이 들어서 무려 3천만 명이나 굶어 죽었어!

'대약진 운동'은 완전히 실패로 돌아가고 말았어. 마오쩌둥은 실패의 책임을 지고 뒷자리로 물러나고, 그의 오랜 혁명 동지인 덩샤오핑[鄧小平 등소평] 같은 사람들이 해결사로 나섰어.

덩샤오핑은 키가 유난히 작고(키가 153센티미터였어!), "검은 고양이든 흰 고양이든, 쥐를 잘 잡는 고양이가 좋은 고양이다!"라고 당당히 외치는 인물이었어. 이 말

중국의 지도자 덩샤오핑

은 고양이는 쥐만 잘 잡으면 되지 색깔을 따질 필요가 없다는 말로, 경제에 있어서 국가를 발전시키고 사람들의 생활을 나아지게 하는 데는 굳이 이념을 따질 필요가 없다는 말이야.

사람들의 노동 의욕을 북돋우기 위한 정책들이 쏟아져 나오기 시작했어. 농민들이 텃밭을 가꾸어 시장에 내다 팔 수 있게 하고, 일부 지역에서는 인민 공사를 잘게 쪼개기도 했어. 공동체를 아예 해체해 버린 곳도 있었어. 기술 전문가와 경영 전문가들이 우대받고, 헛된 구호보다는 실제적인 소용을 앞세우는 흐름이 만들어졌어.

뒷자리로 물러나 이런 변화들을 지켜보고 있던 마오쩌둥은 심기가 몹시 불편했어. 그가 보기에 공산당과 정부 관리들과 경영·기술·예술 분야의 지식인들이 새로운 특권 세력으로 발돋움하고 있었어. 더구나 자본주의 냄새를 풀풀 풍기면서 말이야. 마오쩌둥은 그들을 가만두어서는 안 되겠다고 생각했어.

이윽고 1966년, 일흔네 살의 할아버지가 이 너른 중국 대륙에 칼 바람을 불러일으켰어. 그를 지지하는 홍위병紅衛兵이라는 거대한 '혁명 세력'이 개혁파 인물들을 공격하고 나섰어. 중국 대륙이 끔찍한 테러와 혼란의 소용돌이 속으로 빠져들었어. 수많은 지식인들이 하루아침에 목숨을 잃었고, 존경받던 스승들이 제자들에게 고문을 당하고, 나이 든 혁명가들이 젊은 세대들에게 돌팔매질을 당하고, 친구들끼리 피비린내 나는 싸움을 하는 혼란이 벌어졌어. 마오쩌둥이 죽기 전까지 10년 동안 계속된 이 사건을 '문화 대혁명文化大革命'이라고 해.

마오쩌둥의 초상화 앞에 선 홍위병들의 모습

마오쩌둥에게 눈엣가시 같은 존재였던 개혁파 지도자 덩샤오핑도 그의 칼끝을 피할 수는 없었어. 오랜 혁명 동지였던 까닭에 다행히 목숨은 건졌지만 허름한 나사 공장으로 쫓겨나는 신세가 되고 말았어. 하지만 그는 마오쩌둥이 죽은 뒤 중국의 실질적인 최고 지도자가 되었어.

덩샤오핑은 마오쩌둥의 사상을 그의 시신과 더불어 땅에 파묻어 버렸어. 그리고 오로지 '개혁'과 '개방'을 외치며 경제를 발전시키는 데 온 힘을 쏟았어. 사회주의와 자본주의의 경계가 사라졌어. 다행히 경제가 발전하여 먹을 것과 입을 것이 풍족해졌어. 일자리도 늘었어.

자본주의의 색깔이 입혀지면서 중국 사회의 모습이 확 달라졌어. 덩샤오핑은 '현대 중국의 설계사'라는 칭송을 받았고, 중국은 아시아의 떠오르는 용(龍)으로 대접을 받기에 이르렀어.

그러나 끝내 바뀌지 않은 것이 하나 있었어. 바로 사상과 표현의 자유였어. 덩샤오핑은 이것만큼은 무거운 자물쇠로 꼭꼭 잠가 놓았어.

국민들이 이 자물쇠를 풀라고 요구하기 시작했어. 그리고 한편으로 정부가 부패했다고 목청을 높였어. 하루가 다르게 변하는 경제 상황과는 달리 정부는 여전히 몇몇 사람의 손아귀에 들어가 있었고, 이 사람들이 부패를 일삼고 있기 때문이었어.

1989년 4월 15일, 후야오방[胡耀邦 호요방]이라는 개혁파 지도자가 세상을 떠났어. 그는 공산당의 최고 권력자인 총서기로 있다가 몇 해 전에 쫓겨난 인물인데, 많은 젊은이들의 지지를 받고 있었어. 그가 세상을 떠나자 베이징 대학교 학생들이 그를 찬양하고 보수파를 비난하는 대자보*를 내걸었어. 그 뒤 중국 곳곳에서 민주화 시위가 꼬리를 물고 일어났어. 그 중심지는 베이징의 '톈안먼 광장'이었어.

5월 중순, 수천 명의 학생이 톈안먼 광장에서 단식 농성(한자리에 머물며 버티는 일)에 들어갔어. 이어 1백여 만 명의 시민이 거리로 쏟아져 나와 이들을 지지하면서 베이징은 마비 상태에 빠졌어. 보수파는 계엄령을 선포하고 모인 사람들을 해산하려고 들었어. 그러나 학생들은 끝까지 물러서지 않았어. 6월 4일, 톈안먼 광장에서 군대가 시위대에게 무차별적으로 사격을 가해 학생 1천 명 이상이 그 자리에

후야오방을 추모하는 사람들

---

*대자보(大字報) : 자신의 견해를 주장하기 위하여 남의 눈에 잘 띄는 곳에다 커다랗게 붙이는 글.

톈안먼 광장에서 시위하는 중국 사람들

서 죽고 말았어! '피의 일요일'이었어. 이 장면이 전 세계 언론을 통해 보도되면서 사람들은 충격에 휩싸였어. 그리고 며칠 뒤 전 세계는 "반(反)혁명 폭동이 완전히 진압되었다!"고 선언하는 덩샤오핑의 모습에 또 한 번 충격을 받았어. 지난날, 개혁파의 우두머리였던 그가 어느새 보수파의 우두머리가 되어 있었어. 이 사건을 '톈안먼 사건天安門事件'이라고 해.

앞에서 사회주의가 무엇인지 설명했어. 이 넓은 중국 대륙에서 사회적 연대와 평등의 이상은 어디로 사라진 것일까?

소련, 예순아홉 살에 쓰러지다

중국 공산당이 오로지 경제 살리기라는 토끼를 좇기에 바쁠 때, 소련 공산당은 변화의 몸부림을 치고 있었어. 소련 안팎에서 말이야. 고르바초프가 이끄는 페레스트로이카(개혁)와 글라스노스트(개방)의 물결이 이윽고 동유럽에 해일*처럼 들이닥쳤어. 그 해일에 떠내려간 주인공들은 다름 아닌 소련의 우산 밑에 있던 공산당 독재 정권들이었어.

가장 극적인 변화는 독일에서 일어났단다.

독일이 제2차 세계 대전 뒤에, 공산주의 나라인 동독과 자본주의 나라인 서독으로 갈라진 사실을 기억하고 있겠지? (제31장에서 이야기했어.)

앞에서도 이야기했지만 동독 사람들은 고단하게 살아오고 있었어. 공산당 정권 밑에서 고통받았고, 일자리도 부족하고 먹을 것도 부족했어. 그리고 서독이나 다른 나라로 떠나고 싶어도 마음대로 떠날 수가 없었어. 한때는 서베를린으로 자유롭게 넘나들기도 했지만, 베를린 장벽이 세워진 뒤로는 그것마저 꿈 같은 이야기였어.

그러나 "꿈이 아니야!" 하고 장벽을 넘어가겠다고 도전한 사람들이 있었단다. 얼추 1만 명의 동독 사람들이 도전해서 그 절반이 서베를린으로 넘어갔어. 어떤 사람은 식구들끼리 모여 기구*를 타고서 베를린 장벽을 넘기도 했어! 두 집안이 그렇게 했어. 1964년에는 서베를린 사람들이, 서베를린의 어느 빵집과 동베를린의 어느 집 화장실을 잇는 땅굴을 파기도 했어. 이들은, 지하 50미터 깊이로 무려 여섯 달 동안 파들어 가서 베를린 장벽을 통과했어. 그 땅굴을 통해 동독 사람 수백 명이 서독으로 안전하게 탈출했어. 하지만 동독의 관리들에게 발각되는 바람에 더 많은 사람들이 넘어가지는 못했단다.

1989년 9월에 동독에서 민주주의를 요구하는 함성이 거세게 울려 퍼지기 시작했

---

*해일(海溢) : 화산의 폭발, 폭풍우 따위로 인해 갑자기 큰 물결이 일어 해안을 덮치는 일.
*기구(氣球) : 수소・헬륨 등 공기보다 가벼운 기체를 넣어 공중에 띄우는 큰 공 모양의 물건.

소련, 예순아홉 살에 쓰러지다 413

어. "독재를 집어치워라!", "언론의 자유를 보장하라!" 그리고 "서독이든 어디든 자유롭게 여행할 수 있게 해 달라!"는 구호도 터져 나왔어. 시위는 한 달이 넘도록 수그러들 줄 몰랐고, 완강한 동독 정부도 더 이상 감당할 수 없었어.

마침내 11월 9일에 베를린 장벽의 문이 활짝 열렸어! 동독 사람들과 서독 사람들이 마침내 28년 만에 다시 자유롭게 왕래할 수 있게 된 거야. 하지만 이들은 장벽의 문이 열린 데 만족하지 않았어. 이들은 저마다 망치와 삽, 가락쇠(철봉) 같은 걸 들고 나와서 장벽을 허물어뜨리기 시작했어. 주말인 11월 11일 자정 무렵에 이 현장을 지켜본 사람의 글이 있구나. 안드레아스 라모스라는 덴마크 사람이 쓴 글인데, 당시 현장의 모습이 잘 담겨 있어. "동독 국경은 사뭇 긴장된 모습이다. 국경 수비대도 서독으로 넘어오는 차를 세울 생각을 하지 않는다. 잠자코 지켜볼 뿐이다. 오늘 밤은 완전히 딴 세상이다! 동독과 서독 사람 2만여 명이 바글바글 그곳에 모여 있었다. 다들 박수를 치고 환호성을 지르고 야단들이다. …… 너도나도 라디오를 켜는 바람에 온 사방이 음악으로 가득 찼다. 사람들이 나무와 신호등과 지붕 위에 올라가 손을 흔들고 고함을 질렀다. …… 양쪽 감시탑도 텅 비어 있고, 가시철조망도 군데군데 한쪽으로 치워져 있다. …… 동독 쪽에서 무거운 장비가 돌아가는 소리가 들렸다. 건물이나 바위에 구멍을 뚫는 착암기 소리였다. 한두 대가 아니었다. 요란한 소리와 함께 담벼락에 구멍이 숭숭 나기 시작했다. 구멍이 뚫릴 때마다 '와아!' 하고 함성이 울려 퍼졌다. …… 망치 부대도 벌 떼처럼 달려들어 장벽을 허물고 있었다. 장벽이 구멍투성이가 되었다. 어느 곳에서는 동독 병사 한 무리가 작은 구멍을 통해 이쪽을 바라보고 있었다. 우리는 구멍 사이로 그들과 악수를 나누었다."

이때 와르르 무너져 내리고 있던 것은 장벽뿐이 아니었어. 수십 년간 동독을 다스려 온 공산당 정권 역시 와르르 무너지고 있었어.

1년 뒤인 1990년 10월 3일, 동독과 서독이 마침내 통일되었어. 분단된 지 41년 만이었어! 고르바초프가 몰고 온 개혁의 물결이 유럽의 정치 판을 크게 바꿔 놓은 것이었어.

그런데 소련은 더 놀라운 변화를 향해 줄달음질하고 있었단다. 고르바초프 자신

베를린 장벽 위에 앉은 동독과 서독 사람들

베를린 장벽

1961년 8월 12일에 설치된 베를린 장벽은 1989년 11월 9일 무너졌어. 냉전의 상징이었던 베를린 장벽에는 사람들의 낙서가 가득해. 장벽이 무너지자 사람들은 장벽 위에 올라가기도 하고, 장벽의 일부를 망치 등으로 쪼개서 집으로 가져가기도 했어.

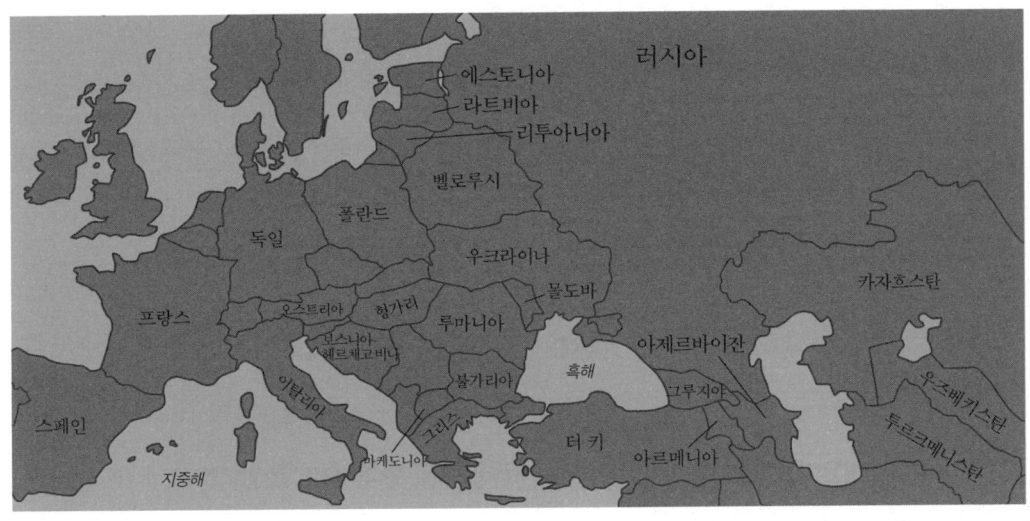

독일 통일

도 미처 짐작하지 못한 변화였어! 여기서 미리 짚고 넘어갈 게 하나 있어. 어떤 사회에 개혁의 바람이 불 때, 정치 지도자들이나 국민들은 대개 세 갈래로 나뉘어. 바꿔야 산다는 사람들(개혁파), 바꿔 봐야 소용없다는 사람들(보수파), 바꾸긴 바꾸되 너무 급하게 하지 말자는 사람들(중도파), 이렇게 세 갈래야. 여론이 이 셋 중 어느 쪽으로 쏠리느냐에 따라서 사회의 모습이 크게 달라져.

소련은 15개의 공화국으로 이루어진 연방 나라인데, 그중에서 '러시아 연방 공화국'이 가장 커.(스탈린이 탄생시킨 '소비에트 사회주의 공화국 연방'을 줄여서 '소련'이라고 한다고 제23장에서 이야기했어.) 지금 소련의 최고 지도자는 공산당 서기장이자 대통령인 고르바초프였고, 러시아 연방 공화국의 대통령은 보리스 옐친Boris Yeltsin이라는 인물이었어.

개혁파 지도자 보리스 옐친

옐친은 바꿔야 산다는 개혁파 지도자였어. 그는 고르바초프의 개혁에 대하여 "너무 더뎌! 이래서는 죽도 밥도 안 돼!" 하고 불평했어. 이런 옐친을 따르는 사람들이 많았어.

반면에 공산당 지도자들 중에 일부 강한 권력을 가진 사람들은 콧방귀를 뀌고 있었어. "개혁 좋아하시네! 요 모양 요 꼴로 가다간 나라가 개판이 되고 말겠어!" 이들은 바꿔 봐야 소용없다는 보수파들이었어.

1991년 8월 19일, 이들 강력한 보수파들이 기어코 쿠데타를 일으켰어. 주동자는 부통령, 국방부 장관, KGB 우두머리 같은 사람들이었고, 크림 반도의 여름 별장에 머무르고 있던 고르바초프를 그 별장에 가두어 버렸어. 그리고 외부와 연락하지 못하도록 전화선을 전부 끊어 버린 뒤 이렇게 요구했어. "대통령 자리에서 물러나시오!" 그가 "그렇게는 못 하겠소." 하고 거절했어. 그러자 이들은 국민들에게 이렇게 발표했어. "안타깝게도 대통령의 건강이 좋지 않아 더 이상 나라를 다스리기 어렵게 되었습니다. 당분간 야나예프 부통령이 대통령을 대신해 나랏일을 처리할 터이니 여러분은 아무 걱정 마시기 바랍니다."

그러자 옐친이 개혁 세력을 이끌고 모스크바의 러시아 연방 공화국 의사당에다 바리케이드를 치고 쿠데타 세력에 맞섰어. 그는 소리쳤어. "대통령을 직접 만나 봐야겠다! 그러지 않고는 당신들을 인정할 수 없다!" 이어 러시아 전 지역에서 쿠

고르바초프와 옐친

데타에 반대하는 시위가 일어났어. 사흘째 되던 날, 쿠데타 세력이 탱크를 동원하여 의사당을 공격했어! 하지만 군대도 그들의 말을 잘 듣지 않았어. 쿠데타는 3일 만에 막을 내렸단다.

모스크바로 돌아온 고르바초프는 그의 직함 중 하나였던 '공산당 서기장'을 떼어내고 공산당의 활동을 완전히 금지시켰어. 공산당 지도자들이 쿠데타에 가담했기 때문이었어. 공산당이 하루아침에 와르르 무너지고 말았어. 이렇게 해서 개혁파와 보수파의 균형이 무너지고, 개혁파 지도자인 옐친이 새롭게 강력한 세력으로 발돋움했어.

몇 달 뒤 고르바초프와 소련이 새로운 운명을 맞았어. 소련의 미래를 놓고서 고르바초프와 옐친이 갈등을 겪다가 고르바초프가 진 거야. 고르바초프는 연방 정부의 권한을 줄이고, 각 공화국의 권한을 높이는 방향으로 소련의 틀을 유지하려고 했어. 그러나 옐친은 자신이 이끄는 러시아 연방 공화국을 중심으로 '독립 국가 연합Commonwealth of Independent States(CIS)'이라는 공화국 연합체를 만드는 방향으로 나아갔어. 1992년 1월 1일, 11개 독립 공화국이 '독립 국가 연합'을 형성했어. 이로써 소련은 정식으로 해체되었어. 이들 나라는 러시아, 우크라이나, 벨로루시, 몰도바, 카자흐스탄, 우즈베키스탄, 투르크메니스탄, 타지키스탄, 키르기

스스탄, 아르메니아, 아제르바이잔이었어.

이렇게 하여 공산주의 나라 소련이 69년 만에 역사의 뒤안길로 사라지고, 고르바초프도 대통령 직에서 물러났어. 옐친은 대통령으로서, 이제는 더이상 소련의 한 부분이 아닌 옛 나라 '러시아'를 다스릴 것이었어.

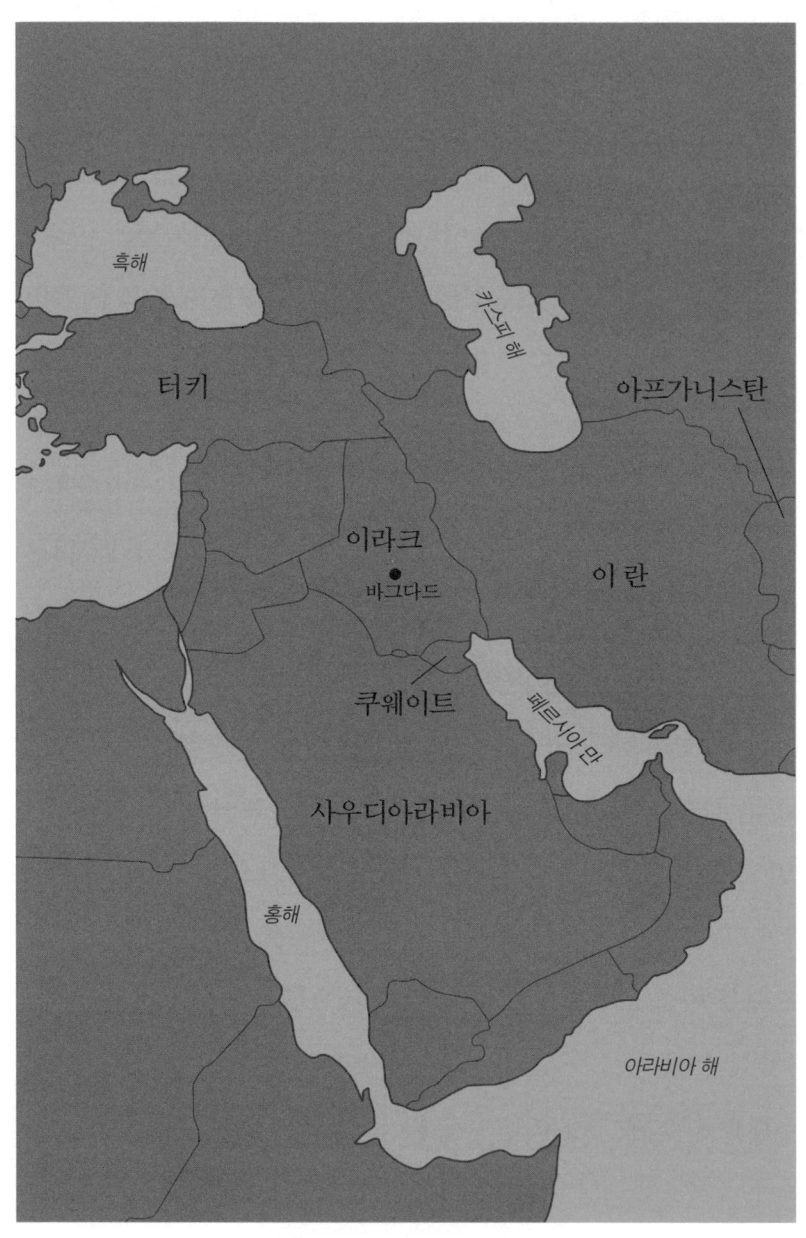

쿠웨이트를 둘러싼 전쟁

제42장 20세기의 마지막 풍경

페르시아 만 전쟁

1991년에는 미국과 이라크 사이에 전쟁이 벌어졌단다. 이 전쟁을 '페르시아 만 전쟁Persian Gulf War'이라고 불러.(걸프 전쟁Gulf War이라고도 해.) '이란 이라크 전쟁'이 끝난 지 불과 3년 만에 터진 전쟁이었어. 1980년에 이라크가 이란을 침공하는 바람에 두 나라가 8년 동안이나 밑도 끝도 없이 진흙탕 싸움을 벌인 그 전쟁이 아니었다면, 아마 페르시아 만 전쟁도 일어나지 않았을 거야.(제39장 뒷부분에서 이 전쟁에 대해 읽었지?)

이라크는 이란과 전쟁을 치를 때, 무기를 사들이고 병사들의 월급을 주느라 여러 나라한테서 돈을 꾸었어. 그 바람에 전쟁이 끝났을 때는 빚더미에 나앉고 말았고, 갚을 돈이라고는 땡전 한 푼 없었단다. 이라크에게 돈을 꿔 준 나라 중에 쿠웨이트가 있었어. 쿠웨이트는 페르시아 만을 끼고 이라크와 사우디아라비아 사이에 있는 조그만 나라야. 페르시아 만 너머로 이란과도 마주하고 있지.

그런데 이 조그만 나라가 예사 부자 나라가 아니었어. 사막의 모래 밑에 석유가 무진장하게 묻혀 있기 때문이었어. 전 세계 석유 매장량의 10분의 1이 이 작은 나라에 몰려 있단다! 덕분에 이 나라에서는 학비도 공짜, 의료비도 전부 공짜이고 소득세* 같은 것도 없어.

그런데 이란 이라크 전쟁이 끝난 지 불과 2년 만인 1990년 8월 2일에, 이라크의 병사들이 사담 후세인의 명령으로 쿠웨이트를 덜컥 침공했어. 후세인이 왜 이런 결정을 내렸을까? 여러 가지 이유가 있었는데 그중 하나는 쿠웨이트가 전쟁

이라크의 대통령 사담 후세인

때 꾸어 간 돈을 갚으라고 독촉한 것이었어. 후세인은 갚을 돈이 없는데 말이야. 또 후세인은 여러 가지로 쿠웨이트에게 잔뜩 화가 나 있었어. 그의 말을 들어 볼까? "너희가 우리 쪽 국경 지역에서 석유를 막 퍼 가는데, 그건 도둑질이야. 그 절반은 우리 거라고!", "너희가 오펙(OPEC 석유 수출국 기구)에서 정해 준 양보다 훨씬 더 많은 양의 석유를 퍼 올리는 거 모를 줄 알고? 그 바람에 석유 값이 뚝뚝 떨어지고 있어. 그런 짓은 다른 오펙 회원국의 호주머니를 터는 짓이라고!" 그리고 더 결정적인 이유가 있었어. "쿠웨이트, 너희는 원래 이라크 영토야!"

이유가 한둘이 아니었지?

---

*소득세(所得稅) : 개인의 소득에 대하여 직접 부과하는 국세(國稅)의 한 가지. '국세' 란 국가의 경비로 쓰기 위하여, 국민으로부터 징수하는 세금을 말함.

쿠웨이트로 진격해 들어간 이라크 군 중에는 '이란 이라크 전쟁'에서 싸웠던 병사들이 많았어. 그들은 전투 경험이 많고 억센 병사들이었지. 또 이라크 군이 쿠웨이트 군의 숫자보다 훨씬 많았단다. 쿠웨이트를 점령하기란 식은 죽 먹기였어. 실제로 하루도 안 걸려서 쿠웨이트를 거의 다 점령했어. 이어 이라크는 8월 8일에 쿠웨이트를 병합한다고 선언했어.

유엔 안전 보장 이사회가 즉시 이라크에게 경고했어. "쿠웨이트는 이라크의 영토가 아니다. 내년 1월 15일까지 쿠웨이트에서 철수하지 않으면 무력으로 보복하겠다!"

이라크 군은 유엔이 경고한 1991년 1월 15일까지 쿠웨이트에서 꿈쩍도 하지 않았어.

미국이 이끄는 대규모 '다국적군'*이 이라크를 단단히 벌줄 준비를 하고서 모여 있었어. 33개 나라에서 모인 다국적군은 모두 70만 명이나 되었고, 그중 54만 명이 미국군이었어. 미국과 서유럽의 나라들 말고도 이집트, 시리아, 사우디아라비아 같은 아랍 나라들도 병사들을 보냈어. 왜 이렇게 모두들 '후세인 벌주기'에 총출동한 것일까? 무엇보다도 '석유' 때문이었어. 특히 미국과 서유럽 나라들은 "후세인이 석유를 쥐고 (석유가 반드시 필요한) 우리를 흔드는 건 용납할 수 없다!"고 아우성쳤어. 게다가 이들은 후세인이 사우디아라비아까지 침공하여 더 많은 석유

*다국적군(多國籍軍) : 여러 나라의 국적을 가진 군인들로 편성한 군대.

페르시아 만 전쟁 425

페르시아 만 전쟁 때의 다국적군의 모습

를 거머쥘 염려가 있다고 판단했어. 일부 아랍 나라들도 후세인에게 단단히 화가 나 있었어. 쿠웨이트 침공으로 이 지역의 세력 균형을 깨뜨렸기 때문이었어.

철수하라고 한 1월 15일로부터 이틀 뒤인 1월 17일에, 한 무리의 다국적군이 이라크를 공습했어. 다국적군은 이날로부터 몇 주일에 걸쳐 이라크의 공장들과 군사 기지들을 폭격하여 온통 쑥대밭으로 만들었고, 수도 바그다드까지 공습했어. 이라크 군의 이동을 막으려고 도로를 폭격한 것은 물론, 농토와 수원지*들까지 폭격했어. 이라크 군이 식량과 음료수를 구하지 못하도록 말이야. (이렇게 해 버리면 군인은 그렇다 치고 이라크 국민들은 뭘 먹었을까?)

유엔 안전 보장 이사회는 또, 이라크에 대하여 '무역 제한' 조치를 내렸어. 어느 나라도 식량과 의약품을 제외하고는 아무것도 이라크에 보낼 수 없고, 이라크에서 아무것도 살 수 없도록 한 거야. 이라크는 쿠웨이트에서 물러나지 않는 한 다른 나라와 무역을 하기가 불가능해졌어.

그러나 이토록 폭격을 해 대고 무역을 봉쇄하는데도 후세인은 계속 버텼어.

---

*수원지(水源池) : 상수도에 보낼 물을 모아 처리하는 곳.

이윽고 2월 말, 이제까지 하늘에서 공격했던 다국적군은 이제 지상에서 쿠웨이트와 이라크로 진격해 들어갔어. 그리고 사흘 뒤 쿠웨이트에서 이라크 군을 몰아낸 데 이어, 이라크 영토까지 쳐들어가서 이라크 군을 무너뜨렸어. 이라크 군의 완패였어. 이제는 후세인도 손을 들지 않을 수 없었어. 4월 11일, 이라크는 쿠웨이트에서 완전히 철수하고 위험한 무기들을 파괴하라는 다국적군의 요구를 받아들였어. 전쟁은 다국적군의 승리로 끝났어. 그러나 쿠웨이트는 한마디로 엉망진창이 되고 말았어. 이라크 군이 쫓겨 가면서 유정들에다 불을 질러 버렸기 때문이야. 석유를 뿜어내는 유정에 불을 붙이면, 불이 붙는 순간 높이가 수백 미터에 이르는 거대한 불기둥으로 바뀐단다. 유정들은 몇 달이고 계속 타올랐어. 이렇게 불기둥으로 변해 버린 유정이 무려 7백 군데가 넘었어. 또, 그 주변의 온도가 얼마나 높았던지 모래가 곧장 기체로 바뀔 정도였단다.

이 불기둥들을 끄는 데 아홉 달이 걸렸어. 그새 매연을 얼마나 뿜어냈는지 쿠웨이트 사람들이 온통 폐병에 걸릴 지경이었어. 낮이나 밤이나 매연 속에서 사느라 너도나도 기침을 하고, 숨을 헐떡거리고, 현기증에 시달렸어. 또, 하늘로 치솟은 석유 그을음이 '검은 비'가 되어 땅에 떨어졌어. 장마 때 여기저기 물 웅덩이가 생기는 것처

불타오르는 유정

럼, 여기저기 온 사방에 기름 웅덩이가 생겼어. 깊은 곳은 2미터나 되었다고 해. 나무도 풀도 온통 기름을 뒤집어썼고, 양들이 이런 풀을 뜯어 먹다가 픽픽 쓰러졌어. 샘물도 온통 기름을 뒤집어썼단다. 북쪽으로는 터키, 동쪽으로는 아프가니스탄까지 이런 기름 먼지와 검은 비에 뒤덮였어.

또, 이라크 군은 페르시아 만에다 4천2백 만 리터나 되는 석유를 쏟아 부었어. 그 바람에 쿠웨이트 해안 쪽의 페르시아 만이 30센티미터 두께의 기름 띠로 온통 뒤덮여 버렸어. 수많은 물고기와 새들이 마구 죽어 갔어. 결국 이 기름 띠를 제거하느라고 무려 70억 달러를 쏟아 부어야 했어. 그렇게 해도 기름의 대부분은 바다에 그냥 남아 있었어.

다국적군의 이라크 폭격도 엄청난 피해를 입혔어. 도로, 농토, 수원지 할 것 없이 마구 폭격하는 바람에 수많은 이라크 국민들이 굶어 죽고 더러운 물을 마시다 죽었어. 그리고 아무 죄도 없이 폭격을 맞아 죽은 사람은 셀 수 없을 정도였어.

일단 쿠웨이트가 해방된 뒤 의견이 엇갈렸어. 일부 나라들은 이 참에 이라크를 더 밀어붙여 후세인을 제거해 버리자고 주장했어. 그가 또 전쟁을 일으킬 게 틀림없다는 것이었지. 그러나 많은 나라들, 특히 아랍 나라들은 이런 주장에 반대했어. 쿠웨이트

쿠웨이트 해방 메달

를 해방시켰으니 전쟁을 끝내는 게 마땅하다는 것이었지.

이렇게 해서 후세인*이 억세게 운 좋게도 권좌를 지키게 되었어. 한동안은 말이야!

아프리카— 슬픈 이야기 하나, 기쁜 이야기 하나

아프리카에서 미처 독립하지 못하고 있던 유럽의 마지막 식민지들도 1960년부터 1975년 사이에 차례차례 독립했어. 앞서 남아프리카 연방과(현재의 남아프리카 공화국) 프랑스에서 독립한 브라자빌 콩고(현재의 콩고) 그리고 벨기에에서 독립한 벨기에령 콩고(자이르, 현재 이름은 '콩고 민주 공화국')에 관해서는 살펴보았어.

아프리카 나라들이 저마다 어떻게 독립하게 되었는지를 일일이 다 이야기하려면, 아마 책 한 권을 따로 써야 할 거야. 뒤에 나오는 아프리카 지도를 잠깐 보렴. 대서양 쪽에 '앙골라'라는 나라와 인도양 쪽에 '모잠비크'라는 나라가 보일 거야. 이 두 나라가 아프리카에서 맨 나중에 독립했단다. 둘 다 포르투갈의 식민지였는데, 1975년에 나란히 독립했어. 다른 나라들은 거의 다 1960년에서 1964년 사이에 이미 독립했지.

그래서 일일이 다 이야기하는 대신에, 딱 두 가지만 이야기해 줄게. 슬픈 이야기 하나와 기쁜 이야기 하나란다. 백인들의 식민지 지배란 게 도대체 어떤 것이며, 흑

---

*2001년 미국에서 9·11 테러가 일어난 뒤, 미국은 이라크를 '악의 축'으로 규정하였고, 그 후 이라크의 대량 살상 무기를 제거한다며 몇몇 나라들과 함께 이라크를 공격함. 후세인은 이 전쟁에서 패한 뒤 자신의 고향인 티그리트 근처에서 생포되었음.

인들이 그들의 손아귀에서 어떻게 벗어나게 되었는가를 잘 말해 주는 이야기야.

20세기에 들어와서 지구촌에 슬픈 일들이 참 많이 일어났지만, 지금 들려줄 첫 번째 이야기는 그중에서도 가장 슬프고 잔인한 이야기야. 얼마 전에 벨기에령 콩고가 독립한 이야기를 들려주었지?(제34장에서 이야기했어. 지도에 '자이르'라고 표시되어 있단다.) 이 나라 바로 동쪽에 역시 벨기에의 지배를 받고 있던 루안다우룬디Ruanda-Urundi라는 나라가 있었어. 이 나라는 해발 1천5백 미터가 넘는 고원 지대로, 투치 족Tutsi과 후투 족Hutu이라는 두 종족이 함께 살고 있었어. 투치 족은 몸매가 늘씬하고 피부 색이 좀 옅은데, 전체 인구의 9퍼센트에서 14퍼센트에 지나지 않아. 나머지는 다 후투 족인데, 이 사람들은 키가 좀 작고, 체격이 다부지고, 피부 색이 더 짙어.

인구로 따지면 투치 족은 후투 족과 비교도 안 되었지만, 이 투치 족이 거의 6백 년 동안이나 다수인 후투 족을 지배했단다. 소수 종족이 귀족 노릇을 하고, 다수 종족이 이들을 섬기는 관계로 내려온 거야. 소수 종족이 가축과 땅을 차지하고, 다수 종족이 이들의 가축을 기르고 땅을 부쳐 먹었어. 또, 벨기에는 이 투치 족 왕들을 내세워서 이 나라를 지배했어.

아프리카의 다른 나라 국민들이 독립

후투 족과 투치 족을 표현한 그림

을 요구하고 나섰을 때, 이 나라 국민들도 독립을 요구했어. 그러자 벨기에 정부는, "너희들이 민주 정부를 세우고 선거를 해서 대표를 뽑아야만 독립을 허용할 수 있다."고 대답했어.

그래서 다수 종족인 후투 족은 정당을 만들고 선거를 치른 뒤 투치 족 왕을 쫓아내고 공화국을 세웠어. (1961년의 일이란다.) 그리고 나서 후투 족은 투치 족을 공격하기 시작했어!

몇 백 년 동안이나 후투 족은 투치 족의 지배자들에 대해 분개해 오고 있었어. 그리고 벨기에의 식민 지배 기간 동안 이 분노가 눈 덩이 불어나듯이 더욱 불어났어. 벨기에 사람들은 백인이었고, 그들은 좀 더 피부 색이 옅은 투치 족을 우대해서, 모든 중요한 일과 정치적인 자리를 그들에게만 주었어. 그런 편애에 힘입어 투치 족은 점점 더 가혹하게 후투 족을 지배했단다. 후투 족은 백인들을 등에 업고 자신들을 마구 다룬 투치 족에 대해 이루 말할 수 없는 분노를 느꼈어.

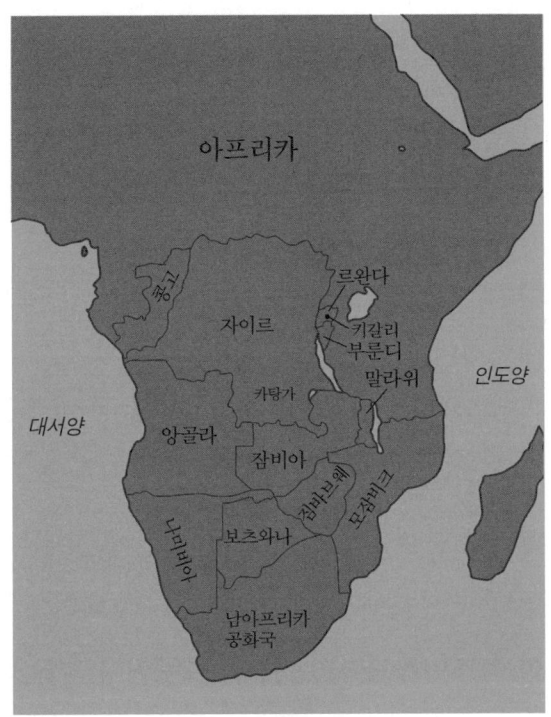

아프리카의 독립

아프리카— 슬픈 이야기 하나, 기쁜 이야기 하나   431

이제 벨기에의 지배가 끝났고, 쌓였던 분노가 밖으로 터져 나왔어. 후투 족은 투치 족에게 보복의 칼을 휘두르기 시작했어. 많은 투치 족이 부랴부랴 남부 지방으로 도망쳤어. 일부는 이웃 나라로 피하기도 했어.

이런 일이 벌어지자 벨기에는 이 두 종족을 억지로 한 나라의 국민으로 만드느니, 이 나라를 둘로 쪼개는 게 낫겠다고 판단했어. 이렇게 해서 북부 지방에 후투 족 대통령이 이끄는 '르완다Rwanda'가 들어서고, 남부 지방에 투치 족 왕이 다스리는 '부룬디Burundi'가 세워지게 되었어. 1962년의 일이었어. (부룬디도 곧 대통령이 이끄는 공화국으로 바뀐단다.)

그러나 불씨는 여전히 남아 있었어. 르완다에서나 부룬디에서나 투치 족은 소수였고, 르완다에서 쫓겨나 부룬디로 내려온 투치 족들은 여전히 "르완다는 우리 땅이야!" 하며 벼르고 있었기 때문이야. 이들은 '르완다 애국 전선Rwanda Patriotic Front'이라는 군사 조직을 만들어서, 자기네 땅을 반드시 되찾겠다고 다짐했어. 북쪽의 르완다에서도, 남쪽의 부룬디에서도 종족 갈등이 계속 일어났어. 남쪽의 투치 족들이 북쪽을 기습 공격하고, 그 바람에 북쪽에서 살고 있던 투치 족들이 보복을 당하고, 그 보복으로 쿠데타를 일으키고……. 남쪽에서는 투치 족이 반란을 일으켜서 투치 족이 잔인하게 진압하고, 이것이 내전으로 번지고…….

가장 끔찍한 일은 지금으로부터 10년쯤 전인 1994년에 일어났어.

이해 4월에 르완다의 후투 족 대통령이 비행기 추락 사고로 사망했어. 그러자 일부 후투 족이 "르완다 애국 전선이 저지른 짓임에 틀림없다!"며 투치 족에게 화살

비행기 추락 사고로 죽은
하비야리마나 르완다 대통령

을 돌렸어. 몇 십 년 동안 잠잠하던 종족 갈등이 다시 폭발했어. 후투 족이 무기를 들고 일어나 투치 족을 마구 죽이기 시작했어. 그동안 후투 족과 투치 족은 이웃으로 지내면서 서로 식사 초대를 하기도 하고, 아이들과 함께 놀아 주기도 하고, 텃밭에서 함께 일하던 사이였는데, 순식간에 이웃 간에 죽고 죽이는 난리가 벌어진 거야. 이 난리통에 투치 족 50만 명이 목숨을 잃었어.

그러자 '르완다 애국 전선'의 투치 족이 피의 보복을 선언했어. 그들은 르완다로 쳐들어가서 후투 족을 나라 밖으로 몰아내기 시작했어. 이때 무려 2백 만 명이나 되는 후투 족 사람들이 피난 보따리를 둘러메고 이웃 나라 자이르로 밀려들었어. 많게는 1분당 6백 명이 국경을 넘었어! 자이르의 피난민 수용소마다 사람들이 어찌나 많이 몰려드는지 식량 구경도, 물 구경도 하기가 어려웠어. 피난민 수용소에서 수만, 수십 만 명의 사람이 굶어 죽고, 목말라 죽고, 질병으로 죽어 갔어.

유럽 사람들이 그들을 지배하면서 두 종족 사이를 벌어지게 한 일이 이처럼 끔찍한 일을 불러들인 것이었어.

이제 희망 섞인 이야기로 넘어가기로 해. 남아프리카 공화국에서 일어난 일이야. 아프리카 대륙 한복판의 르완다에서 피비린내 나는 학살이 벌어지던 해에, 남아프리카 공화국에서는 '최초의 흑인 대통령'이 탄생했단다!

남아프리카 공화국의 악명 높은 '아파르트헤이트'에 대해서는 제32장에서 이미 이야기했어. "너희들은 흑인이니까 따로 살아. 버스도 가려서 타고 대합실에서도 아무 의자에 앉지 마……." 이런 식으로 일상생활 구석구석까지 흑인과 백인을 철저히 차별하는 걸 아파르트헤이트라고 했어. 이런 정책은 남아프리카에서 모든 권력을 백인이 몽땅 차지하기 위해 만들어졌어. 이 같은 '불공정한 법'들이 제2차 세계 대전 뒤에 줄줄이 쏟아져 나왔다는 사실을 대충 기억하고 있겠지?

1990년대 중반, 다시 르완다로 돌아오는 후투 족의 모습

'아프리카 민족 회의(ANC)'가 인종 차별에 맞서 어떻게 싸웠는지에 대해서도 앞에서 이야기했어. 간디처럼 비폭력 저항 운동에 그토록 매달렸지만, 해가 바뀌고 또 바뀌어도 흑인들의 처지는 좀처럼 나아질 기미가 없었지.

1960년에 경찰은 무장하지 않은 시위대를 공격하여 수백 명을 죽거나 다치게 했고, '아프리카 민족 회의'마저 불법 단체로 낙인찍어 활동을 금지시켰어. '아프리카 민족 회의'의 지도자들은 마침내 "저 악랄한 백인 정권에게는 비폭력 저항 운동이 통하지 않는다!"고 판단했어. 이들은 맨손을 거둬들이고 대신 폭탄을 집어들었어. 그러나 이것도 통하지 않았어. '아프리카 민족 회의' 지도자들이 잇달아 감옥에 갇혔어. 그중에 넬슨 만델라Nelson Mandela라는 사람이 있었어. 그는 비폭력 투쟁을 포기하고 '국민의 창'이라는 이름의 전투 조직을 만든 인물이었어. 그는, 죽을 때까지 감옥에 갇혀 있어야 하는 종신형을 선고받고 감옥에 갇혔어.(1964년의 일이었어.)

비록 이런 무장 투쟁이 통하지는 않았지만, 이런 일들 덕분에 뒤늦게나마 전 세계의 눈길이 남아프리카 공화국에 쏠리기 시작했어. 유엔은 남아프리카 공화국에 대하여 '무기 금수(수입이나 수출을 금함)' 처분을 내렸어. 그래서 어느 누구도 남아프리카 공화국에 무기나 탄약을 수출할 수 없었어. 또한 전 세계의 양심 있는 사람들이 "남아프리카 공화국에서 만든 상품을 사지 말자!"고 나섰어. (아일랜드에서 시작된 '보이콧'이란 말 생각나니?) 이런 방법을 통해 백인 정권을 궁지에 몰아서 아파르트헤이트를 포기하게 만들려는 생각이었어.

남아프리카 공화국 물건을 보이콧 하자는 내용의 포스터

이런 흐름에 대하여 남아프리카 공화국의 백인 정권은 어떻게 반응했을까? 1978년부터 1984년까지는 총리를 지내고, 1984년부터 1989년까지는 대통령을 지낸 피터 보타Pieter Botha는 '국가 비상 사태'를 선포하고서 흑인들을 더 잡아

남아프리카 공화국 대통령 피터 보타

족치고, 수많은 사람들을 줄줄이 잡아 가두었어. 하지만 신문에서는 이런 일에 대해 기사를 쓸 수 없었고, 방송국에서는 이런 일을 방송할 수 없었어.

그러나 백인 정권이 전 세계 사람들의 귀까지 틀어막을 순 없었어. 이 나라의 성공회(聖公會) 지도자 데스먼드 투투Desmond Tutu 대주교가 전 세계를 향해 호소했어. "인종 차별은 죄악입니다! 남아프리카 공화국 흑인들의 고통은 모든 인류의 고통입니다!" 전 세계가 그의 호소에 귀를 기울였어. 많은 나라들이 "저 백인 정권하고는 관계를 끊겠다."고 나왔고, 미국도 "저 백인 정권하고는 거래를 하지 않겠어. 이젠 돈도 안 꿔 주고, 상품도 안 사겠다!"고 나왔어.

데스먼드 투투 대주교

이윽고 1989년에 보타 대통령이 물러나고, 드 클레르크F. W. de Klerk란 사람이 그 자리를 물려받았어. 이때부터 변화가 일어나기 시작했어.

이듬해에 '아프리카 민족 회의'의 지도자 만델라가 감옥에서 풀려 나오고, 1991년에는 백인 의회가 '불공정한 법'들에 대하여 무효 결정을 내렸어. 드 클레르크와 만델라는 머리를 맞대고 남아프리카 공화국의 미래를 설계했어. 두 사람은 마침내 '자

넬슨 만델라
남아프리카 공화국의 끔찍한 흑인과 백인 분리 정책인 '아파르트헤이트'를 생각한다면
이 나라에서 흑인 대통령이 탄생하는 일은 꿈 같은 이야기일 수밖에 없어.
하지만 1994년에 만델라가 최초의 흑인 대통령으로 당선되면서 이 꿈이 실현되었단다.

유 선거'를 실시하기로 합의했어. 흑인과 백인의 구분 없이 누구나 출마하고 누구나 투표에 참가하는, 이 나라 역사에서 일찍이 없었던 선거를 치르기로 한 거야. 1994년 봄에 이 선거가 실시되었어. 이 선거에서 '아프리카 민족 회의'가 대승을 거두고, 만델라가 대통령에 당선되었어! 남아프리카 공화국에서 첫 번째 흑인 대통령이 탄생한 거야.

그는 대통령 자리에 오르자마자 '진실과 화해 위원회Truth and Reconciliation Commission'를 만들어 지난날 백인 정권이 저지른 인권* 침해의 진실을 밝혀 내서 흑인과 백인 간의 화해와 용서의 기틀을 마련하려고 했어. 이 위원회의 위원장은 투투 대주교가 맡았어. (투투 대주교는 인종 차별 반대 운동에 기여한 공로로 일찍이 1984년에 노벨 평화상을 받았어. 그리고 1993년에 만델라와 드 클레르크가 함께 노벨 평화상을 받았어.)

이때, 미국에서 발행되는 〈커먼윌〉이라는 잡지에 이런 내용의 기사가 실렸단다. "남아프리카 공화국에 이런 변화가 있기까지는 외부의 도덕적 압력이 톡톡히 한몫했다."

남아프리카 공화국 국민들이 나라

노벨 평화상을 함께 받은 만델라와 드 클레르크

---

*인권(人權) : 사람이라면 누구나 태어나면서부터 가지고 있는, 생명·자유·평등 등에 관한 기본적인 권리.

를 올바로 일으켜 세우려면 적지 않은 세월이 걸릴 거야. 하지만 제 잇속을 채울 욕심으로 남의 영토를 넘보고 전쟁을 일삼던 나라들이 힘을 합쳐서 이런 변화를 이끌어 내는 데 기여했다는 건, 역사에서 보기 드문 아름다운 광경이었어.

〈끝〉

연 표

1861년	비토리오 에마누엘레 2세가 이탈리아의 왕이 됨. [제24장]
1878년	움베르토 1세가 이탈리아의 왕이 됨. [제24장]
1882년	3국 동맹이 맺어짐. [제24장]
1892년	아바스 2세가 이집트의 케디브가 됨. [제24장]
1902년	알폰소 13세가 즉위식을 함. [제27장]
1905년	아일랜드에서 신페인 당이 창설됨. [제22장]
1912년	델리가 인도의 수도가 됨. [제22장]
	쑨원이 국민당을 창설함. [제25장]
1914년	이집트가 영국의 보호령이 됨. [제24장]
1915년	이탈리아가 연합국에 가담함. [제24장]
1916년	아일랜드에서 부활절 봉기가 일어남. [제22장]
	위안스카이가 죽음. [제25장]
1917년	아흐메드 푸아드가 이집트의 술탄이 됨. [제24장]
1918년~1922년	러시아 내전이 벌어짐. [제23장]
1918년	와프드 당이 이집트 사람들을 대표해서 영국을 방문하려고 함. [제24장]
1919년	신페인 당이 독자적인 정부를 세움. [제22장]
	암리차르 대학살이 일어남. [제22장], [제30장]
	이탈리아에서 파시 데 콤바티멘토라는 조직이 만들어짐. [제24장]
1920년	국제 연맹이 만들어짐. [제23장]
1921년	신페인 당과 영국이 아일랜드 자유국을 세우는 데 합의함. [제22장]

연표

1921년	마이클 콜린스가 암살됨. [제22장]
	중국 공산당이 창설됨. [제25장]
1922년	무솔리니가 로마 진군 계획을 실행함. [제24장]
	레닌이 병에 걸려 스탈린이 러시아를 지배하게 됨. [제23장]
	영국이 이집트의 독립을 허용함. [제24장]
1923년	아일랜드 자유국이 자치를 함. [제22장]
	이탈리아가 파시스트의 지배를 받게 됨. [제24장]
1924년	황푸 군관 학교가 세워짐. [제25장]
	레닌이 죽고, 페트로그라드가 레닌그라드로 이름이 바뀜. [제23장]
	푸이가 중국을 떠남. [제25장]
1925년	쑨원이 죽음. [제25장]
1926년	히로히토가 일본의 왕이 됨. [제25장]
1927년	마오쩌둥의 공산당이 국민당 정부에 대항해서 전쟁을 함. [제25장]
1928년	국민당이 중국 정부를 장악함. [제25장]
1929년	월스트리트가 붕괴됨. [제26장]
1930년	모한다스 카람찬드 간디가 수천 명의 사람들을 이끌고 소금 행진을 함. [제22장]
1931년	일본이 국제 연맹에서 탈퇴함. [제25장]
1932년~1933년	소련에서 기근으로 1천 만 명이 죽음. [제23장]
1933년~1960년	소련에서 굴라크가 운영됨. [제23장]
	루스벨트가 미국의 대통령이 됨. [제26장]
1933년	히틀러가 독일의 총리가 됨. [제26장]

1934년~1935년	마오쩌둥이 중국 공산당을 이끌고 장정을 함. [제25장]
1936년	베를린 올림픽에서 제시 오웬스가 네 개의 금메달을 땀. [제28장]
1936년~1939년	스페인 내전이 일어남. [제27장]
1937년	일본군이 중국의 상하이와 베이징을 점령함. [제27장]
1938년	'깨진 유리의 밤'이라고 하는, 유대 인을 기습한 공포의 밤이 일어남. [제28장]
1939년	독일이 폴란드를 급습하면서 제2차 세계 대전이 시작됨. [제27장]
	프랑코가 스페인의 권력을 장악함. [제27장]
1940년	일본이 동맹국에 가담함. [제28장]
	연합군이 됭케르크 탈출 작전을 감행함. [제29장]
1941년	일본의 진주 만 공습으로 미국이 제2차 세계 대전에 참가하게 됨. [제28장]
1942년	미드웨이 해전이 일어남. [제28장]
1943년	이탈리아 군이 북아프리카에서 패함. [제29장]
	아르헨티나에서 군사 정부가 세워지고 페론이 노동·사회 복지 장관이 됨. [제34장]
1944년	연합국이 노르망디 상륙 작전을 펼침. [제29장]
1945년	1930년대부터 홀로코스트로 유대 인 6백 만 명이 죽음. [제28장]
	미국이 일본의 히로시마와 나가사키에 원자 폭탄을 떨어뜨림. [제29장]
	제2차 세계 대전이 끝남. [제29장]
1946년~1954년	제1차 인도차이나 전쟁이 벌어짐. [제33장]
1947년	인도가, 인도와 파키스탄으로 분리되어 영국으로부터 독립함. [제30장]

연표

1947년~1948년	팔레스타인이 분할됨. [제30장]
1948년	이스라엘이 탄생함. [제30장]
	미국이 마셜 플랜을 발표함. [제31장]
	모한다스 카람찬드 간디가 암살됨. [제30장]
	남아프리카 공화국에서 국민당이 정권을 잡음. [제32장]
1949년	중화 인민 공화국이 탄생함. [제32장]
1950년~1953년	한국 전쟁이 일어남. [제33장]
1952년	에바 페론이 죽음. [제34장]
	나세르가 장교들을 이끌고 쿠데타를 일으킴. [제31장]
1953년	모하마드 레자 샤 팔라비가 국민들에 의해 쫓겨났다가 다시 권력을 잡음. [제39장]
1954년	브라운 대 토피카 교육 위원회 판결이 내려짐. [제36장]
	프랑스가 베트남에서 물러남. [제33장]
1955년	페론이 쿠데타에 의해 대통령 자리에서 물러나고 망명함. [제34장]
	앨라배마 주에서 몽고메리 버스 보이콧이 벌어짐. [제36장]
1955년~1975년	베트남 전쟁이 일어남. [제37장]
1956년	수에즈 위기가 일어남. [제31장]
	루뭄바가 벨기에령 콩고 정부에 자유를 달라고 호소하는 글을 보냄. [제34장]
1957년	소련이 스푸트니크 1호를 우주로 발사함. [제35장]
1959년	카스트로가 쿠바 혁명에 성공함. [제35장]

1960년	콩고 공화국이 독립을 선언함. [제34장]
1961년	베를린 장벽이 설치됨. [제31장]
	유리 가가린이 보스토크 1호를 타고 지구 궤도를 돌고 옴. [제35장]
1962년	루안다우룬디가 르완다와 부룬디로 각각 독립함. [제42장]
	쿠바 미사일 위기가 발생함. [제35장]
1963년	케네디 대통령이 암살당함. [제36장]
1964년	미국이 베트남 전쟁에 본격적으로 뛰어듦. [제37장]
	미국에서 민권법이 의회에서 통과됨. [제36장]
1966년	중국에서 문화 대혁명이 시작됨. [제41장]
1967년	6일 전쟁이 일어남. [제37장]
1968년	소련이 체코슬로바키아를 침공함. [제38장]
	마틴 루터 킹 2세가 암살당함. [제36장]
1969년	미국이 달에 사람을 보냄. [제35장]
	아일랜드 공화국군이 아일랜드를 통합하자는 운동을 벌임. [제38장]
1971년	방글라데시가 파키스탄으로부터 독립함. [제39장]
1972년	검은 9월단이 뮌헨 올림픽에서 이스라엘 선수들을 인질로 잡음. [제38장]
1973년	욤 키푸르 전쟁이 일어남. [제37장]
	미국, 남베트남, 북베트남 사이에 파리 평화 협정이 맺어짐. [제37장]
1973년~1974년	석유 파동이 일어남. [제37장]
1973년	아프가니스탄이 군주제에서 공화제로 바뀜. [제38장]
1975년	모잠비크가 포르투갈로부터 독립함. [제42장]
	프랑코가 죽고 스페인에서 독재가 끝남.

1976년	마오쩌둥이 죽음. [제41장]
1978년	캠프 데이비드 협정이 맺어짐. [제37장]
	사다트 이집트 대통령과 베긴 이스라엘 총리가 노벨 평화상을 받음. [제37장]
1979년	이란 혁명이 일어나 국왕인 팔라비가 도망감. [제39장]
	소련이 아프가니스탄을 침공함. [제38장]
	미국의 스리마일 섬에서 원자력 발전소 사고가 일어남. [제40장]
1980년~1988년	이란 이라크 전쟁이 벌어짐. [제39장]
1984년	인디라 간디가 암살당함. [제39장]
	인도에서 보팔 참사라는 산업 재해가 일어남. [제39장]
1985년	고르바초프가 소련 공산당 서기장이 됨. [제40장]
1986년	체르노빌 사건이 터짐. [제40장]
1987년	미국과 소련이 중거리 핵 전력 협정을 맺음. [제40장]
1989년	중국에서 톈안먼 사건이 일어남. [제41장]
	베를린 장벽이 무너짐. [제41장]
1990년	넬슨 만델라가 감옥에서 석방됨. [제42장]
	동독과 서독이 통합됨. [제41장]
	이라크가 쿠웨이트를 침공함. [제42장]
1991년	소련이 해체되고 독립 국가 연합이 생김. [제41장]
	미국을 비롯한 다국적군과 이라크가 페르시아 만 전쟁을 벌임. [제42장]
1994년	르완다 사태가 벌어짐. [제42장]
	넬슨 만델라가 남아프리카 공화국의 대통령으로 당선됨. [제42장]

찾아보기

ㄱ

가말 아브델 나세르 200~208
검은 9월단 351~353, 356
검은 스페인 122
검은 화요일 104
〈게르니카〉 126
게릴라
    베트남 323~324
    아프가니스탄 349~350
    쿠바 287~289
고 딘 디엠 322~324
고르바초프 395~399, 412, 415, 417~420
    냉전 395~397
    소련의 해체 419~420
공공사업 진흥국(WWW) 109
공산주의
    동독 215~217
    베트남 전쟁 321~331
    베트민 239~241, 242~243, 330
    북한(조선 민주주의 인민 공화국) 246~247
    중국 90
    집단 농장 55~56
관동군 86~88
국가 보안 위원회(KGB) 343~344
국가 사회주의 독일 노동자당(나치스) 114~116, 129~130, 158, 163
국민당
    남아프리카 공화국 221~224
    스페인 124~125
    중국 81~83, 86, 88~94, 97, 227~231, 233
    중일 전쟁 139~141
국제 연맹의 설립 42~43
국제 연합(UN)
    수에즈 위기 207
    페르시아 만 전쟁 423~429
굴라크 57~58
김구 247

찾아보기

김일성 247~248
깨진 유리의 밤 149

● ㄴ ●

나가사키 174~176, 252
나투람 고드세 189
난징 대학살 141
남베트남(베트남 공화국) 321~326, 328, 330
남아프리카 공화국
    국민당 221~224
    법 223~225
    보어 인 219, 221~222, 224
    비폭력 226
    아파르트헤이트 224~225, 435, 437
    아프리카 민족 회의(ANC) 220~221, 226~227, 434~436, 438
남한(대한민국) 70, 246~253
냉전 277, 283, 292~295, 322, 345, 395~401, 405
네임 체임벌린 133
넬슨 만델라 221, 435~438

노벨 평화상 319, 340, 438
농업 조정국(AAA) 109
《누구를 위하여 종은 울리나》 126
뉴딜 정책 107~109
〈뉴욕 타임스〉 104, 125, 277~278
니키타 흐루시초프 292~293, 294, 343
닐 암스트롱 281~283

● ㄷ ●

다우케미컬 사 371
다윗의 별 149, 196
달 표면에 첫발을 디딤 282~283
대공황 103~112
    독일 110~112
    미국 103~109
대영 제국(→영국)
더글러스 맥아더 248~249, 252
더스트 보울(먼지 구덩이) 106
덩샤오핑 408~412
데스먼드 투투 436, 438
데이비드 로이드 조지 40~41, 43, 48, 68~69

도미노 이론 322
도조 히데키 143
독립 국가 연합(CIS) 419~420
독수리(독일 전투기) 161
독일
    공산주의의 붕괴 415
    노르망디 상륙 작전 165~168
    대공황 110~112
    독수리(독일 전투기) 161
    독일의 재결합 128~131
    동독과 서독으로 분할 215~217
    마셜 플랜 214~215
    베르사유 조약 46
    베를린 장벽 217, 413~416
    3국 동맹 68~69, 72
    영국과 독일 41, 132~136, 158
    제1차 세계 대전 39
    제2차 세계 대전 134~178
    체코슬로바키아 침공 132
    폴란드 침공 134~136
    프랑스와 독일 132~136, 159~160
    히틀러 112~116, 127~134, 147~148, 150~153, 158~161, 163, 169~170
    홀로코스트 150~155, 192
동독
    베를린 장벽이 무너짐 413~416
    탄생 215
동맹국(제1차 세계 대전) 39~49
됭케르크 탈출 작전 158~159
드와이트 아이젠하워 166~169, 203~208, 318, 323, 388~389
    노르망디 상륙 작전 166~169
    수에즈 위기 203~208
    아이젠하워 독트린 208
    원자력의 평화적 이용 388~389
디 데이 165
디아스포라 193

● ㄹ ●

〈라디오 침묵〉 400
라몬 카스티요 255~257
라이카 276~277
라이히슈탁(독일 의회) 129
러드야드 키플링 30

찾아보기

〈레닌그라드〉 401
레오니드 브레주네프 343~345
레오폴드 2세 265~266
    콩고 자유국 265~266
레오폴드빌(콩고 자유국) 265, 270~271
레온 출고츠 302
로널드 레이건 395~400
로마 진군 75~76
로물루스 77
로자 파크스 311~313, 318
루안다우룬디 430~432
    분리 432
루츠 롱 148
루홀라 호메이니 377~380
르완다 432~434
르완다 애국 전선 432~433
리 하비 오즈월드 304~306
리처드 닉슨 328, 334
린든 존슨 300~301, 319, 325, 328

● ㅁ ●

마가릿 고어먼 100
마셜 플랜 213~215
마오쩌둥 90~96, 228, 230~233, 238, 403~410
    대약진 운동 407~408
    문화 대혁명 409~410
    장정 93~96
    중화 인민 공화국 231, 233
마운트배튼 경 358
마이클 콜린스(아일랜드 공화국군) 27~29
마이클 콜린스(우주 비행사) 281~283
마질레스(이란 의회) 373
마크 스피츠 350
마틴 루터 킹 2세 313~314, 318~319
    민권 운동 313~314, 318~319
    비폭력 313
    암살 319
만주국 87~89
매슈 리지웨이 252
맨해튼 계획 172~173
메나힘 베긴 338~340
모로코와의 전쟁(스페인) 121
모하마드 레자 샤 팔라비 373~378

모하마드 모사데크 373~376
모하메드 알리 진나 184~185
모한다스 카람찬드 간디 32~33, 35~37, 361
    마틴 루터 킹과 간디 313
    비폭력 35, 37
    암살 189
    인도의 분리 183~189
무슬림 동맹 당 184~185, 187
무하마드 이크발 183
문화 대혁명 409~410
미국
    냉전 277, 283, 292~295, 322, 345, 395~401, 405
    뉴딜 정책 107~109
    대공황 103~109
    마셜 플랜 213~215
    민권 운동 310~319
    베트남 전쟁 321~331
    베트남 참전 위령비 331
    수에즈 위기 203~208
    아이아스 작전 375
    아이젠하워 독트린 208

원유 봉쇄 336~338
월스트리트 붕괴 104
제2차 세계 대전 143~147, 154~155, 162~171, 174~177
중거리 핵 전력 협정(INF 협정) 399~400
쿠바 미사일 위기 293~295, 343
페르시아 만 전쟁 423~429
피그스 만 침공 291
한국 전쟁 248~249, 252~253
힘에 의한 평화 398, 400
미국 항공 우주국(NASA) 278, 281
미드웨이 해전 146
민간 자원 보존단(CCC) 109
민권 운동 310~319
민권법 319

● ㅂ ●

바오 다이 240, 321
바트 당 381
반유대주의 113~114
반투 교육법 224
방글라데시 365

방사능 176, 389~394
백색 혁명 377~378
벌지 전투 169
베니토 무솔리니 71, 73~77, 130~132, 162~163, 169
    페론 256
베르사유 조약 제 231조 46
베르사유 조약 40~49
    베르사유 조약과 히틀러 110~111, 115
베를린 장벽 217, 413~416
    장벽의 설치 217
    장벽이 무너짐 413~416
베트남
    내전 321~324
    디엔비엔푸 전투 242~243
    베트남 민주 공화국 탄생 240~241
    베트남 전쟁 321~331
    베트민 239~241, 242~243, 330
    보트 피플 331
    분리 243~244
    제1차 인도차이나 전쟁 243, 321, 325
베트남 전쟁 321~331

베트남 참전 위령비 331
베트콩 323~326, 328, 330
벨기에
    루안다우룬디 430~432
    벨기에령 콩고 266~269
    콩고 자유국 265~266
병역 신고 327
보리스 그레벤시코프 400~401
보리스 옐친 417~420
보스토크 1호 279~280, 290
보이콧 23~24, 35, 65, 435
보팔 참사 369~372
부룬디 432
부활절 봉기 26~27
부흥 금융 공사 106
북베트남(베트남 민주주의 공화국) 321~326, 328, 330, 406
북한(조선 민주주의 인민 공화국) 246~253, 406
분리 예의법 224
불공정한 법 225, 434
붉은 스페인 121~122

브라운 대 토피카 교육 위원회 판결 311, 315
블라디미르 일리치 레닌 49~52
비시 프랑스 160, 236
비토리오 에마누엘레 3세 72, 75
비토리오 오를란도 68~72
비폭력 35, 37, 226, 313, 434
빌리 조엘 401
빌헬름 리하르트 바그너 112

● ㅅ ●

사담 후세인 378, 381~382,
 이란 이라크 전쟁 381~383, 424
 페르시아 만 전쟁 423~429
〈사랑하는 가정〉 213~214
사바크 377
사우디아라비아
 페르시아 만 전쟁 423~429
사자(영국 전투기) 161
사티아그라하 35
3국 동맹(독일, 이탈리아, 오스트리아) 68~69, 72

삼총사 작전 205~206
삼팔선 245~246, 248~249, 252~253
샤를 드골 168, 268
서독
 뮌헨 올림픽 351~354
 탄생 215
석유 수출국 기구(OPEC) 424
석유
 석유 파동 335~338
 원유 봉쇄 336~338
 이란 374~376
 쿠웨이트 423~424, 427
세인트루이스의 정신 100~101
소련
 기근 57
 글라스노스트 397, 400, 412
 냉전 277, 283, 292~295, 322, 345, 395~401, 405
 소련의 해체 415~420
 아프가니스탄 침공 347~350
 제2차 세계 대전 161~169
 중거리 핵 전력 협정(INF 협정) 399~400

중국과 소련 81, 89~90, 406~407
　　체르노빌 사건 385~386, 392~393
　　체코슬로바키아 침공 345~347
　　KGB 343~344
　　쿠바 미사일 위기 293~295, 343
　　페레스트로이카 396, 400, 412
　　한국 전쟁 248~249, 252~253
수에즈 운하 202~207, 340
스리마일 섬의 원자력 사고 391~392
스탈린그라드 전투 164
스페인
　　국민당 124~125
　　모로코와의 전쟁 121
　　스페인 내전 123~126
　　인민 전선 124~125
스페인 내전 123~126
스푸트니크 1호 275~277
스푸트니크 2호 276~277
시베리아
　　강제 노동 수용소 57, 341
　　굴라크 57~58
시오니스트 191, 193

시오니즘 190~192
식량 배급부 209~210
쑨원 79~83, 90~91

● ○ ●

아돌프 히틀러 112~116, 127~134, 147~148, 150~153, 158~161, 163, 169~170
　　알베르트 아인슈타인 172
　　홀로코스트 150~155, 192
　　독일의 재결합 128~131
　　자살 170
　　베르사유 조약 110~111, 115
아랍
　　욤 키푸르 전쟁 334~336, 338
　　원유 봉쇄 336~338
　　6일 전쟁 332~333, 335, 340, 354~355
　　팔레스타인 해방 기구(PLO) 352~356
　　팔레스타인 해방을 위한 인민 민주 전선 356
아르헨티나
　　라몬 카스티요 255~257
　　에바 페론 259~262

파시즘 256
후안 도밍고 페론 256~264
아리안 족 147
아바스 2세 62~64
아이아스 작전 375
아이젠하워 독트린 208
아일랜드
    데일 에이린 27
    부활절 봉기 26~27
    신페인 당 24, 26~28
    아일랜드 공화국군 27, 357~358
    아일랜드 자유국 28
    에이레 29
    임시 아일랜드 공화국군 27
    페니언 단 23, 26
아일랜드 공화국군(IRA) 27, 357~358
아일랜드 자유국 28
아파르트헤이트 224~225, 435, 437
아폴로 11호 281~283
아프가니스탄
    소련의 침공 347~350
    페르시아 만 전쟁 423~429

아프리카 민족 회의(ANC) 220~221, 226~227
안드레아스 라모스 414
안와르 사다트 338~341
알렉산더 두프체크 345~347
알렉산드르 솔제니친 58~59
알베르트 아인슈타인 171~172
    원자 폭탄 171~172
    히틀러 172
알폰소 13세 119~123, 127
암리차르 대학살 34~35, 37, 182
앙리 필리프 페탱 159~160
애리조나 호 145
어니스트 헤밍웨이 126
얼스터 25, 28, 29
얼스터 서약 25
얼스터 의용군 25
에놀라 게이 174
에두아르 달라디에 132
에드윈 올드린 2세 281~283
에바 페론 259~262
에이레 29

찾아보기

에이브러햄 링컨 302

F. W. 드 클레르크 436, 438

엔리코 페르미 173

엘리자베스 엑포드 316~318

연합국(제1차 세계 대전) 39~49

연합국(제2차 세계 대전) 136, 157~170

영국
    독일과 영국 41, 132~136, 158
    사자(영국 전투기) 161
    아일랜드와 영국 21~29
    이란과 영국 374~376
    이집트와 영국 61~67
    인도와 영국 29~37
    제2차 세계 대전 157~170
    테러리즘 357~358
    페르시아 만 전쟁 423~429
    한국 전쟁 248~249, 252~253

《영국은 왜 잠자고 있었나》 297

오벌 포버스 317~318

오스만 투르크 제국
    베르사유 조약 45
    이집트와 오스만 투르크 제국 62~64

오스트리아
    베르사유 조약 40~49
    3국 동맹 68~69, 72
    안슐루스 129

올가 코르부트 350

와프드 당 65, 67, 199

요시히토 83~84

욤 키푸르 전쟁 334~336, 338

《용기 있는 사람들》 298

우드로 윌슨 40~43, 47~48, 69~70

우주 경쟁 276

움베르토 1세 72, 75

원자 폭탄 170~178, 252
    맨해튼 계획 172~173

원자력 177, 385~393

원자력의 평화적 이용 374~376

월스트리트 붕괴 104

위안스카이 80~81

윈스턴 처칠 133, 175

윌리엄 글래드스턴 21~22

윌리엄 매킨리 302

윌리엄 버틀러 예이츠 22~23, 27~28

455

윌리엄 포크너 99
유니언카바이드 사 369~372
유대 인
  아돌프 히틀러 113~116
  이스라엘 탄생 193~194
  팔레스타인 192~195
  홀로코스트 150~155, 192
유리 가가린 279~281, 290
유보트 161
《은신처》 154
이글 호 282
이라크
  이란 이라크 전쟁 381~383, 424
  페르시아 만 전쟁 423~429
이란 이라크 전쟁 381~383, 424
이란 혁명 378
이란
  백색 혁명 377~378
  석유 374~376
  아이아스 작전 375
  영국과 이란 374~376
  의회(마질레스) 373

이란 이라크 전쟁 381~383, 424
이란 혁명 378
이스라엘
  뮌헨 올림픽 351~354
  아랍과의 전쟁 194~196, 332~335
  욤 키푸르 전쟁 334~336, 338
  6일 전쟁 332~333, 335, 340, 354~355
  이집트와 이라크 194~196, 332~335, 338~341
  탄생 193~194
  팔레스타인 해방 기구(PLO) 352~356
〈1쿼트짜리 우유의 특이한 모험〉 214
이슬람 교도 182~185, 186~189
  아프가니스탄 347, 349
  이란 376~380
  힌두 교도 182~185, 186~189
이승만 246~247
E. C. 나이팅게일 144~145
이오시프 스탈린 51~59, 228
  마셜 플랜 213~215
  중국 공산당 89~90, 228~229
이집트

    삼총사 작전 205~206
    수에즈 운하 61~62, 65, 67
    수에즈 위기 203~208
    오스만 투르크 제국과 이집트 62~64
    와프드 당 65, 67
    이스라엘과 이집트 338~341
    페르시아 만 전쟁 423~429
이탈리아
    베르사유 조약 68~71
    3국 동맹 68~69, 72
    파시스트 74~76
    파시즘 131, 163, 256
〈이탈리아 인민〉 73
인도
    독립을 위한 투쟁 29~37
    보팔 참사 369~372
    분리 183~189
    시크 교 366~369
    암리차르 대학살 34~35, 37
    이슬람 교도와 힌두 교도 182~189
    인도와 파키스탄 183~189
    자와할랄 네루 186~187

    잘리안왈라 바그 34~35
    첫 선거 361
    황금 사원 34, 367~368
인도 국민 회의 당 32~33, 35, 184~185, 187
인도 무슬림 동맹 당 184~185, 187
인디라 간디 362~369
인민 전선(스페인) 124~125
인민 혁명당(자이르) 273
인종
    민권 운동 310~319
    아파르트헤이트 224~225, 435, 437
    우량, 열등(히틀러) 147
인종 분리 222, 308, 311, 313
일 두체(무솔리니) 76
일본
    미국과 일본 143~147, 174~175
    원자 폭탄 174~176
    중국과 일본 81, 139~142
    중일 전쟁 139~141

● ㅈ ●

자와할랄 네루 361~362

자이르 272, 430~433
잘리안왈라 바그 34~35
잠무카슈미르(인도) 188
장정 93~96
장제스 81~83, 89, 91~93, 97, 227~231
    호치민과 장제스 239~240
재클린 케네디 297~302
잭 루비 306
전범 규정 46
전쟁 난민 위원회 154
전체주의
    소련 50
    자이르 274
〈점프 짐 크로〉 308~309
정동규 252
정치범(포로) 수용소
    굴라크 57~58
    홀로코스트 150~155, 192
《정글북》 30
제노사이드(집단 살해) 150
제시 오웬스 148
제1차 국공 합작 91

제1차 세계 대전
    도우보이 99
    사망자와 부상자 수 39
제1차 인도차이나 전쟁 243, 321, 325
제2차 인도차이나 전쟁 → 베트남 전쟁
제2차 국공 합작 97, 141
제2차 세계 대전 134~176
    노르망디 상륙 작전 165~168
    됭케르크 탈출 작전 158~159
    미국의 참전 146
    미드웨이 해전 146
    벌지 전투 169
    스탈린그라드 전투 164
    제2차 세계 대전의 끝 175~176
    홀로코스트 150~155, 192
제임스 가필드 302
조르주 클레망소 40~41, 43, 48, 68~69
조제프 모부투 272~273
조지 마셜 212
존 로버트 오펜하이머 173
존 윌크스 부스 302
존 D. 티핏 307

찾아보기

존 F. 케네디 279, 281, 290, 292, 294~295, 297~307
    냉전 277, 290~295
    암살 298~307
    케네디 우주 센터 281
    쿠바 미사일 위기 293~295, 343
    퓰리처 상 298
    피그스 만 침공 291
종교적 박해
    이슬람 교도와 힌두 교도 334~336, 338
    힌두 교도와 시크 교도 366~369
    아일랜드 24, 29
주더 92~93
주민 등록법 223
중거리 핵 전력 협정(INF 협정) 399~400
중국
    공산주의 90
    국민당 81~83, 86, 88~94, 97, 227~231, 233
    문화 대혁명 409~410
    반일 인민 항전 141
    소련과 중국 81, 89~90, 406~407
    일본과 중국 81, 139~142
    장정 93~96
    중일 전쟁 139~141
    톈안먼 사건 411~412
    한국 전쟁 249, 406
중국 공산당(CCP) 90~97, 227~233, 403~412
    문화 대혁명 409~410
    소련과 중국 81, 89~90, 406~407
    톈안먼 사건 411~412
중일 전쟁 139~141
중화 소비에트 공화국(장시 소비에트) 92~93
중화 인민 공화국 231~233, 403, 405
지미 카터 338~340
진실과 화해 위원회 438
진주 만(펄 하버) 143~146
짐 크로 법 308~310, 312
집단 지역법 224

● ㅊ ●

찰스 린드버그 100~101

찰스 보이콧 23
찰스 J. 기토 302
〈1916년의 부활절〉 27
체 게바라 287~288
체르노빌 사건 385~386, 392~393
체코슬로바키아
    독일의 침공 132
    소련의 침공 345~347
추축국(제2차 세계 대전) 136

● ㅋ ●

카탈루냐(스페인) 123
캐멀롯 302
캠프 데이비드 협정 340
캠프 데이비드 휴양지 339
〈커먼윌〉 438
케네디 우주 센터 281
케네스 그리슨 173
콩고 민족 운동(MNC) 267~269
쿠바
    냉전 283, 292~295
    쿠바 미사일 위기 293~295, 343

쿠바 혁명 287~289
피그스 만 침공 291
쿠바 미사일 위기 293~295, 343
킨샤사(콩고 공화국) 271

● ㅌ ●

태평양 전쟁 146
테러리즘
    뮌헨 올림픽 350~353
    아일랜드 공화국군 357~358
    에테아 358
    적군파 358
    팔레스타인 해방 기구(PLO) 352~356
    팔레스타인 해방을 위한 인민 전선 356
톈안먼 사건 411~412
투치 족 430~434

● ㅍ ●

파루크 1세 199~201
파르티잔 163, 169
파블로 피카소 126
파시 데 콤바티멘토 73

파시스트 74~76
파시즘
    베니토 무솔리니 71, 73~77, 130~132, 162~163, 169
    아르헨티나 256
    이탈리아 73~77
파키스탄
    방글라데시와 파키스탄 363~366
    인도와 파키스탄 183~189
파트리스 루뭄바 267~271
팔레스타인 192~195
    분리 193
팔레스타인 해방 기구(PLO) 352~356
팔레스타인 해방을 위한 인민 민주 전선 356
펀자브 366~368
페르시아 만 전쟁 423~429
페트릭 헨리 피어스 26
폴 티베츠 174
폴란드
    독일의 침공 134~136
푸아드 1세 66~67

푸이 79~80, 87~89
풀헨시오 바티스타 285~289
프라하의 봄 345~346
프란시스코 프랑코 119~127
프랑스
    노르망디 상륙 작전 165~168
    독일과 프랑스 132~136, 159~160
    마셜 플랜 213~214
    베트남과 프랑스 235~244
    브라자빌 콩고 268~269
    이집트와 프랑스 204~208
    제2차 세계 대전 157~170
〈프랑코의 꿈과 거짓〉 126~127
프랭클린 델러노 루스벨트 107~109
피그스 만 침공 291
피델 카스트로 285~292
피터 보타 435~436

● ㅎ ●
한국 전쟁 248~249, 252~253
한국
    한국 전쟁 248~249, 252~253

남한(대한민국) 70, 246~253
　　북한(조선 민주주의 인민 공화국) 247
해리 트루먼 170~171, 213, 252
　　원자 폭탄 170~171, 174
　　한국 전쟁 248~249, 252~253
핵무기 177~178
허버트 후버 106
헨드릭 빌렘 반 론 99
혈통법 223
호 스니 무바라크 341
호치민 236~241
　　베트남 전쟁 321~331
　　장제스와 호치민 239~240
홀로코스트 150~155, 192
황금 사원 34, 367~368
황푸 군관 학교 81
후안 도밍고 페론 256~264
후안 카를로스 127
후야오방 411
후투 족 430~434
히로시마 170, 174~175

히로히토 83~86, 88
힌두 교
　　이슬람 교와 힌두 교 182~189
　　펀자브 366~368
힘에 의한 평화 398, 400